U0142515

青少年
學習者發展與適性輔導

五南圖書出版公司 印行

序

拙著《青少年發展與輔導》乙書（含 1994 年第一版與 2000 年修訂版）（以下簡稱原書）發行後，廣受歡迎，各大學及研究所普遍採用爲教科書，尤其各大學師資培育中心的中等師資課程，幾乎都以原書爲教材，原書在中國大陸及香港也有甚多讀者。2006 年起國內開始實施教師檢定制度，原書一直是「青少年發展與輔導」考科最主要的命題來源，每年從原書命題的分數幾乎都在 80 分以上，一時洛陽紙貴，網路上讀書心得討論、二手書買賣，以及讀者筆記的販售都十分熱絡。每年考試前後，筆者更會接到許多讀者的電郵肯定與支持，宣稱因爲本書，而實現當老師的夢想。也因此，原書兩版合計再刷 (reprinting) 超過 50 次。筆者深信，原書對於師資生圓夢、當一位好老師、成爲青少年最佳諮商輔導人員，以及協助無數青少年積極成長與發展，應該有一定的貢獻。近年來國內青少年犯罪人數大幅度下降，除了少子女化現象爲主因之外，政府與各界的努力功不可沒，當然原書也是貢獻者之一。

由於社會快速變遷，高科技發展一日千里，雖然青少年生理成長的軌道 (trajectory) 依然，但身心發展的情境 (context) 已然改變，因此多年來筆者一直期盼能將原書全面更新與翻修，無奈個人教學、研究、服務與行政工作纏身，異常忙碌，無法如願。所幸最近工作負荷量稍減，趁疫情期間，將原書重新整編修訂完成。同時配合自 2021 年起，全國教師資格考試中等學校師資類科，將「青少年發展與輔導」更名爲「學習者發展與適性輔導」，新書乃順勢更名。

《青少年學習者發展與適性輔導》乙書（以下簡稱本書），除保留青少年發展與輔導重要概念及原典理論外，全書均已全面改寫，並縮減爲十章。本書具有下列特色：(一) 保留原書重要且經典的觀念與論點，刪除冗長的數據與圖表。(二) 全面檢核原書相關文獻資訊，並盡量依據最新文獻做更新，同時在「參考文獻」中，盡可能列出各文獻的 DOI 碼（數位物件識別碼），便於各授課教授及讀者的查閱與引用。(三) 除原典理論外，本書另新增目前頗受肯定的青少年發展與輔導理論，包括：「社會文化認

知論」、「生態系統理論模式」、「發展性資產模式」、「新郭爾堡道德推理論」、「個人中心諮商治療法」、「希望中心生涯發展理論」等，以符應最新的青少年研究及諮商輔導趨勢。(四) 本書全面關照至 2021 年止，青少年世界的新挑戰與新適應課題，包含：疫情防治、網路沉迷、欺凌與網路霸凌、AI 世代、LGBT（女同性戀者、男同性戀者、雙性戀者與跨性別者）等。(五) 大量引用在國際上受信任與肯定的組織、教育與醫療專業及學術團體對青少年發展的論點、準則與指引，以及最新的學術期刊論文。(六) 本書力求簡明扼要，兼顧理論與實務，易讀易學。(七) 本書配合中等學校教師資格考試而更名，除適合教師資格考試與教師甄試之外，亦適合當作大學及研究所「青少年心理學」、「青少年發展與輔導」、「青少年諮商與輔導」、「青少年問題」、「青少年專題研究」、「青少年社會工作」、「青少年醫學」等相關專業課程的教科書。(八) 原書頗多論證與資料被略去，主要是要降低出版品的頁數，而非不重要，因此倘能將原書與本書合併研讀，將更有助於充分理解青少年的世界。此外，讀者們閱讀本書時，尚可參閱筆者其他青少年相關書籍，包括《青少年發展與輔導導論》、《青少年發展與輔導精要》、《諮商理論與技術》、《諮商理論與技術精要》（以上均由五南圖書出版公司印行）、《青少年心理學》（心理出版社出版）等。

　　本書最終得以出版，是無比艱辛的歷程，但筆者內心無限歡欣，滿滿的感恩，謝謝多年來相關教授與讀者的厚愛及回應，也要特別感謝賢內助魏麗敏教授數十年的關愛與付出，以及五南圖書出版公司楊榮川董事長、楊士清總經理、王俐文副總編輯等人長期的幫忙與協助。祝福讀者們在各專業領域能因本書而於各項專業考試及甄選中勝出，更期盼善用本書中的論點，協助正在成長中的青少年適性揚才，健康茁壯的發展，創造美好的人生，讓這個世界更加美好。

黃德祥 謹識

2021.12.25

ngdh20000@gmail.com

目　錄

第一章
青少年學習者發展與適性輔導概論

第一節 教育的本質與青少年學習者

　　自從有人類存在，就有教育。人類的生理結構相對於其他動物，極為脆弱，既沒有羽毛翅膀，不能飛翔，也沒有甲殼、硬皮與利爪，以資保護，無瞬間爆發力，更不像某些動物一出生就可以站立奔走，在原始社會中隨時會受到野獸攻擊，甚至吞吃。人類雖然生理條件有限，但由於有聰明的大腦及靈活的雙手，因而能適應環境求生存，進而統治全球。

　　人類能主宰世界主要依靠學習，人一出生就必須學習如何生存與適應環境，人類有學習必要，教育就一直存在著，父母親就是嬰幼兒與青少年最初始與最重要的照護者 (caregivers)、保護者 (protectors) 與教育者 (educators)。小孩出生後就要開始學習如何吸奶，如何適應生活情境，嬰幼兒與青少年就是學習者 (learner)。隨著小孩慢慢長大，父母親還要教導各種謀生技能。在狩獵與農業時代，靠著父母的經驗傳承，學習捕獵與農耕技巧，才能存活下來。除了生存技能之外，父母也教導小孩子應對進退之道、人生價值觀、宗教信仰、生活哲學、如何生養小孩等。個體的一生必須持續不斷地學習，才能因應快速變遷的社會。因此，協助與引領青少年學習者有效生存、適應、調整與適性發展，讓青少年的人生更幸福，未來的世界更美好，是成人世代的重要課題。

壹、社會發展與青少年教育需求

　　從古代農業社會開始，就有個別與私塾教育，教授孩童基本的讀寫算，慢慢地才有官學及科舉制度。西方直到宗教改革之後，日本在明治維

新之後，中國在清朝末年，才開始有大規模的學校設置，推展國民教育，並義務化。農業時代的個別和私塾教育，後來轉變爲國家所經辦與監管的學校教育，成爲政府施政的核心任務。

　　進入工商社會時代，社會越趨複雜，分工更加精密，青少年所需要學習的知識與技能也越來越龐雜，學校課程與規模更加龐大。進入 21 世紀，人類科技文明達於頂峰，當前人類享受前所未見的豪華與便利生活，尤其當前網際網路 (Internet) 與行動裝置 (Mobile device) 等資訊科技 (Information Technology, IT) 產業發達，思想觀念與文明科技傳播已超越時空限制，穿透人類各個生活層面，任何時間 (anytime)、任何地方 (anywhere) 都可以學習，是人類繼印刷術發明之後，對知識文明傳播最具貢獻的時代，讓人類得以實現天涯若彼鄰的理想，在教育、學術、科技、研究、生產、貿易、生活、人際交流等各方面，網路與行動裝置已經成爲最爲強勢的傳播媒體。網路世界的出現打破了現實生活中的距離，也突破了知識的壟斷，促使教育產生革命性的改變，創造新的生活與經濟模式，使我們的學習與生活有了無限的可能。甚且當前各種資訊軟硬體日新月異，各行各業幾乎都已邁入數位時代 (digital era)，甚至人工智慧 (artificial intelligence, AI) 即將全面產業化與生活化，近似人類的機器人即將可能取代大部分的基礎勞動力。

　　當前的「青少年學習者」(adolescent learners) 就是生活在人類有史以來最繁榮、富足與便利的時代，生活上的享受甚於其父祖輩，但相對的，當前的青少年也面臨無數新的挑戰與困難，生涯發展難關可能加重、創業維艱、技術隨時落後、各種病毒蔓延、網路沉迷與人生困惑因而增加，青少年的教育與適性輔導更加需要。仙卓克 (Santrock, 2014, 2018) 認爲青少年需要在下列三大課題累積個人資產，創造積極美好的人生：(一) 智能開發 (Intellectual development)：青少年需要擁有必要且良好的生活知識和職業技能，養成理性思維習慣，具批判性思考與推理能力，有良好的決策力，深層了解不同的文化，經由多元文化獲得知識技能，導引人生，並在學校獲得成功。(二) 心理和情緒發展 (Psychological and emotional development)：心理健康，有積極的自尊，良好的自我情緒調節和應對能力，適切的衝突解決技巧，擁有精熟的學習動力和積極的成就動機，對個人效能有

自信，有計畫性，對個人有自主感，對自我有責任心，務實樂觀，一致且積極的個人與社會認同，具正向和文化敏銳的價值觀，具靈性，對人生有目標感，有強烈的道德品格。(三) 社會發展 (Social development)：能夠與社會及人際連結，感知良好的關係，信任父母、友伴和其他成年人，有社會定位感、融合感，能參與正向與良善的機構組織，如學校、教會、校內外青少年組織等，有融入多元文化情境的能力，全心全意的公民參與。

聯合國兒童基金會 (The United Nations Children's Fund [UNICEF], 2021a) 向來積極倡議世界各國兒童與青少年教育發展的重要性，認爲當前青少年要在學校、生活和工作中獲得成功，需要具備四種基本技能：(一) 基礎技能 (Foundational skills)：具有基礎識字和數學素養，攸關未來的學習、生產就業和公民參與。(二) 數位技能 (Digital skills)：具備數位素養的兒童和年輕人，才能夠使用並理解科技、蒐尋和管理資訊、創建和共享內容、協作、溝通、構建知識，以及安全、具批判性與合乎道德地解決問題。(三) 可轉移技能 (Transferable skills)：也稱之爲「生活技能」(life skills)、「21 世紀技能」(twenty-first-century skills)、「軟技能」(soft skill)，亦即是「社會情緒技能」(socio-emotional skills)，這些技能使年輕人能夠成爲靈活的學習者和全球化公民，能夠駕馭個人、社會、學術和經濟上的各種挑戰。可轉移的技能還可以幫助面臨危機的年輕人，能夠積極面對創傷並建立復原力，包括解決問題、協商談判、管理情緒、具備同理心和溝通能力。(四) 特定的工作技能 (Job-specific skills)：也稱爲「技術」和「職業」技能，這些技能與就業有關，能支持年齡較大的青少年順利過渡進入成人勞動市場。投資在青少年的教育上，有助於人類建立強盛的經濟、包容的社區和充滿活力的社會。

青少年正處於人生最重要的轉折與關鍵時期，在臺灣通常視之爲即將「轉大人」，即將成年，農業時代稱之爲「成丁」，開始要擔負家族任務，此時是最重要的人生成長與學習階段，也是有高度風險的時期。學校教育要確保滿足青少年學習者的身心發展和學習需求，要充分了解青少年的成長與發展狀況，體察青少年的學習心態、個人動機和人際關係，以及與同儕及成年人的相處狀況，學校和教育工作者更應確保學校的教育專業水平能持續精進，以協助青少年在學業、人際、情感、身體、心智健康等

各方面獲得健全成長，進入成人世界後，能成爲具生產力、貢獻性、創發性與負責任的社會公民。

　　青少年是可愛的，但青少年期對個人而言，可能是酸甜苦辣兼有，是美好人生的一個重要歷程。愛爾蘭著名作家、諾貝爾文學獎得主蕭伯納 (George Bernard Shaw, 1856-1950) 曾說：「青春是一種美妙的東西，可惜浪費在年輕人身上」(Youth is a wonderful thing. Too bad it is wasted on the young)，此種觀點是認爲青少年兼有正負向的特質，例如：健康、適應、有活力；另一方面，青少處可能處於危險發展之中，例如：莽撞、叛逆、判斷不佳、喜歡做危險的事、抽菸喝酒，或從事無保護措施的性活動等，因而期盼青少年善待自我，不要虛度青少年期的美好時光 (Halfon, Forrest, Lerner, & Faustman, 2017)。

貳、工業革命與青少年問題興起

　　青少年之所以受到關注與重視，有其歷史背景因素及情境脈絡，在古希臘時代，三大哲學家：蘇格拉底、柏拉圖、亞里斯多德，對近代人類思想具有啓蒙引領作用。蘇格拉底認爲教育就是陶冶心靈的一種過程。教育是促使人類以智慧做思考，從而在道德的牽引下，成爲一個正直、公正的人。蘇格拉底以詰問法 (Socratic method) 做爲教學法，亦即以一個問題回答另一個問題，又稱產婆法，此種辯證模式成爲西方哲學上最重要的資產。柏拉圖與亞里斯多德也都認爲，青少年是理性成長的時期，他們的感受敏銳 (impressionable)，卻也不夠穩定 (unstable)，需要給予適當的教育與保護。柏拉圖與亞里斯多德相信，青少年階段的重心在於努力解決與自然有關的哲學問題，因此，爲青少年提供數學與抽象科學的教育非常重要。亞里斯多德更認爲，青少年需要具備物理世界的實務經驗，青少年應避免接觸腐化的社會事件，以免潛能的發展與成熟狀態受到不良影響，同時社會應對青少年提供必要的保護，並加以適當的掌控 (Lerner & Steinberg, 2009)。

　　可惜希臘哲人的青少年觀點，隨著希臘的沒落而湮沒，直到文藝復興時期，青少年的概念才又日漸受到注意。西方多次的十字軍東征帶動東西

文化交流，民智大開，再加上文藝復興、宗教改革與工業革命，思想啓蒙、經濟發展與社會繁榮，並開啓正式的學校教育。歐洲從 11、12 世紀開始成立大學，義大利波隆那大學、英國牛津大學、劍橋大學、法國巴黎大學先後成立，是歐洲四所最古老的大學，啓動人類思想解放與文明發展。14 世紀至 17 世紀歐洲開始文藝復興運動 (Renaissance)，在哲學、知識、人文、社會、科學、藝術、價值與生活上全面省思與創新，塑造了一個充滿活力與社會蛻變的大時代。

　　歐洲長期以來，除國王統治之外，教會勢力無比龐大，並逐漸腐敗。16-17 世紀，教會先進人士發起宗教改革，反對當時羅馬天主教會的教條、儀式、領導、組織、結構與濫權。馬丁路德 (Martin Luther, 1483-1546) 就是宗教改革主要的領導者之一，他認爲兒童是上帝的小孩，必須讀書識字，以便讀懂聖經，直接與上帝溝通，這是馬丁路德基督教信仰的思想基礎，他大力倡導全民義務教育，尤其是兒童教育，認爲基督教的教育目的是要培養兒童的價值、思想、心靈和良善行爲。馬丁路德的教育論證帶動歐陸義務教育的興起與普及。

　　在 1760 年代至 1840 年代，歐洲由英國開始啓動工業革命 (Industrial Revolution)，過去依賴人力、牲畜、風力與水利的農業，轉變成依靠煤、鐵、機械、鍋爐、火力與蒸氣產生動力，大量製造與生產，工業因而快速發展，促進整體社會繁榮，並導致社會結構性的改變。工業革命產生貧富不均與社會的不公不義，財富逐漸掌握在少數資本家手中，資本家與貴族極爲豪奢，相對地，農村凋敝，工人收入微薄，窮人貧病無依，生活與地位遠遠不如資本家。同時工廠爲節省資本大量僱用童工 (child labor)，兒童在工廠受到不公平對待，待遇差，工作環境惡劣，當景氣不佳時，兒童又成爲首要被裁員的對象。他們的童年被剝奪，難以正常生活，並造成精神、身體、社會和道德上的傷害。在 18-19 世紀的歐洲，與 20 世紀初期的美國，到處都可看到孤苦無助，四處流浪的兒童。

　　直到 19 世紀，工人意識抬頭，工會興起，各界各國開始立法保護兒童，禁止年齡太小的兒童進入工廠，1803 年英國是第一個限制僱用童工的國家，皇家委員會於 1833 年建議，11-18 歲的兒童每天最多工作 12 小時，9-11 歲的兒童每天工作最多 8 小時。9 歲以下的兒童不再被允許工

作。然而到了 1900 年，美國仍然有 170 萬 15 歲以下的童工，直到 1938
年，美國聯邦政府制定「公平勞工標準法」(Fair Labor Standards Act,
FLSA)，才正式立法限制童工，確保年輕的工人能有安全、無危險的工
作環境，並被公平對待。從歷史觀點來看，1890 年到 1920 年期間是屬於
「青少年的時代」(age of adolescence)，因為在這段期間，學者與社會建
構了「青少年」的概念。於此時期，針對青少年大量訂定的強制條款立法
生效，美國幾乎每一州的法律都通過不得僱用青少年的條款，要求青少年
接受中等學校教育。這些立法有兩大明確的改變：(一) 減少僱用青少年及
增加青少年的受教時間，從 1910 到 1930 年，10 歲到 15 歲的受僱者減少
了百分之七十五。(二) 在 1900 年至 1930 年，美國 30 年之間高中畢業生
數量，實質上增加將近六倍 (Halfon, Forrest, Lerner, & Faustman, 2017)。

　　隨著社會的進步，世界主要國家也紛紛制定「童工法案」，限制年齡
在 14 歲或 16 歲以下的兒童不得進入工廠，同時全面性實施義務教育，
兒童停留在學校的時間因而延長。漸漸地在兒童與成年人之間的龐大人口
族群就浮顯出來，他們既非幼弱的兒童，也非成熟的大人，這一族群年
齡大約在 10-20 歲之間。在 20 世紀的先進國家中，這群人多數在求學當
中，部分已開始在工作，但他們卻不若農業社會般地立即擔負社會責任
(Lerner, Brown, & Kier, 2005)。

　　在農業社會，兒童長大自然就成為農村勞力，耕地大都在住家附近，
青少年的概念是不存在的，行為問題也不多見，一般成人習慣以「小大
人」(miniature adult) 對待兒童，社會上只有兒童與成人之分，這種現象
在早期東西方農業社會都是如此。工業革命之後，相關的問題日益增加，
夾在成人與兒童之間的族群迅速增多。工業革命產生很多社會問題，青少
年問題只是其一，失業、犯罪、遊民、偷竊、搶劫、街頭暴力、早婚、性
侵、未婚生子等經常發生，令各國政府困擾不已，有識之士也憂心忡忡，
但青少年應如何界定？年齡範圍為何？如何立法約束青少年的行為責任？
如何消除青少年犯罪？如何對其父母課以罰責？卻也越趨曖昧不明。基本
上，童工法案與義務教育，是青少年問題興起與青少年族群受重視的主
因。

　　到了 18 世紀，當代社會進步與發展的引領者，自然主義大師盧梭

(Jean Jacques Rousseau, 1712-1778) 在《愛彌兒》(Emile) 一書中，最早依照兒童發展與教育的需求，將人生劃分為四個階段：(一) 嬰兒期（5 歲以前）；(二) 未開化期 (savage stage)（5 歲至 12 歲）；(三) 年輕期 (youth stage)（約 12 至 15 歲）；(四) 青少年期 (adolescence stage)（15 歲至 20 歲）。盧梭認為人類各個階段各有不同的發展特徵，需要給予不同的教育方式。雖然盧梭的人生劃分方法目前已不再被使用，但他卻是首位將人生加以階段區分，並指出人生中有年輕與青少年時期的先驅（黃德祥，1994）。

另一位關心青少年問題的先行者，是美國心理學會 (American Psychological Association, APA) 首任會長，也是青少年研究的鼻祖霍爾 (Granville Stanley Hall, 1846-1924)。霍爾本人對青少年的研究貢獻卓著，居功厥偉。他早年所提倡的青少年是不安、壓力與風暴時期的觀點雖未被充分接受，但他對青少年問題的持續關注，促成政府與社會大眾對青少年問題的重視，進而激發青少年研究與輔導工作的蓬勃發展。

霍爾認為人類進化的歷史經歷了四個階段，第一個階段是原始社會 (primitive society)：人類生活在蠻荒社會中，與猿猴近似，以追求生存為首要；第二個階段是狩獵時代 (hunting and gathering)：在此階段中，人類開始過穴居式生活，此時期還未發明或使用文字；第三個階段是農牧社會 (serfdom and agrarian life)：人類的生活開始穩定下來，文明也逐漸進步；第四個階段是現代社會 (modern society)：社會日趨複雜，科學、工業與技術日新月異，文明的進步一日千里，人類生活雖逐漸優渥，但混亂與衝突也不斷發生，兒童與青少年就在重複演化此四個人類祖先的發展歷程。

霍爾基於人種複演的論點，將青少年期視同正在複演現代社會的特徵，因此是處於「狂暴與衝突」(turbulence and conflict)、「風暴與壓力」(storm and stress) 的階段。從此青少年是人生「風暴期」或「狂飆期」的說法廣為流傳，但這種論點並未被廣泛接受，青少年期不必然會有強風暴雨的狂飆現象（黃德祥，2000）。

從第一次工業革命發展至今，人類已有四次不同類型工業革命，第一次工業革命（俗稱工業 1.0）發生在 18-19 世紀，是屬於機械生產時代，主要特徵是以機器代替人力，大量生產。第二次工業革命（工業 2.0）發

生在科學精進和大規模生產的 1960 年代之後，電力充沛，產業發達，農民離開農村，在工廠勞動，成為工人並移居城市，人口往都市集中。第三次工業革命（工業 3.0）是數位革命，大約在 1980 年代之後，半導體、晶片、大型計算機、個人電腦、網際網路、手機、社群媒體 (social media) 普及與深化。第四次工業革命（工業 4.0），正從現在開始！工業 4.0 是將大數據 (Big Data)、人工智能 (AI)、工業物聯網 (Internet of Things, IoT)、行動裝置 (Mobile device)、5G、擴增實境 (AR) / 虛擬實境 (VR) 及網路與實體系統整合，運用電腦演算法，進行智慧導航與自動化系統監測與指引，以及控制機械、機器人及車輛等，亦即智慧製造、智慧倉儲與物流、智慧型消費與配售，甚至智慧化學習、生活與享樂。新近又有「元宇宙」(Metaverse) 概念的興起，網路、行動裝置與線上三維虛擬環境，即將徹底改變人類工作、生產、學習、生活、休閒、娛樂等所有層面。

　　時至今日，青少年身心發展的本質與需求不變，但高度資訊科技與數位網路發展，讓世界各國的政治、經濟、教育與社會進入不同的樣貌，當然青少年也廣受影響與衝擊。青少年已面臨其父祖輩前所未有的嶄新世界，青少年發展的機會增加，但挑戰也增多，既有職業技能容易流失、謀職不易、失業可能性大增、工作挑戰加大、健康受損、人際疏離，以及面臨網路犯罪等新興問題。另外，最為嚴重者是從 2019 年後期開始，全世界爆發了嚴重特殊傳染性肺炎，屬於高傳染性新型冠狀病毒作祟，世界衛生組織 (World Health Organization, WHO) 對其命名為 COVID-19。

　　自從 COVID-19 病毒爆發後，迅速蔓延全世界，至 2021 年底全世界已經有超過 3 億人受到感染，死亡人數超過 5 百萬人，是人類千年一遇的嚴重大流行疾病 (pandemic disease)，至今尚未停歇。各國經濟因而受到重大打擊，人際關係也因此阻隔，學生的學習依賴遠距與視訊教學，對人類經濟、生活、教育、運動、航空、旅遊、衛生、心理等各層面的衝擊及破壞性極大，這也是當前青少年所面臨的新危機與新挑戰。青少年世代有可能長時間需要跟新冠病毒奮戰，也要學習與病毒長期共存，這是新世代青少年的重大難題。所幸人類高度聰明，從過去的黑死病、天花、小兒麻痺、狂犬病、愛滋病，到流感等無數疾病，人類都能一一克服，相信一段時間之後，COVID-19 也能夠完全受到控制或消失，也許貢獻者就是當前

的青少年世代，未來的社會人才。

參、青少年問題與諮商輔導受到關注

　　青少年發展與輔導之所以受到重視，與人類文明進步，以及教會、慈善人士，加上學者專家積極奔走呼籲有密切關聯。20 世紀初期，美國開始工業革命，大量製造與生產的工廠增加，遭遇與歐陸工業革命後相似的狀況，經濟被壟斷，青少年童工受到剝削，甚多流落街頭。一位積極奔走關心青少年問題的社會革新者 (social reformer) 帕慎思 (Frank Parsons, 1854-1908) 挺身而出，積極關心青少年的工作條件與生活處境，致力推動青少年職業輔導運動。

　　在 1906 年至 1908 年年間，帕慎思創立了波士頓職業局 (Vocation Bureau of Boston)，並提出職業諮詢與輔導的原則與方法。他認為職業選擇的原則如下：(一) 清楚地了解自己和自己的才能、興趣、抱負、資源、侷限性及其原因；(二) 了解不同工作領域的成功要求和條件、優勢和劣勢、薪酬、機會和前景；(三) 對這兩組事實之間的關係作真實推理。簡而言之，職業輔導有三大原則：(一) 讓青少年了解自己；(二) 幫助青少年認識工作世界；(三) 讓青少年能與工作世界適配 (Parsons, 1909)。帕慎思的努力與相關輔導理念深深影響爾後青少年諮商輔導的發展，因而被尊稱為「職業輔導運動之父」(The Father of the Vocational Guidance Movement)，或「輔導與諮商之父」(The Father of Guidance and Counseling)。

　　大約相同時期，開創心理學新頁的精神分析理論興起，佛洛伊德 (Sigmund Freud, 1856-1939) 建構了「性心理發展論」(Psychosexual Developmental Theory)。他曾將青少年期描述為性興奮、焦慮，以及有時會有人格困擾的時期。佛洛伊德的理論有三個重心：(一) 相信人類所有心理事件都與生理的生物化學特質有關，尤其與性能力密切關聯；(二) 心理功能可區分為本我 (Id)、自我 (ego) 與超我 (super-ego)。這三者的發展與衝動的表達、現實的思維，以及良心的形成有密切的關連；(三) 佛洛伊德相信所有的行為背後都有其動機存在，很多行為表現是受制於不自覺的潛意識作用。因為潛意識是個人慾求、動機、恐懼與衝突的儲藏庫（黃德祥，

2000）。

　　對青少年而言，佛洛伊德的精神分析理論特別注重「認同作用」
(identification) 對青少年社會化的影響，經由認同作用，青少年可以吸收
他人的特質與價值觀（包括生活中重要的人物或同儕的特質與價值觀），
使自己能深層地感受與他人的相似性與投入程度，有助於青少年的自我發
展。發展中的青少年也可能以英雄人物或明星為認同對象。因為認同作用
可以提升青少年的價值觀，使「自我」得以良好發展，並且有助於「超我」
的提升，當青少年知道為所當為時，新的價值觀或新的人生目標乃形成理
想的自我，並抑制某些不被社會所讚許的行為，這都有利於青少年順利統
合進入成人社會。因此，青少年的認同作用可視為是青少年社會化的重要
心理歷程。

　　精神分析論也特別重視早年生活經驗對個體長大之後成長與適應的影
響，青少年期是成人期的基礎，兒童期又是青少年期的根基，因此，倘若
青少年的適應產生困難，則必須回溯性地探討早年的生活經驗，尤其是人
生的前五年，如親子關係，或戀母與戀父情結是否已經克服等。佛洛伊德
的性心理發展理論認為青少年的心理困擾與衝突可能來自於兒童期慾望無
法滿足或不當表達的結果，性衝動所引發的挫折是主要的問題根源。青少
年由於已進入兩性階段，自我與超我發展日益成熟，對異性興趣增加，也
日漸學會克制自己，如發展良好將有利於成年期的適應。因此，青少年的
性心理發展歷程值得父母與師長的重視。

　　佛洛伊德之後，各種諮商輔導與心理治療理論蓬勃發展，尤其行為
主義 (Behaviorism) 與人本主義 (Humanism) 興起，以及稍後的認知理論
(Cognitive Theory) 相關學者，對青少年行為問題的成因、介入與輔導，
相關研究與論著深入且豐富，形成百家爭鳴的狀況，眾多深層的理論基礎
使青少年身心發展與輔導受到積極關注，對促進青少年的健康成長與發展
助益極大。到了 21 世紀，青少年的權利與福利是各國政府最重視的課題
之一，因為青少年的未來即是社會的未來，青少年的潛能若沒有充分的發
揮，未來的貢獻將低於社會的期待，無法成為有生產力的成人，將耗損社
會的未來前景。

第二節　青少年學習者的意義與特質

　　以歷史觀點來看，青少年的問題獲得諸多偉大先驅領航人的關注與推展，使青少年受到各界的關注，有助於青少年的成長與發展。另一方面，若再以微觀系統且聚焦於青少年個體發展來看，將更有助於釐清青少年的意義、身分與地位，協助青少年在現代社會中站穩明確與積極的利基點。

壹、青少年以生物性開始，結束於社會性

　　地球上所有的生物，都具有「生存本能」(survival instinct)，動物與植物，都有一定的生命年限，貓狗約 15 年，長壽的烏龜，可以活到 100 歲以上，短命的老鼠可能只存活幾個月至一年，有些昆蟲只能存活一天，甚至更短。本質上，不管動物或植物其存活期間都屬有限，所以歸結而言，動植物生存期間就只有兩大任務，一是能夠覓食存活下來，二是能夠交配繁衍下一代，讓遺傳基因得以延續，生生不息。但所有動植物都不一定在剛出生時就具有繁衍下一代的能力，大都要需要經過一段長時間的生長和發育，讓生殖器官成熟，才能開始交配、繁殖。

　　就植物而言，就是能夠開花、授粉、結果，再讓種子發芽、生長。對動物來說，絕大多數屬於有性生殖 (sexual reproduction)，人類亦屬於有性生殖的物種，需要性器官發育成熟，雄性能製造精子，雌性能產生卵細胞，才開始具有生育能力，並且需要雌雄的性器官結合，讓精卵受孕，才能生育下一代（人工受孕或試管嬰兒是特例）。精卵生殖細胞屬於減數分裂，染色體個數減半，受精之後精卵結合，恢復原來的染色體個數。在減數分裂時，每對染色體會交叉，達到基因重組。物種因進化不同，具有繁殖能力的時程均不相同，且因外在生存條件不同有所差異，如近代人類比兩百年前人類，約提早兩年具有生殖能力。

　　人類是高度社會進化的物種，除生存與繁衍之外，另有複雜的社會制度，如婚姻與家庭、國家與政治、教育與文化、法律與規約、道德與倫理等，都是其他動物世界所沒有的社會現象，因此，青少年期起於生物性，生殖器官漸趨成熟，能製造精卵，準備繁衍下一代，但人類社會進化至

今，法令與規範極多，無法如動物般隨心所欲的交配與繁殖，當然青少年受到的社會限制與約束更多，青少年的結束時期也是由社會決定，如在中國與印度，常以結婚作為成人指標。

對個體而言，青少年是生理即將成熟，準備繁衍下一代的時期，個體心理逐漸穩定，思慮廣增，社會互動增加，被賦予需要承擔社會責任。所以青少年是生理、心理、社會等各個層面都面臨巨大改變的階段，在個體整體發展上，是一段全新的人生歷程，一方面充滿熱情、活力、希望、歡欣與喜悅，同時也面臨無數挑戰、挫折、失落、不安與徬徨，是令個體刻骨銘心的時期。在個人的一生當中，再也沒有任何一個階段如青少年時期兼有多重正負向交集的景象。基本上，青少年不論在生理、心理、社會等各方面都有了嶄新的成長與發展，伴隨而來的，家庭、同儕、學校、社會與文化對青少年也有了新的期望、反應與要求。青少年可說是個體內外在同時面臨巨大改變與壓力的轉型期，青少年也是生物、個人、社會、群體、文化、歷史等多元層次組織 (multiple levels of organization) 共同造成的結果 (Arnett, 2014)。

貳、青少年學習者的界定與意涵

中文「青少年」一詞是近代才產生的名詞，但何時開始使用，已經無從查考。在主要的華人世界，如臺灣、中國大陸、香港、新加坡、馬來西亞等社會中，日常生活早已普遍使用「青少年」一詞。在另一方面，中國的古籍中，基本上也沒有「青少年」一詞，古人將「少年」與「青年」分開使用。如《論語・季氏》：「君子有三戒：少之時，血氣未定，戒之在色」（意思是說，君子有三件事要警戒：年輕時，血氣還不成熟，要戒女色）。《史記・淮陰侯傳》中有說「淮陰屠中少年，有侮信者」（意思是淮陰屠宰場裡，有侮辱韓信的年輕人）。在古籍中，「青年」被引用者相對少於「少年」，《王世貞詩》提到：「若過長沙應大笑，不將憔悴送青年」。古時「少」、「少年」、「少者」、「青年」皆屬同義，泛指年紀不大、年輕、年少或未成丁、尚不成熟、未成年之人。在我國法律上，目前仍慣用「未成年」與「少年」兩個名詞。

「青少年」一詞，在一般人的印象中，是指身體開始發育，尚未完全成熟的十來歲年輕人，相當於國中（初中）與高中階段的學生。「青少年期」可說是由兒童期過渡到成人期的橋樑連接階段，在此階段中，個體的生理、心理與社會等各方面都逐漸成熟，尤其性器官與各種性徵，及其他生理器官的發育都非常快速，個體開始具有生殖能力，年齡約在 10 歲至 20 歲之間，相當於國小後期，甚至延續到大學階段。世界衛生組織認為青少年是 10 歲到 19 歲童年至成年之間的生命階段，就是人生的第二個十年，是人類發展的獨特階段，也是奠定身體健康基礎的重要時期，青少年期身體、認知、社會和心理方面同時快速成長，並因而影響他們的感受、思考、決定，以及與外在世界的互動 (WHO, 2021a)。

「青少年」的英文是「adolescence」，衍生自拉丁文「adolescere」，本意是長大、成熟與轉變。就生物性而言，就是即將成熟，具生殖能力，準備繁衍下一代的時期。拉丁文 adolescere 一字中，ad 的本意是「朝向」(toward)，alesere 的本意是「生長」(to grow)，因此 adolescence 一詞包含兩個意義：一是成長 (to grow up)，二是即將發育成熟 (to grow to maturity)。adolescence 後來被用來代表即將成熟 (to be mature) 的年輕人。在另一方面，adolescence 也意味著「即將要進入成年期」(to grow into adulthood)，準備要承擔成人的角色與義務。具體而言，青少年期是指由兒童期過渡至成年期的一個橋樑階段 (a bridge between childhood and adulthood)，同時青少年期被認為是兒童期之外，人生改變最大的一個時期，大約在 10-20 歲（人生第二個十年）之間。

在英文世界中除 adolescence 之外，尚有數個與「青少年」一詞有關的名詞，也常在學術論著及日常生活中被廣泛使用。

一、青春期 (puberty)

「青春期」是與「青少年」一詞經常被交互使用的名詞，華人社會日常生活中目前也普遍使用青春期一詞。puberty 一字係由拉丁文 pubes（陰毛）所衍生而來。通常用來表示個體長出陰毛、體毛、春情發動、性器官接近成熟狀態，並且開始愛慕異性，具有生育能力的一個人生時期。青春期較偏重於對性成熟的強調，不若「青少年」一詞泛指個體各方面的發

展，因此青春期的定義較爲明確與狹窄。

二、青春發動期 (pubescence)

「青春發動期」此一名詞與「青春期」幾乎同義，不過「青春發動期」本意較傾向於生理現象發生的一段時期，就生物體而言，就是「發情期」，或俗話所說「思春期」、「懷春期」、「春情發動期」，也是個體性成熟與生物本能發展的一個較長時期的表徵。

三、十來歲的人 (teenager)

在英文之中，13 (thirteen) 至 19 (nineteen) 之間的數字恰巧都有 teen 的字尾，年齡在 13 至 19 歲的年輕人剛好大約處於青少年階段，故在日常生活與大眾傳播媒體中，普遍以「十來歲」(teenage)、「十來歲的人」(teenagers) 代表青少年。

四、年輕人 (youth)

「年輕人」是指青春、活潑、血氣方剛、年輕有活力的族群，也是泛指未充分成熟、年紀較輕的人。與「年輕人」相對比的則是「孩童」與「老年人」。

五、年紀輕的人 (the young people)

「年紀輕的人」此一名詞與「年輕人」相當，兩者也難以嚴格區分，不過在習慣上，「年紀輕的人」年齡較「年輕人」一詞所指再年少些。這是泛指年齡不高、年紀輕輕、比較沒有人生經驗，尚未成熟的人。

六、青少年人 (adolescent)

英文 adolescence 雖係指青少年，但用詞含有「青少年期」之意，與「兒童」稱爲 children，「兒童期」稱之爲 childhood 相對應，「成人期」則稱之爲 adulthood。在較正式或學術上稱「青少年人」，大都使用 adolescent，多數青少年人就使用 adolescents。

七、即將成年 (emerging adulthood)

由於社會變遷快速，年輕人就學時間增長，就業延後，因此青少年期與成年期模糊性重疊，因此新近英文產生「即將成年」(emerging adulthood) 一詞，本意是新興或新鮮成年人。最初起於阿內特 (Arnett, 2001) 同名新書，該書認為「即將成年」這個時期就是自我探索、不穩定、聚焦自我、情感介於兒童與成人兩者之間，充滿各種可能性的年齡階段。

八、青少年犯罪 (juvenile delinquency)

基於保護青少年，青少年犯罪，通常不被稱為「罪犯」(criminal)。在英文之中，通常以 juvenile（青少年）與 delinquency（不良行為或犯法）兩字來稱呼犯罪的青少年，尤其在法律上對青少年慣用 juvenile 一詞，泛指違犯法律規定、行為不當的年輕人。成人犯罪適用罪刑法定主義，對於青少年則基於保護觀點，有犯罪之虞者，或有高風險、高犯罪可能性者，都會受相關法律規範，對其施以預防性防制措施，如有吸食迷幻藥物、逃學、逃家等曝險行為者。

參、青少年發展的不同層面

一、青少年的不同觀點

(一) 生理學觀點：從生理學角度來看，青少年個體的生理變化，主要來自於父母的基因遺傳、大腦的發展、青春期荷爾蒙、身高與體重、動作技能等的變化，都屬於生理發展的生物現象。嬰兒一出生所具有的男性或女性的外顯生殖器官，稱之為第一性徵 (first sex characteristics)。在兒童期末期進入青春期，青少年生理各方面快速發育，個體原生的生殖器官持續發育，男女生並出現不同的外顯生理特徵，稱之為第二性徵 (second sex characteristics)，如男生長鬍鬚、有喉結，女生乳房發育、有月經等。當個體的生殖系統充分成熟，就結束了青少年期。除了性器官的發育之外，個體的其他生理器官，如身高、體重、骨骼、內臟等也急速的在發育與成熟當中。對女性而言，進入青少年期最明顯的特徵是初經 (menarche) 來

臨，當月經規則化，卵子具有生殖能力時，就結束了青少年期。男性在生理上較無明顯徵兆，但開始有陰莖勃起、夢遺與射精現象時，即顯示已進入青春期。

(二) 心理學觀點：從心理層面來看，青少年是指心智達到一定成熟狀態，具有抽象與邏輯思考的能力，且情緒漸趨穩定。在兒童後期，個體開始能獨立思考，不再依賴具體事物，能客觀認知與運思，在智能的質與量上都有甚大改變時，就進入了青少年階段。認知過程涉及個體思考與智力的變化，如記誦詩詞、解決數學疑難、幻想當電影明星等，都反應出青少年的認知發展趨於複雜化。另一方面，在青少年時期個體的情緒雖有變化，但逐漸趨向平穩與持重，對自我與社會環境的了解也會逐漸深刻。青少年情緒起伏是與他人在情感上、性格上及社會角色關係的變化有關，如可能頂撞父母、使用不當言詞、諸多不滿，這都反映青少年心理發展之內在調適的歷程。整體而言，當青少年個人心智、自我與社會都能充分使用邏輯與抽象思考歷程，並達到成熟、穩定，表現適宜言行，具有解決各種生活問題時，就結束青少年期進入成年階段。

(三) 社會學觀點：社會學家普遍認為，青少年開始於春情發動 (onset of puberty) 或性成熟之時，但何時結束卻由社會標準 (social criteria) 所決定。如前述中國與印度社會通常將已結婚者視為成人，不論他們的年齡有多大。有些社會通常以儀式或慶典的方式認定成人，如中國古代儒家會行「弱冠之禮」，男子 20 歲行冠禮，即加冠，之後可以娶妻。基本上，社會學的觀點認為，青少年具有應付與解決生活及社會問題的能力，並受到社會認可時，就結束青少年期而進入成人期。不過社會的標準為何？因文化的不同而有顯著差異，同時社會標準也會因社會變遷與價值觀念的改變而有所不同，亦即社會標準是浮動的，如近代選擇單身不結婚，或結婚不生小孩，已被社會普遍接受，視同個人自由。

(四) 年齡觀點：青少年年齡的界定是青少年理論研究和青少年輔導工作發展的基礎。目前世界各國普遍以 12-18 歲作為界定青少年的依據，尤其目前兒童與青少年大都在求學過程中，學生入學通常是以年齡為依據，如 6 歲入小學，12 歲國小畢業，同年進入國中（初中），15 歲國中（初中）畢業進入高中，18 歲高中畢業進入大學。各個求學階段的年齡就是

青少年的一個重要指標，習慣上中學階段（含國中與高中）被認為是青少年期。不過隨著一般青少年的日益早熟，以及就讀大學人數的增加，青少年期的年齡有往上與向下延伸的趨勢，因此國小五、六年級開始（約 10 歲）至大學畢業（約 22 歲）都可以視為青少年期。以年齡區分青少年期是最簡單的方式，但卻不能充分反映個體在生理、心理與社會各層面的發展與成熟程度。

二、青少年發展的本質

青少年的發展在本質上具有多樣性的面貌，其成長、改變、發展與成熟的軌跡及情境各有不同的參照面向與切入點。

(一)兼具質 (quality) 與量 (quantity) 的改變

青少年的發展不論是在質與量上都有了重大的改變。如青少年智能的發展雖延續兒童發展的基礎，但在質方面卻有顯著不同，皮亞傑認為兒童期的思考需要以具體的事物為根據，青少年期的思考方式則可以超越具體的事物，作形式與邏輯的推理，思考的質大為精進。同時青少年的思考基模結構也有了改變，會以新的觀點解釋事物，並以新的方式解決問題。青少年的各種能力日益精密與複雜化，都可以視為質的改變。

在青少年的發展上更可以看到量的改變，身高、體重、肌肉、骨骼等量的改變最為明顯。個體腦部細胞量也有所增加，提升個人的思考能力與複雜度。其他如個人體能、力氣、肺活量的增加也可視為量的提升。青少年量的改變不僅是生理方面而已，記憶廣度的增加、人際交往層面的擴大、個人角色的多樣化等，也可視同發展量的增多。

(二)兼有連續性 (continuity) 與間斷性 (discontinuity) 的特質

個體的發展是延續上一個階段的基礎而改變的，同時發展是連續不斷的過程，無法作跳躍式或插入式的改變。青少年階段的各種生理器官的發育也非一朝一夕的改變，通常身高約需三至五年才能達到成人狀態，女性胸部也約需四年才能接近成人狀態。青少年的發展與其他人生階段的發展一樣都具有連續性，只不過在此階段的發展較快速而已。在另一方面，青

少年的發展有時也稍許具有間斷性的特質，如佛洛伊德的性心理人格理論中強調，進入青少年期以後，潛伏期的性心理狀態就消失了，代之而起的是兩性的心理需求狀態。艾力克遜 (Erik H. Erikson, 1902-1994) 也將追求辨識與認定自我當作青少年期的主要發展重點，這都可視爲是發展的間斷現象。

(三)同時兼有穩定性 (stability) 與不穩定性 (instability) 的狀態

基本上，青少年的發展是在質與量日益改變的穩定性方向中前進，儘管發展的質與量和不同世代的青少年並非完全一樣，但朝向成熟的目標是一致的，發展的方向是有一定路線 (course) 與軌道 (trajectory) 爲依循。一般而言，人類物種的生物力量是個體發展的穩定力量。不過在另一方面，因爲青少年各方面的發展是急速的，就如同快速行走的車輛，和其他人生階段的發展相比有較多的不穩定性，容易因爲外在的些微干擾而產生失衡現象。就青少年本身而言，由於對外在感受敏銳，加上內在荷爾蒙分泌不穩定，因此情緒的反應常常十分敏銳與激烈，容易有高低起伏的不穩定狀況發生。

(四)具有共通性 (universe) 與變異性 (variability) 的特質

在青少年的發展上，一般具有頗多的相似性、接近性與共同性。如女性開始有月經，男性會長鬍鬚、喉結等，幾乎沒有人種間的差異。本書往後各章所呈現的各種發展課題，都是以多數青少年的共同現象爲探討重點，特殊與異常的發展現象，只能視爲特別的案例。就整體來看，在青少年共通性發展的特質之下，尚存有極大的變異性，且比人生其他階段的發展更形凸顯，青少年有明顯的早熟與晚熟現象就是例證。有些女性青少年在 10 歲左右就已有初經，有些則遲至 16 歲才有初經；有些青少年在 15 歲左右身高就停止發育，有些人甚至到了大學階段仍在長高。青少年發展的變異是環境、遺傳與個體特質交互作用的結果。

(五)兼有分化 (differentiation) 與統整 (integration) 的功能

青少年期個體在心理與生理上，會由簡單、單純、一般性的形式，轉

化成複雜、精密與特殊的類型，像青少年的道德發展即由兒童期的他律轉向自律。個人對自我與世界的理解也較準確且深入，價值判斷也日益考慮事情的多樣性。青少年的身心功能分化之中，同時也逐漸具有綜合性、協調性與系統性。智能的發展成為道德與價值判斷的基礎，身體功能也成為求學與就業的根基。在面對外在問題與挑戰時，青少年開始能將身心各部分的功能加以組織與統合，以發揮最大力量。

(六)兼有正常發展 (normality) 與易受傷害 (vulnerability) 的可能

青少年的發展容或有快有慢，但多數的青少年會朝著正常的方向發展，青少年本身的生理與心理功能也會趨於正常，人本心理學家就相信個體有往善、向上發展的積極可能。社會結構功能論者 (Structural functionalism) 也相信社會有調節與適應的機制，使社會趨於穩定，並發揮功能。青少年是社會構成的重要族群，多數青少年在發展過程中會正常的發展，使社會繼續發揮功能，甚至會因為青少年的聰明才智與潛能的充分開發，而帶動人類社會的進步。

不過青少年同時也是較易受到傷害的人，他們容易因為父母與師長的一句話，而感到傷痛，也會因為同儕的排擠而傷心欲絕。此外，由於青少年開始嘗試成人世界的角色與行為，難免會遭遇失敗與挫折，他們既不再喜歡兒童的行為方式，卻又不被成人充分的接受，形成邊際人或邊緣人 (marginal person) 的狀況 (Kimmel & Weiner, 1995)。在生理方面，青少年可能因為一次好奇的藥物使用，而形成終身的藥物依賴，也可能因為生理發育較晚，形成自卑情節，更有可能因為尋求冒險與刺激而造成意外傷亡。然而也由於青少年的易受傷害，青少年的輔導工作才顯得極其重要。

三、青少年的主要發展特徵

基於上述論證，青少年整體的發展特徵可以作如下歸納：

(一) 青少年是生理發展的時期 (as a period of physical development)：青少年生理的快速發展是最明顯的徵候，個體外顯的身高、體重、骨骼、內臟、性器官與性徵等生理發育十分顯著，就女生而言，開始有月經，就男生而言，開始會有射精現象，女生的卵子與男生的精子日漸成熟。女生

約在月經出現後二年即具有生育子女的能力。生理急劇發展是青少年期異於其他人生階段的最重要特徵。

(二) 青少年是一個年齡層 (as an age span)：年齡雖不能眞正代表個體的發展與成熟程度，但人類的發展與成熟事實上是受制於遺傳基因的作用，與其他生物一樣，人類個體通常具有生理時鐘，在一定年齡時，即會發育到達某種程度，大約在 10 歲至 20 歲之間個體就會由不成熟發育至成熟。因此，十多歲的年紀就是青少年現象的發展年齡層。

(三) 青少年是一個發展階段 (as a stage in development)：在人生歷程中，會因發展特徵的不同，而呈現階段現象，如嬰兒時期全部需要仰賴父母的照顧，兒童時期開始上學讀書，語文與生活能力日漸增強，老年期則生理機能衰退，生活與社會適應能力逐漸弱化。同樣地，青少年就是個體由不成熟轉變至成熟的一個發展階段，此一階段會持續數年的時間，假如人生有起點有終點，個體的青少年發展階段當然也會有開始與終止之時，雖然不同個體間的差異甚大，但青少年的起始與終止的歷程就是一連串發展的過程。

(四) 青少年是一個轉折期 (as a transition)：青少年是兒童與成人之間的過渡時期，如同橋樑一樣，連接著不成熟與成熟的兩個自我，在此時期各方面的改變都十分巨大，因此可視同人生發展直線上的一個蛻變、轉折、轉型或轉換期，此種蛻變、轉折、轉型或轉換比人生其他任何一個時期都更加廣泛與深入，猶如中國人所說「女大十八變」的含義。

(五) 青少年是一種社會文化現象 (as a social cultural phenomenon)：在原始社會與農牧時代中，基本上是沒有青少年現象，社會上只有兒童與成人兩個族群，當兒童長大就變成大人，如台語所說：「轉骨」、「囝仔轉大人」，表示兒童長大就變成大人，並無青少年的一個過渡階段。青少年的角色、權利與義務大都由社會所決定，何時開始與何時結束對青少年期也有一定的社會標準。社會文化會影響大眾對青少年的看法，工商社會中對青少年問題的重視程度也甚於農業社會。

(六) 青少年是一個關鍵期 (as a critical period)：青少年期具有承先啓後的功能，甚多心理學家把青少年視爲最重要的發展時期，對未來人生的開展具有關鍵性作用。雖然在心理學上常將關鍵期的研究集中於出生後不

久的嬰幼兒與動物上，但嬰幼兒對個體的影響卻是基本的，不若青少年的作用是全面的，甚至影響到個人的婚姻、家庭，以及下一代子女。青少年階段正是性別角色學習與分化的關鍵期，性別角色發展異常者，有可能難以和伴侶發展親密的關係，影響婚姻的幸福與滿意程度。再如艾力克遜相信，青少年是自我辨識與認定的重要時期，在此時期發展不利者，將阻礙以後人生各期心理社會危機的克服 (Erikson, 1968)。

(七) 青少年有一定範圍 (as having a boundary)：青少年在生理、心理與社會等各層面都起了巨大改變，普遍具有一定起始點或界線。雖然青少年何時開始與何時結束有頗大個別差異，甚難認定，但一般而言，青少年成長發育有一定的範圍與界限，並非漫無止境。如在生理方面，開始春情發動，喜歡異性，最後達到生理與性器官的成熟狀態，具有生育能力，可以繁衍下一代。在情緒上，開始想要獨立自主，擺脫父母限制，漸漸達到情緒自主。在認知方面，開始邏輯思考，具有解決問題能力，到後來全方位抽象邏輯思考與自主作決定，並學習謀生技能。在人際上改變最為明顯，焦點開始由父母轉至同儕，增加對同儕友伴的親密度。在社會層面上，開始有家庭、工作與人際角色，最後擁有成人的權利與責任。在教育階段上，大致進入國中，終點在中學或大學畢業。在法律上，開始於青少年法定年齡，最後到達成年法定年齡。青少年整體發展及範圍可以歸納如表 1-1。

(八) 青少年有發展任務 (developmental tasks)：所謂「發展任務」是指個體成長的每一階段都有相對應需要去達成或發展的任務、工作或課業。不同人生階段，個人需要發展一套的技能、知識、功能與態度，以符合社會的期望或要求，經由個體的生理成熟、社會壓力與個人的努力才能讓發展任務達標。能完成或達成階段性發展任務者，才是一位健康或適應良好的人，無法完成發展任務者將會產生焦慮、無能，或不被社會接受。在不同的年齡階段，如幼兒期、兒童期、青少年期、成年期、中年期與老年期，人類各有不同的發展任務內容，不同的文化所賦予個人的發展任務亦不盡相同。根據哈維葛斯特 (Robert J. Havighurst, 1900-1991) 的理論，青少年時期共有九項的發展任務：(一) 接納自己的身體與容貌，並表現適宜的男性或女性的性別角色特徵。(二) 與同年齡的男生及女生發展適當的

表 1-1　青少年的範圍

發展層面	青春期開始	青春期結束
生物	開始進入青春期。	性成熟，具生育能力。
情緒	情緒不穩，開始想要脫離父母的掌控，追求自主。	情緒穩定，與父母分離、獨立。
認知	邏輯思考與抽象推理能力增進。	鞏固高級推理能力的發展。
人際關係	由依賴父母轉向尋求同儕友伴關係。	與同齡層的同儕及友伴有了較親密的關係。
社會	逐漸理解社會的複雜度與運作狀況。	努力與社會互動。
教育	大約是國小高年級或即將進入國中。	高中後期或高中畢業。
法律	仍不具完全行為能力，適用少年事件處理法。	獨立成人，承擔一切公民與法律責任及義務。
時間順序	大約 10-12 歲。	大約 15-18 歲。
文化	仍屬兒童理應受關照。	有各種儀式，認定為大人。

資料來源：Arnett (2014); Steinberg (1999), p. 4。

人際關係。(三) 情緒獨立，不再依附父母或其他成人。(四) 追求經濟獨立，相信自己可以自謀其力。(五) 選擇與準備職業，並試著進入工作世界中。(六) 發展符合社會期望的認知技能與概念。(七) 了解並能努力表現負責任的行為。(八) 為未來的婚姻與家庭作準備。(九) 建立價值體系，以符合現實世界的要求 (Havighurst, 1972)。這些發展任務也可以當作青少年適性輔導的目標或指引。青少年發展任務論雖發展久遠，但至今仍頗具參考價值。

第三節　青少年相關的法律規範

　　法律上對於青少年年齡之認定並無彈性空間，因為法律涉及權利與義務的規範，行為的法律責任，以及有罪、無罪或刑罰的確認。目前世界各國通常以 18 或 20 歲做為成年界線，亦即 18 或 20 生日當天凌晨 12:00 起，

個體就脫離青少年期，擁有一般成人的權利義務，最常見的是擁有投票權，可以行使公民權利，可以抽菸喝酒，擁有駕駛執照，可以自我做主，自我做決定，無需父母的同意。不過，依照我國目前各種相關法律，對青少年的特定行為規範所訂定的法定年齡，並非全然一致，值得父母師長及青少年本身的注意。

一、選舉與行使公民權年齡：20 歲

最顯著之規定是中華民國憲法第 130 條：「中華民國國民年滿 20 歲者，有依法選舉之權，除本憲法及法律別有規定者外，年滿 23 歲者，有依法被選舉之權」。亦即，中華民國憲法將行使公民權的年齡定為年滿 20 歲，再經過三年才擁有被選舉權，這意味 20 歲是國定成人年齡，享有完全行使公民權利義務的年限。

二、承擔刑罰法律責任：18 歲

我國刑法第 18 條規定：「未滿十四歲人之行為，不罰。十四歲以上未滿十八歲人之行為，得減輕其刑」。亦即青少年初期，大約國中二年級以前的所發生的犯罪行為，刑法不加以懲罰。另一方面，14-18 歲未滿減輕刑罰，換言之，滿 18 歲就要承擔所有法律責任，無法減輕刑責。另外，刑法第 63 條規定：「未滿十八歲人，不得處死刑或無期徒刑，本刑為死刑或無期徒刑者，減輕其刑」，亦即未滿 18 歲就不得處死刑或無期徒刑。

三、妨害性自主罪之受保護年齡：14 歲

刑法第 222 條另有一個相對應積極保護青少年的條款是：「對未滿 14 歲之男女犯妨害性自主罪，處七年以上有期徒刑」。顯見刑法對青少年之積極保護意旨，將避免青少年受性侵害的年齡下降至 14 歲，以資加強保護年幼青少年。

四、防範青少年被誘騙性行為或猥褻之受保護年齡：16 歲

另外避免青少年受性侵害有關的年齡是刑法第 233 條所規定的：「意

圖使未滿十六歲之男女與他人爲性交或猥褻之行爲，而引誘、容留或媒介之者，處五年以下有期徒刑、拘役或一萬五千元以下罰金」。

由上可見，刑法對於青少年相關的處罰有三個主要明確的年齡點，分別是 14 歲、16 歲與 18 歲。但在我國刑法中，青少年相關用語均以「未成年人」一詞稱之。

五、民法中之成年法定年齡：20 歲

民法是民眾人身關係和保護財產的私法規範總和，也是日常生活中，個人與群體的一般規範。我國民法第 12 條明確規定：「滿二十歲爲成年」。第 13 條將自然人行爲能力分成三種：「未滿七歲之未成年人，無行爲能力。滿七歲以上之未成年人，有限制行爲能力。未成年人已結婚者，有行爲能力」。換言之，未滿 18 歲的青少年有限制行爲能力，不過一旦結婚，就視同有行爲能力，屬於例外。

六、少年事件處理法之青少年法定年齡：18 歲未滿

現代法律強調罪刑法定主義，青少年的刑罰規定各國都十分明確。我國「少年事件處理法」第 2 條就明文規定：「本法稱少年者，謂十二歲以上十八歲未滿之人」。因此，12 歲以上至 18 歲未滿之人爲「少年事件處理法」適用的對象。亦即個體在 12 歲生日當天，至 18 歲生日前一天就是屬於法定青少年期。

七、兒童及少年福利與權益保障法之青少年法定年齡：18 歲未滿

與少年事件處理法之規定相同，「兒童及少年福利與權益保障法」第 2 條規定：「本法所稱兒童及少年，指未滿十八歲之人；所稱兒童，指未滿十二歲之人；所稱少年，指十二歲以上未滿十八歲之人」。此種法律明確界定的年齡，全無模糊空間。

事實上，因爲世界經濟繁榮，青少年日趨早熟，甚多國家正在考慮將成人年齡下降至 16 歲，如 16 歲即可考汽機車駕駛執照。我國目前已將 18 歲訂爲徵兵年齡與考照年齡，更研議要將投票年齡也下降至滿 18 歲。但同時有些國家或地區卻正在提高青少年的禁制年限，如美國擔心青少年

喝酒容易出事，有些州直接將喝酒年齡提高至 21 歲 (Arnett, 2014)。我國正計畫將抽菸年齡提高至 20 歲，同時也禁止吸電子菸，以保護年輕人身體健康。整體而言，世界上所有法治國家都明確界定青少年的年齡，多數將 18 歲未滿視為青少年、少年或未成年。滿 18 歲即為成年人，開始享受公民權利，也須盡國民義務，並承擔刑罰及其他一切法律責任。

第四節　青少年學習者的發展軌跡與情境

　　人類存在地球已有數十萬年，甚或更久，經由歷史長期進化，人體生理結構無比精密與複雜，人由出生到終老，大致有脈絡可循；人類的一生就是由受孕、出生、發育、蛻變、成長、發展、衰弱、病老、死亡的連續過程。「發展」(development) 蘊含發育、成長、分化、成熟、改變、長大、轉變、蛻變等多重意義。

　　人生是不斷成長與發展的歷程，從胎兒至終老，有一定的特徵與階段現象。基本上，成長與發展是生命歷程變動或改變的模式，但由於遺傳與環境的不同，個體有明顯的個別差異 (individual differences) 現象，加上社會、經濟、種族、文化、性別、年齡和生活方式的不同，深深影響青少年發展的軌道或軌跡 (trajectory)。青少年發展的背景與情境 (context) 又受歷史、經濟、社會、文化與家庭因素的影響，成長並非容易的事，發展也有一定的侷限。因此，青少年的適性輔導需考慮的三大因子即是：(一) 個別差異；(二) 個體發展的軌跡；(三) 成長與發展的情境因素 (Lerner, Brown, & Kier, 2005)。

　　青春期對大部分的個體而言，並不是叛逆、危機、病態、異常的時期，更精確的說，青春期應該是屬於青少年對自己未來發展的評估時期、是決定與承諾的時期、是刻劃一個完全屬於自我青春年少的時期。今日青少年發展的任務與過去年代的青少年差異不大，但成長與發展的情境已有很大的改變，主要是高度科技發展，經濟繁榮，生活富裕與高度享受。青少年的發展涉及諸多的議題與論爭，相關學者著重之處並不盡相同，各引論證，形成不同派別 (approaches) 與理論模式 (theoretical models)。主要爭

論點包括：(一) 發展歸因於先天（遺傳、自然）的因素較多？還是後天（環境、養育）的因素較多？(二) 發展是連續且平穩的？還是間斷且有階段性的？(三) 發展的早期經驗重要？還是後來的生活與學習經驗重要？(四) 在發展上，個體所受生理的衝擊較大，抑或是心理層面？或兩者交互作用？

壹、自然或教養 (Nature or Nurture)

　　遺傳與環境、先天與後天是一般人常用的分類方法，在英文中自然 (nature) 與教養 (nurture) 是兩個相近字彙，語音相似，只差兩個字母而已，因此常常一起被評比使用。自然亦即是先天，教養或養育是屬於後天。個體發展主要受先天的影響還是後天的影響？先天涉及個體的生物遺傳與基因，後天涉及環境與學習經驗。「先天說」的支持者主張，發展最重要的影響是生物遺傳，「後天說」的支持者認為環境經驗是最重要的力量。

　　在心理學上，長期有遺傳重要還是環境重要的爭論，一般而言，精神分析學者與生理學家傾向於認為遺傳比環境重要，行為主義論者則認為環境勝過於遺傳。相關的論爭各有不同的證據，至今未休。目前較客觀的說法是遺傳與環境同樣重要，先天與後天都需要兼顧，但遺傳與環境兩者哪一個的比重較高？猶無定論。在學術上的論述及一般民眾的用語中，自然與先天相關常用的詞彙頗多，主要有：基因、遺傳、天生的、固有的、本能的、內在的、成熟、預先形成的、先天論、命定論等。後天與教養相關常用的語詞有：環境、學習、習得、經驗、經驗主義、教育、社會化、外在的、體驗、習慣養成、經驗傳承等。表 1-2 係自然與教養兩大對應詞彙系統歸納表。

　　自然與先天說的支持者認為人類猶如其他動物會依序的成長，會依照基因順序成長，除非成長與發展的情境因素缺陷、不利、不友善、失能、被虐待、充滿挫敗與失落，否則多數個體成長的樣貌相似。自然與先天說聲稱「基因藍圖」(genetic blueprint) 固定了人類發展的特徵與軌道，使人類生長和發展具有相近的特徵與共通性，如兒童先會走路才會說話，先說單字再來是兩個字，再進而語詞運用。嬰兒期與青少年期成長快速，兒童

表 1-2　自然與養育對應詞句歸納表

自然體系 (nature)	教養體系 (nurture)
遺傳	環境
自然	教育
先天	後天
成熟	養育
基因	學習
生理	心理
固有	習得
本能	教化
內隱	外鑠
命定	經驗
天然的	培養的
生成的	社會化
先天注定	習慣養成
預先成形	後天傳承
基因藍圖	環境藍圖
理性主義	經驗主義
醫療診斷	心理輔導

期前期則較緩慢，女生身高普遍比男生矮。教養與後天論者則強調「環境藍圖」(environmental blueprint) 才是關鍵，環境中所提供的營養、教育與健康、生活條件是主要生長促動力量。青春期由於性荷爾蒙急速分泌，開始有顯著的第二性徵，青少年期後期與成年期初期身體健壯達到高峰，之後體力再逐漸減弱。先天說的支持者承認，險惡的環境與心理上的貧瘠或充滿敵意的環境會抑制成長。然而，他們更相信，人類基本的成長趨勢與遺傳基因互相影響，甚至具主導力量，同時在個人氣質、人格與人生發展上，自然力量超越教養功能 (McCrae et al., 2000)。

　　相對地，教養與後天論者則強調，後天的環境與學習及生活經驗對於個體發展具有決定性作用。個體的生物屬性及先天特質都需要仰賴後天環

境的給予及提供，倘若貧瘠、不足、欠缺、匱乏、窮困、被不當對待，再好的先天遺傳都會使生長與發展停滯，甚至死亡。後天環境包括生物及社會環境兩者，生物環境有：營養、醫療、照護、藥物和身體意外事故；社會環境如：家庭、同儕、學校、社區、媒體和文化等。後天論者最典型的人物是華森 (John Broadus Watson, 1878-1958)，他的名言是，給我一打的嬰兒和我自己指定的世界來撫養他們，我隨機帶一個嬰兒，保證訓練他成為任何類型的專家：醫生、律師、藝術家、商業領袖，甚至乞丐和小偷 (Ormrod, Anderman, & Anderman, 2019)。

貳、連續或間斷發展 (Continuity or Discontinuity of Development)

個體發展的另一個爭論點是，發展是連續性或非連續性？如以個體來看，成長是逐漸以緩慢的方式成長，像一粒種子慢慢長出幼苗，再長成一棵巨大的松樹。另一方面，有些生物是在自我成長中，突然且明顯的改變，像毛毛蟲變成蝴蝶，或如出土的蟬脫殼一般，突然變形。大體而言，自然與先天說的論者認為，發展是一系列不同階段的歷程組合，有明顯的間斷或不連續性。強調教養與後天論者則認為，發展是逐漸且連續的過程。

連續與間斷的爭論，焦點在於發展是逐漸累積的結果，抑或是不同階段的間斷改變？從連續性的角度來看，嬰幼兒發音的第一字，並非是一個突然的、不連續的事件，事實上是歷經數星期和數月的成長和練習的結果。青春期似乎也是突發的、不連續的事件，但本質上也是經歷數年生理成熟，生長與性荷爾蒙分泌逐漸旺盛所導致的生理巨大改變的過程。

另一方面，從間斷性的角度來看，每個人都歷經有秩序、有順序、有階段性的改變，這些改變是質與量的不同，如蠶由蛹變成蛾，毛毛蟲變成蝴蝶時，牠不是變成更大的毛毛蟲，而是變成不同類型的有機體，有機體的發展是不連續的，甚或是異類。嬰幼兒對於這個世界的認知，從無知、不能抽象思考到可以思考，這是發展上的間斷改變，青少年期身高與體重的驟增，也呈現明顯的不連續現象。

參、早期或後期的經驗 (Early or Later Experiences)

　　另一個青少年發展上受爭議的課題是，早期經驗和後來經驗何者為重？兩者對於個體發展，哪一個較具有決定性作用？早期經驗與後來經驗的爭論有很長的歷史，而且持續且熱門的被青少年發展學者爭辯著。

　　在個體出生前幾年，倘嬰兒或幼童經歷壓力或困頓的生活環境，這些不利的早年經驗可以在青少年時期獲得更正，並以較正向的經驗積極發展嗎？或是早期經驗直接影響青少年時期的適應？一些研究者相信，除非嬰兒在出生第一年左右受到後天溫暖的照顧，否則發展將會是不利的。柏拉圖就相信，經常受到搖晃的嬰兒長大後能成為較好的運動員，十九世紀新英格蘭的牧師在禮拜天講道時，常常告訴父母們，他們對待嬰兒的方式將決定兒童未來的性格，牧師強調早期經驗的重要性，並要堅持信仰，因為每個生命都有不可抹滅的痕跡，而心理的特質可以溯源到生命的開端，即父親與母親精卵結合的剎那。早期經驗學說也有彈性，認為嬰兒期之後，個體並非像雕像一樣的永恆不變，發展是會持續下去，像海洋的潮汐一般 (Sroufe, 1996)。

　　後期經驗的支持者主張，兒童和青少年在發展中是可教育、可訓練與鍛鍊的，而且後天細心的照顧和早期一樣重要。很多發展學家將焦點集中在生命全程的發展，而不單單只聚焦在兒童期的發展，他們同意早期的經驗對發展有重要的貢獻，但不像後期的經驗影響重大。即使因遺傳因素呈現憂鬱性格的兒童，也有能力在後天改變他們的行為。在相關的研究中，一群具壓抑遺傳性格的二歲兒童，受到良好照顧後，幾乎三分之一以上，當他們四歲時即不再有異常的害羞或害怕。佛洛依德及精神分析學派的追隨者，相信在個體發展中，重要的經驗是人生前五年與父母的關係，這個說法也支持早期經驗比後來經驗更為重要的論點。相對地，甚多學者並不認同這個想法，認為個體出生後內外在累積的發展資產才最具關鍵 (Baltes, Reese, & Nesselroade, 2014)。

肆、生理或心理的衝擊 (Physical or Psychological Impacts)

　　青少年是人生發展的高峰之一，生理上內外在都大幅度的發展與成熟，外顯的身高體重改變特別明顯；但相對地，青少年的內在心理層面，包括：內在的認知、思考、情緒、動機、慾望、情愛等也都在改變之中，但內隱的成長與改變，除非青少年一五一十主觀說出，外人不易，或不能準確了解青少年的內在歷程。也因此，在青少年時期到底生理的作用較大？抑或心理的衝擊大？學者之間看法不同，甚至有傾斜看法。新近由於醫學與藥物研究發達，相信在青春期，身體和大腦所發生的一些生理變化，對青少年產生的影響與衝擊較大，甚至心理發展需視生理發展狀況而定，身體功能發育健全，特別是腦部發展與內分泌正常，直接關係青少年的心理適應，青少年憂鬱與過動都是腦部神經傳導物質與內分泌失常的反映。因此，對青少年的心理輔導與治療通常力有未逮，甚或績效不彰。與生理層面比較，心理層面的衝擊相對屬於弱勢。然而，這也使青春期成為一個充滿人生機遇的時期，也是一個生理帶動心理發展的時期。然而心理學存在主義 (Existentialism) 卻相信，心理才是人的主宰，認為「存在先於本質」(existence precedes essence)，存在是單純的事實 (the mere fact of its being)，本質是自然 (the nature)，亦即自身的主觀意識（心理層面）不存在，實體（生理層面）也就不存在了。客觀來說，青少年時期就是生理與心理連動，互為作用的時期 (Halfon, Forrest, Lerner, & Faustman, 2017)。

第五節　青少年學習者適性輔導原理與策略

壹、青少年適性輔導的意涵

　　有人類就開始有教育，教育基本上也是助人的活動 (helping activities)，古時候天災人禍特別多，因此宗教應運而生，如佛教說人生苦海無

邊，需要超脫，佛教追隨者眾。基督教要信徒學習整本聖經所啟示的真理，榮耀上帝。前述 20 世紀初期輔導運動興起，加上心理學研究蓬勃發展，為學校注入心理諮商與輔導的概念及策略，強調學校教師應妥善運用諮商與輔導的原理原則，幫助成長中的兒童與青少年。經過一個多世紀的發展，學校諮商輔導工作日趨專業化，與學生朝夕相處的一般教師，尤其班級導師（中國大陸稱之為班主任）仍是學生輔導的主力，具體而言，諮商輔導有五大目標：(一) 自我了解 (Self-understanding)：協助學生了解自己的能力與限制；(二) 自我悅納 (Self-acceptance)：幫助學生喜歡與接納自我；(三) 自我肯定 (Self-assertion)：讓學生肯定自己的價值與尊嚴，有自尊，進而尊人；(四) 自我發展 (Self-development)：開發自己潛能，發揮專長，過有意義人生；(五) 自我實現 (Self-actualization)：實現自己的理想與願望，自我真正充分發展。

隨著生理的成熟，青春期是自我懷疑與喜怒無常的時期，開始會用語言表達自我的能力與價值，也開始意識到父母及社會並不完美，偶爾會粗魯地抱怨父母妨礙獨立，容易懷疑與抵制父母及老師的信仰體系或文化傳統，特別是此時青少年正面對身心成長仍不穩定的自我，又要學習甚多本身不喜歡或乏味的課程與教材，因此，青少年會對自我及環境諸多挑戰，包括：挑戰權威、質疑社會的道德和結構、要求獲得權利、試圖改變學校和教育環境、尋求靈性之路（有組織的或宗教狂熱）、尋找工作、發展人際關係、重新協商家中規則、嘗試性行為、從事危險活動、接觸藥物和酒精等 (Christie & Viner, 2005)。因此在此學習階段為青少年提供適性輔導 (adaptive guidance and counseling) 頗為重要，亦即是專業的幫助青少年學習如何在日常生活與學校教育軌道中，學習解決問題、作決定，並能在思想、情感與行動上積極改變，以便能自我成長、適應與發展。

我國「學生輔導法」採取三級輔導的概念，第 6 條規定推動分工合作的學校學生輔導策略，包括：(一) 發展性輔導 (Developmental guidance)：重點在促進學生心理健康、社會適應及適性發展，針對全校學生，訂定學校輔導工作計畫，實施生活輔導、學習輔導及生涯輔導相關措施。(二) 介入性輔導 (Interventional guidance)：針對經發展性輔導仍無法有效滿足其需求，或適應欠佳、重複發生問題的行為，或遭受重大創傷經驗等學生，

依其個別化需求訂定輔導方案或計畫，提供諮詢、個別諮商及小團體輔導等措施，並提供評估轉介機制，進行個案管理及輔導。(三) 處遇性輔導 (Treatment guidance)：針對經前面介入性輔導仍無法有效協助，或嚴重適應困難、行為偏差，或重大違規行為等學生，配合其特殊需求，結合心理治療、社會工作、家庭輔導、職能治療、法律服務、精神醫療等各類專業服務，進行有效輔導。可見學校一般教師的角色是在推動與執行發展性輔導工作。發展性輔導屬於初級輔導，學生輔導的過程包括：(一) 了解個案背景資料；(二) 分析與鑑定；(三) 建立良好的諮商與輔導關係；(四) 專注、傾聽與探索；(五) 設立行動方案；(六) 約定與承諾；(七) 轉介與社會資源運用；(八) 結束與追蹤等。

　　至於學校輔導的內涵有三大層面：(一) 學習輔導 (learning guidance and counseling)：協助學生有效學習，對學習障礙進行評量與診斷，傳授有效學習方法與策略，提供有用學習資源等。(二) 生活輔導 (personal guidance and counseling)：幫助學生做最佳的生活適應，學習適當的自我情緒管理，建立良好的人際關係，以及協助解決各種生活困擾等。(三) 生涯輔導 (career guidance and counseling)：協助學生做生涯探索，嘗試各種職業試探，了解職涯世界，並作適宜的生涯規劃等。

貳、有效輔導與諮商的條件

　　輔導 (guidance) 與諮商 (counseling) 是一種以語言溝通為主的助人活動。有效的諮商輔導人員應該具備三個要件：(一) 豐富的諮商與輔導理論知識：善用各種科學理論，充分了解學生或當事人 (clients)，預知諮商可能出現的問題，掌握諮商的歷程，並能適當的運用各種諮商技術與策略，為當事人提供最佳的協助。(二) 熟練與良好的助人技術：包括：1. 建立關係的技術：專注、傾聽、同理心、接納、處理抗拒等。2. 溝通的技術：包含語言與非語言的溝通技術，掌握與靈活運用重要的溝通技巧。3. 診斷的技術：能準確的診斷與了解當事人，並能正確探索當事人的問題成因與環境因素，能對症下藥般的協助當事人。4. 激勵與社會影響的技術：解析、自我表露、面質、催化、社會性支持等。5. 管理的技術：能布置有利於諮

商的環境，管理諮商的歷程與當事人的資料，重要的諮商技術有結構化、摘要、結束等。6. 其他重要技術：面對特殊對象時，輔導與諮商老師尚且需要具備相關的技術，如對藥物或網路成癮者的諮商時，需具有鑑別與協助戒斷的可能技術。(三) 良好人格特質：擁有良好人格特質才能催化當事人作積極的改變與成長，如真誠、一致、同理心、開放與信任等要素就是有效諮商的要件，擁有良好人格特質的輔導人員就是激發青少年成長與發展的動力（魏麗敏、黃德祥，2007, 2008）。

參、高階或專業化的諮商輔導

諮商與輔導的原理原則，主要是借助於心理學與心理治療的研究發現。由於人的問題非常複雜，沒有單一心理學理論可以解釋所有人類行為，因此會形成不同的理論派別。目前心理學主要的研究取向和理論觀點有精神分析論 (Psychoanalytic Approaches)、認知觀點 (Cognitive Perspectives)、行為導向 (Behavioral Orientations)、生物觀點 (Biological Perspectives)、現象學與邏輯觀點 (Phenomenon-Logical Perspectives)。國內在「學生輔導法」實施後，學校輔導人力在原有一般教師與輔導教師之外，新增專業輔導人員，不授課，專責輔導學生，重點在於介入性輔導。因此，專業導向的學校諮商輔導，需要深入探討及學習各種由心理學所引領發展而成的重要諮商輔導理論及其諮商技巧。由於目前諮商輔導的理論派別有百家爭鳴、百花齊放之勢，在學生諮商輔導上，採取開放心胸，吸取各家精華，針對個案學生需求，提供適性輔導頗為重要（魏麗敏、黃德祥，2007, 2008）。有效的諮商輔導人員需要接受專業訓練，取得證照，並不斷精進諮商輔導技能，一般學校教師則需多進修與研讀相關諮商理論與技術書籍，協助學生充分發展，並適時做好轉介 (referrals)。目前值得修習與研讀的主要諮商理論觀點及技術或策略如表 1-3 所示。

表 1-3　重要諮商輔導理論及其諮商技巧

諮商理論導向與派別	人格觀點與適性輔導	重要諮商技術與策略
Ⅰ、精神分析法 (Psychanalytic Counseling or Therapy)	精神分析法強調生物決定論，重視個人早年生活經驗。認為人受制於自然法則，驅力、需求、慾望是決定行動的要素。人性是動態的，可以經由意識、下意識與潛意識加以分析與解釋，但潛意識才是人格的主要動力。	傳統的策略與技術有：自由聯想；夢的解析；解析；抗拒的處理；移情與反移情。現代的策略另有：成熟處理法；書寫式自由聯想；反映潛意識中自我負向部分；支持性處遇；大量時間治療法；短期治療法。
Ⅱ、阿德勒治療法 (Adlerian Approach)	人格是個體獨特與一致性的統一體。人有目的導向。人的動力來自於自卑情感的超越。個體有追求成功與卓越的傾向。社會興趣是人格的重心。個體可以創造自我的生活型態。了解個體內在參考架構是了解個體行為的基礎。	基本的技巧有：傾聽與反應技巧；解析；立即性；非語言行為分析；矛盾意向法；面質法；檢核優先次序。特殊技巧則有：創造想像法；掌握自我；角色扮演；按鈕法；麥達思技術；行為代價法。
Ⅲ、個人中心諮商法 (Person-Centered Counseling)	人具有「形成性傾向」與「實現性傾向」的可能，會追求自我功能充分發展。每個人生活在自己的經驗世界之中，「現實」就是「知覺場」。人有目標導向，自我是人格的重心。心理的適應來自於經驗與自我的一致。了解個體要由參考架構著手。每個人都有其價值與尊嚴，有積極向上、向善發展的可能。	主要技術有：專注；沉默；澄清與反映；尊重與接納；真誠與一致；同理心。
Ⅳ、完形治療法 (Gestalt Therapy)	世界任何事物都是一種歷程，有相互關聯性。存有是有機體的根本。人一直在追求完整與美滿。在現實之中，自我實現是核心。人是主動者，有主觀體驗，有自我覺察的能力，並相信人有積極發展的可能。	完形治療的策略與技術最豐富，計有：空椅技術、對話遊戲；誇張；倒轉；穿梭技術；演練；我可以送你一句話嗎；夢的工作；家庭作業；我負責任等。

諮商理論導向與派別	人格觀點與適性輔導	重要諮商技術與策略
Ｖ、理性情緒行為治療法 (Rational Emotive Behavioral Therapy)	人有理性與非理性思考的可能。人可以創造自己有意義的人生，過快樂的人生。人有追求理性生活、自我實現與自我充分發展的可能。人生的本質就具有追求、開發、發展與探索的成分。理性與否是人的問題核心。人因為有了情緒，才顯示人生的意義，人可以因理性的發展與非理性的消除或被替代，而過有意義與快樂的人生，展現良好的行為。	主要的技術有：認知重建，包括：辯駁非理性信念；理性情緒想像；讀書治療；情緒控制卡等。
Ⅵ、交流分析法 (Transactional Analytic Approach)	相信人可以重新決定人生，是反決定論者。人可以相信自己、思考自己、自我作抉擇與表達自己的情感。自我狀態是交流、溝通的基礎。透過辯證歷程可以統整個人思想與行動。人可以經由改變交流類型、改寫人生腳本、重新作決定。	主要的技術有：自我狀態分析；自我圖形分析。其他策略與技術有：質問；面質；解釋；示範；確認；解析；晶體化等。
Ⅶ、行為治療法 (Behavior Therapy)	人所有的行為均由學習而來。人性無善無惡。人的行為受制於環境。人有能力獲得或學習新的行為。個體的行為非持久不變的。人可以自我影響，也影響他人，同時也受他人影響。改變人的行為基本上是樂觀的。	主要的技術有：系統減敏法；角色扮演法；行為契約法；肯定訓練與社會技巧訓練；代幣法；嫌惡治療法；自我管理法。
Ⅷ、現實治療法 (Reality Therapy)	人必須為自己的行為負責。人生取決於個人的抉擇與行動。人的改變是有可能的，但要充分地了解自己的世界。不良適應是對自己及所處世界不負責任的結果。人人有善根，可以成長、健康與發展，人需要了解人生的真諦與認定自我。	主要的技術有：積極性技術；直接教導法；建設性辯論；角色扮演；幽默；支持；解決衝突；控制知覺。

諮商理論導向與派別	人格觀點與適性輔導	重要諮商技術與策略
IX、認知行為治療法 (Cognitive Behavior Therapy)	相信行為問題的產生是來自於個人對外在事物或人生事件的偏差、扭曲、誤解、不當解釋所導致的結果。認知扭曲與偏誤是治療的重點。在治療上，治療者需要主動指導當事人發現問題所在，經由反思問題的歷程，在日常生活中檢驗思考或認知的有效性。	主要的技術有：辨識與檢核思考與信念；行為試驗法；技巧訓練；角色扮演；行為演練；替代或誇大問題治療法。另提供家庭作業，在實務情境中練習。
X、女性主義治療法 (Feminist Therapy)	女性主義療法是一組以女性為焦點的相關療法，認為大多數心理學理論的起源，並不一定切合尋求諮商之女性的需求。諮商輔導需多關注女性的主體性，著重社會、文化和政治原因的探索與解釋。	檢核社會與文化中的婦女境遇，及其所產生的思維與行動。重視與找出生活中及制度上各種壓抑與歧視女性的元凶。自我披露；性別角色分析；權力分析；重新建構等。
XI、家庭系統治療法 (Family Systems Therapy)	將家庭視為一個情感單位，個人與家人的關係網絡密不可分。家庭內的個體適應困難或遇到衝突，家庭整體或成員應尋求專業協助。目的在於協助家庭功能正常化。	自我分化；情感三角形分析；家庭投射過程；多代傳承過程分析；情感截斷；社會情感歷程探討等。

資料來源：魏麗敏、黃德祥（2007, 2008）；Corey (2014)。

☆問題討論與班級活動☆

一、請指出下列各語詞的歷史淵源及其與青少年的關係:「轉骨」、「囝仔轉大人」、「成丁」、「小大人」、「少年」、「青年」、「未成年」。

二、請舉例說明教育及社會發展對青少年身心發展的重要性與影響。

三、聯合國兒童基金會 (UNICEF) 主張當前青少年要在學校、生活和工作中獲得成功,需要具備四種基本技能,請申論此四種基本技能在青少年教育及適性輔導上的意義。

四、請敘述工業革命與青少年問題興起的關聯,並闡述輔導運動之父帕慎思 (Frank Parsons) 對青少年輔導的貢獻。

五、請說明「青少年」的意義與特質,以及對青少年的不同觀點。

六、請說明青少年的本質與發展特徵。

七、影響青少年成長與發展主要有「遺傳」與「環境」、「自然」(nature) 與「教養」(nurture),或「先天」與「後天」兩大類論點。班級可以分成兩組,舉辦辯論會,各選一個主題,論述何者重要?再綜整班級多數人的意見。

八、我國「學生輔導法」採取三級輔導的概念,請說明主要重點及在學校實務推展上有何重要指標?

九、請概述重要諮商輔導理論及其諮商技巧,並說明您最喜歡哪些諮商理論與技術,理由何在?

十、請說明青少年相關法律對於年齡的規定。您主張降低青少年的投票、喝酒與考駕照的年齡嗎?理由何在?

十一、請以個人成長經驗,說明如何度過青春期這個階段?有何感受?愛爾蘭著名作家蕭伯納曾說:「青春是一種美妙的東西,可惜浪費在年輕人身上」(Youth is a wonderful thing. Too bad it is wasted on the young),有何涵義?您認同嗎?

十二、在高科技發展的今天,青少年需要充實哪方面知能?青少年未來可能會面臨哪些新挑戰?

第二章

青少年成長與發展的理論基礎

第一節　青少年發展的科學理論模式

壹、青少年的概念性與系統性理論基礎

　　影響青少年成長與發展的因素非常複雜，不同學者對青少年期發展現象的觀點與論證不一，有些甚至是南轅北轍，論者各自提出不同的「概念性架構」(conceptual framework)，如果一個或一組概念性架構清晰、明確，同時具有系統性、完整性、統合性或實用性，則可視為是一個理論(theory)。

　　青少年發展的理論可以協助我們解析、澄清、反映或驗證青少年行為或發展的事實。青少年發展的理論具有下列四種功能：(一) 描述性功能：能夠描述或說明青少年發展的特徵；(二) 界定性功能：能設定範圍或領域，作為導引探究青少年問題的基礎；(三) 關聯性功能：能夠比較或分析影響青少年發展之重要因素的關聯；(四) 統整性功能：能夠將青少年發展的重要變項加以統整，形成體系，並使之符合邏輯思考程序。

　　然而青少年發展的理論並非真理，也不是恆久不變的，它可以因為出現新的資料與文獻，或有了新的研究發現，而加以重新建構。青少年發展的理論也應具有可驗證性 (testable) 與操作性 (operational) 的特質，關切相關課題的人，可以考驗這些理論的真確性，也可以依照具體、可行的研究步驟驗證理論的可靠性。青少年發展的理論非常之多，因此，保持開放的心胸，多方面比較與分析不同理論觀點的異同是必要的。總之，青少年發展的理論是解釋事件 (events) 與現象 (phenomenon) 的系統性陳述 (systematic statement)，可以作為了解青少年發展與適應的中心思想，以及深入探究相關問題的基礎 (Baltes, Reese, & Nesselroade, 2014; Lerner, 2002)。

貳、青少年發展的主要理論

黃德祥（1994, 2000）曾將青少年發展理論歸納成六大重要的模式：(一) 進化理論 (Evolutionary Theories)；(二) 生物理論 (Biological Theories)；(三) 精神分析理論 (Psychoanalytic Theories)；(四) 學習理論 (Learning Theories)；(五) 認知發展理論 (Cognitive Developmental Theories)；(六) 社會文化理論 (Social-Cultural Theories)。

這六個理論涉及青少年的生理、心理、智能、社會、文化等各個層面的發展，並涵蓋多個相似理論，如進化理論中，包含複演論、生物進化論與發展螺旋論。生物理論主要以田納 (J. M. Tanner) 的生物發展論為焦點。精神分析理論主要有佛洛伊德的性心理分析發展論、安娜佛洛伊德 (Anna Freud) 的慾力再現論、蘇利萬 (Harry Stack Sullivan) 的人際關係論、艾力克遜 (Erik H. Erikson) 心理社會論，以及馬西亞 (James Marcia) 的辨識認定類型論。學習理論主要有史金納 (Burrhus Frederic Skinner) 的操作學習論、班都拉 (Albert Bandura) 所發展的社會學習論、哈維葛斯特 (Robert Havighurst) 的青少年發展任務論。認知發展理論主要有皮亞傑 (Jean Piaget) 的認知發展論、郭爾堡 (Lawrence Kohlberg) 的道德發展論，以及西爾曼 (Robert Selman) 的社會認知論。社會文化理論主要包括勒溫 (Kurt Lewin) 的場地論 (field theory)、米德 (Margaret Mead) 的人類學理論，以及班乃迪克特 (Ruth Benedict) 的社會文化論 (social cultural theory)。

青少年發展的六大理論模式，堪稱經典，至今頗多仍具參考價值，但相對地，隨著青少年問題的受到關注，相關的理論亦蓬勃發展，因此本書在學習理論中新增「訊息處理模式」(Information Processing Model) 與「自我調節學習模式」(Self-regulated Learning Model)，與先前部分學習理論移至第五章。另亦新增青少年適性輔導的核心理論，羅吉斯 (Carl Rogers) 的「個人中心諮商輔導理論」。第五大類認知發展理論中增加維果斯基 (Lev Vygotsky) 的「社會文化認知論」(Sociocultural Cognitive Model)。另

新增第七大類「綜合理論」(Comprehensive Theories)，包括「生態系統理論模式」(Ecological System Model) 與「發展性資產模式」(Developmental Assets Model)。在道德理論中新增「新郭爾堡道德推理論」(Neo-Kohlbergian Approach to Moral Reasoning)，在生涯理論中另增加「希望中心生涯發展理論」(Hope-centered Model of Career Development)，以符應新近青少年的研究趨勢。本書將把部分理論分散於各章討論，有些理論已年代久遠，加以更新或刪除。這些系統性的理論模式有助於我們更深入了解青少年發展的本質與特徵，更能引領我們深入探索青少年問題，增益青少年的福祉（詳如表 2-1 所示）。

表 2-1　青少年發展的重要理論

理論模式	重要理論（一）	重要理論（二）	重要理論（三）	重要理論（四）	重要理論（五）
一、進化理論	複演論	生物進化論	發展螺旋論		
二、生物理論	生物理論				
三、精神分析理論	性心理分析發展	慾力再現論	人際關係論	心理社會論	辨識認定類型論
四、認知與學習理論	認知發展論	操作學習論	發展任務論	訊息處理論	自我調節學習理論
五、社會與道德發展理論	社會學習論	道德發展論	社會認知論	社會文化認知論	
六、社會文化理論	場地論	人類學理論	社會文化論		
七、綜合理論	生態系統理論	發展性資產論			

第二節　青少年發展的進化論與適性輔導

　　青少年發展進化理論主要是假定個體的發展如同動植物一樣，受到自然法則 (natural laws) 的影響，重視生物力量對個體成長與發展的主導作

用，同時也把青少年的生長與發展看成是個體適應環境的一種現象，而生長與發展具有共通性，不受社會文化的影響。青少年發展的進化理論有三個主要的模式：(一) 複演論 (Recapitulation Theory)；(二) 生物進化論 (Biological Evolution)；(三) 發展螺旋論 (Spiral Growth Patterns)。

壹、複演論

複演論是由青少年研究先驅霍爾 (G. S. Hall, 1846-1924) 所倡導，他籲請各界重視青少年問題，貢獻卓著。霍爾認為青少年的年齡約在 12 至 25 歲之間，是人類過去二千年歷史的象徵。霍爾深受達爾文進化論的影響，他相信所有的發展都受到基因決定的生理因子所控制，而環境因素對發展的影響相對較小，尤其在幼兒期及兒童期。然而，霍爾認為環境也會促使青少年期的發展多樣化，比人生早期階段更具影響力。

一、理論重點

基本上，霍爾認為青少年個體的發展受遺傳和環境兩大因素的交互作用，他認為人類進化的歷史經歷了四個階段：(一) 嬰兒期；(二) 兒童期；(三) 少年期 (youth)；(四) 青少年期 (adolescence)。這四個時期就是人類祖先由原始社會進化到工商社會的軌跡反映。個體成長的歷程就是在「仿製」(mimicked)，或「翻版」人類物種進化的歷程，霍爾的論點因此被稱之為「複演論」(Recapitulation Theory)。

霍爾認為嬰兒期就是原始人類的再現，嬰幼兒期就是在重現人種發展初期的「似猴」(monkeylike) 階段，這個時期感官與動作的探索對個體的發展最為重要。兒童期則是狩獵時代的再現，因此，兒童會樂於遊戲活動，作幻想與冒險。少年期約在 8-12 歲之間，它是人種進化中農牧社會的反映，在此時期中，個體的技術學習與常規訓練最為重要，如此才能像農牧時代一樣維持社會的穩定與秩序。青少年期則具有演進到現代社會的特徵，充滿了不安與衝突，也是個體由未開化轉變到文明化個體 (civilized person) 的重要時期，就像人類由農牧社會進化到工商社會一樣，在原始的衝動與人道力量之間，無可避免的會導致相互的激盪與衝突。

　　根據霍爾的說法，青少年期年齡約 12 歲到 23 歲，充滿「風暴與壓力」(storm and stress)，此概念意指青少年期是個動盪不安的時期，充滿矛盾與浮動。霍爾「風暴與壓力」的概念來自當時德國「狂飆突進」的文學運動，如歌德 (J. W. von Goethe, 1749-1832)、席勒 (F. Schiller, 1759-1805) 的小說，在他們的書中青少年充滿理想主義，有目標、有激情、有熱血、有情感，也有革命的承諾。霍爾認為德國作家關心的課題與青少年心理學的發展有相似之處。在霍爾的觀點裡，青少年的想法、感情和行動常在自滿與謙卑、善與惡、喜與悲之間擺盪不定。青少年可能在前一刻態度惡劣，而下一刻又變得很貼心；在同一時刻間，青少年想要獨處，卻在幾秒之後又想要尋找友伴。

　　因此，霍爾相信青少年這個階段具有「矛盾的傾向」(contradiction tendency)，隱含著下列各種相互對立的積極發展與騷亂變異的可能性，包括：(一) 活力與熱情對冷漠與無聊；(二) 歡樂與笑聲對憂鬱與悲傷；(三) 虛榮與自誇對謙卑與羞愧；(四) 理想的利他對自私；(五) 敏銳對冷淡；(六) 溫柔對野蠻。依照霍爾的論點，青少年有極大正向發展的可能性，但也有甚多負向的對應力量，會因青少年本身的努力與社會的配合有不同的發展樣貌。霍爾是青少年研究領域的先驅巨人，霍爾的複演論在青少年發展與輔導上具有下列的貢獻：(一) 開啟青少年研究的先河，使學術界開始重視青少年問題，至今仍廣受尊敬。(二) 把青少年視為人生風暴與不安的階段，促使政府與社會大眾關注青少年輔導工作。(三) 霍爾開始對青少年的發展特徵加以理論化和系統化，跳脫了過往對青少年的論點僅止於主觀推測、文學上的描述與哲學說理。

二、複演論在青少年適性輔導上的應用

　　複演論在青少年適性輔導上具有下列參考作用：(一) 可以把青少年視為人類進化至工商社會的翻版，對青少年思慮欠周的行為表現，應多給予寬容，但對不當行為則不縱容。(二) 對青少年輔導工作者而言，要承認青少年不一定會狂飆與叛逆，但當青少年身心發生重大改變之時，個體總是會有壓力存在，青少年壓力感受也是生物進化當中的一種力量。(三) 應該對青少年身心發展的改變、情緒反應，以及心理波動，加以充分關懷、理

解與支持，讓青少年順利體驗與享受生長的喜悅，再進而積極面對自青春期之後，人生各個時期的壓力。(四) 在適性輔導上，要能協助青少年積極面對發展上的問題，助其一臂之力，使之順利成長。(五) 讓青少年理解，人生每個階段都有不同的問題及困難存在，各項難題起起落落，非唯獨青少年才有，個體通常會以某一個問題為處理的焦點，當焦點問題獲得解決，連帶的其他問題就能獲得解決。(六) 霍爾認為「愛」(love)、「虔敬」與 (reverence) 與「服務」(service) 三者對青少年的身心發展最為重要，更值得青少年教育及輔導工作者參照。

貳、生物進化論

達爾文 (Charles Darwin,1809-1882) 是偉大的生物學家，他的革命性研究，對人類文明發展貢獻卓著。達爾文最大的貢獻在於根據他的觀察研究結果，提出了劃時代的「進化論」(evolution)，或稱「演化論」，聲稱當前的生物都是演化而來，並會代代相傳，適者生存 (survival of fittest)。

一、理論重點

嚴格說來，達爾文並不全然注意青少年的問題，但類推而言，因為環境中充滿了各種危險，食物有限，敵人更多，因而多數生物力求生存與適應，如鮭魚等物種會生產數量眾多的後代，大自然就持續地進行抉擇，生物本身唯有適應環境才能存活下來，物種的生存就是「自然選擇」(natural selection) 的結果，亦即「物競天擇」。從進化論的觀點來看，人類為了要生存，發展出高階思考與推理的能力，逐漸克服環境中的危險，進而主宰了地球。就進化論的觀點而言，青少年時期就是人類「再繁衍的歷程」(reproductive process)，青少年性活動驟增，乃是開始要進行人類種族的繁衍，性活動是極其自然的事，是生物進化的必然結果，也是人類演化的歷程。就像其他生物一樣，要讓人類生命延續下去，就必須擇偶、交配、生產與養育子女，青少年期就是個體開始具有生殖能力的階段。

進化論認為「適者生存」是生物演化的關鍵，生物「絕種」(extinction) 的威脅一直存在著，生物必須努力去作適應，以使物種繼續綿延下去。生

物適應環境的特質會代代相傳，演化是生存競爭中自然淘汰的結果。人類與其他生物一樣，食物與空間等資源有限，只有最適應環境的個體才能生存下來，延續族群。青少年期既然是人類再繁衍的重要階段，因此，青少年的發展與適應也關係著人類的生存與傳承。

二、生物進化論在青少年適性輔導上的應用

達爾文的生物進化論是人類文明進步的創發者，備受推崇，可惜達爾文對青少年問題著墨不多。在青少年適性輔導上，藉助於生物進化的觀點，下列各項適性輔導策略可供參考：(一) 理解青少年時期行為的動力，主要在於要開始繁衍下一代，生物的性衝動被開啓，應開始幫助青少年自我了解生理本能與性的社會條件。(二) 協助青少年理解生物的演化是連續改變的歷程，而非劇烈的改變，因此青少年的生理現象具有共通性。(三) 由於社會資源有限，生物之間的競爭無可避免，學校成績與工作選擇也是競爭的一種表徵，適者才能生存。(四) 要積極協助青少年學習謀生技能，使青少年具有生存能力，避免被淘汰，並能延續生命力。(五) 整體協助青少年為了生存就必須不斷調適、順應、調整與適應，能隨環境變動而改變。(六) 為了後代子孫的健康成長，成人應該有效地協助青少年維護生理健康，使之在婚姻、家庭與生養子女上適應良好。(七) 人類社會與生存環境都不斷地在改變之中，本質上，也是適者生存，但社會應對弱勢青少年特別加以扶持，以維持社會的安全與穩定。(八) 青少年為了生存與繁衍而產生的性活動現象，如對異性感興趣、蒐尋性的訊息、對性敏感度增加、尋求性的體驗等，都需要因勢利導，提供適當的性教育、性諮商輔導、育兒方法與親職教育等。

參、發展螺旋論

葛賽爾 (Arnold Gesell, 1880-1961) 是美國心理學的先驅之一，他慣用觀察的方法記錄或攝錄兒童發展的歷程。葛賽爾根據觀察研究結果，認為個體的成長即是「被遺傳所導引的成熟歷程」，成長具有「律動順序」(rhythmic sequences)，形成了「螺旋狀」，逐步爬升，使個體日益成熟與

精密，因此他的理論稱之爲「發展螺旋論」。

一、理論重點

　　葛賽爾認爲個體的發展是有次序的，個別差異是由「遺傳基因編碼」(genetic coding) 的差異所造成的，環境雖然對個體的發展也會有所影響，但遺傳所導引的成熟才是成長的機制，在有機體成長計畫中，環境的影響力量微乎其微，人類的發展就是依照既有的人類遺傳因子所開展的歷程。

　　發展螺旋論認爲生長具有前進 (forward) 與後退 (backward) 的現象，當兒童獲得了新的發展領域，促使他們向前生長，並且在移動前會加以鞏固 (consolidation)，但在生長歷程中如遇上不利的因素，將會使生長向後退步。基本上，在成長歷程中，由於內在與外在的開展，個體會產生不平衡的狀態，但隨之會以更好的平衡加以克服，因此整個個體的發展，形成前後牽引的律動延續歷程，當成長到達螺旋的中心，個體乃趨近於成熟。葛賽爾的另一項貢獻是詳細且有系統地描述個體在每一個年齡層次的發展特徵，他曾經探討青少年的生理成長、自我關懷、情緒、自我概念、人際關係、活動與興趣、學校生活、道德與哲學等課題 (Newman & Newman, 2020)。

二、發展螺旋論在青少年適性輔導上的應用

　　發展螺旋論於 1940 至 1950 年代盛極一時，甚多家長奉爲育兒聖經，但隨著行爲學派的興起，過度重視遺傳與生物作用的發展螺旋論日漸式微，然而時至今日，隨著遺傳基因科學的高度發展，重視生物遺傳力量的發展螺旋論理論依然對青少年的適性輔導具有深刻意義：(一) 成長是由遺傳所導引的成熟狀態，所以應重視青少年的生理健康，必要時檢查行爲的遺傳因素。(二) 生長是一種規則的自然發展歷程，生長像是螺旋一樣，具有前進與後退的律動現象，因此，在青少年在發展上出現短暫的不安與倒退，無須過度驚慌。(三) 應重視青少年生理保健的重要性，並兼顧後天環境的教養。(四) 青少年也不一定會產生暴亂與麻煩，時間自然會解決個體發展過程中的困擾。(五) 葛賽爾建議父母或師長能使用協助青少年自我與自主規劃的輔導方法，取代情緒化的訓誡方式。(六) 要給予青少年更多的

社區經驗，以協助青少年能獲得獨立所需具備的知識。

第三節　精神分析理論與適性輔導

壹、性心理發展論

　　精神分析理論是心理學研究與心理診療上的第一大學派，對心理學之外的教育、文學、藝術等各種領域亦影響深遠。

一、理論重點

　　佛洛伊德本身是一位醫生，專長是精神醫學，但後來把興趣轉移到精神疾病的診療上。一般來說，佛洛伊德全部的理論涉及青少年發展者所占比例不高，他關注的重點在於兒童早期，不過在他所建構的性心理發展階段與人格三大結構論，影響深遠。佛洛伊德認爲人格有三大結構：(一) 本我 (id)、(二) 自我 (ego) 與 (三) 超我 (superego)。本我是心理能量的泉源，屬於潛意識歷程，是人格最深層的部分，充滿慾力 (libido)，只在追求本能的滿足。本我是人性中最原始、最接近生物本能或獸性的部分，不受現實意識所支配，受制於「快樂原則」(principle of pleasure)。當兒童慢慢長大開始有現實的壓抑時，新的人格結構「自我」即會顯現出來。自我主要在處理現實的需求，是人格的執行部門，力求獲得基本需求的滿足，以維持個體的生存，但會考量現實狀況，自我受制於「現實原則」(principle of reality)。超我是人格結構中的道德部門，是父母管教與社會化的結果，屬於人格的良知意識，監督自我，辨別是非善惡，因此超我受制於「道德原則」(principle of morality)，主要包含自我理想與道德良知兩部分。根據佛洛伊德的說法，人格的發展是以性心理的發展爲基礎，早年的發展影響後期的適應。

　　個體人格發展，依性心理的不同作區別，可以分成五個階段：(一) 口腔期：這時兒童的性快樂來自於身體器官，口腔的吸吮能獲得口腔性慾

(oral erotic) 的滿足，口腔期得不到滿足，會形成口腔滯留期 (oral fixation) 性格，導致長大之後會以抽菸、喝酒等口腔活動來追求滿足。(二) 肛門期：兒童以排便的快感獲得肛門或尿道性慾的滿足，肛門期不能獲得滿足，也會產生肛門期滯留性格，如小氣、殘暴等。(三) 性器期：在此階段中，兒童以對自己器的刺激當作快樂的來源，此時男孩會愛戀母親，女孩會愛戀父親，根據佛洛伊德的看法，同性親子間會有敵對產生，因而在潛意識中夾雜了情感力量，形成男生的「伊底帕斯情結」(戀母情結，Oedipus complex) 與女生的「艾烈克特拉情結」(戀父情結，Electra)，兒童因為怕同性父母的報復，轉而向同性父母的認同，因而有利於性別角色的發展。(四) 潛伏期：這時期性慾力並不明顯，兒童轉而注意身體之外的人際關係，喜歡與同性的兒童相處，這時期的人格發展有助於超我的提升。(五) 兩性期：兩性期開始於青春期，由於性衝動產生，開始對異性感到興趣，佛洛伊德認為這個時期是戀父情結或戀母情結的再覺醒 (reawakening) 時期，青少年的緊張主要來自於性的威脅，因為社會與家庭的性禁忌壓力極大，為了消除性威脅，青少年可能會逃避現實或從家庭中退縮，也會短暫的貶抑他們的父母，當青少年有了同儕關係之後，親子間的衝突才會減緩，在青春期後期親子之間才有可能建立較自主的關係。

　　佛洛伊德另一個重要論點是「自我防衛機制」(ego defense mechanism)，或稱之為「自我防衛機轉」，是一種保護自我的內在作用，避免精神上的慌亂與不安，保護個體免於遭受難以應對的困境與不良思維的影響。其原因在於本我、自我、超我三者有所衝突時，自我會感受到壓力與焦慮，個體為了維持心理的平衡狀態，需要以「自我防衛機制」協調本我、自我、超我三者，以維持人格的統一與平衡。精神分析理論所提出的「自我防衛機制」主要有 12 種，每個人或多或少都有，有利有弊，只要不過度使用，仍有助於個體內心的平靜與安穩。精神分析理論的自我防衛機制如表 2-2 所示。

表 2-2　精神分析理論重要的自我防衛機制

	名稱	意義與界定	事例	屬性
1	壓抑作用 (repression)	個體將意識到的痛苦、挫敗與感受不良的情感,儘量抑制與縮減,想方設法逃避,盡力將不愉快的經驗壓制在潛意識中。	不願意想起親人遭遇車禍而意外死亡的事件;或盡力不去想被拋棄的事件與感情。	逃避型
2	退化作用 (regression)	當個體遭受嚴重挫折或打擊時,行為會倒退至較幼稚或不成熟的階段,以減少焦慮、痛苦或失落。是一種心理時間的倒退。	學齡兒童因考試失敗不想上學,行為退化而再吸奶嘴、哭鬧或尿床。	逃避型
3	否認作用 (denial)	個人無法面對現實,或承認明顯負面的事實,也可能完全拒絕承認或否認某件事已經發生或正在發生。	重大創傷事件的受害者,可能否認該事件曾經發生過,如親人病故。	逃避型
4	投射作用 (projection)	將自己不被社會所接受的行為、人品或感覺,歸因於他人,從而減少焦慮。	考試作弊的考生,反而指稱全班都常作弊。	轉移型
5	代罪作用 (replacement)	個體遭遇挫折或困難時,會以較弱勢的一方作為代罪羔羊,或出氣筒。將有敵對的情緒發洩在較安全的對象上。	一位被公司開除的員工,感到沮喪,回家踢狗出氣;或工作挫敗的先生,對親人家暴。	轉移型
6	昇華作用 (sublimation)	將社會不能接受的衝動,以可以被接受,甚至讚賞的方式表現出來。佛洛依德認為許多偉大的藝術家都是將性或攻擊能量轉至藝術創造上,因而有成。	一個經歷極度挫敗的人,可能會以拳擊作為發洩沮喪的一種方式,進而成為好的運動員。	正向型
7	合理化作用 (rationalization)	是最為普遍的一種防禦機制,似乎人之常情。亦即以「好理由」取代「真理由」,主要有「酸葡萄」、「甜檸檬」兩種自我解嘲機制,前者吃不到葡萄,說葡萄是酸的;後者吃到的檸檬是苦的,卻自稱是甜的,以減少內在不安。	某甲讀不到名校,自嘲名校高學費,是在浪費金錢。某乙讀的學校屬後段,自稱學校的設備完善,人情豐富。	文飾型

	名稱	意義與界定	事例	屬性
8	反向作用 (reaction formation)	為防止具威脅性或危險性的慾望、衝動顯現,行為上表現出相反的樣態,亦即在行為上的表現恰與其內心隱藏的真正動機相反。	繼母對繼子女百般呵護,讓大家讚譽有加,有可能繼母是以濃烈的愛來掩飾心中的不滿與怨恨。	文飾型
9	內化作用 (introjection)	將他人的價值觀與標準融入自我的結構中,亦即吸收別人的價值觀與標準,使之不具威脅性。	戰俘接受敵人的價值觀與作為,為敵人開脫;或受虐子女接受其父母的處理方式。	文飾型
10	替代作用 (displacement)	個體以另一種較佳的方式當替代,以減少內在的不安、痛苦與失落,是處理攻擊、性衝動最好的方式之一。	失婚的女子將全部精力用在工作上,取代失望與不滿的情緒,並進而創造業績。	取替型
11	補償作用 (compensation)	個人在某個領域中受挫或因自身的缺陷、弱點而不能達到目的時,以不同方式加以彌補,以填補失去的信心與自尊。	自己在求學過程中失利的父母,努力栽培子女,以便在家族中炫耀,彌補過去的失意。	取替型
12	認同作用 (identification)	模仿與認同他人,並將他人的標準與理想內化成為人格的一部分,以減少內心的困擾。	喜歡天團偶像的學生粉絲,將偶像的一舉一動,內化成為自己思考與行為的模式。	取替型

資料來源:Bailey & Pico (2021); Bedel (2019); Perry & Metzger (2014)。

二、精神分析理論在青少年適性輔導上的應用

　　藉助於精神分析論的觀點,青少年的適性輔導策略有:(一) 由於沒有人可以完全滿足每一個人生階段的需求,因此要積極疏導青少年的慾求,使之轉至社會所容許的活動上,如運動與繪畫。(二) 應協助青少年自我建立可以抒發能源的管道,如文學、藝術、體育運動等建設性的活動上。(三) 佛洛伊德曾指出「昇華作用」是將性衝動導向社會所接受之方式的積極自我防衛機制,值得在青少年輔導工作上加以引用,引導陷入困境的青少年提升境界。(四) 在青少年發展階段,本我、自我與超我仍然不斷在

衝突、爭戰著，自我包含知覺、學習、記憶、判斷、自我察覺與語言技能等，對青少年而言，它是調和衝動與良心的中心，因此，要協助青少年多體會社會現實，對社會事務更多認識，以使自我的判斷更能切合現實的需求。(五) 超我包括良心與理想自我兩部份，因此有必要為青少年提供良好的楷模，父母、師長或偶像以身作則，將有助於青少年良知與道德的發展，並及早建立個人的理想。(六) 善用精神分析所提出的各種自我防衛機制，如合理化或補償作用，協助青少年度過各種難關，積極面對挫敗。(七) 輔導青少年必須先了解其內在心理，相關的各種自我防衛機轉可以用以檢視青少年的內心狀況，避免被誤導。

貳、慾力再現論

佛洛伊德的女兒安娜佛洛伊德 (Anna Freud, 1885-1982) 是兒童心理分析的創始者，也是在青少年發展與輔導上貢獻卓著的治療者與實務者。安娜佛洛伊德透過對兒童的觀察，將精神分析理論應用在兒童身上，安娜曾提出情緒困擾兒童的輔導策略研究報告，並教育與訓練情緒困擾的兒童及其父母。

一、理論重點

安娜佛洛伊德的理論大致與其父親相似，但她更強調兒童期與青少年期對自我成熟與發展的重要性。安娜認為嬰兒期至青少年期的性心理發展特徵，與其父親的論點稍有不同，她把青少年期視為「慾力再現」(resurgence of libido) 的階段，在此時期青少年由於生物的成熟而增高了性與攻擊能源 (aggressive energy)。青少年開始有性器官情感 (genital feelings)，性目標、性幻想都是「慾力能源」(libidinal energy) 的作用。

安娜佛洛伊德並認為青少年階段因為動態性衝突的結果，會導致負向可能：(一) 本我支配自我：青少年期由於本我能源再度湧現，使得本我力量勝過自我，進而支配了自我，導致青少年期甚至延續到成人期的低挫折容忍力、過度衝動、持續地尋求本我滿足的性格。安娜認為青少年期是一個內在衝突、心理不平衡與變化無常的階段，他們會以自我作為世界的

中心,只顧滿足個人的興趣,不顧他人的反應,並且容易盲目順從與反抗權威,他們顯得自私、物質取向,並且滿懷不切實際的理想,目中無人。

(二) 自我的反應固著與僵化:青少年由於衝突提高,對個人的自我與超我都形成挑戰,自我乃成為一切自我心理防衛的總合,會排斥或否定任何性衝動的存在。由於要壓制本我的存在,自我乃日益固著與僵化,無法因地因時制宜,配合現實需求作彈性變化。也由於此,青少年階段產生了兩種特有的自我防衛轉機:(一)「禁慾主義」(asceticism):禁慾主義乃是青少年對本能的不信任,以及拒絕沉湎於任何形式的快樂活動的心理反應。

(二)「理智化」(intellectualization):理智化作用就是青少年將友誼、愛、婚姻、人際關係,或其他衝突過度予以抽象化與理智化,是一種自我本位現象,基本上是個體以理性、理智或冷酷的方式思考事件,避免直接面對情境壓力,以減少焦慮。比如剛被診斷出患有癌症的人,可能只專注於了解疾病的成因及治癒可能性,以避免痛苦,並遠離身體的惡化情況。此二種自我防衛作用,促使青少年得以克制本能衝動的威脅。

安娜佛洛伊德認為青少年需要解決「本我、自我與超我的衝突」(id-ego-superego conflict),否則會傷害自己,並會有產生神經性症狀。安娜相信本我、自我與超我三者之間獲得平衡是有可能的,多數正常的青少年在潛伏期末期可以發展出適當的超我,自我也能發展良好與強壯,不會過度加以壓抑,罪惡感與焦慮感乃會日漸降低。當自我開始能維持本我與超我之間的平和時,個體就能健康的發展。然而,儘管青少年努力抑制自己、禁慾,並理智的討論、思考與閱讀性相關的題材,青少年的活動仍是以自我為中心,且充滿各種衝突的可能。

二、慾力再現論在青少年適性輔導上的應用

安娜佛洛伊德將注意力擴及到青少年身上,並把青少年期視為是個人慾力再現的時期,在此時期性衝動強烈,本我、自我與超我三者間的衝突升高,使青少年備感困擾,此種論點雖少有實徵性資料加以驗證,但從適性輔導的觀點來看,慾力再現論仍有下列參考價值:(一) 由於青少年慾力再現,個體又無法立即滿足,因此,青少年的衝突、背叛、反抗、壓力仍無可避免,但多數青少年終究會發展順利,因此,青少年輔導工作者或其

師長，可能有必要對青少年一時的衝動或反抗多給予寬容。(二) 青少年因為衝突與反抗可能是自我進行內在調停的一種反應，應給予青少年較多學習與練習的時間，如此才能使青少年有較平靜的心情調節本我、自我與超我之間的爭執。(三) 青少年為克服自我的焦慮，會發展「禁慾主義」與「理智化」的防衛機轉，此兩種防衛機制亦如佛洛伊德的其他防衛機轉一樣，只要不過當使用，它們仍是青少年自我調節的必要心理歷程，可予以尊重。(四) 常見青少年否定快樂的追求、過分理想化、自命清高等現象，成人們也可視之為自然的心理作用而已，無須過度拒斥。

第四節　心理社會理論與適性輔導

壹、理論重點

　　艾力克遜 (Erik H. Erikson, 1902-1994) 創立的心理社會理論 (Psycho-social Theory) 在青少年發展與輔導研究上受到極高的評價，有時也被視為是與精神分析理論有所不同的獨特理論體系。心理社會理論與精神分析理論最大的不同有三點：(一) 心理社會理論重視個體一生的發展，而佛洛伊德的精神分析論，只探討出生至青少年的兩性期發展階段。(二) 心理社會論認為人生的每個發展階段都會遭遇心理社會危機 (psychosocial crisis)，每個階段都對他們的心理與社會成長有所影響，而精神分析理論卻只注重性心理的作用，過度強調個體的生物決定性甚於社會與心理層面。(三) 心理社會論主張社會文化會影響個人的成長，每個人生階段如文化水準、期望與機會都會對個體的發展都有所影響，性、親密與工作對個體會產生交互作用，而精神分析理論卻漠視社會力量，認為個體的潛意識作用與性慾力才是個人生長的主導力量。

　　艾力克遜認為人生的發展可以分為八個階段，每一個階段都隱含了各種社會期望，個人的成長就是每個人生階段中所遭遇的衝突與緊張所導致的結果。個人的緊張起源於個人努力適應社會的需求，但同時想保持個人

的獨特性 (sense of individuality) 與個人意義 (personal meaning)。艾力克遜將每個人生階段的衝突稱之為「心理社會危機」，在危機中個人會面臨危險，但同時也充滿機會，個人如能發展新的技巧，面對人生危機的挑戰，成長就會發生，反之，則會遭遇不利的結果。他認為人生的八個階段是固定不變的，先前階段危機的克服與否，又影響了後期各個階段解決危機的能力，嬰兒期、兒童期、青少年期，以至老年期都存在著生長的挑戰與機會，艾力克遜不似傳統精神分析論的過度重視早年生活經驗的影響。

　　艾力克遜認為一個人的發展階段可以區分為下列八個階段（如表 2-3 所示），這八個階段有大概的年齡層，不同階段各有相對的正向與負向的心理危機，每個階段中並有需要發展的美德 (virtue)，這是在發展良好，克服了心理危機挑戰之後所產生的特質，是個人的基本力量 (basic strength) 所在，每個階段的發展危機都有其特徵，從輔導的觀點來看，每個階段也都有其主要的發展項目。

表 2-3　人類發展的八個階段

階段	年齡層	心理社會危機	特徵	美德	發展重點
I 兒童期	0-1	信任對不信任	1. 信任情感居多，危機就能獲得解決。 2. 信任是自我發展的基礎。 3. 缺乏愛會導致不信任。	希望	親子關係是信任與不信任發展的主要力量。
II 兒童初期	1-3	自主對羞愧與懷疑	1. 父母予以兒童較多自治與自由空間有助其自主、自動。 2. 訓練過嚴或懲罰不當會導致羞愧與懷疑。	意志	兒童需求的關注
III 學前期	3-6	創新對罪惡	1. 容許兒童自由選擇有意義的活動，可以發展其進取、積極特質。 2. 兒童處處受限，不允許做決定，會產生罪惡感與退縮。	目標	兒童需要保有自由與好奇心以掌握環境。

階段	年齡層	心理社會危機	特徵	美德	發展重點
IV 就學期	6-12	勤勉對自卑	1. 兒童勤勉奮勵會滿懷信心。 2. 懶惰消極會導致自卑。	能力	兒童需要學習面對不當幻想，努力完成學業，並獲得成就。
V 青春期	12-20	辨識（認定）對角色混亂	1. 能界定自己，知道人生的意義與方向，自我要能辨識自己與認定自我。 2. 自我不了解，迷失人生方向，不能承擔角色任務即發生混亂。	忠誠	青少年需要獲得自我的獨特感，並學習獲得社會中有意義的角色與地位。
VI 成年期	20-30	親密對孤獨	1. 能與人建立親密關係。被愛、愛人才能克服危機。 2. 不與他人往來則產生孤獨或導致被孤立。	愛	成人需要學習如何愛人與付出愛。
VII 中年期	30-65	活力對頹廢	1. 生活如幸福與充實可以具有生產性，並造福下一代。 2. 如只關心自己或自我關注，將會停滯或頹廢。	關懷	成人需要具有創造力與生產性，包括思想、產品與子女。
VIII 晚年期	65歲以後	完美對絕望	1. 倘若人生有價值的度過，將會有完美的感受。 2. 人生如過度失敗、無助、罪惡、愧疚，將會產生絕望。	智慧	老年人需要滿足於過去的一切，但不迷戀，能肯定一生所做所為。

資料來源：Erikson (1968, 1982); McLeod (2021)。

　　根據艾力克遜 (Erikson, 1968) 的論點，人生在不同階段皆存有心理社會的危機，危機包含危險與機會，發展良好則可以度過危機，成功的進入下一個發展階段；否則會限制了心理社會發展。各個時期都有相對的機會與危機特質，青少年階段更有著八大危機。圖 2-1 係人生各階段及青少年時期並列的心理危機特質，以及對應的性心理及認知發展階段。

　　艾力克遜強調：(一) 自我辨識非自青春期開始，也非在青春期結束，

是整個人生過程都會有的自我狀態，只是在青春期達於高峰，並影響以後一切的發展，青春期的自我辨識甚爲重要。(二) 艾力克遜強調青少年期是一個危機與衝突增加的正常階段，其特性是自我強度不斷的在變動，因

信任 VS. 不信任				暫時觀點 VS. 時間混淆			
	主動 VS. 害羞懷疑			自我確定 VS. 自我意識			
		自動自發 VS. 罪疚		角色試驗 VS. 負向認定			
			勤勉 VS. 自卑	工作見習 VS. 工作僵化			
				辨認認定 VS. 角色混淆			
				性別分化 VS. 兩性混淆	親密 VS. 疏離		
				領導與服從 VS. 權威混淆		活力 VS. 頹廢	
				意識型態承諾 VS. 價值混淆			統整 VS. 沮喪

```
0        1         3          6         12        20        35      60（年齡）
嬰兒期   兒童前期  學前期     兒童期    青少年期  成人前期  成人期  老年期
口腔期   肛門期    性器期     潛伏期    兩性期
感覺動作期        運思前期   具體運思期          形式運思期
```

圖 2-1　人生各階段及青少年時期的心理危機

資料來源：Forisha-Kovach,1983, p.165; McLeod, 2021。

此，自我個體乃成為青少年要求自我辨識的試驗品。在此期間，個體必須建立對自我的認知，以避免角色混淆和自我辨識的混亂。要達到上述目標，個體必須要不斷評估自己的優缺點，並學習運用這些優缺點，以正確認知自己是誰？自己要做什麼？要成為什麼？(三) 在青少年階段，其發展的危機除自我辨識認定與角色混淆外，發展上的危機，尚有圖 2-1 所列七大衝突存在，倘發展良好，個人心理社會可以獲得成功，失敗則不利個人發展。

(一) 暫時的觀點對時間的混淆 (temporal perspective VS. time diffusion)。成功：具有時間觀念，了解生命的連續性，能夠連接過去與未來，以決定完成生活計畫的時間。失敗：希望時間停滯不前，以避免眼前的壓力或藉機擱置未來的計畫，活在過去的回憶和未來的幻想中。某些研究顯示，直到十五、六歲，個體才能發展出對時間的正確認知。

(二) 自我確定對自我意識 (self-certainty VS. self-consciousness)。成功：以過去的經驗建立對自我的信心，相信自己能完成未來的目標。失敗：疏離封閉，不願與人來往，性情孤僻，對於前途無關緊要，對於事情吊兒郎當，不積極。

(三) 角色試驗對負向認定 (role experimentations VS. negative identity)。成功：樂於嘗試不同的角色，不同的人格特質、不同的行為方式、不同的理想、目標和不同的人際關係模式，以獲得自我辨識感。失敗：採取偏激反抗的自我意識，發展過多的內在限制及罪惡感，因循舊制不願多方嘗試。

(四) 工作見習對工作僵化 (apprenticeship VS. work paralysis)。成功：嘗試不同的行業和工作，以決定自己的職業，工作勤奮努力，以求有所成就，完成自我理想的實踐。失敗：缺乏工作及生活的計畫，終日遊手好閒無所事事。

(五) 性別分化對兩性混淆 (sexual polarization VS. bisexual diffusion)。成功：能確認自己的性別及應扮演的性別角色行為，能坦然的與異性相處，尊重異性。失敗：喜歡模仿異性的穿著與舉止，性別角色混淆。

(六) 領導與順從對權威混淆 (leadership and followership VS. authority diffusion)。成功：對領袖及服從有明確的認識，具領導能力，對權威有正

確的認識，不盲從跟隨。失敗：盲目的服從與權威的崇拜或任意的抗拒權威。

（七）意識型態的承諾對價值的混淆 (ideological commitment VS. diffusion of values)。成功：建立與接受社會所認可的價值體系和意識型態。失敗：對社會價值產生不滿 (Erikson, 1968; Forisha-Kovach,1983; McLeod, 2021)。

貳、心理社會論在青少年適性輔導上的應用

　　心理社會發展論是經典的全人與終身的心理學理論，備受讚揚，在青少年教育及適性輔導上頗具參考價值：(一) 心理社會論擴展了精神分析論狹隘的性心理觀，並提供適合各年齡層適性輔導的良好概念性架構。(二) 艾力克遜在他所提出的人生八個發展階段中，認為青少年期是處於自我辨識與認定的時期，這個時期亦即是自我對自己的看法、角色任務的認定與社會地位形成的重要時期，要善加引導。(三) 青少年期發展的危機主要是與辨識自我、認定與認同自己有關，如果個人對自己的了解深刻，知悉個人應扮演的角色，並知道人生的意義與方向，將有助於個人價值體系的形成，使個人的生活哲學得以建立，並使人生具有目標與方向，不至於迷失或產生混淆。(四) 引導青少年個體在此階段中，必須對宗教信仰、性倫理、人生價值等做各種選擇，否則會形成負面的自我認定 (negative identity)，而迷失自己或逃避責任。(五) 青少年也需要辨別是與非、善與惡，以建立自我的「意識型態」(ideology)，並形成自己的價值體系。(六) 協助青少年能順利辨識自己，發展出「忠誠」(fidelity) 的美德，因而能對自己的價值觀產生忠誠與信賴。(七) 協助青少年順利度過辨識認定危機，為自己的角色與身份定位，之後青少年才能發展較穩固的自我定位，不管外界有何挑戰與誘惑，青少年將能相信自己，並堅持有所為與有所不為。如果這時期的心理危機無法克服，就會造成「心理社會遲滯」(psychosocial moratorium)，不利於未來成人角色的適當發展。(八) 社會文化因素或環境條件會影響青少年的發展。犯罪的青少年常是因為所處的環境剝奪了自我認定與辨識的機會，也因此，青少年轉而反抗社會，失去建立自我的價

值觀，欠缺承擔正常的社會角色，「做壞人」乃成為青少年的可能選擇。所以在適性輔導上，要肯定青少年的價值與接納他們的角色，使之能建立自己的身份感與自我信心。(九) 強化青少年克服心理社會危機的動力，幫助青少年順利地往下一個階段發展。(十) 青少年的身心健康發展，主要仍在於本身是否願意努力與付出，以找尋自我、應付危機。成人的引領與社會環境的配合亦有其必要。

參、辨識認定類型論

在眾多延續探討艾力克遜理論與概念的學者中，以馬西亞 (James Marcia) 的研究最受重視，馬西亞的研究也最能反映艾力克遜核心概念「identity」的真正意涵。依照馬西亞的論點，一個能辨識與認定自我或一位成熟認定自己的人，可以從職業選擇、宗教信仰與政治意識形態中的「危機」(crisis) 與「承諾」(commitment) 兩個變項加以評斷，並可以經由此兩個變項，衍伸為四個自我辨識與認定類型。

一、理論重點

艾力克遜認為青少年發展上的心理社會危機是辨識自我、個人身分與定位，或認定自己的危機，identity 一詞向來不同學者有不同界定，即在中文中也有認同、整合、統整、認定、辨別、定位等不同的譯法，考諸艾力克遜的原意，identity 稱之為「辨識」或「認定」似乎較為妥切。

馬西亞所稱的「危機」是指在人生事件的選擇與決定上是否經過一個「主動做決定」的時期，「承諾」是指在個人表現 (individual exhibits) 上投資或投注心力 (personal investment) 的程度。一個能成熟辨識自己的角色與身份，及認定自我的人，即是他能經歷「危機」，並且能對職業與意識形態有所承諾，且全心全意地投入的人。馬西亞依危機與承諾兩個變項將自我辨識分為四個類型：(一) 辨識有成 (identity achievement)；(二) 辨識預訂 (identity foreclosure)；(三) 辨識遲滯 (identity moratorium)；(四) 辨識混淆 (identity diffusion)(Marcia,1980, 1987: Newman & Newman, 2020)。這四個辨識類型及其區分方式如表 2-4 所示。

表 2-4　馬西亞的四個辨識類型

類型	危機		承諾	
	有無	特徵	有無	特徵
辨識有成	○	已解決	○	已下承諾
辨識預訂	×	未曾經驗到	○	已下承諾
辨識遲滯	○	尚在經驗中	?	尚未下承諾
辨識混淆	×	並未經驗到	×	不顯著

資料來源：Marcia (1980), table1.

　　辨識有成類型者係個人在人生事件上曾經歷危機，個人謹慎的衡量各種可能的選擇，解決了辨識上的危機，最後並對自己有所承諾，全心全意的對自己的選擇投注心力，亦即他的承諾是面對不確定 (uncertainty) 而做了抉擇之後的努力與付出。他們有較高的成就動機，也有可能達到成就，主要是因為他們有較高水平的內在心理統整 (intrapsychic integration) 與社會適應 (social adaptation)。個人能清楚的辨識自己與認定自我之後，即能自我接納，有穩定的自我界定 (self-definition)，並且對職業、宗教或政治意識型態能信守承諾，努力投注心力，他們的內在能維持和諧，並能接納自我的能力、機會與限制，對人生目標的追求能建立較符合現實的標準，同時也較不專斷與焦慮，其自我的發展能達到較高的層次。

　　辨識預訂者不曾經歷危機，但對職業與意識型態有所承諾，不過其承諾並非自我追尋的結果，通常是由父母為他們設定或準備的。個人是他人所期盼的結果，從未真正為自己做決定。辨識預訂類型的青少年採取了與父母相同的宗教觀，依循著父母為他們所做的職業抉擇做努力，也較會順從同儕團體。辨識預訂者有較高度的專斷與低容忍度的特質，但也有較高度的順從與循規性 (conventionality)。一般而言，他們的大學生活非常快樂，焦慮也低，可是在壓力與環境變遷之下，他們的適應力差，他們的安定感是來自於逃避改變與壓力，在教育與職業上的抉擇通常早年即做了決定，沒有經過長期的試驗與深思熟慮。在當前事事預定的社會中，社會大眾有較多屬於辨識預定的人。

　　辨識遲滯類型者一直面對著危機，他們很主動地去尋求各種可能的選

擇，但是卻常常不能堅持到底，不曾做過長久的承諾，導致自我混亂、不安、無方向。這類型的人，通常是不合作的人，但在個性上卻較少獨斷性，不過由於經常經歷危機，而顯得焦慮較高，此類型的青少年一般有較寬容的父母。他們在大學的主修常搖擺不定，大學或一般教育的經驗可能並不快樂，容易與權威衝突，他們的危機有時是為了脫離父母的影響。不過辨識遲滯的青少年也有些優點，他們有較充分的機會去發現自己，發展統整感，或終於能對職業、宗教或政治有所投入，他們最後的承諾常常不會偏激，發展通常不可限量，甚至達到了辨識有成的境界。

辨識混淆類型者即是無危機也無承諾者，對職業與人生發展並沒有抉擇，也不關心，既不關切意識型態，也不願去體驗人生的各種可能選擇。他們從外在壓力中「退縮」，對他人的親密度低，也欠缺良好的社會關係。此類型的青少年心理社會的發展情況最差。

二、辨識認定類型論在青少年適性輔導上的應用

辨識認定類型論延續與擴大心理社會論對青少年的關注，其概念在青少年適性輔導上深具意義：(一) 馬西亞最大的貢獻在於探討青少年自我辨識與認定的形成過程，他以「危機」與「承諾」兩個向度為效標，將青少年的辨識與認定區分為辨識有成、辨識預定、辨識遲滯與辨識混淆四個類型，可供教育與輔導工作者在實務上加以檢核。(二) 馬西亞將「辨識」視為青少年的一種自我結構 (self-structure)，此種自我結構是一種動態組織，包含個人內在的驅力、能力、信念與生活歷史，因此，自我是可改變的，也可以往比較適應的情況發展。(三) 馬西亞的理論是經由實徵性問卷調查所形成的，被認為甚具效度，相關類型論可以提供輔導工作者了解青少年發展與適應類型的一個依據。(四) 依照馬西亞的論點來看，青少年在自我追尋上遭遇困擾，對人生、政治、意識型態、宗教等產生懷疑乃是個人投入生活中，全心全意信守承諾的必要過程，只是青少年需要容許與支持的環境，而非事事為青少年做決定，也非讓青少年無所事事，不體驗人生，虛擲光陰。(五) 對於辨識混淆的青少年更需要協助他們全心全意投入學習的環境中，多引導他們辨識與認定自我的各種狀況，並能不斷嘗試為自己做各種的選擇，並在選擇之後努力付出與負起自己的責任。(六) 青少

年的發展與生長雖較艱辛，但倘能給予關懷與愛心，仍有極大可能幫助他們尋找自我，漸趨於辨識有成的狀況，畢竟依照馬西亞的論點，青少年的辨識類型並非一成不變的。(七) 青少年教育與輔導工作者切忌只鑑定青少年的辨識類型，而無進一步的輔導措施。

第五節　社會與道德發展理論與適性輔導

壹、社會學習理論

　　班都拉 (Albert Bandura, 1925-2021) 所發展的社會學習論 (Social Learning Theory)，兼顧認知與環境因素對個體行為的影響，不若其他行為主義者只看重外顯行為，因此，在心理學上有極高的評價，廣泛被各學術領域所引用。班都拉重視認知能力對個體的影響，強調增強作用可以是「替身的」(vicarious)，不必自身受賞罰。直接觀察到他人所接受的酬賞，對個人本身即會發生增強作用。班都拉認為行為是環境與個人的內在事件 (internal events) 交互作用的結果，認知具有中介的作用，單獨的環境因素不必然會產生增強作用。

一、理論重點

　　班都拉基於上述的論點，提出了 $B = f(P \cdot E)$ 的公式，其中 B 是行為，P 代表個人的一切內在事件，尤其是認知狀態（含思考、記憶、判斷等），E 代表環境，即行為是個人與環境交互作用的結果。人在環境制約過程中，具有選擇與自我調整的能力，人具有行為的主動性。班都拉不同意人是被動的受限於環境的論點。觀察 (observation) 與模仿 (imitation) 是學習的主要力量。觀察學習的歷程主要經過四個步驟：(一) 注意過程 (retention process)：觀察者必須注意到楷模的行為；(二) 保持過程 (retention process)：觀察者必須記住楷模的所作所為，並以象徵性的形式，如語言或文字，輸入到個人的自我系統中；(三) 再生過程 (reproduction process)：經由演練或生理的成熟，個體重視已獲得的象徵性符號，指導自己的行為，顯現出與被觀察者相似的行為；(四) 增強歷程 (reinforcement process)：個體顯現出與楷模相似的行為時，外在的增強即可能發生，個體預期的酬賞成為誘發學得之行為的動力。

以青少年女生學習化妝的過程為例，某一女性從小就注意到媽媽每天花不少時間在化妝，尤其外出前必先化妝，媽媽成為楷模，這位女生可能在自己的意識中輸入了：「化妝可以讓女性更漂亮」的訊息，在青少年階段由於開始注重自己的儀表，因此也開始練習如何打扮，當她有朝一日被容許化妝，化妝之後又獲得了他人的讚賞，此一模仿化妝的學習歷程就完成，久而久之使成為一種習慣，如果不化妝反而覺得不自在或不禮貌。所以「觀察」與「模仿」就成為青少年行為形成的主要根源，正當的行為如此，不正當的行為亦是如此。

對成長中的青少年而言，班都拉的理論似乎更適宜解釋他們行為形成的過程，他認為社會增強有四個要素：(一) 績效達成 (performance accomplishments)：是指個人過去的成功經驗，過去事情能夠掌握 (mastering) 的經驗愈多，自我效能愈高，太多的失敗經驗會削弱個人的自我效能。(二) 替身經驗 (vicarious effect)：是個人看到相似他人的成敗所獲得的經驗，相似他人愈多成功的事例，也會增加個人的自我效能，反之亦然。替身經驗或效應有二個主要的方式，一是活生生的楷模 (live modeling)，另一個是象徵性楷模 (symbolic modeling)，兩者都會對個人的行為產生作用。(三) 口語說服 (verbal persuasion)：是經由他人的言語傳達所獲知的個人可能成功程度。口語說服的途徑有建議、訓誡 (exhortation)、自我教導 (self-instruction) 與解釋性干預 (interpretive treatments) 等。解釋性干預是指經由說服、解釋、分析使一個人對某些事情產生信任的歷程。(四) 情緒激起 (emotional arousal)：是指個人的生理被喚起狀態。個人行為表現的同時也伴隨著生理反應，如果有適度的情緒激起狀態，個體對成功的預期會比較高，太低或太高的情緒激起狀態，個人成功的可能性較低。在行為表現時，個體對自己的緊張、心跳、焦慮等可能都具有自我監測 (self-monitoring) 的能力，久而久之生理狀態就成為判斷個人能力與成就水準的線索，進而成為自我效能的一部份。

社會學習論改變行為的策略主要有：(一) 明顯或替身楷模法 (overt or vicarious modeling)：引導當事人觀看實例或替身的例子，包括利用電影、電視或錄影的示範，使當事人學習適當的行為，如筋肉放鬆的錄影對高焦慮者就具有示範效果。(二) 隱性或認知楷模法 (covert or cognitive modeling)：由增加當事人的認知結構或自我效能著手，如提高當事人的信心，使他相信自己有改變的可能。(三) 激發自制力 (enactive mastery)：要求當事人表現先前覺得自己無能的行為，或經由治療者的示範，使當事人發現事實非他想像的可怕，再逐步增加自我控制力與對事情的掌握或駕馭能力，經由試驗而能面對困難，消除恐懼，進而解除不良行為。

二、社會學習理論在青少年適性輔導上的應用

社會學習理論具體反映教育實務上的社會增強與學習效果，頗值得參考應用：(一) 就青少年的輔導而言，由於觀察與模仿是行為形成的主要因素，因此為青少年提供良好的楷模頗為必要。這與中國人所稱「近朱者赤，近墨者黑」的道理相同。(二) 要重視楷模的條件，才能發揮心理影響力，包括：1. 楷模的特質：青少年傾向於向地位較高、較有權力的人模仿，父母、師長是可能被模仿的對象；同儕之中社會地位較高，受同儕評價高的人也容易被當作模仿的對象。2. 觀察者的特質：缺乏地位、技巧與權力的人最容易去模仿他人，青少年由於試著進入成人社會，普遍感覺到地位、技巧與權力的不足，因而模仿的傾向甚高，然而對老年人的模仿傾向就甚低下。3. 模仿的結果：個人模仿他人行為的結果倘獲得酬賞，行為就容易形成，但楷模受到懲罰，有時也具有催化作用，如看到他人車禍喪生的慘況，能促使個人覺得生命的脆弱與可貴，因而走路或開車更為謹慎。(三) 重視個人、行為與環境的交互作用，良好與不良行為的形成過程相同，因為不良功能的行為也是社會學習而來的，而非疾病，是個人、行為與環境交互作用的結果。(四) 改善青少年的偏差行為需要綜合檢視個人因素（包括認知與神經生理功能）、行為因素（尤其是過去受增強的行為經驗），以及環境因素（包括人際關係與社經地位等）的影響，在預防或矯治青少年的偏差行為上，也必須顧及此三個層面。(五) 善用各種社會學習策略，引導青少年改善行為，班都拉認為人的行為具有目標導向，他

對個體行為的改變是持樂觀的態度，同時也相信人可以控制自己的行為。(六) 要對青少年輔導抱持積極樂觀態度，「不信春風喚不回」是社會學習論的重要啟示。

貳、道德發展論

郭爾堡 (Lawrence Kohlberg, 1927-1987) 所建立的道德發展理論 (Moral Development Theory) 風行已久，本質上是以認知歷程作為個體道德推理 (moral reasoning) 的基礎。郭爾堡的理論也深受皮亞傑認知發展論的影響，他認為道德推理是與智能成熟相切合的歷程，因此，郭爾堡的道德發展論也被視為認知發展論的一種。

一、理論重點

道德 (morality) 係指行為的標準或準則，也是個人判斷是非善惡的依據。郭爾堡從認知觀點探究道德判斷與道德推理的改變情形。他認為道德改變的核心在於正義概念 (concept of justice) 的轉變，為了實際考驗道德的改變，郭爾堡設計了一系列道德兩難 (moral dilemma) 的複雜故事，在故事中顯現個人利益 (personal interest) 與社會公益 (social good) 之間的衝突，然後要兒童與青少年依據道德兩難的故事判定主角的善與惡。經由不同國家的調查結果，郭爾堡提出了道德發展的三層次六階段論（如表 2-5 所示）。

郭爾堡的道德發展層次理論提出以後，曾做了稍許修正，因此各階段的特徵在不同書籍中有不同的引申，但基本上仍包括三個層次 (levels)、六個階段 (stages)。不過郭爾堡本人認為也有第七個階段存在的可能 (Kohlberg, 1981)，在層次二與層次三之間另有一個轉折層次 (Transitional level)，在此層次中，發展的層次接近循規後期，但尚未原則化 (principled)，選擇仍是個人與主觀的，常視情緒而定，對責任與道德的善與惡仍然採武斷與相對的看法。

郭爾堡的道德發展論雖然也如皮亞傑的認知發展論一樣，認為早期的發展是後期發展的基礎，但各層次及各階段並沒有明確對應的年齡。根據

表 2-5　道德發展的層次與階段

層次與階段	特徵	行為動機	判斷的依據
層次一	循規前期 (Preconventional Level)		
階段一	懲罰與服從導向	逃避懲罰而遵守規範	行為是否受到獎懲
階段二	個別工具性目的與交換導向	為獲得酬賞與互利而表現	行為結果對自己與他人之利益
層次二	循規期 (Conventional Level)		
階段三	保持良好關係與獲得讚賞	避免他人反對或不悅而遵守規範	權威人物的讚賞與否
階段四	權威維持的道德	避免受到法律制裁	行為是否違反社會法律規定
層次三	循規後期 (Postconventional Level)		
階段五	民主契約的道德	為贏取社區的尊敬而遵守規範	契約的規定與共識
階段六	普遍的倫理原則	避免良心自責而遵守規範	共通的倫理原則

資料來源：Newman & Newman, 2020; Santrock, 2018, p. 408。

郭爾堡的多國兒童與青少年的研究結果顯示，成年人達到第六個道德發展階段者不到 5%，在過去的調查資料中，16 至 17 歲的工人及中產階級男生的道德發展在第二至第四階段之間，20 歲以後才能達到第五個階段，受試男性的道德發展即依據一定階段而發展，無法跳躍，也不會倒回較低階段。通常個體的年齡增加，道德發展層次也會提高 (Kohlberg, 1981)。

　　美國的青少年多數達到道德循規期，他們道德判斷的基礎在於重要權威人物的讚賞與否，他們的道德具有保守性，因為他們常在乎別人對他們行為的看法，但也由於此，青少年的道德推理會根據他們的次文化規範與價值作考慮。隨著青少年形式運思能力的發展，道德發展也可以達到第四個階段。青少年會考慮抽象的社會規範與社會體系所界定的責任與義務，而較年長的青少年會依循法律與社會規範行事 (Rest, Narvaez, Bebeau, & Thoma, 1999)。

二、道德發展論在青少年適性輔導上的應用

從郭爾堡的道德發展論可以獲知道德推理與道德階段是青少年道德發展的核心，因此在適性輔導上具有下列意涵：(一) 青少年道德推理能力的發展與智能發展密切關聯，甚至相當，在教學實務上應多專注青少年整體發展狀況。(二) 道德發展具層次與階段之分，前後層次與階段具次序性，在教學實務上應循序漸進。(三) 多數青少年的道德發展到達循規期，並以權威人物的讚賞為基礎，青少年且有維持法律與秩序的意願，可以多加因勢利導。(四) 郭爾堡在建構發展道德理論時，亦同時關注道德教育的問題，傳統重視訓誡與教條的道德教育，郭爾堡認為效果有限，道德兩難與困境教學較為有效。(五) 郭爾堡認為良好的道德教育應重視共通的正義原則，並使兒童與青少年能親身體驗，才能提升兒童與青少年的道德發展層次。(六) 郭爾堡認為良好的道德教育是要刺激兒童與青少年有更高一層次的道德發展。為了達到此目的，道德教育可以經由呈現人生重要問題的道德衝突，並用更高一層次的問題解決策略，激發青少年道德推理與判斷的發展。(七) 郭爾堡相信多數兒童與青少年願意努力去達成更高層次的道德發展境界，多數學者也相信，讓兒童與青少年討論道德兩難問題是有效的道德教育方法 (King & Mayhew, 2002)。(八) 教師多與兒童和青少年探索道德問題，也有助於兒童與青少年的道德發展。道德教育不能徒托空言，必須要有激勵與催化，才能使兒童與青少年的道德發展層次提高。師生的互動、學校教育的民主化、社會的正義等皆和兒童與青少年道德發展密切關聯。(九) 教育與輔導工作者除能以身作則，當兒童與青少年的表率外，並應給他們較多體驗道德情境與兩難問題的機會。郭爾堡過去的研究發現臺灣青少年道德發展較美國學生遲緩，顯示國內的道德教育尚需做更多的努力。此方面問題將於第八章中做更深入的闡述。

參、社會文化論

維果斯基 (Lev Vygotsky, 1896-1934) 在蘇聯時代所倡導的社會文化理論 (Social Cultural Theory) 在蘇聯解體之後，才在西方社會受到重視。維果斯基像皮亞傑一樣，相信兒童能主動建構知識，尤其特別強調社會互動

在認知發展過程中的作用。

一、理論重點

　　維果斯基認為社會文化對個體學習的影響深遠，個體外在社會學習先於內在認知發展。維果斯基理論的中心思想有三：(一) 兒童及青少年的心理發展及認知技巧與社會文化密切關連。(二) 認知技能可以透過文字、語言及談話形式等加以了解，並改變心智歷程與心理活動。(三) 認知的功能來自於社會關係及社會文化情境，母親與兒童的互動及語言扮演最重要的角色。

　　維果斯基提出著名的「近側發展區」(Zone of Proximal Development, ZPD) 的論點，認為兒童自己獨自表現所能達到的能力水準，與經由別人給予協助後，可能達到的能力水準，兩者之間的距離或差距，就是「近側發展區」(ZPD)。換言之，ZPD 亦即是兒童在成人指導或同儕友伴合作下執行任務的能力，與其獨立解決問題的能力之間的差距區塊。根據維果斯基的理論，由於兒童學習有 ZPD 存在，因此給予學習者適當與適時的協助，包括成人的協助或積極互動等，有助於兒童在此區域中的智能成長，亦即社會支持對學習者的認知發展具有促進與激勵作用，個體學習效果即發生在這個區域。維果斯基也將這種得自於成人或同儕的社會支持與激勵，稱之為「鷹架作用」(scaffolding)，猶如我們蓋房子過程中，需要利用鷹架建造房子一般，鷹架作用就是支撐兒童學習方向與效果的扶持力量。

　　另一方面，在學習過程中，維果斯基也認為兒童需要有「知識淵博的其他人」(The More Knowledgeable Other, MKO) 相伴，學習者需要有理解層次更好、較高，或整體學習能力較優的他人協助與拉抬，亦即是 MKO。這個人可以是師長、成人、教練或友伴，甚至是計算機，以及其他輔助工具。維果斯基的理論頗具創意，與西方其他認知學者主要在強調個體自主認知發展有所不同。

　　此外，維果斯基重視學習者在共享經驗中，行動和互動的社會文化背景。根據維果斯基的說法，人類使用言語和寫作等從文化發展而來的工具，能調節個體與社會環境的聯結。維果斯基強調社會互動在認知發展過

程中具有重要作用，親子互動，尤其母親對嬰兒說話，對促進嬰兒認知發展，具有積極作用。維果斯基也重視語言的角色功能，意識和認知是語言所內化而成，也是個體社會化和社會行爲的歷程，兒童將言語內化，形成「內在言語」，進而內化形成更高層次的思維技巧。維考斯基強調分析及探討兒童及青少年的心理發展後，他們的認知技巧是可以被了解的，認知技能可以透過熟悉文字、語言及談話形式而改變心理活動。因此認知的功能是源起於社會關係及社會文化的背景，再者同儕友伴在學習任務上的共享與社會互動，有助於青少年的認知發展 (Newman & Newman, 2020; Santrock, 2018)。

二、社會文化論在適性輔導上的應用

　　維果斯基的論點看中社會文化對個體發展的影響，異於傳統心理學家將焦點放在個體身上，因此在青少年適性發展上有頗多可參考應用的價值：(一) 根據維果斯基的近側發展區及鷹架理論，顯見社會文化因素對學習的影響，因此，應注重青少年學習者的學習環境及相關人物的安排。(二) 維果斯基注重師徒制，並由有經驗的學習者作先前引導，對後來學習者即具有積極的幫助效果。(三) 要注重協同教學，發揮教學功能，目前有研究顯示，協同教學方法對於數學、科學和語言的學習尤其有效。(三) 在學校、文化機構，甚至工作場域中，師徒制相關的學徒訓練，頗有助於改善學習者認知的發展，展現教學效果。(四) 充分開展 ZPD 與 MKO 的功能，因爲學習者的工作經常超出他們的能力，需要 MKO 助其一臂之力。(五) 維果斯基強調社會建構主義 (Social Constructivism) 在教育上的應用，亦即學習是社會建構的過程，友伴和成人都是兒童發展過程中的積極推動者與建構者，教師對孩子學習的干預是必要的，但師生互動的質量至關重要。(六) 推動互惠教學，使教師和學生之間的互動對話，能發揮教學相長的效果。教學時可將學生組成學習合作小組，同學間互利互惠，同儕互動會轉換成個體的內在心智歷程 (intramental process)，有助於提高學業成就。(七) 在閱讀方面，教師可以根據學生所提出的問題，確定他們的理解水平，進而在教學中採用提問策略。由於學生逐漸發展學習技能，在互惠教學中，利用社會互動的原則，老師和學生之間也可以角色互換，輪流當

老師。(八) 維果斯基最重視「高級心理功能」的發展，認爲人類心理發展是通過人際互動和在特定社會文化環境（即語言、文化）中採取的行動而顯現的。高級心理功能是通過這些互動而發展，也代表了一種文化中的知識共享，此一過程即稱之爲心智內化。(九) 關注學習者的學習狀況與內化作用，兒童的語言發展和思維發展與社會關係及文化內化有關，當青少年學習者學習出狀況時，必須要仔細的檢視他們早期及晚期的認知發展變化。(十) 除了社會文化因素及重要他人對學習成就的作用外，維果斯基也肯定輔助工具的重要性，因此在教學與學習上相關的字典、電腦、圖書、地圖、網路等資源也應該充實與豐富化。

第六節　青少年個體學習與成長理論及適性輔導

心理學的研究推陳出新，百花齊放，但早期心理學家奠定的基礎，仍具經典參考作用，傳統心理學被認爲有三大勢力 (Three forces)，第一大勢力是以佛洛伊德 (Sigmund Freud, 1856-1939) 爲先鋒的精神分析論，第二大勢力是以史金納 (Burrhus Frederic Skinner, 1904-1990) 爲領袖的行爲主義，第三大勢力是人本主義心理學，以羅吉斯 (Carl Rogers, 1902-1987) 爲代表。這三大理論基礎除前述佛洛伊德之外，本節將分述史金納的行爲發展與改變理論，以及羅吉斯的人本諮商輔導理論，期盼在青少年適性輔導上有大師的指引，有理論基礎可資依循。

壹、操作增強理論與適性輔導

學習與行爲改變理論的派別甚多，各領風騷，史金納的操作增強理論是行爲學派或行爲主義 (Behaviorism) 的先驅，開創心理學的新局面。史金納的行爲與改變論點，聚焦於操作增強 (operant reinforcement)，將青少年的行爲與人格視爲學習的結果，而青少年所處的環境則塑造與修正了青少年的行爲。史金納的學習理論並不關心遺傳與生物力量對個體成長的影響，相反的，史金納的學習理論著重於青少年對環境變遷的反應能力。

依照操作學習理論的觀點來看，青少年是一個具有彈性與適應力的行為體系，若環境有所改變，反應類型亦隨之改變，因此，青少年成長的歷程就是一個學習的過程。

一、理論重點

　　史金納相信個體的行為是有規則的 (lawful)、可預測的 (be predicted)、可控制的 (be controlled)，他重視環境對行為的影響，提出 B = f(E) 的公式，亦即行為 (B) 是環境 (E) 的函數，環境是在選擇有機體的行為，人受制於環境。人的一生都是處在學習的環境之中，在生活中，人並非事事如意，有些帶來滿足，有些帶來痛苦，獲得滿足的行為會得到增強 (reinforcement) 或強化，生活中無數的增強作用聯結而成，乃形成個人習慣或以一定方式對外界作反應。

　　史金納認為某一個反應的「立即增強作用」(immediate reinforcement) 是操作增強的基本原理所在，個體先「做了」(does) 某些事情，然後受到環境的「增強」，隨後相似行為發生的可能性增加，此種過程即是「操作制約」(operant conditioning) 的學習歷程，亦即個體「操作」(operates) 環境，因而產生了一些效果，經由增強的系統性作用，使得反應的頻率與可能性增加，增強作用促使個體行為「重複」表現。史金納的行為論與巴夫洛夫 (Iva Pavlov, 1849-1936) 古典制約學習論有所不同，史金納認為在操作制約的歷程中，個體的行為是「自發的」(emitted)，古典制約學習論則將個體的行為視為是「被引發的」(elicited)。複雜的行為是「連續接近」所形成的，先前受增強的行為，容易再發生 (Skinner, 1974; Smith, 2002)。

　　史金納的學習理論在青少年發展與輔導上除了上述可以幫助我們了解個體行為形成的過程之外，當青少年行為產生偏差或表現不好的行為時，更可以利用此一理論加以塑造、矯正或治療。後來的一些行為矯正 (behavior modification) 或行為治療 (behavior therapy) 的理論與技術，甚多是以操作增強論為基礎所發展而成的。就史金納本人的理論而言，他相信個人的行為是受制於環境的，因此青少年行為是可訓練的、可教育的與可控制的。當個體趨近於團體，團體進而對個人產生了控制，但個人也可以轉而控制環境，操弄某些變項，以使外在環境符合個人期望。「社會控制」

(social control) 與「自我控制」(self-control) 就是改變與塑造個人行為的二個重要力量，在青少年輔導工作上深具意義 (Feist, 1985)。

二、操作增強理論在青少年適性輔導上的應用

　　史金納認為社會控制的方法非常多，但其基本運作歷程主要有四種技術，可在青少年適性輔導上運用：(一) 操作制約 (operant conditioning)；(二) 描述行為後果 (describing contingencies)；(三) 剝奪與飽足 (deprivation and satiation)；(四) 身體限制 (physical restraint)。

　　操作制約又可區分為：(一) 積極增強；(二) 消極增強；(三) 嫌惡刺激 (aversive stimulus)；(四) 去除積極增強物等四種，後二種即是「懲罰」(punishment)。積極增強是對青少年表現良好的行為或符合社會期望的行為時給予獎勵、讚賞、表揚、酬賞等的控制方式，如學生成績良好頒發獎狀，並給予熱烈掌聲，或附帶給予獎品等。消極增強就是停止讓個體感到不舒適、痛苦或嫌惡的刺激，以強化個體的行為，犯人獲得假釋就是例子，青少年犯罪被判保護管束，倘行為表現良好，可以提早停止執行亦是消極增強的一種，因為假釋或免除刑罰的執行都可讓個體身心得到滿足。嫌惡刺激是將會使行為者感到不安、痛苦、不滿足的刺激直接置於其身上的增強方式，父母的體罰、教師對學生的記過就是這種增強方式的使用。去除積極增強物也會讓行為者有不良的身心感受，如青少年不聽管教沒收其電動玩具、禁止上網等都是。父母與教師可以交互運用這四種方法以控制或掌控青少年的行為。

　　描述行為後果的技術是告知行為者「增強作用的後果」(contingencies of reinforcement)，描述行為後果的方式有語言、文字、圖片等不同方式。目前一些政府告示、法律規章，甚至廣告都可視為是描述行為後果的方法，它們充斥於我們的生活中。這些描述行為後果的方法並不能完全成功，但卻有助於良好行為的自發性反應，它們也不能完全改變個人的「內心」，但卻可改變環境，進而影響個人。

　　青少年的行為也可以使用剝奪與飽足的方法加以改變，剝奪與飽足的技術主要是在改變行為者的內在環境，如青少年禁吃零食（剝奪增強物），則他吃正餐的慾望就會提高。飽足法則正好相反，行為者對某一增

強物已得到滿足，將不致表現出不當的行為，如政府供給人民充分的福利與參政管道，則此政府比較不會被推翻；供給兒童充分的玩具，則他比較不會淘氣或耍賴。社會控制的另一種方法就是身體限制，如監獄用來限制壞人，或居家裝鐵窗限制外人侵入即是事例。由於身體限制是限制身體自由的一種方式，因此使用上需要謹慎。

至於個人自我控制的方法，史金納亦提出幾種技術：(一) 身體限制；(二) 物理協助 (physical aids)；(三) 改變刺激 (changing stimulus)；(四) 飽足；(五) 嫌惡刺激；(六) 替代法 (doing something else)。

自我控制的身體限制法與社會控制上的身體控制相當，即限制自己的身體，避免接近不當增強物而產生不良行為，例如生氣中的個人可以咬緊牙齒以防出口傷人。肥胖者遠離冰箱以防食慾大增。物理協助則是借助於物理器材，像工具、機器、財務資源等控制自己，如中國古時句踐臥薪嚐膽即是著名例子。

改變刺激是將刺激物加以改變，或調整環境變項的技術，例如，要專心讀書的學生需要關掉電視，想戒菸的人需要遠離香菸、打火機、菸味等。另外，自我控制的飽足法也可使用類似社會控制的飽足法，讓個體自我飽足，以減少對刺激物的需求，如戒菸者可以吃口香糖，以讓口慾需求得到飽足。嫌惡刺激法在自我控制上的應用則是使刺激物變得令人厭惡，以免除個人不當的行為表現，如肥胖症者每日照鏡子，以迫使自己努力節食。

替代法則只適用於自我控制，不適用於社會控制，替代式的自我控制乃是以另一種刺激作為替代，以避免原有刺激引發不良行為反應，如遭遇喪親之痛的人，可以用忙碌的工作替代悲痛的心思，避免觸景傷情。史金納所提出的社會控制與自我控制的方法重點在於改變或調整環境，使個體的不當行為得到抑制或限制，進而引發適當的行為表現，這些行為策略在青少年輔導工作上極具應用價值 (Newman & Newman, 2020; Skinner, 1971, 1974)。

參、個人中心諮商輔導理論與適性輔導

在精神分析與行為學派風行之時，羅吉斯在 20 世紀 50 至 80 年代初開發出一種全新的以人性為前提，以存在主義 (Existentialism) 為哲學基礎的諮商與治療模式。根據羅吉斯的觀點，在諮商與心理治療中，諮商治療師的共鳴理解、接納和尊重所形成的溫暖的諮商關係，當事人自我了解和自我實現的可能性就會發生，經由反映 (reflection) 和澄清 (clarification) 當事人的想法，能為當事人人格發展搭建成長的舞臺，協助當事人能夠更清楚地看到自己，並與真正的自我進行密切的接觸。隨著輔導的進展，當事人解決了衝突，重新組織價值觀和生活方式，並學會了如何解釋自己的想法和感受，從而獲得積極成長與改變。

一、理論重點

羅吉斯個人中心理論 (Person-centered Approach) 最初被稱為「非指導性諮商」或「非指導性心理治療」(non-directive counseling or psychotherapy)，通稱「非指導學派」，強調諮商與治療師要建立鼓勵性的氛圍，避免給予建議、提供解釋、幫忙做決定，或參與行動。諮商師不對當事人提供任何指導與做決定。最後做決定的權力在當事人。後來此種學說也稱為「當事人為中心的心理療法」(Client-centered psychotherapy)，也是以當事人為本，以良善諮商關係為基礎的諮商療法，是人對人的關係，而非助人者對被幫助者的關係。

羅吉斯相信個人想要「成長」(growth)，需要有一個為他們提供真誠（開放和自我表露）、接納（被無條件積極看待）和同理心（被傾聽和理解）的環境。

當事人和諮商治療師之間的關係是以人為中心，尊重個體的價值與尊嚴，關係是平等的，諮商治療師不需要具備任何特殊的技能或知識，也無須診斷和蒐集個案的背景歷史資料。

羅吉斯認為，人是錯綜複雜，且獨一無二的。羅吉斯明確提出了諮商的六個核心條件，是以人為本諮商輔導與治療的六個要素：(一) 諮商治療師和當事人必須有心理上的接觸，討論內心的感受。(二) 當事人應該感覺

到他們的行為與他們的感受並不一致，並在情緒上感到不安。(三) 諮商治療師參與到這種關係中，並真正意識到自己的感受。(四) 諮商治療師應該對當事人具有無條件的積極情感，不評判他們，而是重視與關注他們。(五) 治療師應該對當事人的內部參照架構 (internal frame of references) 有一種同理心的理解。(六) 治療師應該對個體和他們遭遇的困難給予無條件的積極關注 (positive regards)，當事人同時也能感覺到 (Rogers, 1951, 1961)。生活中倘若欠缺這六大要素，人際關係和健康人格就不會得到應有的發展，就像一棵樹沒有陽光和水分就不會生長一樣。羅吉斯重視人類的基本動機是在於具有自我實現的傾向，亦即人有「向上」與「向善」積極發揮自我的潛勢 (potentials)，達到我們所能達到的最高水平，並處於存在與和諧的狀態。自我實現就是有機體基本的期盼，努力加以實現，並維持增強的動力。羅吉斯反對精神分析和行為主義的決定論，認為我們的行為是由我們對自己情況的感知方式所決定，由於沒有人能夠知道我們是如何感知的，我們才是自己最好的專家 (Rogers, 1951)。

「成長」是羅吉斯重要的概念，有成長趨勢與動力的人，就是心理健康的人，會具有下列特徵：(一) 接受所有的經驗，包括那些新的經驗。(二) 以存在主義的方式生活 (existential lifestyle)，在這種生活方式中，每一個時刻都得到了讚賞，並且活得充實。(三) 個人有越來越多的選擇自由 (freedom of choice)。(四) 具創造性和適應性，且不一定要順從。(五) 在與他人往來時具有可靠性和建設性。(六) 傾向於過豐富、充實的生活 (living a rich, full life)。

羅吉斯與人本主義心理學強調個人在塑造其內部和外部世界中的主體作用。羅吉斯認為，人類是積極的、有創造力的人，要生活在當下，亦即此時此刻 (here and now)，只關心當下的關係、感知和情況。羅吉斯的人格發展理論的形成是為了強調自由意志和人類善的潛力。但當個體成長與適應出現問題，當事人須負責改善自己的生活，而不是諮商治療師。這是與精神分析和行為療法的一個全然不同的境界，在精神分析和行為療法中，病人是需要經過醫生診斷和治療的。

當事人成長與改變的力量來自於諮商治療師的三大核心條件：(一) 真誠、一致性、真實 (congruence, authenticity, genuineness)；(二) 敏銳的

同理心 (accurate empathy)；(三) 無條件的積極關注 (unconditional positive regard)。個人中心的治療根據真誠、同理心與尊重三個基本的原則運作，這些原則反映了治療師對當事人的態度。同理心 (empathy) 最為關鍵，能理解當事人的內在世界，諮商治療師敏感地、準確地，理解當事人當下的經驗和感受，但不是同情。諮商治療師和當事人是尊重與平等的夥伴，而不是專家在治療病人。基本上，羅吉斯認為人需要成長與改變，倘若要成為適應良好或功能充分發揮的人 (fully functioning person)，需要有下列的條件，這也是諮商輔導的目標：(一) 個人必須將自己視為與眾不同的人。(二) 需要充分地接納自己與他人的情感。(三) 能更自信與自我導向。(四) 更能成為自我所希望變成的人。(五) 知覺能更有彈性，較少頑固。(六) 能調整更適合自己的現實目標。(七) 行為更有成熟度。(八) 能改變不良適應的行為。(九) 更能接納他人。(十) 更能對內外在自我有關的資訊開放。(十一) 能以建設性的方式改變基本的人格特質（魏麗敏、黃德祥，2007, 2008; Corey, 2014; McLeod, 2014)。

肆、個人中心諮商輔導理論在青少年適性輔導上的應用

嚴格說來，個人中心諮商輔導理論並非單以青少年為對象，但它的理論與技術影響深遠，已成為諮商員教育 (counselor education) 與諮商實務 (counseling practices) 最重要的培訓教材與應用指南。在青少年適性輔導上，有頗多可資運用的策略：(一) 在青少年輔導上，要尊重青少年的價值與尊嚴，彰顯青少年的積極層面。(二) 致力與青少年建立關係，表現真誠、善用同理心與無條件積極關注。(三) 把諮商的責任置於當事人的身上，讓當事人自我探索與自我做決定。(四) 進入當事人的「內在參考架構」之中，理解他們所面臨的困難，促進個人成長和發展，消除或減輕痛苦的感覺。(五) 增強青少年的自尊心和對經驗的開放性，加強當事人對自己的了解，只有當事人對自己有足夠的了解，才能有效達成諮商與治療的目標。(六) 運用情感反映法 (reflection of feelings)，重複當事人所分享的感受，讓當事人知道諮商與治療師正積極地傾聽和理解當事人所說的

話，讓他們有機會進一步探索自己的感受。(七) 成為青少年的鼓勵者 (encouragers) 與催化者 (facilitator)，可運用的詞句或短語，如「嗯哼」、「繼續」、「還有什麼？」、「你覺得呢？」等，都能有效地鼓勵當事人面對自我與思索個人有關的困擾、害羞、內向、害怕和脆弱等問題。(八) 配合新近發展的相關理論，如「積極心理學」(Positive Psychology)、「接納與承諾治療法」(Acceptance and Commitment Therapy) 等，促進青少年的幸福感、快樂、靈性、愛、感恩、復原力等積極特質的發展。

第七節　社會文化論

社會文化論者大都由社會環境 (social environment) 來思考青少年的問題，因此特別強調社會文化對青少年發展的影響。而社會文化論又可分為三個主要派別：(一) 場地理論 (field theory)：代表人物是勒溫 (Kurt Lewin, 1890-1947)，此一理論主要在於分析青少年發展與生活空間的關聯，認為青少年的發展是生活空間的擴展。青少年通常會遭受較多的環境壓力，因為青少年常漂浮於成人與兒童世界之間。(二) 人類學理論 (anthropological theory)：此一理論乃從人類學的觀點探討青少年發展的特徵，尤其著重於比較不同文化間的青少年發展現象，主要代表人物是美國著名人類學者米德 (Margaret Mead, 1901-1978)。(三) 社會文化論 (social cultural theory)：代表人物為班乃迪克特 (Ruth Benedict, 1887-1948)，此理論認為個人的發展是大社會組織的產物，社會就是由社會角色所組成，唯有在社會與文化中，青少年的發展才能顯示出意義。此理論重視社會文化對青少年的影響。

壹、場地理論

勒溫的場地論主張，所有的行為都必須由場地 (field) 的角度去加以了解，所有的心理學概念都必須以數據表示。

一、理論重點

　　場地論的主要概念包括：能源、緊張、原子價 (valence)、距離、界限 (boundaries)、圍繞 (enclosure) 等。其主要的法則是 B ＝ f(LSP)，所謂 B 是指行為，LSP 是代表生活空間 (life space)，亦即行為是生活空間的函數。個人的生活空間包括需求、慾望、意圖、對未來的看法，以及各種情緒等，即心理與生活的全部，每個人的生活空間都可以分成不同的區域。個體不同發展階段、不同性別、不同職業會有不同的生活空間。勒溫主要依照拓樸學 (topology) 方法分析生活空間的特徵。勒溫認為在嬰幼兒時期，生活空間單純，目標與原子價也非常少，隨著成熟與經驗的累積，生活空間就分化成不同的區域，但每個人需要去組織各個區域，並使他們顯示出意義。由於個人與環境因素並非靜止的，因此，生活空間也不斷在改變當中。如果個體的改變緩慢，將生活領域各個區域加以組織與統整並不困難，但是當變化迅速時，個體將會感受到顯著的統整壓力。勒溫認為青少年期就是一個改變快速的時期，青少年期來得太突然，也沒有預警，因此青少年被迫單獨去面對生理上的改變，以及一連串新的期望與要求，這些改變使青少年產生了間斷或非連續性 (discontinuity) 的感受，此外，勒溫也認為青少年期生活空間是扭曲的 (distorted)，青少年正好處於二個世界之間，成為「邊際人」。成人與兒童期之間並沒有直接的聯結，一方面他們不能再小孩子氣、幼稚；但另一方面，他們無法享受成人社會的特徵，如：喝酒、開車、性關係、全職工作等，他們被迫放棄兒童期所擁有的東西，但卻仍未被視為成人，因而衝突與壓力的產生就無可避免。

二、場地論在青少年適性輔導上的應用

　　勒溫的場地論在心理學上占有一席之地，他把青少年視為「邊際人」的論點普受引用，他的觀點近似霍爾，認為青少年期是壓力與衝突的時期，同時勒溫也認為青少年的行為是個人因素（年齡、智力、才華、性）與環境因素（家庭關係、鄰居朋友、權威人物）交互作用的結果，個人因素與環境因素組合形成青少年的生活空間。因此，行為除了是生活空間的函數外，亦是個人與環境因素的函數，B ＝ f(P,E)，(P 表示個人因素，

E 表示環境因素）。依照勒溫的看法，在生活空間中存有積極與消極的目標，向著目標移動或離目標而去，稱之為「運動」(locomotion)。隨著青少年的日益成熟，生活空間會逐漸分化，使人格失去統整，因此，青少年的父母與師長必須提供充足有利的環境，使他們的生活空間有擴展與統整的可能，尤其青少年需要「自由」，以便擴展新領域，接觸新經驗。所以父母與師長減少指導與限制是必要的。如果青少年對家庭過於依賴，將會使他們與文化中所要求的獨立產生衝突，此外，如果社會愈把青少年當小孩看待，青少年將會面臨更多的衝突與壓力。

另外，青少年的意識型態分化不如成人區域分化的細密，因此青少年常會以激進的觀點看待社會，他們常將政治分成左派與右派兩者而已，對社會的看法也常過度理想化，導致青少年與現實的衝突，因而促使青少年有較強烈的欲求去建構個人的價值與理想場地。在教育與輔導上，成人們應容許青少年保有理想，這將有助於青少年生活空間的發展與開拓。

貳、人類學理論

米德是美國聲譽卓著的人類學家，她以實徵性田野研究 (empirical field study) 調查不同文化間兒童與青少年人格發展與社會文化發展的歷程。

一、理論重點

根據米德在薩摩亞 (Samoa) 與新幾內亞研究發現，薩摩亞兒童的發展是一種連續性發展歷程，年齡的增長並沒有使兒童突然的改變，薩摩亞社會並沒有期望兒童、青少年與成年人表現不同的行為方式。在思想與行動上，不同年齡的人也沒有急速的改變，不同年齡層之間的轉換並無顯著不同的行為特徵。相反的，米德發現美國的青少年在青春期即遭遇了甚多的壓力，美國社會禁止並抑制青少年的性行動，而薩摩亞的青少年則在兒童期就開始學習性的事情，在薩摩亞並沒有性的禁忌，與美國的青少年比較，薩摩亞青少年的成長歷程是漸進的與較少突然轉變的，因此，薩摩亞的青少年也沒有經歷到壓力與不安。從不同文化的成長現象來看，米德認

為青少年現象是由環境與文化所決定的，而非生物決定的，也因此，精神分析理論對青少年的看法也似乎不成立。米德的結論指出，南太平洋的青少年由兒童期轉變至成人期是平靜、漸進，且較順利的 (Lerner, 2002)。

除此之外，米德認為性別角色也是文化所造成的，新幾內亞的男人在處理家務，女人則有機會去試驗性生活直到成人為止，長大以後，女人非常容易承擔起性別角色任務，由此顯示不同文化對男女的期待不同。米德認為文化對青少年的發展具有決定性作用。因此，米德常常被視為是一位文化決定主義 (cultural determinism) 論者。

二、人類學理論在青少年適性輔導上的應用

米德的人類學觀點重視文化因素在青少年發展上的影響，因此要減少青少年發展上的壓力與衝突也必須由文化著手，她認為家庭應該多給青少年自由，使青少年可以自己做更多的選擇，並過自己想過的生活，不要太要求青少年順從、依賴；相反的，應多配合青少年的個性差異，給他們較多自我嘗試的機會，如此父母與青少年之間的衝突與緊張即可減少。米德也主張成人社會應在他們年紀還小時，就接納他們進入成人社會，如給他們有報酬的工作（即使兼職工作亦可），將能幫助青少年早日財力獨立，另外社區也要給青少年較多社會與政治方面的發言權，使他們承擔責任，以便能較平順的進入成人期。

米德的論點雖曾遭致不重視生物因素的批評，但是她把青少年問題視為是文化的產物，則頗值得教育與輔導工作者的警惕，尤其在教育與輔導上應減少支配、控制與過度的要求順從，以使青少年不致在調適上產生壓力與困難。

參、社會文化論

班乃迪克特認為不同文化間差異甚大，因此青少年所感受到的壓力高低視文化制約的「連續性」(continuity) 與「非連續性」（或間斷性，discontinuity) 而有所不同，當成人提供兒童較多行為的資訊與責任時，他們的轉型較為平穩，形成「連續性」的發展，反之，禁止兒童去接觸成人

活動的訊息，禁止學習成人的角色行為，兒童與青少年的發展將呈現「非連續性」現象。班乃迪克特強調社會文化決定了青少年的人格發展，青少年的發展是文化期望的產物，不同文化間對於角色任務及角色期望各有不同，生物因素在與文化因素比較對照之後，顯得微不足道。

一、理論重點

班乃迪克特認為社會期望青少年婚前保持「處子之身」就是不連續性的一個例子。文化制約的不連續性使不同年齡層的兒童與青少年各自面對不同的社會期望，甚至會運用公開的典禮、儀式去彰顯兒童與青少年在不同年齡階段的差異，反而增加了青少年的壓力。

班乃迪克特事實上擴展了米德的文化決定主義論點，特別重視文化連續性的兒童期轉型至成人期的重要性。他相信，如果能夠及早訓練兒童與成人一致的行為，青少年轉換至成人的過程將會是順利與有秩序的；相反的，如果青少年「沒有學習」適當的成人行為方式，將會使青少年期成為不一致、矛盾與衝突的時期。他同時指出，西方社會文化中所存在的不一致性太多，如禁止兒童太早進入工廠，使兒童花太多時間在嬉戲，更有甚者，他們的嬉戲與未來的工作無關。另外在西方社會，父母仍然維持高度的權威，不如薩摩亞父母的寬容。在西方社會中，青少年被視為內心不安，有心理壓力與行為異常的時期，但薩摩亞卻把青少年視為無負擔，喜樂的階段，可見由相對的文化資料顯示，青少年現象是由文化在作主導的。西方社會對青少年太多的規約、限制與禁忌，塑造了青少年的行為類型，使兒童期與成人期的鴻溝 (gap) 加深，增加了青少年在適應上的困難。如此一來，青少年無可避免的會順從同儕團體的標準，而不願聽從父母的期望與接受父母的價值觀，因為同儕和他們有相似的遭遇及價值觀。

班乃迪克特另外亦述及性的角色、責任與支配性 (dominance) 的社會文化現象。他認為西方社會忽視青少年的性教育，因此青少年對性愛、生育及哺育子女等所知有限，因此長大結婚時就增加了性調適的困難。此外，社會也在鼓勵青少年不需負責任，至少在家庭中是如此，但當他們離開家庭時卻被要求必須要對自己的行為負責任。在兒童期時，父母的支配性過高，要求孩子聽從管教，可是長大成人結婚後，他們卻被要求得支配

自己的生活。在在顯示社會中對青少年文化制約的不一致現象。

二、社會文化論在青少年適性輔導上的應用

　　班乃迪克特的社會文化論與米德的人類學理論基本上是一致的，都強調文化的作用，因此常有學者把他們兩人共同視為「環境論者」(environmental theorists) (Dacey, 1986)，他們都期望青少年要多學習成人的角色行為，多承擔個人責任，頗值得我們重視。

　　班乃迪克特對青少年輔導較沒有提及具體的輔導策略，不過他所提出的文化制約連續性的論點，可以提醒父母與教師在管教上不要突顯成人與青少年的差異性，盡可能以成人所需要具備的行為標準與角色行為來引導他們，以免擴大成人與青少年之間的鴻溝。

第八節　青少年發展綜合理論模式

壹、生態系統理論與青少年適性輔導

　　生態系統理論是由蘇聯裔美國人布朗芬布倫納 (Urie Bronfenbrenner, 1917-2005) 所提出。生態系統論由於體系與理論完整，近年來頗受肯定，並在經濟、政治與管理上被廣泛參考引用。

一、理論重點

　　生態系統理論建構了影響個體發展的五大系統，這五大系統環環堆疊，且交互影響。(一) 微觀系統（微系統）(Microsystem)：微系統是個體幼年起直接接觸的環境，會立即影響個體當前及未來的發展，包括：家庭、兄弟姊妹、學校、鄰居小孩、友伴、同學等。生態情境理論中的微系統亦即是個人生活經驗的集合，是與個體直接社會互動的場域。在此系統中，個人不是單向的經驗接受者，本身也會因互動方式自我建立系統經驗，如即便鄰居，也可能老死不相往來。(二) 中層系統（中系統）

(Mesosystem)：中系統介於微系統與外系統之間，是由各微系統間的互動所形成，比如兒童與社區、家庭與學校的聯繫、學校經驗和工作世界間的關係，係由直接接觸的微系統與外圍環境相互聯結構成。也因此，一位被父母所排拒的青少年將很難和教師發展正向關係。不同的中層系統集合是觀察心理發展的指標，也是建立青少年發展完整圖像的基礎。(三) 外層系統（外系統）(Exosystem)：外系統會牽動個體發展，也是關係微系統是否穩定的外部環境條件，例如，父母的工作場域與收入、社會景氣與消費、社區安全與犯罪等。根據生態情境理論，外層系統是個人無法積極介入與扮演主動角色的系統，比如：工作會影響婦女的婚姻與親子互動，職業婦女常因升遷必須經常出差，此舉動將造成親子間關係的改變。另外，中央與地方政府系統，個人難以介入，也常非所願，如公園的品質、資源回收、文教設施等，是個體無法主導的系統。(四) 巨觀系統（巨系統）(Macrosystem)：巨系統是屬於宏觀或巨觀的文化與國家開發背景，也是指個人所生存的文化社會，文化會影響個人的行為模式、信仰及世世代代相傳的人群規範，不同文化間又會交叉影響。例如，當前世界發達國家與未開發國家差距甚遠，國家政治體制與文化各有不同，東方文化或西方文化有所差距，戰亂與貧困國家又是大災難。(五) 時間系統（時系統）(Chronosystem)：在布氏的生態情境理論系四大系統之中，再添加了第五個時間系統，亦即歷史觀。時系統可以貫穿其他四大生態系統，因為隨著時間推移，人生會經歷各種重要歷史事件，對其他四個系統可能產生正負向影響與衝擊，如手機使用，尤其行動裝置與智慧型手機改變了人類整體生活模式，又如臺灣 921 大地震、美國 911 恐攻、日本 311 大海嘯，都是衝擊深遠的歷史環境事件，深陷其中及周邊多數人的人生與生活因而有了巨大改變，甚至持續數十年。除此之外，布朗芬布倫納曾研究一個人的生命史及社會史的種種改變，他發現父母離婚對子女的影響，其負面影響在離婚的第一年即顯現，而且對男孩的影響較女孩為大，第二年之後，這種混亂無秩序的局面才趨於緩和。

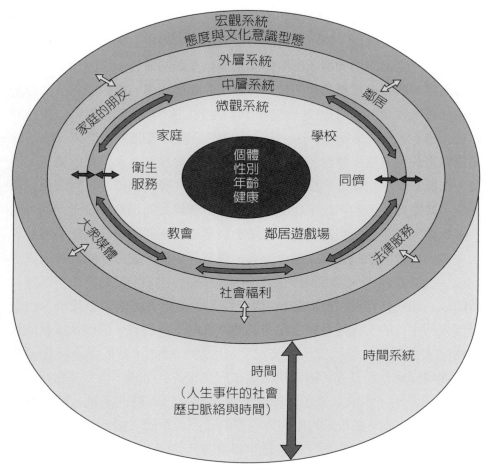

圖 2-2　布朗芬布倫納生態系統理論圖

資料來源：Santrock, 1998, p. 52。

　　布朗芬布倫納認為自然環境是影響人類發展的主要因素，生物和環境因素會交互影響，由於他非常強調生物的力量，因此本理論也被認為是生物生態學 (bio-ecological theory) 的理論。個體所處的自然環境生態是一套的結構，環環相扣，且可互補或強化。例如一位智能發展比較遲緩的兒童，在他的微系統中，父母親擁有良好的社會資源體系，可以給予適時醫療診斷，早期療育，他的發展不必然就會停滯，甚至會比一般人高。

二、生態系統理論在青少年適性輔導上的應用

　　生態系統理論所建構的系統模型簡單易懂，對於教育及輔導人員來說，具有重要的意義：(一) 教育及輔導工作人員面對學生或個案，可以依序檢視他們所處的生態系統狀況，並且可以參照圖 2-2 以圖形顯示，增進對學生及個案的了解。(二) 引導學生自我了解自己所處的生活與學習的生態環境系統，進而了解自己不可改變與可改變之處，前者如父母、家境，後者是自己努力程度與學習狀況。(三) 教育及輔導工作人員可以更深入協助學生對大小次元的環境體系作系統性的檢視，並注意各環境集合 (settings) 之間的關聯，進而善用環境資源，如親戚或社福機構。(四) 注重從社會歷史發展觀點探討時間對學生及個案人格發展的影響。(五) 生態系統理論強調各系統有效的聯繫或連結發展，會使個體資源優質化，當資源適宜或充足時，常常在人生發展中形成一種轉變的動力，這種轉變會影響個人整體的發展，因此，值得在教育及輔導諮商上妥善應用。

貳、青少年發展資產理論與適性輔導

　　發展性資產理論 (Developmental Assets Theory) 是由社會公益機構「探索研究所」(Search Institute) 所建構而成，創立於 1958 年，創始人是斯特羅曼 (Merton Strommen)。從斯特羅曼開始，持續發展了一系列系統性、套裝型，以青少年為主要對象的概念性架構，對青少年發展的各種可能及資源做一個綜整，形成一套具有統整性、廣泛性、歸納性的系統概念模式。

一、理論重點

　　嚴格說來，發展性資產理論並不是一家之言，或者是某一個人專屬的理論。基本上，由於發展性資產理論架構體系明確，加上近年來網路發達，理論概念傳播快速，因而受到世界各國的關注，頗多實務工作者並以此作為青少年輔導工作的一個評量及績效指標。發展性資產理論網站 (https://searchinstitute.org) 並積極推動相關的公益活動，包括：出版書籍、發展評量表、舉辦研討會、工作坊、推動發展計畫與專案等，因此具有理

論及實務參考使用價值。在另一方面，發展性資產也直接對青少年提供人生成功的框架，幫助青年無論身在何處，都能克服困難，取得成功。

　　起初斯特羅曼是路德教派中的一位年輕的青年部主任，他正為博士論文展開一項調查，以了解年輕人的擔憂和需求。斯特羅曼對 2,000 名青年和 2,000 名成年人進行調查，間接促成了 1960 年路德教會青年研究所的成立，以持續對宗教機構中的青年進行科學研究。該組織的名稱不斷演變，直到 1977 年正式命名為「探索研究所」，宗旨是善用各種資源，幫助青少年，或其他階段的人群適性發展，使人生獲得成功。「探索研究所」深信個體最強大的學習效果發生在理論、研究和實踐三者的結合處。整體公益組織的工作重點是釋放促進青年積極發展的各種力量，讓這個社會更加美好。「探索研究所」鼓勵大家善用相關研究成果，並與實用的解決方案結合起來，就可以幫助所有年輕人成為最好的自己。「探索研究所」相信：「在您的手中，青年發展之研究可以促進公平，並幫助所有年輕人茁壯成長」(In your hands, youth development research can advance equity and help all young people thrive)。由於「探索研究所」提供了培養健康和成功青年所需的新思想和研究，成就不凡 (Benson & Syvertsen, 2011)。

　　發展性資產（或稱發展資產）係「探索研究所」根據數以萬計相關研究發現所建構的概念，認為年輕人如擁有內外在資產越多，越能展翅高飛 (thriving)，並獲得成功。人生的資產共有 40 種，分內在與外在。「外在資產」(External Assets，或稱外部資產)，是青少年發展與生活各個方面所需的支持、機會和關係。相對的青少年也需要有「內在資產」(Internal Assets，或稱內部資產)，是個人成功所需要的技能、自我認知和價值觀，青少年以此為本，做出正確的選擇，為自己的生活承擔責任，獨立和實現自我。當來自不同背景的年輕人在生活中擁有這些優勢的堅實基礎時，他們會做得更好。內在資產包涵四大類 20 種細項，分別是：支持 (Support)、培力 (Empowerment，亦即授權賦能)、界線與期待 (Boundaries and Expectations)、善用時間 (Constructive Use of Time)。外在資產也內涵四大類 20 種細項，包括：學習投入 (Commitment to Learning)、積極價值觀 (Positive Values)、社會能力 (Social Competencies)、正向認同 (Positive

Identity)。詳如表 2-6。

表 2-6　Search Institute 所推薦的 40 種發展性資產

一、外在資產	
(一) 支持	
1. 家庭支持	家庭能提供高水平的愛和支持。
2. 積極的家庭溝通	親子間能正向溝通，且青少年願意尋求父母的意見和建議。
3. 其他成人關係	除了父母之外，青少年能得到三個或更多非父母成年人的支持。
4. 關愛鄰里	年輕人體驗到互相關懷、照顧的鄰里。
5. 學校關愛氛圍	學校提供關懷、激勵性的環境。
6. 家長參與學校教育	父母主動參與，幫助青少年在學校獲得成功。
(二) 培力	
7. 社區重視青年	青少年在社區中被賦予重要的角色。
8. 青年作為資源	青少年在社區是有能力的資源提供者。
9. 為他人服務	青少年每週在社區中服務一小時或更長時間。
10. 安全	青少年在家、在學校及在社區都能感到安全。
(三) 界線與期待	
11. 家庭界限	家庭有清楚的規定且界定行為後果，並掌握青少年的行蹤。
12. 學校界限	學校提供明確的規則和行為後果。
13. 鄰里界限	鄰居能協助掌握青少年的行為。
14. 成人榜樣	父母與其他成人提供正向、負責任的楷模。
15. 積極的同伴影響	青少年的友伴能提供正向的楷模。
16. 高期望	父母與師長能鼓勵青少年做得更好。
(四) 善用時間	
17. 創造性活動	青少年每週花三小時以上的時間在課業、音樂、戲劇或其他藝術課程的學習或練習上。
18. 青年計畫	青少年每週花在學校或社區的運動、社團或組織有三個小時以上。
19. 宗教團體	青少年每週花費一小時以上在宗教機構的活動中。
20. 在家時間	青少年每週可以在兩晚以內，「沒有什麼特別的事要做」和朋友外出。

二、內在資產	
(一) 學習投入	
21. 成就動機	激勵青少年在學校表現出色。
22. 學校參與	青少年積極參與學習。
23. 家庭作業	青少年在每個上學日至少做一小時的家庭作業。
24. 與學校連結	青少年關心他們的學校。
25. 為快樂而閱讀	青少年每週快樂且閱讀三個小時以上。
(二) 積極價值觀	
26. 關懷	青少年非常重視幫助他人。
27. 平等和社會正義	青少年非常重視促進公平，及減少飢餓與貧困。
28. 正直	青少年根據信念行事，並堅持自己的信念。
29. 誠實	青少年即使不容易也要說實話。
30. 責任	青少年接受並承擔個人責任。
31. 克制	青少年相信不進行性活動，不使用酒精及其他藥物是很重要的。
(三) 社會能力	
32. 計畫和決策	青少年知道如何訂計畫與做決定。
33. 人際交往能力	青少年有同情心、同理心和交友技巧。
34. 文化能力	青少年能了解不同文化、種族、民族背景的人，並與他們融洽相處。
35. 抗拒技巧	青少年可以抵抗同伴的負面壓力和危險情境。
36. 和平解決衝突	青少年能尋求以非暴力方式解決衝突。
(四) 正向認同	
37. 個人權力	青少年感覺他能控制發生於他身上的事件。
38. 自尊	青少年認為自己有很高的自尊。
39. 目標感	青少年認為自己的生活有目標。
40. 對個人未來的積極看法	青少年對於個人未來抱持樂觀的態度。

資料來源：Benson & Syvertsen (2011); Scales, Benson, Leffert, & Blyth (2000), pp. 33-40。

　　自 2013 年以來，「探索研究所」延續發展性資產的論點，又把焦點關注在青少年的人際關係上，認為「具發展性的關係」(Developmental

Relationships) 是個人構建資產的門戶。「探索研究所」將其研究的議程重點放在了解並推動有助於年輕人的學習、成長和茁壯成長的各種關係之上。發展關係的架構倡議青少年的關係能從「良好」轉變爲「必要」(being "nice" to "necessary")，以實現促進青少年積極發展的目標。具發展性的關係有五大要素，包括：表達關懷 (care express)、激勵成長 (challenge growth)、積極支持 (positive support)、分享權力 (share power)、擴展可能性 (expand possibilities) 等。這五大關係要素又與外在資產的支持、培力、界線與期待、善用時間四類密切相關。外部資產和發展關係又會增強內部資產，形成積極發展的動力。「探索研究所」相信青少年擁有豐沛的發展性資產及關係，即能展翅高飛，確保茁壯成長 (Ensure All Young People Thrive)。

二、發展性資產理論在青少年適性輔導上的應用

　　由於發展性資產理論架構確定了青少年在個體發展與生活上，許多應該擁有或需修煉的領域優勢與資源，因此頗具教育及適性輔導意義：(一) 發展性資產理論建構了一個足供教育及輔導工作者的參照架構，可做爲引導青少年適性發展的依據。(二) 個體的成功與成就取決於內外在環境的配合，倘內外在資源豐富，支持力量夠多，個人又非常努力，則累積的資產就豐富，成功的可能性就提高。(三) 個體的成功除了獲得外在各方面支持力量之外，內在個人的動機與學習的投入及強度，都是成功的關鍵。(四) 發展性資產特別強調價值觀、認同感，以及良好品格的重要性，所以對教育及輔導工作者來說，可以運用其理論框架，引導青少年術德兼修，全人發展。(五) 教育及輔導人員可以利用發展性資產理論所提供的內外在兩大項目、40 種資產指標，做爲檢視青少年發展的評量工具，也可以做爲面談與諮商輔導的指引，獲知青少年的發展狀況。(六) 在個人資料建立上，兩大類 40 種的發展資產，也可以不斷累積，或據以評斷及引導作爲青少年心智進步與發展的衡量指標。

☆問題討論與班級學習活動☆

一、請說明理論 (Theory) 的意義與功能，以及在青少年發展與輔導
上的價值及參考作用。

二、請概述下列各青少年發展理論的要點及主要代表人物：一、進
化理論 (Evolutionary Theories)；二、生物理論 (Biological Theo-
ries)；三、精神分析理論 (Psychoanalytic Theories)；四、學習理論
(Learning Theories)；五、認知發展理論 (Cognitive Developmental
Theories)；六、社會化理論 (Social-Cultural Theories)。

三、請舉例說明精神分析理論重要的自我防衛機制，並以自我經驗為
例，個人有哪些常用的自我防衛機轉？作用與效果如何？

四、請說明維果斯基 (Lev Vygotsky) 社會文化論的重點，並說明 ZDP
與 KMO 的意義與功能，據此請說明如何幫助青少年有效的學習
及成長。

五、艾力克遜的社會發展論認為單單在青少年階段就有著八大危機，
請說明並評述之，另申論其在青少年適性輔導上的意涵。

六、心理學上有所謂三大勢力 (Three forces)，第一大勢力是精神分析
論，第二大勢力是行為主義，第三大勢力是人本主義心理學。請
比較說明此三大理論在青少年適性輔導上的異同，何者的論點您
認為最為適切？

七、羅吉斯 (Carl Rogers) 明確提出了諮商的六個核心條件，是個人成
長，以人為本的諮商輔導與治療的要素，請舉例闡述之。

八、布朗芬布倫納 (Urie Bronfenbrenner) 的生態系統理論，有助於觀
察與省思個體被包圍的各個發展層面，請用文字或圖形在生態理
論圖中註記或標出影響您最重要的人物、組織或事件，並在班級
中與同學分享。

九、請根據「探索研究所」所推薦的 40 種發展性資產，將各條項改
列為五點量表（5-point scale），自我進行評量，統計得分情形。
再省思個人在各項資產累積上，有哪些優勢資產？有哪些劣勢資

產？今後有何自我增強，展翅高飛的策略？此外，再統計全班同學的得分狀況，分析班級同學的得分趨勢。

十、場地論、人類學論、社會文化論發展久遠，但仍具參考意義，請說明其理論重點，並加以評論。

十一、史金納 (B. F. Skinner) 的行為理論風行多年，請就社會控制及個人控制相關策略加以引申，說明哪些策略可以在班級經營及自我成長上善加運用？

十二、就眾多青少年成長與發展理論中，進行班級票選活動，再統計出班級最喜歡的前五種理論，之後各派一位同學做總結報告，跟全班分享心得與看法。

第三章

青少年生理發展與適性輔導

第一節 青少年生理發展的特徵

　　莎士比亞 (William Shakespeare, 1564-1616) 曾說，人體是上帝完美的傑作 (The human body is a perfect masterpiece of God)，換句話說，人體的各種生理結構與功能都恰到好處，十分完美。青少年時期是人體結構全面發展，朝上帝完美傑作邁步向前的階段。青少年是個體生命中最重要的生理發展過渡期，亦即是兒童至成年期人體生理的銜接、轉折或轉銜時期 (transition)，因此青少年的生理健康是未來人生幸福與快樂的基石。

壹、影響青少年生理發展與健康的因素

　　身體健康是個體生涯發展與人生幸福的關鍵，青少年時期是所謂「轉骨」、「轉大人」的時期，因此促進青少年身心健康，是學校與家庭教育的首要任務。

　　影響青少年生理發展與健康的主要因素有下列各項：(一) 遺傳：青少年會根據得之於父母的基因藍圖，在適當時候，開始生理上的發展與改變。父母身高較高者，其子女身高傾向於較高，父母都屬肥胖者，子女也普遍呈現肥胖。青少年倘有遺傳缺陷，如罹患第一型糖尿病，在生長與生活上就要長期對抗胰島素的分泌缺陷。(二) 家庭環境：家庭環境良好與否，直接關係青少年的生理健康，通常家境優渥，較能提供青少年良好營養與舒適居家環境。家庭社經水準較高者，父母擁有較高專業水平及教育專業程度，有較充分知能關照小孩成長。(三) 飲食與營養：青春期的生理發育與營養素的攝取有密切相關，適當熱量與維生素是生長所需。充足的

營養有助於各生理系統的健康發育，偏食或飲食失調容易抑制生長，如糖分攝取量過高，容易肥胖及誘發糖尿病。(四) 運動與疾病：運動量充足的青少年身心健康程度較佳，較多疾病的青少年身高成長則會受到阻礙，如小兒麻痺患者身高的發育通常受到限制。(五) 貧窮與戰爭：貧窮與戰爭代表動亂與物資缺乏，直接干擾正在成長中的青少年。家庭貧困的孩子更有可能會有較多健康問題和較差的發育狀況，也會較少獲得和使用醫療保健服務。(六) 經濟景氣：經濟常有景氣循環，在蕭條時代，失業增多，直接衝擊家庭收入，影響青少年的健康。(七) 早熟與晚熟：性荷爾蒙愈早分泌的青少年，通常身高較矮，因為性荷爾蒙會抑制人體生長激素的分泌，但過於晚熟，亦不利身高的發育，通常在青春期前身高就較高者，成人時的身高也會較高，青少年男生體重的增加與軀幹肌肉的生長有關，女生體重的增加則與脂肪增加密切關聯。

　　青少年期是生理發展最為快速，但也是健康最危險的階段，已有研究顯示，青少年的不良健康習慣和成年時的早逝有密切關係，青少年期養成良好的健康習慣，如適宜的飲食習慣及保持規律的運動，不僅有利健康，而且可以延緩或避免成年期的心臟病、中風、糖尿病、癌症。另外，青少年抽菸、酗酒、吃檳榔、濫用藥物等不良習慣，將危害個人的健康與壽命 (Lowthian et al., 2021; Moore & Littlecott, 2015)。

貳、人體主要的生理系統與功能

　　青少年時期個體的生理是整體、廣泛且快速的發展，質與量同時並進的成長，不只外顯的身高、體重、性器官急速的發展，體內各個器官與系統也逐漸成熟。青少年是個體出生後人生第二個快速成長的高峰期（另一個生長的高峰時期，是在出生後六個月內）。青少年期的發展是基因遺傳、兒童經驗及青少年經驗的綜合體，也是接續兒童期，延續成人期的階段。因此青少年期是兒童期與成年期之間的橋樑過渡期，包括生物、認知及社會情緒的改變。此時期大約開始於 10 歲到 13 歲，而結束於 18 歲到 22 歲。在此時期中，個體由兒童期的生物、心理與社會特徵，逐漸發展成具有成人特徵的個體。當個體全面性的生理成熟，成人特徵都完成時，

就是一位成年人，尚未達成生理成熟狀態則是青少年，亦即是未成年人。

　　從生理學的角度來看，細胞是人體組成的最小單位，父母性行為後，父親的精子與母親的卵子結合，成為受精卵，父母的精卵各自有 23 個染色體，攜帶著不同的遺傳基因，精卵結合後受精卵共有 23 對染色體，因不同基因組合，人類約有 70 兆基因組合的可能性，因此在世界上，從未出現基因組合一模一樣、完全相同的兩個人，這是頗為神奇的人類現象。受精卵依照父母所遺傳的生理基因藍圖開始分化，經無數細胞分裂後形成胚胎，然後變成胎兒。胎兒生理上各種器官與組織結合形成不同的生理系統，開始進行兩大生物任務，一方面維持生命（維生），另一方面為未來繁衍生命做準備（生殖）。

　　人體各大維生系統大致可分為十個系統，分別是：表皮系統、骨骼系統、呼吸系統、肌肉系統、循環系統、消化系統、神經系統、內分泌系統、泌尿系統、生殖系統等，在青少年階段這十大系統就充分發育至接近完全成熟狀態（詳如表 3-1）。

表 3-1　人體主要生理系統與功能

生理系統	功能	重要器官
1. 表皮系統 (Integumentary system)	覆蓋在人體的表面，保護人體免於受到外來的侵犯，是人體免疫系統的第一道物理防線與屏障。表皮系統具有保護、感覺、呼吸、排泄、運動等功能。	皮膚、汗腺、頭髮、指甲、眉毛、睫毛、體毛等。
2. 骨骼系統 (Skeletal system)	骨骼系統是人體器官的內在支撐架構，保護重要生理器官，尤其是頭腦與內臟。是身體堅強與穩固的支持與保護框架，與肌肉連結，便於人體移動與運動。成人的骨骼共有 206 塊。骨骼系統猶如建築物的內在鋼架。人體除了女性乳房無骨頭之外，其餘所有器官幾乎都有骨骼支撐。	骨骼分為軸部與附屬部分。體軸骨骼主要是頭骨與脊椎骨，附屬骨骼主要是胸腔骨骼及四肢骨骼。骨骼的形狀，可分為長骨、短骨、扁平骨及不規則骨。

生理系統	功能	重要器官
3. 呼吸系統 (Respiratory system)	人體所有細胞均需要氧氣，進而產生熱能，之後再將不用的二氧化碳排出體外，亦即人體靠呼吸器官將新鮮空氣引入，進入肺部，再將廢氣排出體外，才得以存活。呼吸動作主要依賴呼吸器官正常的執行其功能，人體呼吸停止，生命就結束。	主要由呼吸相關的器官所組成，例如肺、鼻子、咽喉、氣管、支氣管等。
4. 肌肉系統 (Muscular system)	身體是所有肌肉的組織體，多數與骨骼連結與配合，使人體得以行動或動作，維持人體姿勢並產生熱量，是人體活動與運動的關鍵。	主要有骨骼肌、平滑肌和心肌。
5. 循環系統 (Circulatory system)	人體依靠血液在細胞間輸送養分、氧氣、二氧化碳、荷爾蒙、胺基酸及電解質等，使生命得以維持。循環系統包括循環血液的心血管系統與循環淋巴的淋巴系統。最重要的器官是心臟，是人體生命中樞。	包含心血管與淋巴兩大次系統。心血管系統以心臟為主體，加上血管與血液組成。血液中含有血漿、紅血球、白血球、血小板。淋巴系統則由淋巴、淋巴結及淋巴管組成。
6. 消化系統 (Digestive system)	用以將食物分解成為人體可以吸收或利用的物質。可分上消化道：口腔、食道、十二指腸，以及下消化道：空腸以下的部分。消化系統含有消化腺，再分大消化腺和小消化腺兩種。小消化腺散布在消化管各部的管壁內，大消化腺有唾液腺、肝和胰臟。	口腔、咽喉、食道、胃、小腸、十二指腸、空腸、迴腸、大腸、盲腸、闌尾、結腸、直腸、肛門等。
7. 神經系統 (Nervous system)	神經系統控制著肌肉的活動，主要由中樞神經系統及周圍神經系統所組成。協調各個組織和器官，建立和接受外來資訊，使人體能快速、短暫的傳達訊息，也是調節人體各種生理功能與心理活動的司令部，維持人體的日常生命活動。	中樞神經系統包括腦及脊髓，周圍神經系統是由無數神經元所構成，由長神經纖維與軸突組成。
8. 內分泌系統 (Endocrine)	負責調控體內各種生理功能，分有管腺與無管腺分泌。主要藉由管腺或血液傳導內分泌激素，又稱荷爾蒙，運送到目標器官，用以調控身體，促進細胞與器官發育，並使各種生理功能正常運作。	有管腺分泌將分泌物質經由導管運行，有胰臟、乳腺。無管腺則依賴血液直接將分泌物質，傳送至人體相關組織中，如性荷爾蒙。

生理系統	功能	重要器官
9. 泌尿系統 (Urinary system)	其主要功能為代謝各種不被人體所利用及有害的物質，或將細胞被破壞時所形成的廢物，排泄出體外。泌尿系統會調節細胞外液體和滲透壓，保留體液中的重要電解質，維持酸鹼平衡，保持身體穩定。	腎臟、膀胱、尿道是主要的泌尿器官。
10. 生殖系統 (Reproductive system)	是繁殖、生殖或繁衍下一代的生理器官組合，含體內和外顯的生殖器官，同時也包含腺體、內分泌等。男女有別。男性生殖系統包括雄性荷爾蒙與雄性器官，女性的生殖系統包括雌性器官與雌性荷爾蒙。	男性主要器官有陰莖與陰囊、睪丸、副睪、輸精管等。女性有卵巢、輸卵管、子宮、陰道、外陰部等。

第二節　青少年大腦發育與適性輔導

壹、大腦之發育與功能

　　人類之所以能主宰地球，主要是人類有高度的智能，能學習且能累積經驗，這一切源自於人類擁有高度發達的大腦 (brain)，大腦就是人類的生命中樞，是青少年的學習中心。大腦結構複雜，估計成年人的大腦約有 1,000 億個神經元，確實的大腦結構、質量與神經運作歷程尚有太多未知數。

　　大腦在嬰幼兒時即大量的增長，大約在六歲入學的時候，兒童的大腦已經發展至成人的 90-95%。嬰幼兒是大腦發育的關鍵時期，但大腦仍需要在青春期大量重塑，神經元之間的髓鞘形成和連接的發展持續著，導致大腦皮質增厚，並使青少年的思維和處理技能得到顯著改善，逐漸能發揮近似成人大腦的功能。基本上，大腦的變化取決於營養、健康、年齡、學習和青春期荷爾蒙的變化，因此青春期是智力、身體、荷爾蒙和社會能力發展的關鍵時期。

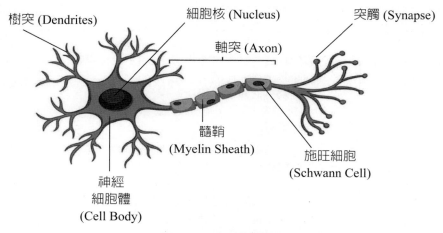

圖 3-1　人類神經元

資料來源：Johns Hopkins Medicine, 2021。

　　大腦是屬於中樞神經系統的一部分，青少年的智力、思考、記憶、情緒、性格與行為表現都受大腦所控制，它也關係青少年的學習效果。至於周邊神經系統則與人體的運動與動作能力的表現有關。自主神經系統則控制身體內在器官功能，對人體各生理系統正常的運作十分重要。青少年大腦的成熟主要受到遺傳、環境和性激素（雌激素、黃體素和睪固酮）分泌的影響，這些激素對大腦神經髓鞘形成與生長至關重要。

　　在青春期前後的大腦有三個主要變化：(一) 前額葉皮層 (prefrontal cortex) 區域發生了顯著變化和成熟。隨著神經元的發育，在腦神經的延伸部分與軸突周圍形成一層髓鞘，得自神經膠質細胞的支持，髓磷脂充當絕緣體，大大地提高了神經元之間電脈衝的傳輸速度（高達 100 倍），此時，大多數大腦區域的突觸密度達到最大值，可稱之為青春期大腦重塑歷程。(二) 大腦有分區功能，左右半腦各司其職。青春期是生長荷爾蒙分泌旺盛與身體特徵改變的時期，大腦思考能力也逐漸接近成熟狀態。同時連接大腦兩個半球的胼胝體繼續變厚，從而使大腦區域之間的連接更加緊密，青少年思考能力與記憶多維概念 (multidimensional concept) 的能力提高，從而能夠以更具策略性的方式進行思考，這些都與大腦神經發育及認知能力增強有關，也因此，大多數青少年在處理訊息、學習和推理方面顯

得更加有效。(三) 由於青少年大腦前額葉皮層仍在發育，青少年可能比成年人更依賴大腦中的杏仁核 (Amygdala) 發揮作用，杏仁核有調節內臟活動，並與情緒、衝動、攻擊性和本能行為有關，杏仁核能做出決定和解決問題 (Casey, Jones, & Hare, 2008; Santrock, 2018)（圖 3-2 係人類大腦結構圖）。

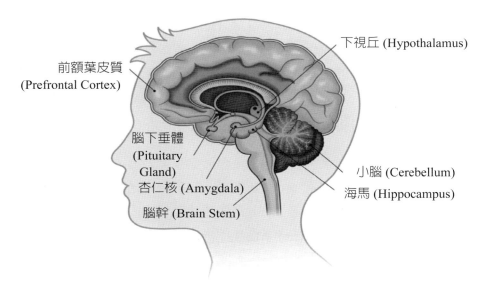

圖 3-2 人類大腦結構圖

資料來源：Johns Hopkins Medicine, 2021。

此外，目前研究發現兩種大腦重要神經傳導物質，在青少年期「麩氨酸能神經傳導」(Glutamatergic neurotransmission) 占主導地位，但大腦掌控行為的「γ - 氨基丁酸神經傳導」(gamma-aminobutyric acid neurotransmission) 仍在建構之中，推測這可能是青春期不成熟、衝動行為，以及神經行為容易興奮的主因。也由於大腦邊緣系統和前額葉皮層不成熟，青少年非常容易從事冒險行為，如危險駕駛、濫用藥物、無保護的性行為等 (Giedd et al., 1999; Johns Hopkins Medicine, 2021; Keating, 2004)。

由於青少年腦部正在發育，容易選擇高風險活動與從事危險行為，因為青少年衡量風險和回報的方式與成年人不同。對於青少年來說，大腦對

神經遞質多巴胺 (dopamine) 的敏感性達到高峰，多巴胺促動腦中的獎勵迴路，因此獎勵可能大於風險。在另一方面，青少年在活動期間對社會獎勵的反應特別強烈，他們更喜歡與同齡人為伴，因為同齡人友伴對潛在獎勵相關的大腦區域敏感，有積極催化作用。可能由於遺傳、環境和社會因素的不同，青少年控制動機、情緒和認知能力與大腦區域和神經元迴路 (neuronal circuitry) 的發育及成熟度有關，尤其是前額葉皮層的細胞發育和突觸機制有關 (Caballero, Granberg, & Tseng, 2016; Keating, 2004)。由上述可知，青少年正在使用仍在構建中的大腦，青少年獨特的大腦和環境結合，會對生活中首選的活動和技能形成「加固」的作用。

貳、青少年大腦、學習與適性輔導

　　根據上述，大腦關係個體身心健全發展與學習效能，因此在青少年學習上，有下列適性輔導策略：(一) 協助青少年獲得充足的睡眠，睡眠充足有助於腦部發育及情緒的穩定。(二) 鼓勵積極的行為，讓青少年找到新的創造性和表達情感的管道。(三) 新的和不同的體驗可以幫助青少年建立獨特的身分認定，探索成年人的行為，並走向獨立。(四) 與青少年共同承擔健康的風險，幫助青少年表達並試圖控制新的情緒，如運動、音樂、寫作和其他藝術對身心靈具有調節作用的活動。(五) 積極鼓勵，並以正向思維面對青少年，避免以衝突方式教育青少年。(六) 引導青少年討論可能選擇的行動方案，並考慮潛在的後果。也可以使用家庭慣例為青少年的生活做積極建構，如生活與行為界限和機會，如太晚不能外出等限制。(七) 與青少年談論他們正在發育中的大腦，了解這個重要的成長時期，大腦可能會處理他們的感受，讓青少年更感興趣地照顧自己的大腦。(八) 青少年通常對他們感興趣的活動充滿熱情，尤其是跟友伴交往的機會，父母或師長可以借此發展孩子的各種技能，增進自信心。(九) 青少年大腦成長和發育意味著青少年將開始更合乎邏輯地思考、從不同的角度看問題、解決複雜的問題，因此要培養青少年做決定和解決問題的能力。(十) 青春期適應社會訊息的大腦區域，可能正在發生變化，從而提高青少年的社會敏感性，因此，與青少年的溝通需要有高度的同理心，用青少年的語言進行交流，

亦即語言程度與青少年的理解程度相匹配。(十一) 由於青少年大腦中所發生的所有變化，可能會有異常發育，包括知覺失調或精神疾病。在此發育時期，青少年大腦特別容易受到藥物暴露的損害，因此需要嚴格管控青少年，避免接觸毒品與濫用藥物。(十二) 保護青少年大腦不受傷害，至關重要，包括不從事危險行為，騎乘機車戴安全帽，以及避免運動傷害等。(十三) 營造良好學習環境，幫助青少年建構健康的大腦，引導青少年積極有效的學習，包括認知、情感、社會能力、人際互動、情緒管理、衝動控制等，對個體終身發展極為重要，此亦是青少年教育及諮商輔導上，過去較受忽視的課題。

第三節　青少年骨骼系統與身高體重的發展

壹、骨骼系統發展

　　青少年的外顯成長最顯著的是身高與體重的增長，身高體重又受骨骼發展的影響。骨骼是成人體格的支架，主要可以支撐、保護人體器官，並便於運動，人體骨骼的發展從出生開始，不論長度、大小、密度、硬度就一直在改變之中，而且形狀也不斷地在改變，有些小骨骼在出生時仍未發育，有些大的骨骼事實上是軟骨 (cartilage)，嬰兒出生時骨骼較鬆軟，以便能順利通過母親的產道。探討骨骼成長最方便而有效的方法是利用 X 光照射手與腕，再據以估計骨骼的成熟程度。年齡並非估計骨骼成熟程度的良好方法，年齡亦非推論個體生理成熟度的最適切方法，相反的，目前學者認為「骨骼年齡」(skeletal age) 是衡量生理成熟度最為準確的方法，因為骨骼的發育順序不受絕對年齡 (absolute age) 與性別差異的影響 (Rice, 1993)。

　　青少年骨骼發育的硬化或骨化程度 (ossification) 是判斷其成熟狀況的重要指標，由骨骼的硬化程度可以獲知骨骼年齡。未成熟的兒童其骨骼組織較為寬鬆，並且甚多軟骨，隨著個體成熟度的提高，軟骨逐漸硬化形成

硬骨，並且填補了骨骼間的空隙。值得注意的是，骨骼的發育與青春期的到臨關係密切，也較能反映個體的成熟程度。鍾斯頓 (Johnston, 1964) 甚早以前就以骨骼年齡 (SA，亦即骨骼的成熟度）與實際年齡 (chronological age, CA) 的比率為指標，推斷個體的成熟度。此公式係以 SA 除以 CA(SA/CA) 的比率為計算標準，倘若兩者的比為 1.00，或接近 1.00，顯示骨骼的發育正常，整體的生理成熟亦不落後，倘兩者的比小於 1.00，則顯示骨骼發育較遲緩，骨骼骨化晚於一般人，倘兩者的比大於 1.00，則表示其骨骼發育超出預期，生理成熟較高 (Cavallo, Mohn, Chiarelli, & Giannini, 2021)。

至於青少年的肌肉發育，一般而言，是與生長驟增期相當，也受到雄性激素的影響，尤其是睪丸素的作用。在此同時心肌也迅速生長，因而增強了個體的身體力量，所以在青春期初期女生的氣力乃顯得大於男生。另外，女生的血紅素 (hemoglobin，也稱血紅蛋白）與紅血球的增加比男生快。此種差異主要是睪丸素所造成的，至於是否受到社會因素的影響，目前仍然是未知數 (Kiminel & Weiner,1995; Cavallo, Mohn, Chiarelli, & Giannini, 2021)。

田納 (J. M. Tanner) 指出，在身高驟增時，肌肉也隨之生長，但身體卻會變瘦，男生的手臂與大腿，女生的身體都會變瘦，不過整體的體重並未真正降低 (Tanner, 1971)。男生的身體變瘦會發生在身體驟增的前二年。青少年整個身體形狀也日漸接近成人狀態，男女生的肩膀與臀部都會增長，但女生的臀部生長多於肩膀，男生則正好相反。男女生的面孔也會改變，不過依照田納的說法，女生面孔的改變幅度比男生為少，這與中國人傳統所說「女大十八變」的說法似乎不符。

貳、青少年身高與體重生長

青少年會經歷一個生長的高峰，包括骨骼和肌肉的快速增長。女孩在 9-12 歲左右開始，男孩在 11-14 歲左右。青少年身高與體重發展最常被當作外顯的成熟指標，不過不同人種、經濟環境、文化與世代之間的身高與體重常有明顯的改變，因此青少年的身高與體重發展並非永遠一致，常需

多方面考慮各種變數的影響。

　　青少年身高的增長比體重的改變更為顯著，身高的改變是與前述骨骼的發育密切關聯，身高的增高主要是由於大腿的長骨與軀幹骨骼增長所造成的，骨骼發育成熟，身高就停止生長。世界各文化中，一般都期望男生愈高愈好，身高不高的男生通常面臨較多的困擾，也因而會以身體氣力、大步走路、抽菸或喝酒誇大其男性行為。女生身高被社會接納的領域較寬廣，但女生身高倘超過男生標準，也會帶來壓力，各文化中的男生通常都不喜歡與比自己為高的女生交往，不過某些特殊行業例外，如模特兒行業即期望女生愈高愈好。

　　生長驟增、突增或陡增 (spurt) 是指青少年階段，身高與體重突然增長最大的一個時期，有時也稱之為生長的「高峰期」或「峰期」。男生生長驟增約開始於 11 歲（有時早於 9 歲），結束於 15 歲（有時持續至 17 歲），女生驟增的年齡比男生約提早約二歲。美國女生身高年增加量最高時期約在 11 歲至 13.5 歲之間，男生則在 13 歲至 16 歲之間，年增加量的高峰女生在 12.5 歲，男生在 14.5 歲附近。甚多青少年非常關心個人的體重，女生的體重比男生有較多過重與過輕的現象，而且較年長的女生也比年幼的女生有較多過重或過輕現象。嬰幼兒時期身體的重量主要來自於軀體，直到進入青春期由於四肢驟長，分擔了體重的比率。女生體重驟增的時間約在 10 至 14 歲之間，男生約晚二年左右，在青春期結束時，男生的脂肪會減少，但女生脂肪則會增加，因此在青春期階段，女生不管飲食習慣如何，常有肥胖情形，這屬於正常生理現象，但甚多女生不了解此一現象，常會不當擔憂過度肥胖，或進而減肥的情形發生，實屬有誤。目前臺灣地區青少年身高、體重、身體質量指數，如表 3-2、3-3 所示。由表 3-2、3-3 可見，台灣 18 歲女性平均身高 160.7 公分，體重 62.6 公斤，男性平均身高 173.3 公分，體重 67.1 公斤。男性身高約比女性高 13 公分，體重多 5 公斤。青少年身高與體重如在正負兩個標準差以內 (M±2SD，或 $\mu\pm2\sigma$)，尚屬正常，但如屬於中下段（低於平均值），則對營養的增加與身體的鍛鍊需要更加強，因為錯過青春期，身高的生長就會停止，無法回頭。

表 3-2　臺灣地區青少年身高、體重、身體質量指數（女生）

年齡	身高（公分）		體重（公斤）		身體質量指數 (kg/m^2)	
	M	SD	M	SD	M	SD
12	155.2	0.8	51.8	2.7	21.3	0.9
13	156.9	0.8	52.4	1.7	21.3	0.6
14	158.6	0.6	49.8	0.9	19.8	0.3
15	160.5	0.7	52.4	1.2	20.3	0.4
16	158.5	0.7	52.3	1.2	20.9	0.5
17	157.5	0.8	55.0	1.2	22.1	0.4
18	160.7	0.9	62.6	4.2	24.2	1.5

（註：數據資料係 2013-2016 年所調查。M= 平均數；SD= 標準差；BMI= 體重（公斤）除以身高（公尺）的平方）

資料來源：衛生福利部統計處（2021）。

表 3-3　臺灣地區青少年身高、體重、身體質量指數（男生）

年齡	身高（公分）		體重（公斤）		身體質量指數 (kg/m^2)	
	M	SD	M	SD	M	SD
12	154.6	0.9	50.1	2.0	20.9	0.8
13	162.9	1.0	54.0	1.6	20.3	0.5
14	166.7	0.8	56.0	1.0	20.1	0.4
15	169.7	1.1	61.9	2.0	21.4	0.6
16	169.2	1.4	57.1	1.0	20.0	0.4
17	171.1	0.9	65.1	3.6	22.2	1.2
18	173.3	1.4	67.1	4.2	22.2	1.0

（註：數據資料係 2013-2016 年所調查。M= 平均數；SD= 標準差；BMI= 體重（公斤）除以身高（公尺）的平方）

資料來源：衛生福利部統計處（2021）。

第四節 青少年內分泌系統的發展

在人體內分泌系統中，腺體的分泌方式主要可分成「有管腺分泌」與「無管腺分泌」兩種。汗腺與唾液腺都是一種外分泌腺，其分泌方式是屬於有管腺分泌。人體所有的內分泌腺體，除胰臟所分泌的消化液與母體乳腺是屬於有管腺分泌之外，其餘都屬於無管腺分泌。人體中有二個主要的控制系統，一是自主神經系統，一是內分泌系統，內分泌素 (hormones)，亦可稱為荷爾蒙或激素，主要在刺激或激化身體器官以發揮各自功能。

青少年外顯的身高、體重與性器官的發育主要是由於生長荷爾蒙（激素）分泌所造成。荷爾蒙是對生理發育極為重要的化學物質，會對身體細胞產生促動作用，荷爾蒙靠著血液直接流傳到身體各部，是一種無管腺的內分泌，藉著血液的流動使荷爾蒙可以由身體的某一部位流通至另一部分，生理的成熟，尤其性器官的成熟主要是受性荷爾蒙的影響。

荷爾蒙依其化學結構可以分成三類：(一) 蛋白質衍生物：如胃腸腺、腦下腺、副甲狀腺等；(二) 胺類：如甲狀腺及腎上腺髓質部；(三) 類固醇：如睪丸、卵巢及腎上腺皮質部。荷爾蒙關係生理的發育狀況與成熟程度，具有五大功能：(一) 決定生理器官的形狀與結構；(二) 統合生物體自主功能與物種本能行為；(三) 具有規律性；(四) 能使內在生理環境維持統整，讓器官保持平衡、穩定或安定狀態；(五) 對人體具有規律或規範作用。整體而言，內分泌深深影響人類的生長、身體機能、情緒與健康。

影響青少年發展的內分泌腺體主要有：松果腺 (pineal gland)、腦下垂體 (pituitary body)、甲狀腺 (thyroids)、副甲狀腺 (parathyroid)、胸腺 (thymus)、胰臟腺 (pancreas)、腎上腺 (adrenals)，以及女生的卵巢 (ovaries) 與男生的睪丸 (testes)。其中腎上腺又分為腎上腺髓質 (medulla) 與腎上腺皮質 (cortex) 兩個部分。以下分別敘述其特徵與功能（圖 3-3 是人體主要內分泌系統）。

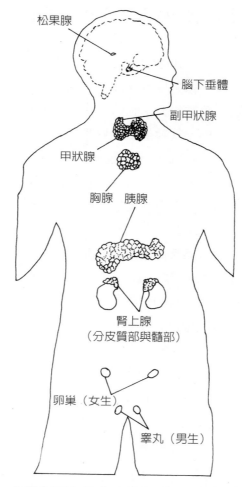

圖 3-3　人體主要內分泌系統 (Dusek, 1996, p. 50)。

一、松果腺

　　松果腺又稱松果體，位於腦部胼胝體的下方，松果腺會依年齡的不同
而改變大小，兒童期松果腺較大，進入青春期以後就逐漸退化。松果腺具
有使神經內分泌反射運轉的功能，並且可以調節生理週期，人類晝夜的調
適亦與松果腺的分泌有關。

二、腦下垂體

　　腦下垂體位於視丘附近，能控制身體其他腺體的分泌，故被稱為主腺 (master gland)，或王腺，是人體最重要的內分泌腺體，可視為人體的生命中樞。腦下垂體是非常小的腺體，大約只有 0.5 吋長，重量不到 0.5 克，分成前、中、後三葉，前葉是產生荷爾蒙的主要地方。

　　腦下垂體的功能目前仍不盡完全為人所知，但以人體生長荷爾蒙 (human growth hormone, HGH)、體細胞生成荷爾蒙 (somatotrophic hormone)、性腺體質荷爾蒙 (gonadotrophic hormone)、濾泡刺激荷爾蒙 (follicle stimulating hormone, FSH)、黃體荷爾蒙 (luteinizing hormone, LH)、間壁細胞刺激荷爾蒙 (interstitial cell-stimulating hormone, ICSH)，以及親黃體生成荷爾蒙 (luteotrophic hormone, LTH) 等最為重要。

　　生長荷爾蒙 (HGH) 能促進身體之生長，增進蛋白質之合成，降低身體對胰島素的敏感度，增大身體軟骨組織，促進骨骼之發育，以及減少體內脂肪量。所以生長荷爾蒙分泌不良就會導致身高發育異常，巨人症或肢端肥大症是身體生長荷爾蒙分泌過多的緣故，相反的侏儒症則是身體生長荷爾蒙分泌過少的結果。濾泡刺激荷爾蒙 (FSH) 可以刺激女性卵巢濾泡的生長，或促進男性精子的形成。間壁細胞刺激荷爾蒙 (ICSH) 則可促進男性睪丸素的形成。親黃體荷爾蒙 (LTH) 能維持黃體，並促進乳汁分泌，以及母性化。由此可見腦下垂體前葉所分泌的荷爾蒙對人體的重要性與深遠的影響。至於腦下垂體後葉的荷爾蒙會分泌催產素及增血壓素，關係女性生產與一般人的血液循環。另外，腦下垂體也會分泌甲狀腺刺激荷爾蒙，促進碘之吸收與釋出。其他如腎上腺皮質素與性腺荷爾蒙也都受腦下垂體的控制。

三、甲狀腺

　　甲狀腺位於氣管上邊，甲狀軟骨的兩側。甲狀腺長約 5 公分，寬約 3 公分，甲狀腺可以吸收血液中的碘，形成甲狀腺素，再與甲狀腺蛋白結合，貯存於甲狀腺中，等身體需要時再由甲狀腺釋出。甲狀腺荷爾蒙具有促進身體新陳代謝，維持皮膚及毛髮之健康、增進神經的穩定性、促進健

全的身心發育、支配體內氧的消耗，使細胞維持適當的氧化作用等功能，對人體之貢獻也非常顯著。

四、副甲狀腺

副甲狀腺位於甲狀腺之後表面，左右各一，長約 0.6 公分，寬則小於 0.6 公分，成卵圓形。副甲狀腺可以分泌副甲狀腺荷爾蒙，它主要可以維持血液中鈣的濃度，加強破骨細胞 (osteoclast) 的活力。副甲狀腺也影響腎臟對鈣之吸收，以及腸胃消化器官對鈣和磷的吸收。如果副甲狀腺荷爾蒙分泌不正常，導致血鈣太低，將會產生腫瘤、佝僂病與軟骨症等，血鈣太多則會使身體產生疲勞、背痛、肌肉無力、食慾不佳、消化性潰瘍、頻尿等症狀。另外血鈣太少也會導致智能發展受阻或情緒障礙，也有可能使肌肉產生痙攣、抽搐等現象。

五、胸腺

胸腺位於胸骨後面、兩肺之間，由淋巴細胞所組成，與身體的免疫系統有關，人體免疫系統中的 T 細胞必須由胸腺荷爾蒙加以刺激方能成熟。胸腺也是細胞中製造抗體的主要動力。

六、胰臟

胰臟主要分泌胰島素，使身體血液中的葡萄糖維持一定的濃度，它有助於葡萄糖通過細胞膜，促進身體的新陳代謝，也有助於肌肉及肝臟中醣類的貯存，以便能源被身體使用。如果胰島素缺乏會形成糖尿病，使身體的新陳代謝產生失調，患者在尿中會排出葡萄糖，常有口渴、脫水現象產生。

糖尿病分「第一類型糖尿病」與「第二類型糖尿病糖」，前者第一型糖尿病負責分泌胰島素的胰島細胞，被免疫系統或其他原因破壞，導致先天性缺乏胰島素，必須透過注射胰島素 (Insulin) 來維持身體的糖分代謝。後者因糖分攝取過量與肥胖，導致胰島素無法發揮功能。糖尿病形成之後，細胞無法利用醣類，因而影響了血液中酸鹼的平衡，使身體功能發生障礙，影響正常生活。

　　糖尿病是一種難以治癒的疾病，除靠注射胰島素之外，日常的飲食習慣亦非常重要，患者不可攝取太多的糖分。目前校園禁止販售含糖飲料的目的，就在防止第二類型糖尿病糖的發生，目前世界各國青少年普遍吃喝過多含糖的食品與飲料，是青少年健康最大的潛在威脅。

七、腎上腺

　　腎上腺分皮質與髓質兩個部分，皮質呈黃色，分外層、中層與內層三層細胞，外層是由柱形細胞所構成，中層是由多邊細胞所組成，內層則由網狀帶細胞所組成。髓質則呈紅色，受皮質所包圍。皮質與髓質雖連成一體，但功能殊異。

　　腎上腺皮質所分泌的荷爾蒙共有三種：(一) 醣皮質素：它可以調節醣類的新陳代謝，使肝醣轉變成葡萄糖，並增加白血球，另亦可以使身體能利用蛋白質所轉變成的醣類，加以吸收；(二) 無機鹽皮質素：它可以控制鉀的排泄與增加鈉的吸收，並且可以控制腎臟對水的排泄；(三) 性激素：使男性激素與女性激素的分泌趨於正常。

　　腎上線髓質則是分泌腎上腺素與新腎上腺素，功能近似交感神經，可以擴張冠狀動脈與支氣管，維持正常的血液供應與肺活量。除此之外，腎上腺髓質分泌的荷爾蒙也會影響脾臟、腸胃、肛門、膀胱的控制力。身體在遭致外來壓力時，腎上腺會分泌較多的荷爾蒙，以增加身體器官的應對能力。

八、性腺

　　性腺在男性是睪丸，在女性是卵巢，前者分泌睪丸甾酮素 (testosterone，或稱睪丸素、睪固酮、睪丸酮、睪甾酮或睪脂酮)，後者分泌黃體激素 (progesterone) 與動情激素（雌性激素，estrogen)，兩者除分別有助於精子與卵子的成熟外，並對性器官的發育、第二性徵的形成有所影響。

　　卵巢位於骨盆腔內，關係女性月經週期、性徵發育、懷孕，以及授乳等功能的發揮。睪丸則與性器官及男性特徵有所關聯。卵巢與睪丸都受腦下垂體的控制，同時也與腎上腺皮質素的分泌有關。女性青少年在青春期前一年半，動情激素的分泌就顯著增加，男生事實上亦會有動情激素的分

泌，但並不顯著。在青春期階段，男女生的性腺都同時會分泌少量的酮類固醇 (ketosteroids)，酮類固醇即是男性荷爾蒙（雄性激素），但男性的分泌量會持續上升，女性則平緩增加。由此可見男女兩性體內都同時分泌雄性與雌性荷爾蒙，不過兩性在性荷爾蒙的分泌量有所不同，因而使兩性特徵各自凸顯出來。

男女生理差異係人類數萬年進化的結果，幾乎是完美設計，男女各具優勢，雌激素能強化免疫系統，使女性較能對抗疾病感染。女性荷爾蒙也能向肝臟發出訊號，製造更多好的膽固醇，使女性的血管比男性更富有彈性。相反的，男性荷爾蒙會引發低密度之膽固醇的產生，而使血管阻塞，導致男性罹患心臟疾病的風險是女性的二倍。較大的壓力下產生的荷爾蒙造成男性血液凝結較快，同時也比女性的血壓高。女性在相同條件下比男性擁有二倍的體脂肪，大部份集中在胸部和臀部。在男性方面，脂肪較有可能轉移到腹部。

第五節 青少年循環系統的發展

循環系統、呼吸系統、消化系統與神經系統是人類維持生命的四個最重要系統，這四個系統自出生開始即不斷地發育，多數在青春期時就接近成熟狀態。循環系統中最重要的器官是心臟。心臟本身有獨特的生長速率，在 6 歲時，心臟已經有初生時的 5 倍重，12 歲時達到 7 倍重，到 18 歲時接近完全成熟階段，重量約有出生時的 12 倍重。新生嬰兒心臟重約 350 公克，男生的心臟略小於女生，9 至 13 歲時，女生的心臟仍大於男生，但 13 歲以後，女生的心臟增加就有限，男生反而快速成長。動脈與靜脈是輸送血液的管道，動脈與靜脈的發育速率與心臟不同，在青春期以前，動脈與靜脈血管就已成熟，接近成人狀態，因此，在青春期之前形成小的心臟，透過大的動脈與靜脈血管在輸送血液，但到了青春期末期反而是大的心臟，透過較小的動脈與靜脈在輸送血液，因此有些青少年會感到心跳的壓力，尤其快速成長的男生有時會感到心臟難以負荷。此種心臟血管改變所形成的緊張狀態，可以經由血壓測得。在 6 至 7 歲間的兒童血壓

約 80 至 85 毫米汞柱，17 歲時的血壓，男生約為 110-120 毫米汞柱，女生約為 100-105 毫米汞柱。

　　脈搏跳動 (pulse rate) 與血壓正好相反，女生的脈搏跳動一直都比男生要高，一般而言，女生脈搏跳動每分鐘約高於男生 2 至 3 下。人體循環的發育與整個人體的日漸成熟有密切關聯，尤其女生特別明顯。女生的初經是主要的性成熟象徵，在脈搏跳動方面，初經前一年，脈搏跳動急速升高，初經以後脈搏跳動就下降，但血壓的改變方向正好相反，初經血壓甚低，初經後 1 至 2 年血壓達到最高，接近平穩狀態。除此之外，青少年的血量亦有顯著的性別差異，男性血量增加快於女生，青少年晚期男生則約有 5000cc 的血量。

第六節　青少年其他重要生理系統的發展

壹、青少年呼吸系統的發展

　　在兒童期階段，人體肺臟的生長緩慢，到了青春期初期肺的體積才快速成長，初生嬰兒肺部重量約 60 公克，6 歲兒童重約 260 公克，青少年則重約 410 公克，成人肺重量則為 1200 公克。一般以肺活量 (vital capacity) 來測量肺部成長的情形，肺活量主要是衡量一次大的吸氣後，肺部的最大呼氣量，肺活量的增加與骨骼發育有關，身高愈高肺活量愈大，而呼吸的速度愈慢。不過男女生肺活量差異並非明顯。在青春期（約 11-12 歲）以前，男女生肺活量相差不多，至 12 歲以後，男生的肺活量才高於女生，但相差都在 1000 公克以內。

貳、青少年消化系統的發展

　　人體的消化系統包括消化道與附屬消化器官二大類，消化道包括：口、咽喉、食道、胃、小腸、大腸，其中大腸包含直腸和肛門。附屬消化系統有唾液腺、胰臟、肝臟、膽囊及口腔，附屬消化系統主要分泌相關消

化液注入消化道，幫助消化與吸收。與青少年發育有關的是新陳代謝的加速進行。新陳代謝 (Metabolism) 乃是體內分解食物或合成新物質之綜合化學變化的總稱。爲了促進新陳代謝必須有能量的供應，能量的來源主要是食物的吸收。一般而言，男性青少年每天需要 3600 卡路里 (Calorie)，又稱大卡 (Cal)。女生需要 2600 卡路里，方能健康生長，如果青少年規律的進行運動，需要的熱量更高。青少年的消化系統亦隨著生理的發展快速成長，尤其生理機能的改變更需要吸收更多的食物，以維持生理所需的熱量，胃的重量在初生時重約 8 公克，至青少年時可增加至 80 公克，約爲出生時的 10 倍，成熟的成人，胃的重量可達到 135 公克。在青少年階段胃的形狀變得又長又寬，胃酸濃度亦提高，以便於消化食物，正常的青少年此時食慾大增，食物的消耗量可能高達成人的二倍。不過青少年通常會遭遇消化不良的困擾，一方面是由於胃的負擔過重所致，另一方面是由於胃酸與維他命配合消化之所需所造成的。青少年也可能由於生活空間擴大，較容易獲得正餐以外的食物，如可樂或漢堡，因此食物的攝取不均衡，導致消化功能失調。除此之外，青少年由於外在壓力日漸增加，促使胃酸過度分泌，因而容易引起胃痛或胃潰瘍。

　　基本上人體消化系統的成熟是與日俱增的，亦較少性別差異現象。整體的消化系統在兒童期即可達到成熟狀態，至 12 歲時人體的胃已能容納所有的食物。蛋白質、鈣質、維他命、礦物質是青少年頗爲需要的養分，能充分吸收這些養分方能確保肌肉及骨骼的充分發育。

　　牙齒通常也被視爲消化系統的一環，嬰兒期的乳牙有 20 顆，在三歲左右開始脫落，代而起之的是恆牙，5-6 歲的兒童恆牙就開始長出，隨後每年約長出一、二顆牙齒，到了 13 歲左右的青少年約有 28 顆牙齒。10歲以前男女生牙齒的生長並無不同，但開始進入青春期以後，男生牙齒的生長比女生稍快，到了 20 歲左右，男女生的牙齒生長情形又趨於一致。剛進入青少年期之時，第二臼齒會長出來，第二臼齒長出的時間與初經出現時間相近。在青少年後期智齒才會長出，有些人甚至 20 歲以後才會長出智齒，智齒的生長通常會帶來牙痛，一般青少年在牙齒發育過程中，也時常會有牙齒的疾病，如蛀牙、牙周病都會使青少年痛苦不堪，因此良好的牙齒保養與口腔衛生習慣，對青少年的消化系統健全發展頗爲重要。

參、青少年的神經系統發展

人體神經系統共有三類：(一) 中樞神經系統；(二) 周邊神經系統；(三) 自主神經系統。中樞神經系統由大腦和脊髓所組成，大腦是身體中最複雜的器官，消耗了人體吸入氧氣總量的 20%。大腦可分為四個主要的葉 (lobes)：顳葉 (temporal)、頂葉 (parietal)、枕葉 (occipital) 和額葉 (frontal)。神經系統是身體的指揮中心。如前述，大腦控制身體的動作、思想和對周圍世界的自動反應。人體的神經系統與消化系統相似，都在青少年以前即可發育完成，大腦、小腦及腦幹神經在 10 歲左右即發育完成。也因此，青少年神經系統沒有如其他身體系統的較大突然增長的現象。不過人體的神經網狀系統在青少年階段一直在發育之中。青少年初期腦部組織不論質與量上都已達到成熟狀態，因此有助於青少年高級心智能力的運作。青少年大腦發育是學習效果的關鍵，也是學業成就的主要根基。

肆、青少年體型與體能發展

人類的體型 (body types) 主要可以區分為三個類型：(一) 外胚型 (ectomorph)；(二) 中胚型 (mesomorph)；(三) 內胚型 (endomorph)。外胚型的人高大、身長、瘦狹，近似籃球選手的身材；內胚型的人圓胖、厚寬、大的軀幹與四肢，像是摔角選手的身材；中胚型的人則介於二者之間，有較強壯、方型、堅硬的身體、中等長度的四肢與較寬的肩膀。

不過多數人的體型是混合型。青少年的體型常是由修長轉變成圓胖。隨著身高與體重的改變，青少年身體的比率也有很大的變化。剛出生的嬰兒頭部占了很大的比率，約占身長的四分之一。六歲時，頭部形態就接近成人形態，並占有身長的六分之一，到成人時，頭部只約占人體的七分之一到九分之一，而四肢的長骨在出生時並不長，直到青少年期四肢才會增長，可達出生時的四倍。身體軀幹在出生時很長，六歲時可以達到出生時的二倍，但身體軀幹由六歲至青少年期末期增長並不多，成熟的個體軀幹長度與寬度是出生時的三倍，厚度則是二倍半。

青少年由於肌肉與骨骼發育日漸強壯，因此身體氣力也隨著提高，

男生在身高驟增之後兩年內，氣力 (strength)、體力或力量的驟增達於高峰。手腕的握力常被當作力量大小的指標，通常到了青少年階段，男生的力量都會超過女生，但在青少年期以前男女生的力量相近，青少年男生的身體總氣力約 100 公斤，女生約 70 公斤左右。男生除了肌肉發展之外，心臟與肺的發展較快，收縮血壓較高，心跳較低，因此男生氣力與運動表現優於女生，身體的耐力也較女生為佳。運動能力有賴於良好的身體狀況，如骨骼、肌肉、神經系統，以及手眼協調、平衡感等能力的發揮。

　　青少年走、跑、跳躍與投擲是四種基本運動能力，12 歲 9 個月與 16 歲 9 個月的男女生在此四種運動能力表現上有明顯的差異，男生普遍優於女生。此種男女氣力與體能差異現象，與人類數萬年來的演化有關，男性通常需要有更強大的體能保護女性，以對抗外來的侵害，其他動物也有類似現象。男性在原始社會就被要求保護女性不被野獸吃掉，因此演化成男生身高與氣力均優於女生，時至今日，依然是女性重要的擇偶條件。

第七節　青少年的成長順序與階段

　　個體除了遺傳基因組合的差異外，英國學者田納 (Tanner, 1970, 1971) 對青少年生理成長的時間與順序做過經典研究，多年來備受推崇，至今仍廣被引用。田納認為青少年的發展除了遺傳基因不同外，青春期的另一種生理特徵是時間變異。田納的研究發現，青少年女性「初經」的年齡變異非常大，不同國家與不同人種的青少年亦有極大的差異 (Lerner & Steinberg, 2004)。

　　田納的研究重視青少年身高「驟增」或「陡增」(spurt) 的現象，就身高而言，可以預測突然增長許多的頂峰狀態。就男生而言，睪丸的發育最早發生，然後是陰囊、陰毛、陰莖的成長，稍後身高也驟增，在同年齡女生身高驟增二年後，男生的平均身高即可超過女生。然而，田納認為青少年生長改變的順序與階段，可以有效地加以預測。田納的研究結果有五個重點：(一) 身體生長；(二) 陰毛生長；(三) 女性胸部發育；(四) 男性生殖器官生長；(五) 生長的個別差異現象 (Tanner, 1991)。

壹、陰毛生長

　　人體陰毛主要功能是能夠吸收陰部所分泌出來的汗水和黏液，陰毛並有保暖陰部的作用，能保護卵子的正常生存溫度。在人類還沒有穿衣褲的原始時代，陰毛還有保衛陰道，避免異物、病菌侵入的防護功能。

　　根據田納的研究發現，青少年的陰毛發育是有成長的次序，他將青少年的陰毛發育分為五個階段：(一) 階段一：無陰毛階段，沒有陰毛與體

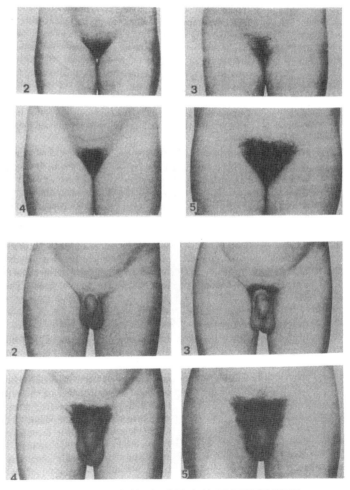

圖 3-4　男女生陰毛發育的五個標準階段

資料來源：Tanner, 1962, p. 33。

毛，包括腋毛與胸毛皆無。(二) 階段二：開始有稍許的鬆軟、直的或稍彎曲的陰毛出現，主要出現在女生陰唇或男生陰莖的基部。(三) 階段三：陰毛變黑、變粗、更彎曲，並且開始擴散到陰毛區的中間部位。(四) 階段四：陰毛近似成人，但陰毛涵蓋區域仍較窄，未擴及腿部。(五) 階段五：陰毛生長達於成人的質與量狀態，陰毛的分布形成倒三角形，頂部形成一水平線，陰毛也擴及腿部，男生陰毛生長也可能擴及腹部。

　　田納的研究指出，男女生的陰毛發育有同樣的順序，甚至男生的鬍鬚生長也同樣是有順序的。男生鬍鬚生長的時間與腋毛相當，通常開始生長的時間，約發生於陰毛發育的第四個階段。男生鬍鬚先生長於上唇，上唇部位長滿鬍子之後，接著是下顎及頰部，最後才達到下巴下方的區域，西方男性並有胸毛生長，東方男生通常無胸毛 (Tanner, 1971)。

貳、女性胸部發育

　　女生的胸部發育是為了分泌乳汁哺乳子女，女性生產之後，乳房因受到泌乳激素 (Prolactin, PRL) 與黃體素 (progesterone) 分泌激素的刺激，會分泌乳汁。女生胸部的發育是最重要的第二性徵顯現，田納依照發育順序與時間觀點，認為女生乳房發育也歷經五個階段：(一) 階段一：前青少年期只有乳頭突出。(二) 階段二：乳房蕾苞期 (breast bud stage)，胸部隆起，乳頭仍不大，但乳頭附近開始漲大。(三) 階段三：胸部持續擴大，乳房隆起，乳暈及乳房發育中。(四) 階段四：乳房高聳，輪廓明顯，乳頭突出。(五) 階段五：成熟階段，乳房豐滿，輪廓曲線明顯，乳頭突出，接近成人狀態。圖 3-5 係田納研究所提出的女生乳房發育的五個標準順序，左邊五個圖是正面圖，右邊五個圖是側面圖。

　　田納的研究發現，女性胸部的發育約需花四年的時間才能從階段二進到階段五，各階段的發育無法以年齡作區分。不過田納認為女性的乳房發育有很大的個別差異，有些女生乳房發育階段與陰毛發育階段相同，但有些人則不同。以時間而言，乳房蕾苞期至初經的時間約為 5.5 年，有人只經歷 6 個月。但多數女生在乳房發育的第四階段開始有初經現象 (Tanner, 1971)。

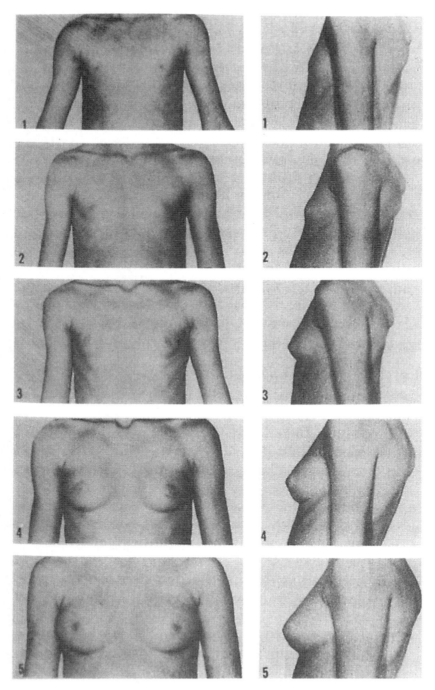

圖 3-5　女性胸部發育的五個標準階段

資料來源：Tanner, 1962, p. 37。

參、男性生殖器發育

　　男性外顯的生殖器官，包括陰莖與陰囊（內有睪丸與副睪）的生長也具有順序與階段。男性的睪丸發育最先進行，睪丸是精子產生的地方，其功能與女性的卵巢相當，睪丸之所以要生長於體外，乃因爲精子需要有溫度比體溫爲低的生長環境，多數哺乳類動物均有此現象，如以達爾文的進化論來看，精子需要低溫才能存活，可能是生物演化的結果。

　　田納也提出男性生殖器的五個發育階段：(一) 階段一：在前青少年期，陰莖、陰囊、睪丸與兒童期早期的大小及形狀相似。(二) 階段二：陰囊與睪丸擴大，但陰莖長大不多，陰囊的組織改變，並且開始變異。(三) 階段三：陰莖長大（主要是長度），但是睪丸與陰囊也繼續長大。(四) 階段四：陰莖繼續長大、變粗，腺體也有了發展，睪丸與陰囊繼續長大，陰囊皮膚變的更形黑褐色。(五) 階段五：達到成人性器官的大小，隨後不再生長，只有陰莖稍許成長。

　　根據田納的研究發現，男性生殖器要發育至第五個階段需要 3 年至 5 年的時間。但有些接受調查的男生只花 1.8 年就完成了五個階段，有些男生則費時 9.5 年，最長者達 13.5 年。通常男生在 13 至 15 歲之間生殖器開始發育，但持續至成年期。男生的陰毛發育通常與睪丸相當，不過一般而言，陰毛發育比睪丸發育稍晚。田納研究發現，有三分之一的男生性器發育已達第四階段，但陰毛發育仍在第二階段，也有三分之一陰毛發育是在第一階段，另有三分之一是在第一或第四階段，可見個別差異甚大。不過值得注意的是，男生性器發育達到第五階段時，幾乎所有的男生都會長出陰毛。另一個值得注意的現象是，陰莖開始生長的時間幾乎與身高驟增的時間相近，這個時間也大約是睪丸開始發育後的一年。男生性器官發育後，開始會有射精 (ejaculation) 現象，男生第一次射精一般發生於陰莖開始生長的一年後。倘射精發生於睡夢中，通常稱之爲夢遺 (nocturnal emission)。

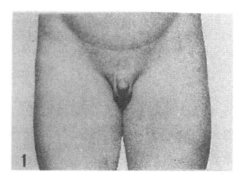
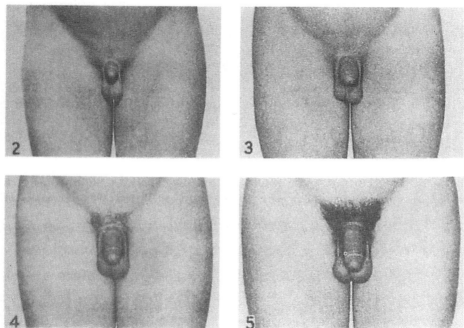

圖 3-6　男性性器官發育的五個標準階段

資料來源：Tanner, 1962, p. 3。

肆、生長的個別差異現象

　　田納所主導的哈普頓研究的另一個重要貢獻是，指出男女生在青春期發育過程中的個別差異現象。在各種身體器官的發育上，不同的青少年有不同的發育界限 (range)，早熟與晚熟的時間差異有些是一年，有些甚至

達五年以上。圖 3-7 的青少年男女生生長事件的順序與時間變異圖，即顯現出青少年發育的明顯差異現象，這個圖至今仍普受推崇與肯定，並被廣泛引用 (Lerner & Steinberg, 2004; Lerner et al., 2014)。圖 3-8 係屬相同年齡男女生發育差異現象。

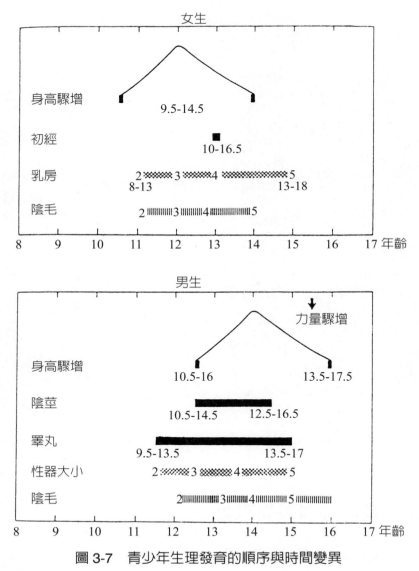

圖 3-7　青少年生理發育的順序與時間變異

資料來源：Santrock, 2004, p.81。

　　青少年進入青春期以後，身高「驟增」或「陡增」的現象就非常明顯。兒童期的身高平均每年增加 5 公分，但在青春期時每年會突然增高到 10 公分左右，女性的身高驟增會比男生提早二年，但女生身高驟增的尺度不如男生，因此成熟男生的平均身高乃高於女生。田納認為無法由兒童期的身高去預測成人期的身高，因為青少年期身高的驟增與兒童期身高無關。青春期身高的驟增與生長荷爾蒙 (growth hormone, GH)、性荷爾蒙 (sex hormones) 的分泌有密切關聯。

　　人體性荷爾蒙的分泌是在青春期才開始密集活動，其中雄性激素 (androgens) 是男女兩性身高增加的共同作用因子，雄性激素刺激腦下垂體，

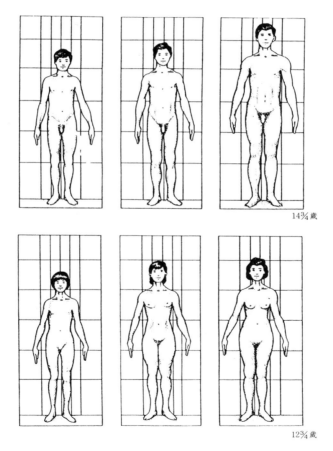

14¾ 歲

12¾ 歲

圖 3-8　相同年齡男女生發育差異現象

資料來源：Conger & Galambos, 1997; Tanner, 1990, p. 45。

分泌生長激素。就男生而言，睪丸素 (testosterone) 是引發雄性激素的強有力因子。但就女生而言，其作用過程尚不完全清楚，因為就研究所知，雌性激素 (estrogens) 似乎是在抑制生長而非激發生長。

田納 (Tannner,1971) 指出，雄性與雌性激素對生長的驟增，扮演了相同重要的角色，兩者交互影響。因此，女生在生長高峰通過之後，才有初經的出現，在月經出現的第一年間，女生的生長逐漸趨於緩慢。田納認為生長的現象是十分規則的，青少年通常是大腿先長高，然後臀部變寬，再次是胸部發育，身體軀幹長度與胸部的厚度則較晚達到生長的頂峰。此外，雙手、頭部，以及腳是身體最早停止生長的部分。男生停止生長的平均年齡在 17 至 18 歲之間，女生在 15.5 歲至 16.5 歲之間，不過依照田納對英國學生所進行的調查發現，有些青少年在 20 歲之後，骨骼仍然在發育當中，可見生理的發育有極大的差異存在 (Tanner,1962; Santrock, 2018)。

第八節　青春期的健康促進與適性輔導

壹、促進青少年生理健康的重要性

青少年健康問題特別值得關注，乃因為青少年期是生理發展與身體健康的危險階段 (critical juncture in health)，如前述通常青少年的不良健康習慣和成年時的早逝有關，不良的健康習慣，如抽菸、喝酒、飲食不正常、高糖、高油脂、生活失調等。另外，青少年需要直接減少危害身心發展的高危險行為，如：藥物濫用、暴力、沒有保護措施的性行為、危險駕駛、街頭遊蕩、群體鬥毆等。

目前世界各國青少年普遍缺少運動，忙於看電視、使用手機、上網、在社群媒體聊天，久坐與緊盯小螢幕，青少年身體健康普遍受到不利影響。亞里斯多德曾說：「活動決定生活品質」(the quality of life is determined by its activities)，因此為了青少年終身幸福，吃得營養、充足運動、足夠睡眠特別重要。

貳、青少年肥胖症與厭食症

　　由於當前青少年家庭較爲富裕，普遍營養過剩，加上速食餐飲、垃圾食物、快餐、含糖飲料、零食等，容易購買與取得，衍生青少年的肥胖問題。目前世界各國主要以身體質量指數 (Body Mass Index, BMI) 來衡量肥胖程度，其計算公式是以體重（公斤）除以身高（公尺）的平方。我國成人 BMI 應維持在 18.5(kg/ m²) 及 24(kg/ m²) 之間，低於 18.5 是太瘦，高於 24 就是過重或太胖，皆不利個人健康。另外，當一個人的體重超過相同身高者平均體重之 20%，也可被認爲是過胖。臺灣青少年肥胖問題經調查顯示，已屬嚴重程度，國中生過重盛行率爲 11.6%，肥胖盛行率爲 14.7%，約每四個國中生有一人體重過重或肥胖。男性過重及肥胖盛行率分別爲 13.3% 及 17.6%；女性過重盛行率及肥胖盛行率分別爲 9.9% 及 8.9%。高中生過重及肥胖狀況更爲嚴重，高中生過重盛行率爲 13.6%，肥胖盛行率爲 17.2%。男性過重及肥胖盛行率分別爲 12.2% 及 20.1%，約每三個高中男生有一人體重過重或肥胖（國民健康署，2018）。

　　青少年體重過重者一般被稱之爲「肥胖症」(obesity)，肥胖的青少年將會使其社會關係、學校成就與情緒適應產生較多困難，伴隨著甚多心理與社會問題，包括；(一) 依賴：肥胖的青少年容易被動、被過度保護與依賴他人，尤其是依賴他們的母親，因而常無法順利發展成情緒獨立的成人。(二) 性別認同 (sex identification)：肥胖的女性青少年可能會對青春期的活動較疏離，肥胖的男生則會失去男性的氣概，並且都不願意參與兩性活動，因而對性的衝動及其疏解，困擾較多，性別認同亦不易建立。(三) 同儕關係：肥胖的青少年社會關係通常較不佳，常會形成孤獨、內向、退縮、疏離的心理，社會焦慮也較高，較會覺得自我無價值。(四) 學校適應：肥胖的青少年學校成就較低，主要是因爲個人與社會問題較多，因而妨礙了學業興趣的發展。

　　另一極端是青少年過瘦，或是厭食症（ anorexia nervosa ）。由於當前媒體誇大模特兒纖細身材，青少年女生起而模仿，形成飲食失衡，變成體重過輕。在國內青少年體重過輕調查發現，女體重過輕比率，國中生平均爲 13.1%，其中男性 14.8%，女性 11.3%；高中生則平均增加爲 16.0%，

男性 15.8%，女性更增為 16.3%（國民健康署，2018）。

　　因此，在學校教育上，應關注青少年飲食營養健康，普及飲食健康知識，培養青少年良好的飲食習慣，少吃零食、垃圾食物及含糖飲料，少鹽、少油，多吃豆類、奶類、蔬菜、水果等健康食品。在青少年健康促進策略上，首重營養。今日美國有約 25% 青少年是屬於肥胖症者；有 80% 肥胖的青少年會變成肥胖的成年人，因此青少年肥胖是學校與家庭需要特別關切的問題 (Arnett, 2014)。

參、青春痘與粉刺

　　青春痘又稱粉刺、痤瘡或面疱，容易發生青少年身上，大約有 80% 的人會在此期長出青春痘。青春痘生成的原因主要有下列各項：(一) 內分泌影響：青春期階段由於皮脂腺分泌旺盛，油脂無法排出，造成皮脂腺阻塞；(二) 毛囊阻塞：由於皮膚表面下的皮脂分泌過量，累積在毛囊之中，因此形成粉刺；(三) 細菌破壞：在平時皮膚毛囊深處即有寄生之細菌存在，由於皮脂分泌量大，細菌乃大量繁殖，釋出化學物質，將皮脂分解、破壞游離脂酸，而使毛囊發炎；(四) 皮膚發炎：毛囊及毛囊周圍皮膚發炎，因而出現膿疱或囊腫等。基本上，青春痘的形成是因為體內性荷爾蒙改變、胃腸功能紊亂、刺激皮脂腺分泌過量，又因排泄不順暢，經由細菌感染而形成囊炎。

　　青春痘分發炎性與非發炎性兩種，非發炎性青春痘有白頭與黑頭粉刺二種，而發炎性青春痘則會有丘疹、膿疱、囊腫等症狀。後者嚴重性較高，如果防治不慎，容易在皮膚上留下凹洞，將會長期留存，而影響美觀，造成心理困擾。

　　青春痘主要發生於皮脂腺較大的臉部、胸部及背部，但多數人發生於臉部。目前醫學上仍沒有徹底防止青春痘發生的方法，只有依賴及早治療，以及飲食與生活上的調節，方能減少發生的可能性。甚多青少年因長了青春痘妨害正常生活適應及人際交往，值得重視。青少年青春痘防治的方法有下列各項：(一) 注重面部保養：經常用清水洗臉，減少皮膚表面油脂及灰塵。(二) 慎用化妝品：應以無色肥皂作為清潔用品，尤其避免使用

油性化妝品。(三) 不要擠壓：由於手部並不一定乾淨，用手擠壓容易引起細菌感染，並留下皮膚凹洞。(四) 飲食控制：不吃太油膩、太辣、太甜或高蛋白食物。多吃鹼性食物，以及新鮮蔬果，另也可食用維他命 A。(五) 少曝曬太陽下，減少陽光照射或吹風。(六) 充分睡眠與規律生活方能使皮膚得到休息。(七)：依醫師指示使用適宜藥膏塗抹患部，不可過量。(八) 維持排泄順暢：防止便秘，並使消化系統正常。(九) 遠離廚房或油汙：避免油脂附著，煮菜後應徹底洗臉。(十) 維持心情愉快，穩定情緒、耐心治療，心浮氣躁容易加重病情，生活壓力過大常會惡化青春痘症狀，也需要父母與師長多加關懷與體諒。

肆、倦怠與病痛

倦怠或勞累是青少年極為普遍的現象，青少年容易感到疲倦、疲累、有氣無力、身體頹廢等。其產生的原因主要有五方面：(一) 生理快速生長，導致熱量消耗過大；(二) 活動過度：因青少年生活空間擴大，活動量增加，導致倦怠的發生；(三) 睡眠不足，延後睡覺、熬夜或過早起床導致睡眠不足八小時，因而產生倦怠現象；(四) 營養失調：偏食或常吃快速消化食物，容易形成貧血，或因鐵質吸收不足，而導致疲倦；(五) 青少年多數在求學階段，由於忙於學業，課業負擔過重，休息時間有限，因而容易疲勞。

因此，要減少青少年的倦怠也要由上述五方面著手。首先要營養充分，攝食均衡，以維持適當的體能。另一方面，活動或運動要適量，知所節制，過猶不及均不利生理健康，另睡眠時間每天至少在八個小時以上，中午小睡也有助於消除疲勞，但每天睡眠超過十個小時有時反而會使頭腦昏沉，過度睡眠亦不當。至於課業負擔應當調配，量力而為，父母與師長也需減少青少年課業壓力，使青少年生理能維持在適宜的水準上。

青少年雖非如幼童時代容易感染疾病，但頭痛、牙痛、感冒、胃腸不適等病痛仍常發生。青少年約有 5% 會發生血管性疼痛，偏頭痛即是主要的血管性疼痛。至於症狀性疼痛多由於疾病引發，如發燒、鼻炎等所引起。頭痛亦與家族病歷有關，青少年頭痛發生時最好的因應方法即是就

醫，經由醫生診斷，並服用適當藥劑，予以治療。

伍、近視與齲齒

近視 (shortsighted) 與齲齒（tooth decay，或蛀牙），是臺灣與其他世界各國最為普遍的青春期健康問題，甚至是青少年的主要困擾。眼睛是靈魂之窗，牙齒是營養的守護者，都須積極關注。

一、青少年近視與視力保健

根據衛生福利部國民健康署（2021）的調查，我國青少年的近視（≧ 50 度）與高度近視（≧ 500 度）盛行率極高，在青少年階段的國一近視率是 81.8，高度近視率是 15.3。國二分別是 85.3 與 19.5、國三是 89.3 與 28.0。高一近視率是 86.3，高度近視率是 27.1。高二 89.1 與 31.6、高三是 87.2 及 35.7。可見我國青少年近視問題極度嚴重，且隨年級增加逐年惡化，也顯示過去青少年的視力保健工作是失敗的。

青少年應該每一至兩年接受一次眼科檢查，以掌握視力變化，適當矯正視力，因為人生的每項活動都需要有良好的視力，良好的視力有助於青少年在球場上、課堂上、駕駛座或辦公桌前表現出色。二十年前，世界衛生組織 (WHO) 和國際防盲協會 (International Agency for the Prevention of Blindness) 發起了「視野 2020 」(VISION 2020) 的運動。倡議重視全球人類視力的權利，目的在於到 2020 年時，消除可避免的失明。當年期刊《柳葉刀》(The Lancet) 全球衛生委員會發布了《全球眼睛健康：2020 年後的願景》，分析檢視了過去 20 年的成就和經驗教訓，並為未來全球眼睛健康提出了建議。該委員會報告說，儘管人們認識到視覺殘疾是老齡化人口中一個不斷升級的問題，但對了解兒童和年輕人的眼睛疾病卻不太重視。兒童和青少年時期是視覺發展的關鍵時期。視覺敏銳度迅速成熟，大約在 8 歲時達到完全發育，而視覺皮層的可塑性從 2 歲起逐漸減弱。早期的生物損傷，如產前或兒童時期的感染、出生時的損傷、早產或營養不良，都可能導致永久性的視覺損傷。相關的社會決定因素，如貧困、營養不良、產婦吸菸、污染和無法獲得高品質的眼科護理，阻礙了兒童與青少年

的視覺發育。未經矯正的視力會導致社會排斥和不公平的教育機會，嚴重近視的病例，包括近視、黃斑部病變、視網膜剝離和青光眼等併發症已出現在更年輕的青少年身上，急需政府採取有效預防措施，包括規定上學期間的戶外活動時間和減少學校作業量，立即減少青少年眼睛疲勞，如每隔 20 分鐘休息一下，專注於 20 英尺以外的物體或綠色植物 20 秒，使用潤滑性眼藥水，以舒緩受刺激的乾燥眼睛等 (The Lancet Child & Adolescent Health, 2021; WHO, 2009)。

二、青少年蛀牙與口腔保健

　　國民齲齒（或牙根齲齒），俗稱蛀牙，盛行率一般在 90% 以上。口腔健康是青少年健康之母，17 歲以下的青少年被認為是最「容易蛀牙」時期，口腔疾病會對整體健康產生深遠的影響，包括疼痛、失學、心臟病，甚至是死亡。青春期發生的最大變化之一是荷爾蒙的增加，包括雌性激素和睪丸激素的增長。隨著生長荷爾蒙增加，血流量增多，可能導致牙齦中出現額外的血液。青春期牙齦炎的主要問題之一是轉變為牙周病。牙周病是一種更嚴重的牙齦疾病，可能導致牙齒脫落和口腔疼痛。青少年在口腔健康除了平常的齲齒治療、運動損傷預防和牙科轉診等終身問題外。青少年時期也是口腔穿孔的高風險時期，青少年需要學習如何預防口腔傷害和處理口腔緊急情況，特別是牙齒脫落或斷裂。

　　此外，由於青少年可能會睡得更多，並且熬夜。作息時間的改變，可能會忽略刷牙與口腔的健康。青少年可能會跳過晨間刷牙或在深夜吃零食，甚且青少年花更多時間與朋友在一起，更不可能經常刷牙。青少年常喝的咖啡、蘇打水或茶，可能會導致牙垢與汙漬產生，飲料中的酸性物質也可能破壞牙釉質而齲齒。此外，青少年隨著面部的變化和肌肉的增長，青少年的下巴也會發生變化，顎部的變化可能會導致口腔的改變，增加青少年的咬合不良，因此，青少年可能也需要口腔及齒顎矯正。在日常生活上，青少年的牙齒與口腔保健也需多加注意：(一) 每天至少刷牙三次。(二) 餐後三分鐘內刷牙，每次刷牙三分鐘以上。(三) 牙刷只能除去約 60% 的細菌，牙齒之間的鄰接面，須使用牙線或牙間刷來清除。(四) 定期看牙醫去除齒垢，防止導致齲齒及牙周病的細菌增生。(五) 少吃甜食與

含糖飲料，如食用，應於短時間內食用完畢並刷牙與使用牙線。(六) 乘坐車輛時要繫好安全帶，避免意外碰撞，傷害牙齒。(七) 青少年運動、騎自行車、滑板時要戴安全頭盔與護齒、護臉裝置。(八) 使用氟化物對蛀牙高風險的青少年可能特別有效，應與牙醫師諮詢。(九) 全天都要喝水，特別是在兩餐和零食之間 (Silk, 2017)。

陸、青少年生理健康的促進策略

　　健康身體的促進 (health promotion) 是健全心理與良好社會發展的基礎，生理健康也是個體各種適應的根本，因此青少年生理健康的維護與增進，應被當作教育與輔導工作的首要項目。基本上青少年每天應該睡眠至少 8 個小時，需要每天都有吃早餐，不吃或少吃零食，減少吃糖，身高與體重維持適配，而且不抽菸，不能喝酒，進行規律的運動，每天至少有30 分鐘以上，適時看醫生。在心理上，維持心情平靜，不動怒。整體而言，增進青少年身心健康的策略與方法尚有下列各項。

一、遺傳及生理檢查

　　遺傳是個體生理成長與成熟狀況的主要作用因子，倘青少年發育受限，可以檢視其遺傳狀況，將不利因子降到最低。今日醫學已可利用分子遺傳學發現人類生病或健康的基因特定位置。青少年生長有狀況，應至醫院就新陳代謝功能，如基本代謝率 (basal metabolism rate) 加以檢查。臺灣有完善的健保制度，各大醫院病通常設有青少年門診，可善加利用。

二、充足的睡眠

　　睡眠是人類的基本需求，睡眠可以讓人消除疲勞、重整思緒、回復生理機能，健康的人每天需有 8 個小時左右的睡眠時間。青少年由於正值生長荷爾蒙分泌的關鍵時期，每天更應有 8 個小時以上的睡眠時間，生長荷爾蒙分泌最旺盛的時期在夜間 11 時至凌晨 2 時之間。青少年期待獲得的平均睡眠時間為 9 小時 25 分鐘，尤其是週末假日。但東方國家青少年升學壓力較大，課業繁多，通常難以如願。

三、均衡的營養

　　營養是維持生理機能的燃料，營養失調將會對生理發展產生傷害。國內由於經濟發展，目前已極少有營養不良的現象，但一般青少年卻有飲食習慣不良、攝取食物不均的情形，導致過度肥胖、厭食或脂肪過多、膽固醇過量的狀況，需要父母及師長的導正，嚴重者應參加減重班或接受各種治療。青少年合宜的三大營養素比例為蛋白質 10-20%、脂質 20-30%、醣類 50-60%。適宜的飲食指引包括減少每日膽固醇與脂肪的攝取量，少吃或不吃糖類食品，多食用富含維生素 C 的蔬果，飲食且要有規律，不可過饑或過飽。另外要適當攝取纖維素食物，保持大便通暢。

四、規律的運動

　　健康的個體每週應有四天以上的運動，每次運動最好在 40 分鐘以上，且能使心跳達到每分鐘 100 次以上。運動不只能促進血液循環、增強體能，也能抒解壓力、發展人際關係，對青少年身心健康發展極有助益。基本上，每位青少年應保有一種以上的運動知能，能終身定期的進行活動，以維護健康。此外，青少年發育階段多從事跳躍式運動，如跳繩、打籃球、排球等，有助於身高的增長。

五、壓力的調適

　　人生會面臨各式各樣的挑戰，感受到各種不同的壓力，小至趕搭火車、交通阻塞，大至親人病故。青少年由於內外在世界的擴展，也會面臨不同的壓力，需要開始學習各種壓力的調適，諸如：正向思考、身體放鬆、尋求幫助、社會參與等，在本書第八章中另有討論。

六、適當的休閒

　　休閒的效益極大，休閒兼有知性、情意及技能等各方面充分發展的功能，整日用功讀書或工作，而欠缺適當休閒，將會妨害身心的發展。青少年需要開始培養各種休閒技能、善用休閒時間，才能豐富生活內涵，如彈奏樂器、歌唱、種花蒔草、登山郊遊等都是有益身心的休閒活動，需要多多培養。

七、減少與防止意外事件

　　青少年意外事件與自殺也是損害青少年生理健康與生命的要素，前者主要是車禍意外，尤其無照騎機車或開車，以及酒後開車或藥後駕駛。10-19 歲青少年的死亡有超過一半是因為意外，大多是摩托車意外。危險的騎車習慣，如快騎、貼車、緊隨其他人之後，都可能導致意外事故，因此需要推動青少年交通安全教育，以及青少年的行為紀律規範。青少年自殺的防範，將另於第十章中討論。

八、校園疫情的預防與健康維護

　　新型冠狀病毒所引發的嚴重肺炎流行疫情 (COVID-19)，在 2019 年底爆發，2020 年初中國武漢封城，此後病毒迅速擴散並蔓延到全世界，幾乎沒有一個國家倖免。整體來看，目前全世界仍屬於疫情肆虐時代，離後疫情時代可能尚遠。即便未來病毒得以控制，殘餘病毒仍隱藏遍布世界各地，隨時都有捲土重來的可能，新冠肺炎疫情大流行堪稱是本世代的「黑天鵝事件」(black swan event)(Krishnamurthy, 2020)。各級學校與班級教室屬於高密度人員聚集處所，因此避免交互感染病毒或一般傳染病極為重要。學校安全與健康維護含括全體教職員工，包括廚工、司機、訪客等。其基本原則有下列各項：(一) 校園中的每一個人，只要生病，就不得來學校。(二) 學校需要提供乾淨用水，以及可以洗手的肥皂、酒精、手部清潔劑、氯溶液，每日清潔學生易接觸物體表面，如門把、電梯面板。(三) 學校需要供應衛生乾淨飲用水，並妥善處理廢水，維持環境清潔，避免汙染。(四) 學校人際間需維持應有的社交距離。(五) 認識與了解冠狀病毒特性、症狀、傳播途徑，以及阻絕傳播的方法。(六) 信賴公正、有聲望的國內外組織與機構，如聯合國官方機構及國內政府部門，獲取正確資訊，並避免誤傳假訊息。(七) 鼓勵經常洗手，確保學校各種設施的衛生與安全。(八) 多運動、多曬太陽、充足睡眠、營養均衡。(九) 減少或避免大眾集會，避免不必要會面與接觸。(十) 學生桌椅盡可能隔開至少一公尺以上。(十一) 正確的與家長分享防疫資訊。(十二) 使用海報或貼紙等公告方式，提醒學生注意。(十三) 可以採取彈性上下學措施。(十四) 取消鼓勵全勤的

規定與誘因。(十五) 學校職工可以採取彈性或遠距工作模式。(十六) 每日確實掌握教職員工生上班出勤與上課情況。(十七) 與教育主管及地區公共衛生單位保持密切聯絡，適時通報疫情。(十八) 讓學生充分了解病毒與疫情，並解惑。(十九) 避免學生因病毒而造成恐懼、霸凌與歧視。(二十) 疫情期間確實防止家庭暴力、各種性騷擾或侵害。(二十一) 學校、家庭與社區需要更密切合作建立健康與安全的環境。(二十二) 留意學生身心狀況，減少與預防學生酒精與物質濫用，以及自殺（黃彥杰，2021; Bender, pp.1-7; Krishnamurthy, 2020）。

☆問題討論與班級學習活動☆

一、莎士比亞 (William Shakespeare, 1564-1616) 曾說，人體是上帝完美的傑作，請以您自身的生理發展狀況與功能，闡述其教育意義。

二、請概述人體的主要生理系統，說明主要生理器官及其功能。

三、大腦是人體生命中樞與學習樞紐，請說明青少年大腦的發展特徵，以及如何增進大腦效益，促進青少年有效學習。

四、請概述田納 (J. M. Tanner) 青少年的成長順序與階段理論，另以自我生理發展歷程，印證田納理論的可靠性。如有機會，至班級中與同學分享自我生理歷程、階段與順序。

五、請說明青春期的健康促進策略與適性輔導方法。

六、請說明如何促進青少年身高與體重適當發展？對過度肥胖青少年有何輔導策略？

七、臺灣學童蛀牙與近視率頗高，如何增進青少年的口腔與視力健康？

八、您在青春期有何生理困擾？如何度過此一時期？如何運用個人經驗協助青少年增進生理健康？

九、請闡述影響青少年生理發展與健康的重要因素，並說明遺傳重要？還是環境重要？

十、請列舉影響青少年發展的主要內分泌及其功能。

第四章
青少年的性成熟、性別角色發展及適性輔導

第一節 青少年的生殖器官與性成熟

　　人類與多數動物一樣，屬於有性生殖，因此有雄性與雌姓，有公有母，有男有女，生生不息。男女生殖系統與生殖器官的主要功能是生育與孕育下一代，青春期性器官開始發育與成熟，目的就是在為生育、繁殖、傳遞基因、繁衍子孫作準備。

壹、男女生殖器的構造與發育

　　人類的性別於受孕的剎那就已經決定，人體細胞中的細胞核共有 46 個（23 對）染色體。性細胞的染色體是其他身體細胞的一半，亦即只有 23 個。性細胞在男性是精子，在女性是卵子，精子之中的染色體有兩種：(一)X 精子（含有 X 染色體的精子）；(二)Y 精子（含有 Y 染色體的精子）。卵子的染色體則全是帶 X 染色體的細胞。當受孕時，卵子與精子結合，各自 23 個染色體亦隨之結合，X 精子與卵子結合，則性染色體成為 X X，性別即為女性，Y 精子與卵子結合，性染色體成為 X Y，性別就為男性，人體的染色體構造如圖 4-1 所示。

　　人體染色體中含有遺傳基因，因此受精當時也分別接受來自父母的遺傳特質。人體雖是上帝完美傑作，但人體結構複雜，包含數萬億個細胞，細胞是生命的基本單位 (unit of life)，每個細胞都包含一個中央結構，即細胞核。細胞核內有 23 對染色體，染色體是由線狀結構分子組成，內含基因 (gene)，基因包含遺傳密碼的去氧核醣核酸 (DNA, deoxyribonucleic acid) 是螺旋雙鏈構造（如圖 4-2 所示）。

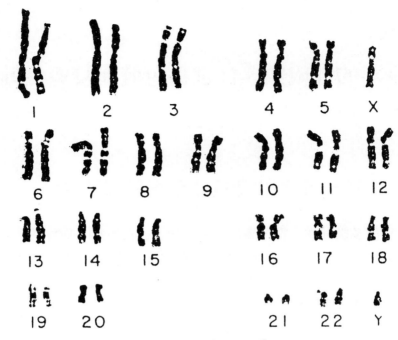

圖 4-1　人類男性染色體結構

資料來源：Kimmel & Weiner, 1995, p.52。

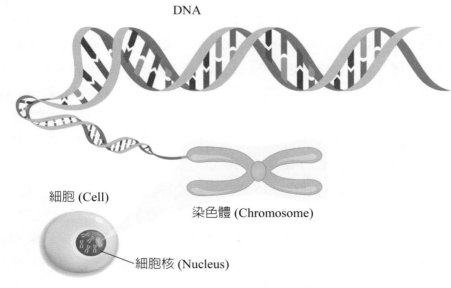

圖 4-2　染色體、基因和 DNA

資料來源：Santrock, 2014, p. 78。

　　胚胎至第六週左右出現生殖細胞，胎兒至第九週再出現外生殖器，最後日漸成形。出生時即可由外生殖器判定男女性別。男女生殖器官均分內生殖器官與外生殖器官，男性的內生殖器是睪丸、副睪、輸精管、攝護腺，外生殖器是陰莖及陰囊。女性的內生殖器為卵巢、輸卵管、子宮，外生殖器有大陰唇、小陰唇、陰蒂與陰道。

　　男女出生時由外生殖器即可觀察到性別的不同，嬰兒出生時男孩有陰莖、陰囊，女孩有陰蒂、陰道、陰唇、外陰部，此時的性別所具有的特徵，如前述稱為「第一性徵」(first sex characteristics)，也稱之為「主要性徵」(primary sexual characteristics)。出生至青少年期以前，男女生在性徵上雖然有所差別，但男生的睪丸與女生的卵巢都處於靜止狀態，男女生生理與體格並沒有顯著不同，但到了青春期時，性荷爾蒙分泌增加，使男女生在身體與性器官外觀、性格或性情上顯出極大的差異，此時男女生外顯的生體性別特徵，稱之為「第二性徵」(second sex characteristics)，或是「次級性徵」(secondary sexual characteristics)。青少年期開始，男女生第一性徵的各個器官日漸發育成熟。男生的睪丸與陰囊開始變大，其改變約發生在身高驟增高峰的前一年，在 13 歲左右開始發育，至 14-18 歲成熟。青少年期開始，睪丸急速分泌性荷爾蒙，並生產精子，在此同時，陰莖也開始長大，但陰莖在青少年期結束前就已達到成熟程度，陰莖本身為海綿體組織，平時作為排尿器官，亦即陰莖中的輸精管與尿道共用，男生受性刺激後，海綿體會快速充血，充滿血液的陰莖海綿體即是勃起狀態，性交時陰莖勃起成堅硬狀進入女性陰道，此時海綿體會暫時封閉靜脈，防止血液回流與排出尿液。

　　男性青春期時輸精管變大，前列腺會分泌黏稠液體，整體男生性器官乃達到成熟狀態，通常男生在 13.5 歲至 17 歲之間各個性器官都可發育完成，亦即可以讓女生受孕，當爸爸。女生 11 歲左右子宮平均重量有 5.3 公克，至 16 歲時可達 50 公克，增加近十倍。輸卵管與陰道也快速成長，陰道在青春期中期會有帶酸性的分泌物產生，大小陰唇也逐漸變大，並轉為較暗紅色。卵巢早於 9 歲左右開始發展，並在 16 歲左右發育完成。基本上，女生在初經來潮後第二年，即可以懷孕，生育小孩，當媽媽。

一、男性性器官的構造與功能

　　男性性器官的構造如圖 4-3 所示，主要有睪丸、副睪、陰囊、輸精管、攝護腺、陰莖、儲精囊等。睪丸是男性的性腺，狀成橢圓體，成熟的睪丸重量約 20-30 公克，通常左側睪丸大於右側睪丸，且位置略低，以便於雙腿緊閉。胎兒期睪丸在腹腔內，約七個月時降到恥骨聯合線上，出生前再降到陰囊內，但約 2% 的男嬰出生時睪丸尚未下降，有些只降下一個，倘五、六歲尚未完全降下至陰囊內，通常需要利用外科手術，使之降下。睪丸內部有無數個錐狀小葉，各小葉有甚多的細精管相聯，細精管再連結直細精管，達到睪丸頂端，細精管再形成輸出管，輸出管再結合形成副睪。每一個睪丸各連接一條精索，把睪丸懸掛於陰囊中。

　　精索包含睪丸動脈、靜脈、淋巴腺、神經與輸精管。離開睪丸的輸精管向上到達腹腔處與精索分離，再往上與儲精囊接連，而成輸精管（射精管），射精管平時即是尿道。睪丸是精子的製造廠所。

　　副睪為曲折的細管狀器官，上端大，下端細，連結形成副睪丸體。輸精管則起於副睪尾端沿睪丸後面上行，輸精管可以產生幫浦作用，汲入副睪分泌物，然後射出體外。儲精囊位於膀胱後面與輸精管相連，儲精囊不能產生精子，但能分泌鹼性黏液，促使精子運動，並能進入陰道。前列腺（或稱攝護腺）位於膀胱下方，能供應果醣，並與尿液排泄有關。

　　睪丸製造的精子先停留於副睪，吸收副睪養分，然後再在輸精管過程中成熟，並由精囊液及前列腺供給果醣作為能源，再加上鹼性黏液，方便於射精。上述男性陰莖內的輸精管與尿道共用，當陰莖勃起時，就類似關閉匣門，無法排尿；同樣地，排尿時陰莖是鬆軟的，無法射精。男性自青春期開始，睪丸即能製造精子，分泌精液。健康男性每次射精量約 3-7cc，內含精子約 2-3 億個，但讓女生受孕僅需一個精子，可見男性生殖力超強。相對女生每月排卵一個，由初經至停經約 40 年，成熟卵子僅約有 480 個，相對極為有限，此在其他哺乳類動物亦有類似生物現象，也由於此，帶有優良基因，擁有最佳生存能力的雄性，在擇偶競爭中才能夠勝出。

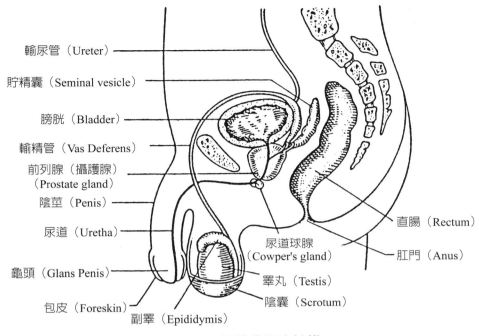

輸尿管（Ureter）

貯精囊（Seminal vesicle）

膀胱（Bladder）

輸精管（Vas Deferens）

前列腺（攝護腺）
（Prostate gland）

陰莖（Penis）

尿道（Uretha）

龜頭（Glans Penis）

包皮（Foreskin）

副睪（Epididymis）

尿道球腺
（Cowper's gland）

睪丸（Testis）

陰囊（Scrotum）

直腸（Rectum）

肛門（Anus）

圖 4-3　男性性器官結構

資料來源：Rice, 1993, p.162。

二、女性性器官的構造與功能

　　女性性器官的構造如圖 4-4 所示，主要有卵巢、輸卵管、子宮、陰道、大小陰唇、陰蒂等。

　　卵巢是女性的性腺，會產生卵子，卵巢大約 3 公分，寬 2 公分，厚 1.25 公分。卵巢由皮質與髓部兩部分所構造而成，卵巢之外層為皮質，皮質是屬於結締組織所構成的基質，皮質內散布各種原始卵泡及濾泡，至青春期以後，原始濾泡受刺激而成熟，並移至卵巢表面，再經由濾泡破裂，將卵輸送至輸卵管，以待受孕，未被刺激的濾泡變成黃體，在月經後期退化成白體，女性停經後濾泡消失，即不再製造卵子，因而基質全由白體所充塞。卵巢本身除了製造卵子以外，亦分泌各種性激素。

　　輸卵管長約十公分，左右各一，底部和子宮相連，末端有流蘇狀突起，形成卵管繖，其中一條卵管繖與卵巢接近，當卵細胞破裂時，卵巢繖

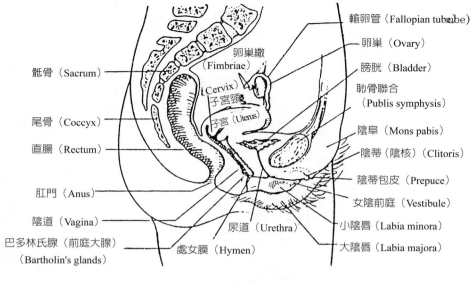

圖 4-4　女性性器官結構

資料來源：Rice, 1993, p.164。

自動接近。子宮是受精卵著床、孕育胎兒的地方。

　　通常卵細胞約需 28 天才發育成熟，每一生理週期只產生一顆卵子，當卵子與精子在輸卵管交會受精後，形成受精卵 (Zygote)，也稱爲「合子」，受精卵會被送到子宮內孕育。子宮長約 7.5 公分，寬約 5 公分，厚約 2.5 公分，重達 40 至 50 公克，子宮包含子宮體腔、子宮肌層與內開口、外開口，以及子宮頸腔等部份，下方與陰道相連，子宮肌層負責保護胎兒，生產時可以收縮，將胎兒擠出，子宮內無受精卵時，子宮內膜會剝落，形成月經。陰道是由纖維組織與肌肉組織所構成，富伸展性，生產時是產道，胎兒出生經過此通道，陰道並且是與異性性交之接觸管道。

貳、青少年的第二性徵

　　第一性徵是出生時所具有的男女性別初始特徵，男女最明顯的不同是，男生有外顯生殖器（陰莖與陰囊），女生則是外陰部。至青春期開始，男女生的外顯性別特徵明顯出現，如男女胸部在兒童期相同，到了青

春期，女生胸部逐漸隆起，男女外觀差異在其他方面也日漸顯著，此即第二性徵或次級性徵。

一、男生第二性徵

在幼童時期，男生睪丸和陰莖與出生時相近，無增大許多，沒有陰毛，身高持續增長。到了青少年早期，如田納 (Tanner, 1971) 所述，男性睪九和陰囊漸漸增大，陰囊變得粗皺，陰莖長粗變長，沒有真正的陰毛。到了青少年中期陰毛顏色變深，粗直，沿著陰莖基部生長，漸漸捲曲濃密，起初形成倒三角形，然後漸擴散延伸到肚臍附近。腋毛在陰毛生長後才生長，陰莖和睪丸繼續生長。陰囊變得更大些，顏色變深有皺紋。身高隨著時間快速生長。陰毛的發展隨著時間充分發育，此時前列腺的精囊已成熟，偶爾或定期的會有遺精的現象，但精子數量和運動量不足，屬於青春期的不孕症。此時期喉結變大，聲音變粗。顏面鬍鬚和身體的汗毛開始出現，而且廣布全身。陰毛、腋毛開始濃密，聲音變低沉、持續的增長，射出的精液足以受孕。約 98% 的男性身材都在 17 歲時定型，前面髮線開始有後退與凹凸的現象。青少年後期男生第一、第二性徵已充分成熟，肌肉和體毛繼續的增加。歸納而言，男生第二性徵發育有下列特徵：(一) 荷爾蒙的平衡改變。(二) 骨骼開始生長。(三) 生殖器擴大。(四) 鬍鬚及陰毛出現。(五)喉結出現。(六)聲音改變、低沉。(七)第一次射精（夢遺）。(八) 陰毛捲曲。(九) 生長驟增達到頂峰。(十) 體毛、腋毛與胸毛（東方男性較少見）長出。(十一) 鬍鬚粗濃。(十二) 髮線後退。(十三) 外顯陰囊與陰莖顏色轉濃褐色，接近成熟狀態。

二、女生第二性徵

女生在幼童時期沒有陰毛，胸部平坦，與男生無異，身高會不斷的緩慢生長。青少年早期臀部變圓、胸部和乳頭高起，屬於萌發期，沒真正的陰毛。青少年中期陰毛顏色轉深變粗，最初是沿著陰唇漸漸捲曲擴散形成倒三角形。腋毛的發育是在陰毛之後，在初經之前 18 個月時身高快速的增長。之後陰唇變大，陰道分泌物開始帶有酸性，胸部和奶頭隆起，已初具乳房模型，屬於基本乳房期。進入青春期，適量的腋毛長出，陰毛充分

生長，胸部發育至成人的狀態，月經已經很規律。在 16 歲左右，身高生長速度已經減緩，直到停止生長。青少年後期生長更多的腋毛，胸部已經完全發育。女生的第二性徵歸納而言，主要有下列特徵：(一) 開始身高生長驟增。(二) 鬆軟的陰毛開始出現。(三) 乳房開始突出，臀部變圓，開始有體毛。(四) 陰道、陰部、陰蒂、子宮變大。(五) 陰毛快速生長，變得濃密。(六) 乳房更大，乳頭色澤暗紅，腋毛變濃密，乳暈發展。(七) 生長驟增達於頂峰，隨後下降。(八) 初經發生，大約發生在身體驟增達於頂峰之後。(九) 陰毛發展完全，乳房成熟，腋毛也發育完全。(十) 青少年期發育結束，女性具有受孕能力，約初經後一年或更長些。

　　由此可見，青少年男女生的性成熟順序並不盡完全相同，且由於男女性器官的成熟有極大變異，亦有極大個別差異。女性腋毛生長於初經之後，有些初經之前已經濃密，此種差異值得家長及教育與輔導工作者，以及青少年本身的關注，女生生長的順序與成熟度除非嚴重落後，否則有時可能只是早晚熟而已。另外，目前世界各個社會都已形成慣例，將女生需剃除腋毛視為一種禮貌，宛如多數期待男生需要刮鬍子，可見第二性徵兼有社會的期待。

第二節　女生的初經、月經與健康促進

壹、女生的初經與月經

　　女性的月經，英文有多種名稱 (menstruation, period, menses, MC)，第一次月經稱之為「初經」(menarche)，又稱為「初潮」，這是女性進入青春期與開始性成熟的最重要象徵。女性的下視丘受卵巢所分泌的荷爾蒙及身心狀況的影響，引發腦下垂體分泌濾泡成熟素與黃體素，促使卵巢內的濾泡開始發育，濾泡又促進子宮內膜變厚變軟。每個週期卵巢約有二十個濾泡發育變大，但只有一個最大的濾泡由卵巢向外突出破裂，形成排卵。

　　卵子由卵巢排出後形成黃體，黃體再分泌黃體素及助孕素，使子宮內

膜分泌營養液，以利受精卵的著床與受精卵的發育，若卵子未著床（即未受精），子宮內膜便會脫落，並排出血液，即經血，由於卵巢與排血形成28日左右的週期，因此稱之為「月經」，月經來潮流血期約2-7日，多為3-5日，流血量約在30c.c.至40c.c.之間，最多可達50c.c.，第一天的排血量約占40%，第二天約占36%，但流血量也有個別差異，一般為20-60c.c.的血液。月經過後，子宮內膜開始重生與發育，為下一次的排卵作準備，倘亦未有受精卵著床，即再排血。經血有四分之一是靜脈血，其餘為動脈血，因而不凝固。女性的月經週期也因個人體質不同，並非一定28日，有些超過35日或45日，如外在生活壓力過大，也會影響月經的週期。女生體重若突然減少了15%以上，也會停止月經。

　　月經的形成及月經週期與內分泌關係最大，青少年初經通常發生於身高驟增高峰或骨骼發展達於頂峰之後，約在10.5歲至15.8歲之間，平均年齡12.79歲。初經發生後，約一至兩年方真正具有懷孕生育胎兒的能力。初經的出現除上述個別差異現象之外，又有人種間、不同世代間與地域間的差異。主要的原因乃初經受遺傳與環境的交互作用，營養條件好、文化刺激較多、脂肪累積快速的女生愈有提早出現初經的趨勢。西方女性約每十年女性初經提早兩個月到來。在1800年左右，法國女性初經約在17歲左右，至1980年西方女生初經年齡約降至13.5歲左右，一百餘年間，約降低3.5歲 (Lerner & Benson, 2013)。

　　另有學者研究發現，以體重來估算女性初經年齡較為準確，在過去125年間，西方女性平均體重達到47公斤時，就會有初經，此一數值並不受平均初經年齡下降之影響。這可能係女生生理到達一定體重時，人體的新陳代謝率 (metabolic rate) 下降，因而引起下視丘提高對性荷爾蒙的敏感度所致。女性體重的增加又與營養、飲食習慣與運動有關，以此推論，近代女性因營養條件較佳，體重較早達到47公斤左右，因而初經年齡乃不斷降低。另有一說，認為女性身體脂肪與非脂肪組織比率達到1：3時（亦即脂肪占體重的四分之一），即會發生初經 (Atwater, 1996; Lerner & Steinberg, 2009)。

貳、女性青少年的月經困擾

月經是女性自青少年開始至更年期爲止的每月大事，規則的月經流血會持續 2 至 7 天或 4 至 8 天，平均 5 至 6 天，月經來潮前開始有粉紅色分泌物，主要的排血期爲鮮紅色或暗紅色血液，月經末期仍有分泌物。由於月經之產生與女性動情激素及黃體素之分泌有關，因而會對身體與情緒產生影響。

在醫學上，對月經來潮前的生理與心理上的不適應稱之爲「月經前症候群」(premenstrual syndrome)，簡稱經前症候群。在月經來潮前幾天，乳房會脹痛、腰痠背痛、肚子脹大、腹部有痙攣與下墜的感覺，並使嗅覺改變。某些婦女且因血糖過低而引發頭暈、面色蒼白、出汗、無力等現象，在情緒上也顯得煩躁、不安、易怒、情緒變化不定。是否會有經前症候群的產生有極大的個別差異，並非人人如此，或經常如此。

青春期的少女較常見的是經痛，這是在月經來潮所感受到的子宮、下腹部與背部的疼痛現象，約有三分之一少女會有經痛的經驗。經痛的原因在於子宮內的平滑肌收縮、血液供應量減少，而引起子宮周圍部位的痠痛，未生產的少女由於子宮頸較小，使子宮難以將血液排出，因而有較多的經痛。嚴重與持續的經痛需要就醫檢查與治療。

無月經也是壓力過重少女可能遭遇的困難。人體內分泌受下視丘的控制，下視丘的運作又受外界環境的影響，當外來的壓力過大或處於危險的環境中，下視丘的調節常會失常，使得性荷爾蒙分泌不正常，因而月經週期錯亂或無月經，面臨強大聯考壓力的女生或在監獄服刑的女受刑人即可能發生無月經的現象，抒減壓力與就醫治療是防治無月經的方法。當然已經懷孕也會無月經，兩者不可混淆。

臺灣女生大約在 12 至 13 歲會有初經，初經一、二年內由於性荷爾蒙分泌尚未穩定，因此月經亦不正常，此時卵巢尚未完全成熟，故不一定會排卵，也不會懷孕。月經來潮倘經血過多，次數頻繁，可能要就醫診療，超過 15-16 歲尚未有初經，亦需就醫。從初經開始，女生就需要學習使用衛生棉，並注意清潔性器官，以保持經期的健康。

參、經期衛生與健康促進

　　女性由初經開始至 52 歲左右停經 (menopause)，除懷孕外，月經會伴隨女性 40 餘年，是女生一輩子最繁複，甚至最掛慮的生理現象。在民智未開或保守的社會中，月經是一個禁忌，經期中女生不被允許參加特定活動，如廟會、登船，或是不容許公開談論月經的話題，即便是今日，在群眾和男女公開聚會中，高談闊論月經仍是少見，男性直接問女性月經狀況，會被視為無禮，甚或是一種騷擾。

　　在西方社會也有同樣禁忌，月經禁忌延伸到女性生理和性行為許多方面，普遍也將討論和關照月經的需求視為羞恥。這種禁忌常常導致女性被排除在社會、家庭和教育活動之外。西方社會公開場合對月經同樣有一些禁忌用語，如將月經稱之為「姨媽」或「大姨媽」(Aunt)、「血腥瑪麗」(Bloody Mary)，或「浮漏阿姨」(Aunt Flo)，flow 本意是「流淌」之意，西歐甚至稱經期為「鯊魚週」(Shark Week)。當前世界各國由於教育水準提高，對月經知識增加，社會上對於月經的禁忌銳減，對月經已不再隱諱，社會大眾普遍接受月經是人類自然的生理現象，坦誠且自然的談論與表達月經來潮，是目前主流趨勢，女性受僱者也可以依照「性別工作平等法」第14條之規定，因生理日導致工作有困難者，每月得請生理假一日。部分國家並已研議將月經需要的衛生棉條等生理用品費用，直接由國家負擔，或大幅度減稅，這是人類社會進步的表徵。

　　就女性而言，經期開始，經血會從子宮頸口經陰道排出體外，因為子宮的出入口是比吸管的孔更細更小的洞孔，血液要通過這裡需要花上一定程度的天數。經血約持續 3 至 7 天不等，每年共要耗費 36-60 天，一生約要花 1,440-2,400 天關注月經生理現象及使用衛生用品，也近似一種負擔。然而月經是人類進化的生理現象，我們的祖先即是如此，這是女性可以當媽媽的一種徵候，應以健康與喜悅態度視之，也因此，男性應該更加疼惜與呵護女性。

　　在青少年月經教育上，有下列具體適性輔導策略：(一) 應讓男女學生都了解女生每個月都要經歷一次生理期，理解、接納與尊重此人類特有生理現象，是成熟與尊貴表現。(二) 除護理、健康與體育等課程之外，其他

如生物、輔導活動、綜合活動等課程都可適時教導月經與生理期衛生，人類所有生理現象越公開討論，越能減少誤解及無謂的猜測。(三) 教導女生正確使用衛生棉（或衛生棉條），將背膠上和側翼的貼條撕下，平放在內褲的適當位置，接著將側翼反折到內褲。每隔 2-3 小時更換一次，一天約需使用 3-8 片衛生棉，並適宜的將用過的衛生棉棄置垃圾桶。(四) 經期應注重飲食及健康，維持充足及均衡的營養，包括鐵、鈣質、蛋白質、鎂、維生素 C、D、B 群等，深色食物如豬肝、紅肉、瘦肉、紫菜、綠花椰菜等屬良好食物。(五) 女性生理期不游泳、不洗冷水澡、不做劇烈運動，充足的休息，以淋浴的方式洗澡，可以記錄經期的起迄日期，不要穿太緊的褲子等。(六) 如有經痛，需多休息，可以熱敷腹部，必要時看醫生，有需要時亦可按照醫生指示服用止痛藥，並保持樂觀積極的心理。(七) 引導全校師生，對女生每個月的某幾天有特殊情緒表現時，都能體諒其身體不適。

第三節　女生的胸部發育與健康促進

壹、女性乳房發育

乳房發育是女性青少年最重要的第二性徵，乳房在青春期之前就已開始成長，直到青春期才達到成熟程度，乳房的發育初始功能是爲了將來育兒哺乳的需要，但隨著社會價值觀念的改變，女性乳房反而成爲女性特質最明顯的性感表徵，乳房發育倘不符合社會期望，所帶來的困擾特別顯著，因爲乳房是外顯的性徵，不若月經的隱私。前章曾討論田納 (Tanner, 1974) 曾以五階段描述女生乳房發育的過程，至今仍值得參考。

乳房的發育隆起主要是由於乳腺的作用所致，男生亦有乳腺，但受男性荷爾蒙的影響，男性乳腺退化無作用。女性乳房內部由結締組織、小葉、脂肪所構成，脂肪組織覆蓋在乳腺表面，並散布在各葉之間，乳房的大小事實上是由脂肪的多寡所決定。乳房外部包括乳頭、乳暈兩部分，乳

頭是乳房中央的小錐狀凸起，此部分最早發育，乳暈則位於乳頭底部，顏色較深沉。

　　乳房大小在不同種族與不同女性間有極大的差異，38% 的女生在 11 至 14 歲間乳房仍然很小，34% 是屬於中等大小，只有 28% 屬於較大型，在形狀方面，20% 在 11 至 14 歲之間仍然扁平，20% 成圓錐狀，60% 成圓球狀。事實上，乳房大小與泌乳哺育能力無關。

貳、乳房衛生與健康促進

　　由於社會長期流行的一些美女廣告與情色媒體刊物，過度渲染與誇大乳房大的價值，使女生乳房較小者常形成自卑心理，甚至會尋求外科手術加大，或多方遮掩，形成生活上的不適應。但另一方面，早熟的女生或乳房過大者，乳房常成爲同儕或他人注意的焦點，也會顯得不自在，對生活適應亦不利。事實上，女性乳房大小與生育及哺乳嬰兒的能力並無關聯。乳房大小的困擾純粹是社會媒體與商業行銷炒作所致，無論大小都值得喜悅與接納，宛如身高有高矮一樣，青少年心理學者都不建議隆乳。青春期少女的乳房發育到一定程度時，就會下垂。因此，需要配戴合適的胸罩，用以支撐乳房，防止下垂，並維持良好胸型與身材，穿戴胸罩目前也被視爲是一種禮貌。

　　目前國際社會女性胸罩原型大致確立，包括罩杯、胸帶、肩帶和背部扣環，並因內衣廠商設計與款式不同，呈現繽紛景象。選擇胸罩時，應考慮個人胸部的大小，並力求舒適，選擇不鬆不緊，罩著兩側乳房，且吊帶沒有過鬆或過緊。其中肩帶式的胸圍支撐效果較好，而棉質的胸圍質料柔軟，具承托力，透氣性能佳，因此可選擇配戴。目前女性內衣店普遍且專業，家中有青春期的女生，父母可以陪同試穿、選購，以父親爲主的單親家庭，可請求學校教師或護理老師協助。女生試穿胸圍時，選擇適宜罩杯，高舉雙手或轉動身體，注意胸圍的位置會否移動。如位置出現偏斜，即表示此胸圍並不合適，應嘗試適宜的尺碼或款式，因此，適時選購，並更新較合宜胸罩，也值得父母及教師關心。

第四節　青少年的性活動及適性輔導

青少年階段除了重要生理系統與器官急速發展之外，外顯與內在生殖系統與性器官的發育也是非常顯著的生理現象。青少年期是性的覺醒期 (sexual awareness)，基本上是在兒童無性期 (asexual child)，到有性成年期 (sexual adult) 之間的橋樑過渡階段，青少年也是身體、性、愛、情感和行為的探索和試驗的時期，他們對性的奧祕充滿好奇，直到青少年後期終會將性意識與性覺察融入到個體的身份辨識之中。

青少年時期對個體而言，是一個性的探索階段，由於性器官發育日漸成熟，性功能不斷增進，同儕、友伴間不斷以性為話題，對性感到興趣，並蒐集與分享性的資訊、影視、圖片、網路、視訊或視頻，加上當前各種網路性相關的資訊，每日數以億計在增加，社會及大眾媒體亦不斷提供性的誘惑與刺激，因此，青少年的性知識增多，接觸性資訊增多，並開始持續自我或結伴探索與體驗性生活。

壹、青少年主要的性活動

青少年對性的興趣、性取向和性偏好的表達，是青春期的正常組成與生物本能的反映。如前述，從生物學的觀點來看，維持生命與生殖及繁衍下一代是生物一生的兩大任務，人類跟其他動物一樣，生理與性成熟啟動後，意味著開始會發情、求偶、交配、生育下一代。動物世界求偶與交配行為比人類立即、直接、單純，除了雄性爭奪外，大致依照本能繁殖下一代。人類發情、求偶、交配、生育下一代，就受社會、文化、法律諸多規範，無法隨身所欲，性相關的禁制、約束與限制極多，因而青少年的性成熟、性愛、性活動在生活中總會遇到不安、脆弱和困惑的時候，產生的困擾也最多。

青春期是青少年性的覺醒期，由於家庭、學校與社會對於性相對是隱晦、禁制或不宜公開談論的話題，因此男女生容易表現出害羞、臉紅和好奇，女孩的身體發育比男孩快，受媒體影響，女生更擔憂自己的身體和性吸引力，男生受廣告影響，也擔心自己陰莖長度與性能力。因此在教育與

輔導上，需要整合心理、生理、文化、精神、教育和社會等因素，充分了解青少年的身體、情感和性心理發展，並讓他們也感受到被了解、尊重與接納。青少年主要值得關注的性活動有：勃起、夢遺、性衝動、性幻想、自慰、約會、戀愛、愛撫、性行爲、同性戀、色情資訊等。

一、青少年的陰莖勃起、夢遺與性衝動

所有生物體皆以生存與生殖爲兩大目標，發情、求偶、交配與發育就是生物體的四部曲。進入青春期，男性青少年最常有的現象是陰莖勃起 (erection)。陰莖勃起在男嬰時期即已出現，但青春期以前的陰莖勃起通常沒有性慾成分，是陰莖受到外界刺激的自然生理反射動作。由於家庭與學校性教育的不足，一些男生對青春期的勃起頻繁與夢遺現象感到恐慌、焦慮，造成適應上的困擾，事實上，這是正常的生理現象。

男性陰莖包含神經、血管、纖維組織與海綿體，當受到生理或心理刺激時，副交感神經會傳導衝動，使陰莖內的靜脈血管收縮，動脈血管舒張，因而動脈血流進入海綿體內，促使海綿體組織擴張，陰莖變硬且變長，當神經系統傳送的訊息停止，陰莖才會因血液流通正常而舒緩。成年男性的勃起是爲了便於進入女性陰道內射精。不過青少年期以前的男生雖有射精現象，尚不會導致女生懷孕，但陰莖勃起亦具有插入女性體內的能力。

由於男性荷爾蒙的刺激，進入青少年期的男生其睪丸開始製造精子，在生長驟增一年內，男生一般都會發生第一次的射精 (first ejaculation)，年齡大約在 14 歲左右，但此時的精子量少，通常仍不足以使女性受孕，在第一次射精的一至三年內，才會有足夠受孕的精子。男性的第一次射精通常是因手淫 (masturbation) 而引發，有些是夢遺 (nocturnal emission) 的結果。夢遺最常在進入青春期開始的第一、二年內發生，這是男性青少年因爲作了一些與性行爲有關的「鹹濕夢」(wet dreams)，引起了中樞神經的興奮才導致射精。夢遺是青少年紓解性壓力的健康管道，100% 的男性都會有夢遺，另外 83% 的男生在夢中能使性器官達到高潮與射精。

人體大腦是性慾或是性衝動的控制中心，大腦本身就是認知指揮部，大腦皮質能產生性幻想。大腦皮質下的邊緣系統對人體的性活動具有誘發

與控制的作用，尤其是下視丘與中隔區域的主宰力量更大。青少年期開始會有性的衝動，主要是受到性器官與其他生理器官的成熟，以及荷爾蒙發展的影響 (Caballero, Granberg, & Tseng, 2016)。男生在 12 至 14 歲時睪丸素的分泌急速增加，性衝動也隨著提高，最明顯的現象是陰莖勃起，男性的性衝動或性慾也比女生更容易受圖片、電影或其他色情媒體所誘發，青少年期男生因性衝動所引起的手淫與性交都比女生要多出甚多。對女生而言，女性荷爾蒙分泌的增多，也提高了性趨力，但女生的性衝動不若男性的立即與直接。女生更關注情愛與感受，亦即是思春現象。男女生的性衝動會受到社會化與家庭環境的影響，一般社會對男生都比女生寬容，女生因而所接受到的外在性刺激遠低於男生。

除此之外，視覺、觸覺、聽覺、味覺等感官刺激都能傳導神經興奮。由於社會日趨商品化，廣告媒體也一直以性暗示為主題，因此視覺刺激成為日常生活中性誘惑最頻繁的感官。男性通常比女性更容易因視覺刺激而引起性衝動。在觸覺方面，身體表面的接觸也極易引起性衝動，某些身體部位觸覺感應特別敏銳，稱之為「性感帶」，性感帶又分「主性感帶」與「次性感帶」，人體主性感帶為：外生殖器、臀部、乳房、乳頭、肛門、大腿內側、腋窩、頸部、耳朵、唇、舌等。其他身體部位則是次性感帶。青少年男性性器官的被撫摸，或女性的被親吻都容易激發性慾。一般而言，男性的觸覺感受也較女性快速與激烈。

另外，嗅覺、味覺與聽覺，甚至食品或藥物也會引起性的衝動。基本上青少年的性衝動是在學習之中，個別差異大，受到個人身體、情緒及心智改變歷程的影響，同時也會受到生理、心理與社會文化的交互作用。

二、青少年的性幻想

性幻想 (sex fatasy) 也是青少年時期普遍存在的現象，女性由於在社會化過程中受到的禁制較多，社會也不期望女性主動地追求異性，因此，女性比較容易幻想浪漫或羅曼蒂克 (romantic) 的情境，甚多女性青少年受童話故事的影響，會以白日夢的方式期望浪漫愛情的發生，如白馬王子的翩然來到。男生則較多一方面自慰，一方面作性幻想，以追求性衝動的舒緩或獲得情愛的立即滿足。

青少年的性幻想有助於青少年想像性愉悅並獲得舒緩的效果，有助於克服性焦慮與不安，具有積極功能，但過度的性幻想可能容易顧影自憐，與現實脫節，增加與異性交往及調適的困難。儘管早期的青少年可能開始嘗試自己的性行為（尤其是性幻想和手淫），但性交並不常見。同性吸引力發生在童年晚期或青春期早期，可能在第一次戀愛或第一次性經歷之前或同時發生。

三、青少年自慰

自慰或手淫 (masturbations)，又稱自我刺激 (self-stimulation)，坊間俗稱「打手槍」或「打飛機」，係指個體自我刺激性器官，以獲得生理滿足的性活動。自慰是青少年最普遍的性行為，基本上是無傷害，且有快感的私人舉動，但自慰仍會造成青少年的不安與焦慮，因為長久以來，在許多宗教教義中，常將手淫視為一種性罪惡 (sexual sin)，也稱自瀆。一般成人世界也並不支持與鼓勵自慰。

事實上，自慰是一種 DIY (Do It Yourself)，是個體以手與其他非性行為方式刺激性器官，以達到性興奮或射精的自我滿足方式，不害人，也不害己，只要不過度沉迷，無所謂罪惡，只是個人的一種動作或習慣而已。自慰不是在青少年期才會發生，兒童在年紀甚小的時候，就會撫摸自己的性器官，但父母的反應通常是嚴厲的制止，導致兒童只能在暗地裡進行手淫，成年以後即使有性伴侶，自慰仍會是個人滿足性慾的一種方法，自慰成為生活的一部分，只是每個人頻率多寡有差異而已。新近因為社會變遷快速，異地工作、求學、出差的夫妻或伴侶增多，自慰成為值得鼓勵又無害的自我滿足方式，另如軍人或受刑人，自慰是最無害的舒緩生理衝動與情緒的方法。

就青少年而言，自慰可以使青少年熟悉自己的性器官，知道自己的性感部位與引起興奮的方法，有利於婚後的性生活，而且可以附帶自我檢查性器官，以便及早預防性疾病的產生。但凡事過猶不及，太多的手淫行為容易造成身心疲倦，妨礙青少年擴展生活層面與積極參與戶外活動的精力。目前青少年研究上，都同意自慰是無害生理健康的性活動，但過度的手淫可能是生活不適應的反映，而非造成不適應的主因。對教育工作者而

言，對青少年自慰無需驚訝與譴責。另一方面，社會大眾對自慰的認識已較清楚，如目前大約有 80% 的青少年認爲自慰是可接受的行爲，今日已不再被視爲性困擾或變態，只要不過度沉迷，甚至可以多鼓勵 (Santrock, 2018)。

四、青少年的情愛、約會與戀愛

何謂愛？何爲情？愛情是甚麼？是困擾大人與青少年的課題。本質上，情愛、約會與戀愛都是建構性的概念 (constructive conceptions)，雖都事實存在，但看不到，摸不著，又因個人主觀差異，各有自己建構的情愛、約會與戀愛概念，且因人而異，如中國人所說：「情人眼中出西施」，就是這種道理，也因此，青少年在追求異性，男女交往、約會、談戀愛上，常依賴自我主觀看法去追求與因應，因而經常在感情路上，跌跌撞撞。

頗多心理學家也在探討何謂愛、情、愛情？其中以史登伯格 (Robert Sternberg) 最具代表性，他提出愛情三角理論 (Triangle of Love)，認爲愛情是由三個不同但相互關聯的元素所組成，包括親密 (intimacy)、激情 (passion) 和承諾 (commitment)。這三個組成要素共同構成了三角形的頂點，形成愛情的多樣化（如圖 4-5 所示）。

愛情三角形（或稱愛情三元論）被當作隱喻，而非嚴格的幾何模型，其三大特徵包含：(一) 親密：係指在愛的關係中，有親密、聯繫、連結和紐帶感，親密可以引起個體親近、依附、溫暖的感覺。(二) 激情：係指在愛情關係中產生浪漫、身體吸引、激動、性興奮、性衝動和生理愉悅的現象。(三) 承諾：是指短期內個人對所愛的另一個人的肯定、投入與承諾，就長期而言，是指一個人對維持這種愛情的期約與承諾，也是一種責任感，忠誠不二心的表現。

事實上，史登伯格認爲愛情三角論就是源自於愛情故事 (Love as a Story) (Sternberg, 1995)，當然最多的愛情故事是王子與公主的故事。幾乎所有人都會在文學、媒體或實體世界中，接觸不同且大量的愛情故事，這些故事傳達如何理解愛的不同概念。其中一些故事可能是明確的愛情故事，青少年或成人可能會將愛情故事嵌入更大的故事背景中，隨著時間推

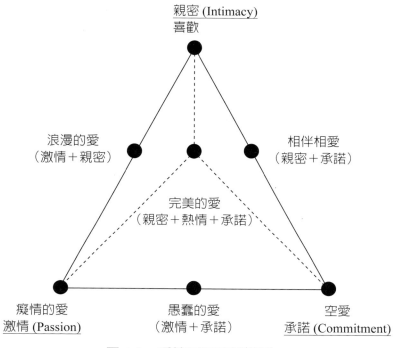

圖 4-5　愛情三元論架構圖

資料來源：Applebury, 2021; Sternberg, 1988, p.122。

移，個體各自形成了自己關於愛是什麼或應該是什麼的故事，並依此概念自我尋找愛情與婚姻。可惜的是，各自建構的愛情與婚姻常因時間與接觸異性的不同，而產生質與量的改變，因此人類所歌頌的堅貞不移的愛情故事，就頗為難得。

　　愛情三角理論中的三元素可以組合成八種類型的愛：(一) 無愛（不愛）(Nonlove)：欠缺三個愛情成分。大部分人群關係是屬於非愛或無愛型，因為人群關係本質上是偶然的聯結。(二) 喜歡 (Liking)：有親密關係，本質上是友誼或情誼型，含有溫暖、親密、親近和其他積極的情緒體驗，但缺乏激情和承諾。(三) 癡情的愛 (Infatuated love)：屬於迷戀型，有一種強烈的「初戀」感覺，特點是極具生理吸引力，有激情，但沒有親密感或承諾。(四) 空愛 (Empty love)：屬於空虛型，類似合作夥伴關係，對彼此和關係有所承諾，但缺乏親密的情感聯繫和熱情的生理吸引力。(五) 浪

漫的愛 (Romantic love)：屬於親密感和聯繫型，有親密與激情，也有強烈的生理吸引力，但沒有承諾。(六) 相伴相愛 (Companionate love)：屬於伴侶型，本質上是一種長期、穩定和忠誠的友誼，有高度的情感親密特徵，決定相互爲伴，並承諾繼續保持這種關係。有親密和承諾，但沒有激情。(七) 愚蠢的愛 (Fatuous love)：有激情和承諾，但沒有親密感。(八) 完美的愛情 (Consummate love)：所有三種愛的要素都存在，屬於白頭偕老、永浴愛河型的長期婚姻，此種類型最被稱頌，在農業社會頗爲常見，但在當前人際密切互動的都會中，兩性關係容易見異思遷，因此得之不易。史登伯格的愛情三元論清晰明確，可以用來檢視青少年的情愛、約會與戀愛關係 (Sternberg,1995)。

五、青少年約會、戀愛與約會暴力防治

　　青少年期就是生物的求偶期，約會就是求偶的開始，也是一種兩性相處的學習模式。基本上，青少年的交往或約會 (dating) 是學習與異性交往的一個儀式化結構 (vitualized structure)。青少年男女交往與約會具有下列功能：(一) 發展與異性交往的社會與人際技巧；在與異性接觸中學習了解異性，並學習如何與異性相處。(二) 提供與異性同儕建立友誼的機會。(三) 青少年約會與戀愛是一種社會化歷程，能提供社會場合，以探索兩性的差異與適配性。(四) 約會是個人歡樂的一個來源，能增進性別角色的認同。(五) 提供性試驗 (sexual experience) 的機會。(六) 發現兩性間相互往來的界限。(七) 增進未來婚姻與家庭的準備程度。(八) 可以發展與異性的眞誠、愛、相互關懷的情誼。(九) 可以協助個人逃避無聊、孤獨、焦慮或工作，可以使個人自家庭及其規約下獨立約會，能使個人獲得聲望，並在團體中提高地位。(十) 約會是適當與可接受的性接觸方式，約會可以使個人了解求愛方式，並選擇伴侶。

　　但青少年過早男女交往、約會或過多約會，會有下列負向作用：(一) 過早的約會會減慢個人的社會化歷程，尤其降低與同性同儕交往的機會。(二) 約會受到拒絕時容易導致孤立，並反向排斥異性。(三) 過多的約會對象，容易使異性關係破裂，無法發展良好的情愛關係。(四) 遊戲人間式的約會也會貶低人際交往的價值，因而容易以貌取人。(五) 過多約會的挫

折，容易使感情流於膚淺，無法與他人建立穩定與長期的關係。

　　戀愛 (be in love) 事實上與約會是分不開的，戀愛是對異性有愛的感受，透過約會展現對異性的喜歡，並增加相互的了解。目前青少年將男女戀愛稱之為「交往」，通常青少年末期方能與異性發展有意義、信賴與相互支持的關係，亦即發展出穩定交往 (going steady) 的關係，此時男女會有許諾或承諾，男女一方或雙方會「告白」，繼之關係穩定發展，或有「分手」(break-up) 可能。男女穩定交往雖然也有潛伏的人際關係發展危機，但是穩定交往所產生的積極效益，例如滿足隸屬與愛的需求等，對青少年更具正面價值。

　　青少年的戀愛有些會逐漸成為穩定、有承諾的長期關係，不過個人強烈的情緒經驗容易起伏不定。與戀愛一起而來的是「失戀」(broken love)，所謂失戀是仍然愛戀已不愛他（她）的人，這也是青少年期常有的現象，由於失戀通常會導致失望與傷心，容易打擊青少年，使其生活步調錯亂，甚多青少年失戀時，會認為如同世界末日一般。青少年初期的戀愛由於過度幻想，並且因為思慮不成熟、情緒不穩，難以持久。由於青少年男女交往約會與戀愛對青少年兼具正向與負向功能，愈早約會與戀愛不易與異性建立深度關係，愈晚約會與戀愛，則常會過度依賴父母，青少年哪個年齡最適宜約會與戀愛猶未有定論，不過，一般而言，青少年晚期，約高中以上，身心接近成熟階段是較適宜的時機。

　　青少年由於初次男女交往，一切在摸索學習中，對於情、愛、性，了解並不深刻，或產生誤解，或模糊界線，因而容易發生約會暴力 (dating violence)，根據美國疾病管制與預防中心 (CDC) 的報告指出，美國青少年有 26% 女性與 15% 男性曾遭遇約會暴力，情況嚴重，因此呼籲各界重視此問題，在臺灣目前無相關數據，但媒體經常出現，甚多名人也是受害者。約會暴力包括：(一) 身體暴力：打、踢、推。(二) 強迫進行性行為：性侵、暴力侵犯。(三) 心理虐待：辱罵、侮辱、威脅。(四) 騷擾與跟蹤：不受歡迎或威脅性電話、簡訊騷擾、緊盯與跟蹤。青少年約會暴力有下列各項徵候：(一) 瘋狂的追求。(二) 一直展現無比的激情，大獻殷勤。(三) 具有強烈的占有慾。(四) 情緒容易瞬間激烈改變。(五) 容易怪罪對方。(六) 用語言暴力，大聲吼叫。(七) 有強烈意圖，想改變對方。(八) 無緣無故，

藉機羞辱對方。(九) 對嬰幼兒不喜歡，對動物殘酷缺乏同理心。(十) 童年受暴力或不當對待，在日常生活中經常發生暴力行為 (Centers for Disease Control and Prevention, 2021a)。

　　約會暴力最嚴重者發生性侵、攻擊與兇殺事件，交往中的男女生應該仔細留意觀察，學習保護自己，青少年倘遇人不淑，發現恐怖情人，應立即通報，尋求學校師長與父母協助，或報警處理，藕斷絲連與隱忍不報的約會暴力常常導致嚴重後果。

六、愛撫與性行為

　　愛撫 (petting) 是指用雙手或以身體器官與異性接觸的性活動方式。青少年與異性交往持續一段時間之後，甚多以愛撫表達對對方的愛慕之意。親吻 (kiss)、愛撫對已婚夫婦而言，通常是做愛 (making love) 或性交的一部分，但青少年的愛撫不一定伴隨著性交。

　　人體的主要性感帶，如男性的大腿、外陰部、生殖器，女性的乳房、大腿、陰蒂、外陰部，容易經由愛撫而達到性衝動狀態，單純的愛撫也會帶給青少年無限的性滿足。青少年的男女愛撫，一般隨交往的頻繁與情感密切程度之不同，而有先後次序與輕重之分。剛約會不久的青少年首先以牽手，或以手接觸對方的非主要性感帶為主，再次有摟腰與接吻的動作。但初淺的接吻又會引發深度的接吻，再進而有撫摸乳房與性器官的動作出現，以口交方式和異性接觸在東方社會較少見。愛撫是相互間的肌膚之親，能使男女雙方有愛的感受，但愛撫的深度通常不會倒轉，除非對方抗拒或雙方感情破裂。愛撫通常以腰部為界線，動作只限腰部以上者稱「輕度愛撫」(light petty)，以下者稱為「重度愛撫」(heavy petty)。

　　青少年性決定的重要關鍵是維護處女身 (virginity) 或性交，尤其當性交發生後，一連串的問題隨之而來，如圖 4-6 所示。此後五個階段的一連串決定過程，對心智發展尚未成熟的青少年而言，確實是極大的負擔。在第二個階段乃因性交而隨之產生有小孩與沒有小孩的兩種可能，在第三階段會面臨要不要生育控制的決定，當決定要生育控制時，又會有避孕與生育的兩種可能，倘避孕失效就與沒有生育控制相同，都有懷孕的可能，當懷孕之後，就會進入第四個階段，到底要生下小孩或墮胎，在墮胎上又會

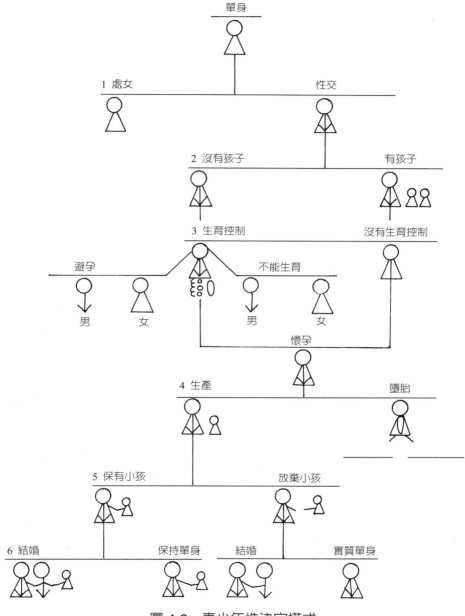

圖 4-6　青少年性決定模式

資料來源：Fuhrmamn, 1990, p. 262.

有合法與不合法選擇的困擾。但倘決定要生下小孩，又要面臨第五個階段中自己保有小孩與放棄小孩的問題，因爲小孩出生立即會有結婚與否的兩種可能，結婚且保有小孩可能較符合社會期望，倘不能結婚，單身女性就成了未婚媽媽，如果放棄小孩而結婚，同樣亦有心理適應上的問題。多數青少年由於沒有對於自己的性活動詳細規劃。因此由性行爲而來的問題乃接踵而至，甚至發生悲劇。

　　圖 4-6 的模式可以當作青少年性教育與輔導的一部分，提醒青少年，尤其女生所必須面臨的各種可能後果，青少年處在學習與生涯發展的奠基階段，任何因爲兩性交往所產生的干擾，都有可能引發一連串的效應，未成年小媽媽、小爸爸及小嬰兒的照顧就是極爲棘手的課題。

七、色情資訊與色情網路

　　目前粗估全世界有超過 2 億個色情網站，終身看不完。網路上色情影音、商品、直播已成爲高度商業化的產業，年產值超過 560 億美金，嚴重氾濫，難以分級，僅有警語，青少年難以抵抗誘惑，因此青少年暴露在網路色情或色情網站中的可能性大增，青少年又是生理與性成熟的關鍵時期，正處於「性覺醒」與「性好奇」的敏銳時期，估計青少年當中，男生有 93% 曾暴露於色情網站中，女生僅有 62%，其中女生有 73% 覺得有罪惡感與羞恥感。就現況而言，色情網站是無法避免的另一個世界，青少年色情網路沉迷乃成爲家長與學校輔導工作的新挑戰。

　　網路與手機確實已全面性地改變人類的生產、工作、學習、生活、消費、休閒、娛樂個層面，但網路中的色情 (pornography) 氾濫無禁制，也難以管制，可視爲腐敗與墮落的象徵，相關資訊、影音、圖片、文字、檔案無奇不有，如同俗話所說：「窗戶打開了，蒼蠅也會飛進來」。色情網站傳達的色情誇張及表演性的影音，容易引發青少年的性衝動，如果自我能藉運動紓解或 DIY，否則容易誘發約會性暴力或其他性犯罪等問題。其影響目前已引起學術界的重視，但相關研究仍屬緩慢，輔導策略也不足。目前有資料顯示，青少年越多瀏覽色情網站，對性越持開放態度，會整體影響青少年的性態度與性行爲，且會干擾學校正常的學習活動。當前的良方需要政府嚴格管制，加強分級與罰則，不讓青少年上色情網站，尤其業

者要自律，嚴格管制 18 歲以下青少年及兒童進入。長遠看，仍須回歸青少年的性教育與品格教育上，讓青少年有良好的媒體素養及自律，父母居家也要多關心青少年小孩的活動（黃德祥，2006）。

第五節　青少年的性困擾及適性輔導

青少年的性成熟帶給青少年不少成長的喜悅，但也同時帶來了甚多性方面的困擾，甚多青少年的性活動也造成了個人、家庭與社會問題，如青少年懷孕、墮胎、未婚媽媽與性疾病傳染等，都值得家庭、學校與社會的關切與協助，以使青少年能健全成長，並減少社會問題。

壹、男性青少年的性功能困擾

進入青少年期的男生最常見的困擾，是對自己的性器官大小與性功能的不安，東方社會常過度強調「壯陽」、「補腎」的重要，相對的也過分強調「腎虧」、「敗腎」、「陰莖過短或過短」的害處，對成長中的青少年容易產生心理負擔。男性陰莖大小事實上與性生活的滿足無關。陰莖未勃起狀態與勃起狀態的大小亦非成正比，亦即未勃起狀態大者並不一定在勃起狀態下亦大。華人男性陰莖較西方男性短小，一般而言，華人男性陰莖在勃起狀態平均約 10 公分左右，短者 7 公分，長者約 16 公分。青少年容易受誇大廣告與色情刊物的影響，而以為陰莖大或長才具有男性氣概，是沒有醫學根據的。

另一個引起青少年男生困擾的是包皮是否過長？要不要割包皮的問題。陰莖末端的龜頭有一層薄皮，出生時陰莖完全由包皮覆蓋，只留尿道口，進入青春期以後，包皮則漸往後退，不完全再包著龜頭，龜頭部分自然露出，性行為時，包皮會自然退到冠狀溝下，此類屬正常的包皮。

醫學上所指包皮過長是在包皮上有個窄小的環節，緊包著陰莖，使得包皮難以褪下，這類包皮才必須要考慮開刀割除。因為進入青少年時期包皮無法退下，龜頭內容易堆積分泌物，常引起紅疹或發癢。青少年階段包

皮應經常褪下清洗，把包皮內分泌物擦洗乾淨。

　　猶太教於嬰兒出生不久即將嬰兒包皮割掉，稱之為「割禮」，華人社會無此習慣，不過大約有三分之二男性包皮於長大之後會自然退下，無需割除。包皮本身具有保護龜頭的功能，以避免外來傷害，倘無過長緊包現象，包皮並不會有不良作用。

貳、青少年早熟與晚熟及適性輔導

　　由於青少年發育的差異性相當大，因此有人早熟 (early maturity)，有人晚熟 (late maturity)，此種差異也對青少年的社會與人格發展造成影響。

　　在青少年初期與中期早熟者身高會較高、體重較重、肌肉有力、陰毛與腋毛較多，並且比晚熟者有較成熟的性徵。反之，晚熟者腿較長、肩膀較細、身體較瘦弱。

　　早熟的男性青少年在體型、力量與肌肉發展，以及男性氣概表現都優於晚熟的男性青少年，他們有較大的肺活量、較快的新陳代謝；因此體能狀況較佳，容易在運動上表現優異，並贏得異性與同性的友誼，也能獲得成人較多的信任與喜歡，較有助於自我概念的形成與良好的心理適應。

　　在行為表現方面，晚熟的男性較為不安、多話、霸道、缺乏自信，也較不受同儕歡迎。不過早熟的青少年卻要過早面對生理改變的困擾，他們常因生理過早發育而引發焦慮，過早發育的男生常常也會降低智能學習的興趣，也會顯得較憂鬱，也較少開創性，但整體而言，男生早熟較有利，晚熟較不利。

　　女生早熟者要遭遇比男生早熟者較多的困難，主要因為早熟的女生要比同年齡的女生有較早的乳房發育，以及月經困擾，因而容易抑制早熟女生的社會興趣發展。早熟的女生比較不喜歡與同年齡的女生在一起，因為同年齡女生無法滿足她們的情緒需求，她們常轉而尋求年長的女性或男性的友誼。過多情緒剝奪 (emotional deprivation) 的女生常會以和男性固定約會的方式去獲得隸屬感，也因而容易過早發生婚前性行為，並可能發生未婚懷孕。

　　另外，早熟的女生也必須單獨的面對生理成熟與荷爾蒙分泌失衡的困

擾，而增加了緊張與不安，她們不若正常成熟的女生可以相互分享不安與困擾，愈早熟的女生可能面對父母較多的限制，而非支持與關懷。晚熟的女生由於成熟程度與男生一般成熟者相當，比較不會受到異性的排斥，在心理與社會發展上，晚熟的女生不若晚熟的男生會受到嘲諷與輕視。

　　總之，早熟與晚熟確實會對青少年男女造成不同的影響，早熟的男生由於身體發育情況較佳，體能條件良好，容易在運動上有良好的表現，也較會贏得成人信賴，因此有較多承擔責任的機會，並當同儕團體的領袖，它們除了課業成就較會受到干擾外，大致上在生理、心理與一般適應上處於較有利的情況；晚熟的男生則會受到同儕的輕視或排斥，不容易取得領導地位，也無法在運動體能競賽中表現突出，較不會受到同儕與女生的喜歡。相反的，早熟的女生卻要面對較多性成熟的困擾，壓抑個人社會與人際興趣，且常由於要補償心理上的不安與焦慮，轉向與年長異性來往，容易發生性方面的問題，而晚熟的女生較常被視為聰明、伶俐，而受到照顧，較晚發育的生理狀況亦較少帶來困擾。不過早熟與晚熟的影響，尚需視青少年所處的家庭、學校與同儕關係而定。較多關懷與社會支持的青少年不論早熟與晚熟通常適應較好，特別值得青少年父母與師長的注意。

參、青少年避孕、懷孕、墮胎與適性輔導

　　由於社會對青少年越趨寬容，在青春期年輕人有越來越多的性自主權，並在許多方面進行各種試驗。成人行為的試驗可能包括飲酒、吸毒、吸菸和性活動，這些行為更有可能合併進行，因此青少年意外懷孕和性病感染機會增多。青少年女生未婚懷孕是最嚴重的性問題，因為未婚懷孕會面對道德的譴責、身心調適困難，以及未來子女的養育等問題，對經濟、職業、社會發展都不十分成熟的女生而言是極大的挑戰，也極度不利，因此防止青少女懷孕與早婚，是當前青少年教育及適性輔導上的重要課題。

　　青少年意外懷孕可能風險主要在於父母不睦、親子關係不佳、生活貧困、教育程度低、學業成就差、就業機會少，以及邊緣化人群等。意外懷孕會對年輕女性、家庭和社會產生重大影響，甚至個人生涯發展受阻，困苦一生。青少年婚前性行為已非常普遍，連帶的也使未婚懷孕問題益形嚴

重。儘管目前避孕方法非常簡便，但可惜的是，避孕通常並非青少年性活動中的最優先考慮，衍生了甚多的問題。

在大多數西方國家，第一次性交的中位年齡約為 17 歲。到 18 歲時約 60% 的女性會發生性行為，到 20 歲時，此一比例接近 80%。許多人有不只一個親密伴侶，然而青少年的避孕知識和使用水平最低。在缺乏足夠的知識和技能來保護自己的情況下，開始性活動會使青少年面臨更高的意外懷孕、不安全流產和性病傳播感染風險，意外懷孕又不想保有小孩，唯有進行墮胎，這對女生又是一種挑戰，甚至折磨，經常性的墮胎會容易導致後期的不孕症，女生並有心理上的陰影。男女生只要有性行為，即陰莖進入陰道，並射出精液，女生就有懷孕的可能。因此，教導青少年男女充足的避孕知識，是青少年適性輔導上的優先項目。

使用有效的避孕方法，可以預防青春期懷孕，鼓勵青少年使用雙重避孕方式，更可以防止意外懷孕和感染性病。避孕的方法主要有：(一) 阻隔法：阻斷與隔離精子與卵子結合；(二) 干擾法：主要使用藥物與器物，破壞或干擾精子與卵子的結合。目前全世界最被推薦的避孕方法，是男性保險套。性交時，直接將保險套，套在男生勃起的陰莖上。青少年全程使用，保護力接近 100%，更可以防止性病傳染。男性保險套也是目前全世界最便宜且最容易取得的避孕用品。女性口服避孕丸也有長期避孕效果，藥物原理是屬於動情素和黃體素製劑，能抑制正常的排卵，干擾子宮內膜增生，及使子宮頸黏液變稠，以阻止精子進入子宮腔，達到避孕效果。

青少年倘未避孕或不當避孕，導致意外懷孕，若選擇早婚，或單親生下小孩，在沒有良好經濟條件下，生活立即面對嚴酷考驗。不生下嬰兒，選擇流產 (abortion，墮胎) 是最大可能。墮胎是將未足月的胚胎或嬰兒自母體子宮移除的手術，在世界各國都曾引起廣泛的爭議，在法律上世界各國對墮胎的規定愈來愈寬容，但在道德與宗教上近來卻有愈來愈嚴格禁止的趨勢。教會與保守人士一直將墮胎視為謀殺行為，要求立法制止，但支持女性墮胎者則將墮胎視為女性的一種權利與自由，長期以來，兩派一直相爭不下，至今仍似無解。墮胎對女性而言是一大創傷，需謹慎為之，女性墮胎會有下列的副作用：(一) 生理疼痛；(二) 憂鬱與沮喪，通常在墮胎後 48 小時發生，主要係荷爾蒙分泌失衡的結果；(三) 罪惡感；(四) 情感

衝突。

　　流產或墮胎的女性青少年極需要適當的諮商與輔導協助，這種歷程對年輕少女是很痛苦的經驗，在墮胎前後都需要有親近的人，包括父母、男友、同伴、老師，以及諮商輔導人員的支持與協助：(一) 墮胎前，幫助當事少女就意外懷孕做出決定，並幫助她執行決定，無論情況如何，以及如何選擇與決定，諮商輔導都必須是支持性的和非評判性的，相關親人與諮商輔導人員必須抑制潛藏的敵意。(二) 協助當事少女了解各種可能的選擇，包括生理安全、心理承受力，以及其他可能選擇，如獲得社福機構幫助生下小孩等。(三) 墮胎後，要提供提供一個安全的休養空間，並能適當地說出與談論可能感受到的各種壓力與情緒。認知治療法有助於應對無益的想法和行為，也適用於治療創傷後壓力調適。(四) 教導情緒管理與自我放鬆技巧，協助當事人在掙扎時能放鬆自己、調節情緒和有效因應。(五)絕對保密是對當事少女最大的支持，因此建立絕對信任的關係，堅守諮商倫理規則是必要的，不論在任何時空都不能以個案為話題。(六) 墮胎後的心理復健時間因人而異，有時可能須長達兩年以上。當事少女身邊的人不離不棄，也是增強復原力的重要力量。

肆、青少年性病類型與防治

　　性病通常是因為性接觸所感染的，性病也因此稱之為性傳染病 (sexually transmitted disease, STD)。青少年如果性伴侶愈多，其得到性病的機會就愈高。青少年的性病也是青少年性活動的一項重要威脅。近年來由於愛滋病的蔓延，更引起青少年的恐慌。青少年主要罹患的性病有淋病、梅毒、疱疹、陰道感染、陰蝨、性器疣與愛滋病等。(一) 淋病 (gonorrhea)：是極普遍的性病，通常在男性的陰莖、前列腺、膀胱、睪丸、腎臟，以及女性的子宮頸、陰道、外陰部等溫濕黏膜部位繁殖。淋病的主要症狀是排尿困難、有灼熱感、發燒、發冷、食慾不振、皮膚與關節痛，女生則有黃色的陰道分泌物。淋病是透過性接觸（包括性器、口腔與肛門）接觸而感染，盤尼西林 (penicillin) 是對抗淋病最有效的藥物，淋病患者目前已能經由藥物的使用而控制疾病。(二) 梅毒 (syphilis)：是由梅毒螺旋菌所感染

的，是最危險的性病之一，罹患梅毒者有極高的死亡率。梅毒的感染途徑與淋病相似，主要是以性器官接觸爲主要感染源，但皮膚傷口也會被感染，另外胎兒也會經由母體而感染梅毒。(三) 疱疹 (herpes)：分第一型與第二型兩種，第一型疱疹出現在嘴巴或嘴唇，因此是一種嘴部疱疹。第二型疱疹則出現在性器官周圍，因此稱爲性器疱疹，疱疹是爲最普遍的性病。疱疹的症狀是丘疹，它是一種微紅且會痛的腫塊，會轉變成水泡或發膿。疱疹也會伴隨著有淋巴腫大、發燒及頭痛等症狀。(四) 陰道感染：陰道感染是指陰道受病菌侵入而引發的疾病總稱，女性陰道感染並非一定由性交方式傳染，個人生理情況改變與不良衛生習慣也容易引起陰道感染。陰道感染的主要症狀有：陰道滴蟲；念珠菌感染；披衣菌感染；葛氏陰道桿菌等。(五) 性器疣 (venereal warts)：俗稱菜花，也由性交傳染，最常發生於男女性陰部，也是頗爲流行的性病，在男性的包皮與女性陰道口容易發生性器疣，並因而使尿道阻塞與出血，有時候會惡化而致癌，它是唯一能致癌的性病。(六) 陰蝨 (pubic lice)：陰蝨則是一種會經由皮膚接觸而傳染疾病的微小昆蟲，陰蝨主要寄生在陰毛附近部位，容易引起局部痛癢。(七) 愛滋病 (AIDS)：本名是「後天免疫缺乏症候群」(acquired immune deficiencsyndrome)，取共開頭四個英文字母，而形成 AIDS，中文稱爲愛滋病，它是 1980 年與 1990 年代最具破壞力的性疾病。愛滋病毒 (HIV) 因爲破壞人體免疫系統中的 T 細胞，因而使人體的免疫機能受損或喪失，導致各種疾病纏身。目前已發現，男同性戀者、血友病人、吸毒者、性伴侶多者是屬於高愛滋病危險群。預防一般性病與愛滋病的方法有：不與他人共用注射器；不與他人共用會被血液污染的器具，如刮鬍刀；不濫交；不嫖妓；性行爲全程使用保險套；避免以口、陰莖、陰道或肛門接觸他人精液；避免肛交；性行爲後確實清洗陰部等。目前各項性病難料，預防是上策。

伍、青少年的性教育與適性輔導

　　性教育 (sex or sexuality education) 是關乎個人終身幸福與快樂，以及生涯發展的關鍵。非預期的懷孕、小媽媽、未婚媽媽、罹患性病、遭遇恐

怖情人等，都會使人生黯淡，因此青少年的性教育與諮商是青少年適性輔導重中之重。性教育的目的是在幫助青少年獲得性相關的訊息、知能和動力，以做出性行為正確與健康的決定，並承擔責任，讓人生擁有積極的價值觀，配合適宜的婚姻，享受人生的性怡樂，幸福的孕育下一代。性教育目的也在發展和加強青少年的自主能力，做出有意識、令人滿意、健康、負責和受尊重的選擇。

　　基於保護青少年的健康和福祉，世界各國的性教育都不鼓勵兒童和青少年在青春期發生性行為。因此，在兒童時期就要應該開始進行性教育，讓兒童知道自己的性器官發育及其功能，並能保護自己，避免身體受到侵害。性教育基本上是全人教育，含括社會、文化、生物學、心理學、宗教與精神各層面，性教育也與學校教育各種課程息息相關，需要教導的議題與內容包括：(一) 人類發展：生殖系統、青春期、性取向和性別認同，讓青少年了解身體、情感、社會和智力成長之間的相互關係。(二) 人際關係：包括家庭、友誼、浪漫關係和約會，協助青少年建立人際支持網絡。(三) 個人技能：包括溝通、協商、談判和決定，讓青少年了解健康的性行為，需要發展與特定異性、他人的人際交往能力。(四) 性行為：包括生育、禁慾和性行為，讓青少年知道性是人生的一部分，也是一種快樂來源。(五) 性健康：包括防止性傳染疾病、避孕和懷孕，讓青少年獲得促進性健康需要的資訊和態度，避免性行為的不良後果。(六) 社會和文化：包括媒體中的性別角色、多樣性和性取向等關鍵概念，社會和文化環境塑造了個人了解和表達性取向的方式，並遵守一定倫理規範，如亂倫禁忌、棄絕暴力等 (Sexuality Information and Education Council of the United States, 2004)。學校性教育的歷史經驗顯示，性教育對青少年具有積極的作用，當學校性教育和衛生服務充分發展時，青少年墮胎和懷孕生子的發生率就會下降，而當教育和服務弱化時，墮胎人數就會增加。

　　此外，性教育除了防止青少年非預期的懷孕與墮胎，以及感染性病之外，也期待在青春期奠基，成年後有性健康的幸福性生活，因此青少年具體的性教育目標，包括：(一) 能夠接納與欣賞自己的身體。(二) 能獲得生理與生殖正確的訊息；(三) 學習尊重和適當的方式與所有性別互動。(四) 肯定自己的性取向，並尊重他人的性取向。(五) 肯定自己的性別認同並尊

重他人的性別認同。(六) 以適當的方式表達愛和親密。(七) 與他人發展和維持有意義的關係。(八) 防止與避免性的剝削或操縱關係。(九) 對婚姻與家庭，以及家人關係做出明智的選擇。(十) 能增強個人的人際關係技巧。(十一) 根據自己的價值觀確定生活方式。(十二) 學習為自己的行為負責。(十三) 實踐自己的決定，信守承諾。(十四) 培養批判性思維技能。(十五) 與家人、同齡人和浪漫伴侶能有效溝通。(十六) 終生享受和表達自己的性慾。(十七) 以符合自己價值觀的方式表達自己的性取向。(十八) 享受性感覺，而不一定採取行動 (Sexuality Information and Education Council of the United States, 2004)。

聯合國教育科學文化組織 (UNESCO, 2004) 曾出版幼兒園至 12 年級 (K-12) 的性教育準則，共有六大類關鍵概念，涵蓋近 40 種的教學主題，這些相關的教學主題頗值得推動青少年性教育的參考，由表 4-1 所見，性教育是涵蓋人生各層面的教育課題，關係青少年身心健康，以及未來婚姻與家庭的幸福美滿，但在升學至上的臺灣，學校課程與教學鮮少以性教育及全人發展為重點，值得檢討與省思，並加以強化改進。

表 4-1 聯合國教科文組織 (UNESCO) 性教育關鍵概念與主題

K-12 性教育的準則：關鍵概念和主題
關鍵概念 1：人類發展 (Human Development)
主題 1：生殖、性解剖學和生理學 (Reproductive and Sexual Anatomy and Physiology)
主題 2：青春期 (Puberty)
主題 3：生殖 (Reproduction)
主題 4：身體形象 (Body Image)
主題 5：性取向 (Sexual Orientation)
主題 6：性別認同 (Gender Identity)
關鍵概念 2：關係 (Relationships)
主題 1：家庭 (Families)
主題 2：友誼 (Friendship)
主題 3：愛情 (Love)
主題 4：浪漫的關係和約會 (Romantic Relationships and Dating)
主題 5：婚姻和終生承諾 (Marriage and Lifetime Commitments)
主題 6：養育子女 (Raising Children)

關鍵概念 3：個人技能 (Personal Skills)

主題 1：價值觀 (Values)

主題 2：決策 (Decision-making)

主題 3：溝通 (Communication)

主題 4：自信 (Assertiveness)

主題 5：談判 (Negotiation)

主題 6：尋求幫助 (Looking for Help)

關鍵概念 4：性行為 (Sexual Behavior)

主題 1：一生中的性行為 (Sexuality Throughout Life)

主題 2：自慰 (Masturbation)

主題 3：共同分享的性行為 (Shared Sexual Behavior)

主題 4：性禁慾 (Sexual Abstinence)

主題 5：人類的性反應 (Human Sexual Response)

主題 6：性幻想 (Sexual Fantasy)

主題 7：性功能障礙 (Sexual Dysfunction)

關鍵概念 5：性健康 (Sexual Health)

主題 1：生殖健康 (Reproductive Health)

主題 2：避孕 (Contraception)

主題 3：懷孕和產前護理 (Pregnancy and Prenatal Care)

主題 4：墮胎 (Abortion)

主題 5：性傳染疾病 (Sexually Transmitted Diseases)

主題 6：HIV 病毒和愛滋病 (HIV and AIDS)

主題 7：性虐待、攻擊、暴力和騷擾 (Sexual Abuse, Assault, Violence, and Harassment)

關鍵概念 6：社會和文化 (Society and Culture)

主題 1：性與社會 (Sexuality and Society)

主題 2：性別角色 (Gender Roles)

主題 3：性與法律 (Sexuality and the Law)

主題 4：性與宗教 (Sexuality and Religion)

主題 5：多樣性 (Diversity)

主題 6：性與媒體 (Sexuality and the Media)

主題 7：性與藝術 (Sexuality and the Arts)

資料來源：UNESCO (2004)。

第六節　青少年性別角色發展與適性輔導

　　人類是生物體，需要經由有性生殖，才能孕育下一代，但由於人類發展久遠，有繁雜的文明與法律規範，因此求偶與交配無法如動物般隨心所欲，社會壓力隨處可見，時至今日，隨意碰觸異性，口出髒話，或一切不受歡迎的舉動，讓他人感到不舒服，或有與性有關的言行舉止，覺得被冒犯或侮辱，都會被認定是性騷擾 (sexual harassment)。因而在社會中，表現適宜、適時、適切、適合的性別角色行為，承擔性別角色任務，是青少年需要學習的重要任務。

壹、性別角色差異的內涵

　　在兒童期階段，男女生除了第一性徵的差異外，在興趣、能力、成就與行為上基本上非常相近，但到了青少年階段性別差異現象就日趨明顯，青少年期是青少年性別差異的鞏固期 (age for consolidation of sex differences)。其形成原因主要有下列各項：(一) 荷爾蒙改變：青少年由於荷爾蒙分泌，使第二性徵上的差異日益顯著。(二) 性別認定：青少年是屬於自我辨識與認定的重要時間，性別角色的自我認定是辨識與認定歷程中的主要課題，進而使青少年的行為表現逐漸切合社會的性別角色期望。(三) 社會文化影響：社會對男女的期待不同，一般希望男生長大之後能成為家庭的主要經濟提供者，女生則是照顧小孩與理家。但目前雙薪家庭已是主流趨勢，男女生同樣要擔負養家與育兒責任，男女在家中平起平坐。

　　性別是一種差異化的社會制度 (gender is a social system of difference)，性別社會化 (gender socialization) 是鼓勵女孩和男孩吸收和發展社會、社區或家庭的性別價值觀、行為和個性特徵的過程，如男性化和女性化並形成社會身份中的男人和女人，此一過程幾乎會持續個體的一生。基本上，性別社會化是一種學習過程，一般青少年通常會將性別規範內化成為自己的性別認同與性別定位。

貳、性別角色相關議題的界定與內涵

傳統社會嚴格劃分只有男性與女性兩種生理群體，直到近代由於社會互動密切，性別選擇越來越多樣化，有人選擇與生理性別不同的性別角色，甚至浮動的性別角色，如在男人為主的軍隊，表現女性角色，受人疼愛，一離開軍隊，就又回到男性角色，有時喜歡同性，後來又喜歡異性。

相關性別角色的界定與議題，日趨複雜，在社會上也頗為敏感，加上男女同性戀者努力爭取性自主權利，學校在性別教育上更需審慎與尊重。

歸納而言，男女兩性及性別發展約有七個主要差異：(一) 受孕時，女性是 XX；男性是 XY 染色體結合。(二) 主要生殖腺體，在男性是睪丸，女性是卵巢。(三) 性荷爾蒙，在男性是雄性激素，女性是黃體素和雌性激素。(四) 在內生殖器官方面，男性有精囊、尿球腺、前列腺、輸精管，女性有子宮、卵巢、輸卵管。(五) 在外生殖器官上，男性為陰莖、陰囊、睪丸，女性是陰蒂、陰唇、陰道。(六) 社會分派的性，這是男孩，這是女孩。(七) 自我性別認同，我是男人，我是女人，或是雙性戀者 (bisexual)、同性戀者 (gay or lesbian)。當前性別角色相關議題的界定與內涵複雜，因此青少年性別教育上，釐清概念，進行適性輔導，就頗為重要。

一、性 (sex)：是以生物和生理特徵來界定男性和女性，是出生就具有的生理特徵，屬於生物上的差異 (biological differences)。性別是指一個人的生理狀態，通常被歸類為男性或女性。生物性別有許多指標，包括性染色體、性腺、內生殖器官和外生殖器。

二、性別 (gender)：是以社會所建構的身份、屬性和角色加在生物男女性別之上，是屬於一種社會建構 (socially constructed)。性別是指特定文化與個人的生理性別相關聯的態度、感受和行為。生理性別符合文化期望，被稱為性別契合，與這些期望不符的行為構成被視為性別不一致。

三、性別辨識或認同 (gender identity)：是一個人對自己性別的個人感覺與認定。性別認同可以與一個人出生時的生理性別相關，也可以與之不同。雖然一個人可能會表現出與特定性別角色相一致的行為、態度和外貌，但這種表現不一定反映出真正的性別認同。性別認同或認定是指一個人認為自己是男性、女性或跨性別者。當一個人的性別認同和生理性別不

一致時，個人可能會被認定為變性人或另一個跨性別類別。

　　四、性別均等或平等 (gender equality)：又稱之為男女平等、女男平等、兩性平等、性別平權、性別平等主義，傳統上也指兩性應享有平等的公民權利，在政治、經濟、社會和家庭中應受到平等對待，反對性別歧視。

　　五、性別統整或整合 (gender integration)：應用於統合性別政策或性別議題之規劃、評估、設計、實施，特別考慮性別的重要性，並補償所產生的疏失。

　　六、性別歧視 (gender-based discrimination)：由於性別（作為女性和男性的生物學特徵），或社會所建構的身份、屬性和角色而形成的歧視或偏見。

　　七、性別定型化 (gender typing)：基於生理性別而對其行為的期望，個體本身也內化這種期望的過程。隨著兒童與青少年年齡的增長，學會了解自己，他們是誰？應該如何行動？什麼是適當的性別特定行為？當他們確實表現出男性或女性特徵時，即是性別定型或類型化。

　　八、性別刻板化 (gender stereotyping)：性別刻板化是基於特定群體的性別特徵、差異和屬性的過度概括性描述，甚至對此特徵產生了廣泛的偏見，並使每個性別和相關行為都是以二元化觀念永久存在。性別刻板印象經常聲稱女性和男性天生具有不同的態度、特徵和能力，例如，男性具有攻擊性，女性善良，有同情心。

　　九、性別社會化 (gender socialization)：社會將性別文化傳遞給下一代，並傳承社會的和文化對性別角色的期望。性別社會化是將社會的價值觀、信仰和標準加於青少年與兒童性別群體的過程。

　　十、性別表達 (sexual express)：性別表達是指一個人在特定文化中性別表現的方式；例如，在服裝、語言、人際交流和興趣方面的展示。一個人的性別表達可能與社會規定的性別角色一致，也可能不一致，可能反映也可能不反映他或她的性別認同 (APA, 2002)。

　　十一、性取向 (sexual orientation)：性取向是指在性和情愛上所傾向的性別。性取向的類別通常包括吸引同性（男同性戀或女同性戀）、吸引異性（異性戀）和吸引兩性（雙性戀）。

　　十二、男性化 (masculine) 與女性化 (feminine)：在性別刻板化印象中，男性一般被認為應該比女性更有男子氣概，而女性一般被認為要比男性更有女人味。傳統的男性化係指男生應具有雄性氣概、男人氣質、剛強可靠等陽剛特質。傳統的女性化則指女生需具有陰性特質、溫柔婉約、善體人意等陰柔氣質。社會大眾更認為典型的女性和男性也需要有符合其性別的姓名、衣著、外表、興趣和行為。

　　十三、性別主流化 (gender mainstreaming)：性別主流化的概念是在1985 年奈羅比 (Nairobi) 世界婦女大會上首次被提出。1995 年在北京召開的第四屆聯合國世界婦女大會上通過了《北京行動綱要》，性別主流化強調將其作為國際性別平等政策的規準，是促進各國性別平等的概念與工具。性別主流化強調將性別觀點納入政策、監管和和評估，以促進男女平等，並打擊性別歧視。

　　十四、女權主義或女性主義 (Feminism)：追求兩性在社會、政治和經濟上的平等，尊重個人的選擇，女權主義者強調應該致力於減少社會化的影響，並相信在評判一個人時不應該有雙重標準。女權主義不支持針對任何性別的歧視。強調每個人都有性自主權，並有權決定何時、如何，以及與何人進行性行為。女權主義者認為目前世界各國女性薪酬顯著低於男性，政治決定權遠低於男性。儘管女性主義目前在男女平等方面取得了重大進展，但女性和男性遠遠未在同一個領域發揮平等力量，並被公平對待。

參、性別角色發展相關理論

　　解釋性別角色發展的理論主要有三個：(一) 精神分析論，或雙親認同理論 (parental identification)；(二) 社會學習論；(三) 認知發展理論。此三個理論都在說明個體性別角色形成的內在歷程與環境對性別角色發展的影響。

一、精神分析理論或雙親認同理論

　　佛洛伊德是最早整體性探討兒童與青少年社會化歷程的心理學者，他

的其他理論已在前述各章中詳細討論過。佛洛伊德認爲對同性別父母親的認同作用 (identification) 是兒童性別角色形成的主要力量。兒童在三歲至七歲之間處於戀母情結或戀父情結階段，後來爲了減輕同性父母的懲罰轉而向同性別父母認同，男生學習如何成爲男人，女生學習如何成爲女人，進而減低不安與焦慮。

佛洛伊德也相信，認同作用亦能幫助超我或良心的穩固發展，在超我與良心發展中，個人將社會的行爲標準加以內化，同時也將性別角色行爲納入個人的價值體系之中，認同了父母親，兒童也同時學習到了社會的行爲標準與規範。佛洛伊德雖沒有明述青少年階段的性別角色認同過程，但他強調早年生活經驗是後期人生發展的基礎，因此，可以由此引申青少年性別角色的發展仍與其對父母親的認同作用密切關聯，瑞斯 (Rice, 1993) 即將此論點定爲雙親認同理論。

在雙親認同過程中，兒童採取與內化了父母親的價值、態度、行爲與人格特質。親子關係愈密切，性別角色的學習愈深入，兒童與青少年不只學習與觀察父母的日常生活方式，也學習父母與他人的關係，因此，兒童與青少年同時學習當媽媽、太太、父親、丈夫、男人、女人等多重角色。雙親認同是影響兒童與青少年性別角色發展的最主要心理歷程。

二、社會學習理論

社會學習理論的重點亦曾於第二章中討論過。班都拉 (Bandura, 1997) 認爲，兒童是經由被酬賞、懲罰、被教導，以及對楷模的模仿形成不同的性別角色類型。由於社會楷模，如父母、兄姊或老師本身就有不同的性別角色行爲表現，因此，兒童或青少年就直接經由觀察，而認同與模仿重要人物的性別表現。

以社會學習論的觀點來看，男生的攻擊行爲是社會學習的結果，男生膽小與退縮容易受到責罰，女生的順從與禮貌則甚受鼓勵，因此行爲與口語上的攻擊表現在幼年時期就已有顯著的差異，這是因爲社會酬賞與懲罰對兒童產生制約作用的結果。總之，社會學習理論認爲青少年的性別角色發展與分化，是在環境中因個人與環境互動所形成的，各種性別角色行爲都是學習的結果。而模仿與認同是主要的學習歷程，青少年周圍的相關人

物，尤其以父母親及同儕是最重要的楷模。

三、認知發展論

　　青少年性別角色發展的理論中，以認知發展理論最關注個體的內在歷程，此一理論以皮亞傑和郭爾堡爲代表人物。認知發展論認爲兒童對外在世界的認知表徵決定了性別角色的學習，如皮亞傑就曾主張智能發展包括了對世界的重新界定。也因此，智能的發展與社會發展息息相關。郭爾堡進而認爲性別角色的發展是奠基於早年兒童對性別自我分類 (self-categorization) 的結果，兒童對性別活動的偏好是因爲對性別作了判斷與認定所致，如男生對男性化活動評價高，女生對女性化活動評價高。在從事與自己生理性別相關的活動中，男女生各自獲得了酬賞，因而促成了性別角色的分化發展。

第七節　性別刻板化印象、性別平等與適性輔導

　　如前所述，性別角色社會化是一個複雜的學習與發展的歷程，尤其與文化期望及性別刻板印象密切相關，性別的差異如何造成？一向頗受心理學者的關切，但是生物性力量作用大？抑或社會文化的影響力量大？則仍是爭論不已。

壹、性別類型化與性別差異的形成

　　性別定型或類型化 (sex typing) 是指個體獲取文化中所設定之男性化 (masculine) 與女性化 (feminine) 所需具備的動機、態度、價值與行爲的歷程。事實上，性別類型化亦在顯示個體性別角色的發展歷程。多數的文化把男性角色視爲具有控制性、獨立、果斷、競爭、攻擊與支配等角色，相反的，女性角色則較被動、依賴、懦弱、非攻擊性及溫暖。不過前述米德的研究曾述及某些文化男女性別角色正好相反 (Lerner, 2002)。

　　從歷史的角度來看，性別角色的分化也許是生物爲了種族的繁衍而日

漸形成的。男生由於氣力較大，身體較健壯，適於擔任守護者、攻擊者與供應者；相反的，女性則適於養育小孩與照顧家庭，此種男女分工在原始社會即已見雛形。農業社會大致維持著性別分化的狀況。但是到了工商社會時代，科技與醫藥文明有了大幅度的進展，使女性擔任養兒育女的角色有了明顯的改變。美國女性愈來愈少把時間花在養育子女之上，有二個主要原因：(一) 避孕方便：由於避孕器材與墮胎方便，女性可以減少不必要的懷孕，更由於家庭計畫的推動，使女性生育的子女數比上一代減少。(二) 女性就業普遍：社會勞動力需求增加，女性教育程度提高，增進了女性就業機會。也因此傳統女性持家的觀念就開始產生動搖，女性的母職角色 (motherhood role) 也有了改變，子女在此環境中成長也會受父母社會化的影響，同樣地改變了親職角色的看法，增加對女性就業重要性的評價，這是性別角色進化的歷程。然而儘管如此，兩性的生理差異依然存在，如體能與荷爾蒙分泌依然不同，因此，現代男女性別類型化與性別差異可視為是生物與社會化交互作用的結果。

　　與青少年性別角色發展關係最大的是社會大眾的性別角色刻板化印象 (sex-role stereotypes)。所謂刻板化印象係指對人或事的僵硬、主觀或武斷的看法。刻板化印象通常以部分的資訊類推到整體或全部所造成的，它通常不能反映真正的事實，也常是以訛傳訛所形成的。

　　性別角色刻板化印象主要在男性化與女性化兩方面，對男女生做不適切，直觀或偏頗的看法與描述，並據以作出行為判斷。一是在能力 (competence) 方面，認為男強女弱，二是在溫暖表達 (warmth expression) 方面，女高男低。久而久之，這種性別刻板化就成為青少年男女生社會化中的一個框架，限制男女生的性別與潛力發展。

表 4-2　性別刻板化印象

能力聚類	
女性化	男性化
1. 不具攻擊性 2. 不獨立 3. 非常情緒化	1. 非常有攻擊性 2. 非常獨立 3. 不會情緒化

4. 不會隱藏情緒	4. 幾乎永遠隱藏情緒
5. 非常主觀	5. 非常客觀
6. 非常容易受影響	6. 不容易受影響
7. 非常順從	7. 非常具支配性
8. 非常不喜歡數學與科學	8. 非常喜歡數學與科學
9. 碰上小危機會非常激動	9. 碰上小危機不會激動
10.. 非常被動	10. 非常主動
11. 不具競爭性	11. 非常具競爭性
12. 非常沒有邏輯	12. 非常邏輯
13. 非常家庭取向	13. 非常四海、海派
14. 不具事業技巧	14. 非常有專業技巧
15 神祕兮兮	15. 非常直接
16. 不知天高地厚	16. 知道天高地厚
17. 感情容易受傷害	17. 感情不容易受傷害
18. 沒有冒險精神	18. 非常具冒險性
19. 難以作決定	19. 容易作決定
20. 愛哭	20. 不曾哭泣
21. 幾乎不當領導者	21. 幾乎永遠要當領導者
22. 沒有自信	22. 非常有自信
23. 對攻擊性非常不安	23. 對攻擊性不會感到不安
24. 沒有野心	24. 非常有野心
25. 理智與情感無法區分	25. 理智與情感容易區分
26. 非常依賴	26. 不會依賴
27. 非常會對外表白	27. 不會自誇外表
28. 認為女生優於男生	28. 認為男性優於女性
29. 不能和男人自在地談論性	29. 與女人能自主地談性

溫暖表達聚類

1. 不會使用粗鄙的語言	1. 常使用粗鄙的語言
2. 非常健談	2. 不健談
3. 非常機靈	3. 非常遲鈍
4. 非常溫柔	4. 非常粗獷
5. 非常能覺察他人的情感	5. 難以覺察他人的情感
6. 非常具宗教色彩	6. 不具宗教色彩
7. 對自己的儀表非常感興趣	7. 對自己的儀表不感興趣
8. 有清潔習慣	8. 習慣草率
9. 非常安靜	9. 非常嘈雜
10. 有強烈的安全感需求	10. 對安全感的需求低
11. 喜歡文學與藝術	11. 不喜歡文學與藝術
12. 容易表達溫柔的情感	1.2. 不容易表達溫柔的情感

資料來源：Broverman et al. (1972), pp.59-78。

　　男生被期望的性格以剛強、穩健、獨立、進取、有領導才能等較屬成就取向的特質為主。女生的性格則多是溫柔、體貼、依賴、婉約等情感取向之類的特質。反映了性別的看法仍是相當傳統與固著的,這對具有與生理性別不同性別性格的青少年與成人可能會造成較多的困擾與衝突。較多陽性特質的女性或較多陰性特質的男性,在現實環境中,可能會有較多適應上的困難。多年來,世界各國在各界努力下,男女平等有長足進步,性別刻板化印象亦逐漸降低,表 4-2 僅是提供省思的題材。

貳、青少年主要的性別角色差異現象

　　男女智能上的差異在心理學上的爭論至今未停,女權運動者常把女性智能較男生為差的論點視為是男性文化制約與性別歧視的結果。社會所持的性別角色刻板化印象固然不是完全客觀,但卻會對青少年男女形成壓力,青少年通常會附和此種性別區分,自我強化了性別差異。就目前研究發現,男女主要有下列差異現象,這些差異可能是生物進化的結果。

一、語言差異

　　女生感受較敏銳,在語言學習上通常優於男生,在解讀非語言訊息上,女優於男;女生也善於使用非語言管道表達個人的情緒感受;在語言細微程度的差異上,女生語言較詳細、瑣碎,男生過於粗略、粗枝大葉。在形容詞使用多寡上,顯得男性較理性、女性較感性。語句型態方面女性較多使用附加語句,顯得較不果斷;男性則直接,較為果斷。女生擅長表達自我,閒聊,男生較不擅於表達自我。

二、空間能力差異

　　以空間能力的相關研究來看,男女生的空間能力差異確實存在,只是它的成因為何尚無定論。青少年階段男生的空間能力都優於女生,在兒童期男女只有些微差異,到了青少年階段差異就形成中度至甚大的差異,至成人期空間概念的性別差異就極為顯著。

三、數學與理科成就差異

　　數學是青少年學習階段最為重要的學科，數學成就與個人未來生涯發展息息相關，數學科甚至是一個「過濾器」(fliter)，容易成為區分專業發展與否的指標。在教育情境中常見男生數學成就高於女生，因此，男女生的數學能力差異也極受關切。事實上在國小階段男女生的數學與理科成就並無顯著不同，但到了國中以上，男女生的差異就日漸明顯，在小學階段女生甚至比男生更喜歡數學，可是在大學階段，女生數學與理科成就就遠落在男生之後，也因此限制了女生往科學領域發展的路徑。目前較多資料顯示，主要是個人社會化及文化因素所造成的。因為數學與理科在傳統上被認為是一種男生的興趣或志業，社會文化期望男生的數學能力和成就要高於女生，數學興趣與數學能力甚至就是一種男性化認定的結果，而女生之所以不喜歡數學或逃避數學，乃是由於缺乏陽性活動所造成的。男生並非數學能力優於女生，而是在文化與環境制約下，女生顯著害怕數學，沒有信心學習數學，甚至對數學有恐懼感，最後成就低於男生。

四、生涯發展的差異

　　中國傳統社會對男女的區分與相對的職業期望差異相當明顯，《禮運大同篇》中稱「男有分、女有歸」，一般人也有「男主外、女主內」的觀念。男女兩性不只生理上有差異，在職涯發展與工作就業上，男性長久以來就較女性占盡優勢。社會上提供給男性的生涯機會普遍多於女性，男性的工作領域也較女性寬廣，在學校教育中男性較被鼓勵去追求具有高度聲望、且有挑戰性與領導性的職業，而女性則被期望從事平穩、固定與服務性的職業。基本上，男女在職業發展上是處於不平等狀態。

　　為何男女兩性工作區分與生涯發展會有相當大的差異？早期的心理學家認為男女成就動機不同也是另一項主要因素。男性因為從小被期望成功，心理的滿足與社會讚賞在於目標的達成，而女性反而有害怕成功(fear of success) 的心理，因為女性的成功會帶給男性壓力，減少了對男性的吸引力，因此女性從小就自我設限，防止過多表現，而受到男性的排斥。另一方面，由於社會性別角色刻板化印象仍相當濃烈，女性也被制約希望自

己能表現親和、婉約、依賴、溫馨等陰性特質，久而久之乃難以勝任像工商業所需的果斷、冒險、獨立、雄心與能幹的特質，因而形成較男性為低的成就動機與抱負水準。

參、青少年性別平等教育與適性輔導

性別不平等是自古以來存在的現象，現在依然是人類發展的主要障礙。自 1990 年以來，女孩和婦女的地位取得了重大進展，但她們尚未實現性別平等的目標，尤其貧窮仍是婦女和女童面臨的劣勢，更是不平等的主要根源。婦女和女童經常在健康、教育、政治代表、勞動市場等方面受到歧視，這對她們的潛能開發和人生自由選擇產生了負面影響與成長障礙。

一、性別平等的增進

近年來，聯合國進行世界各國性別平等評比，以性別不平等指數 (Gender Inequality Index, GII) 為指標。GII 是不平等指數，它衡量人類社會發展中三個重要方面的性別不平等：(一) 生殖健康：以孕產婦死亡率和青少年生育率做衡量；(二) 賦權：以女性所占議會席位的比例，以及至少受過中等教育的 25 歲以上成年女性和男性的對比做衡量；(三) 經濟狀況：以勞動市場參與度做指標，以 15 歲以上女性和男性人口的勞動參與率做衡量。因此，GII 值越高，女性和男性之間的差距越大，對人類發展的損失越大。數值越低，性別平等表現越佳。根據行政院性別平等委員會（2021）的報告，臺灣的性別不平等指數 (Gender Inequality Index, GII) 頗低，亦即我國的性別平等表現良好，2019 年我國性別平等居全球第 6 名，亞洲第一名，指數如表 4-3 所示，顯見國內推展性別平等有成，然尚有些需要努力之處，如應再降低未成年女生的懷孕率，以及提高女性參政人數。

此外，國人行有餘力也應多關注全球的性別平等，聯合國持續呼籲世界各國結束對婦女和女孩的歧視，倡議性別平等不僅是一項基本人權，而且是一個和平、繁榮和世界永續發展的必要基礎。全球需要消除對婦女和

表 4-3　2019 年我國性別不平等指數

領　域	指　標	資料年份	數　值
生殖健康	孕產婦死亡率（人 / 10 萬活嬰）	2017	10.0
	未成年（15-19 歲）生育率（‰）	2019	4.0
賦　權	國會議員比率（%）	2019	女：39.8 男：60.2
	中等以上教育程度占 25 歲以上人口比率（%）	2019	女：82.4 男：90.6
勞動市場	15 歲以上勞動力參與率（%）	2019	女：51.4 男：67

資料來源：行政院性別平等委員會（2021），p.1。

女孩的所有暴力和剝削，包括人口販運、性剝削和其他類型的剝削與暴力侵害，聯合國估計全世界約五分之一的 15 至 49 歲的婦女和女童遭受過身體或性暴力，另要消除童婚、早婚、強迫婚姻和切割生殖器官，鼓勵促進男女共同承擔家庭責任。通過提供公共服務、基礎設施和社會保護政策，以促進家庭和諧。再者確保女性全面參與領導和決策，確保婦女在政治、經濟和公共領域的各級決策中，能充分有效的參與，並獲得平等的領導機會，目前在 15 至 19 歲之間的女孩中，有近四分之一的人既沒有工作，也沒有接受教育或培訓，同年齡男生僅十分之一，可見現存的性別不平等現象 (United Nations, 2021a)。

二、青少年中性特質的發展與適性輔導

男性化、陽性特質或男性氣概 (masculine) 與女性化、陰性特質或女性氣質 (feminine) 是性別角色上的兩個頂點，對男女青少年而言，到底具備較多男性特質或具備較多女性特質較有利於發展與適應？目前仍未有定論。近年性別角色論者主張激發青少年「中性特質」(androgyny) 的發展可能更有利於他們適應變遷中的社會。Androgyny 本意是雌雄同體，在心理學上，則指在一個人身上明顯表現出兩種性別特徵的情況。中性特質指的是具有與兩性相關的強烈個性特徵的人，根據情況的需要，將強硬和溫柔、自信和養育行為結合起來。與那些保持傳統性別角色的人相比，中性

特質的人更有可能從事跨性別的活動。女權主義的興起和女權運動的影響使得中性特質比過去更具社會吸引力。中性特質的形象在希臘神話中經常出現，常常體現出理想的男性和女性特徵的融合。

　　基本上，「中性特質」通稱個體能同樣兼有男性特質與女性特質，因而能以彈性與自在的方式，適宜的表現男性化或女性化的行為。鼓吹中性特質的心理學家認為，固著於極端的男性化與女性化行為都可能無法顧及情境的需求與限制。具有中性化特質的個體可以使行為更具彈性，能夠依照情境需要而表現男性化特質，或女性化特質。具中性化特質的人能夠將男女兩性特質加以平衡，有研究顯示具有中性化特質的人心理適應較佳、自尊較高，並有較高的自我觀念。具中性化的男性父親同時也較願意親近小孩，與小孩一起遊戲。在青少年時期也較能成功的解決認定的危機，性別角色有四種維度，包含男性化、女性化、中性化和未分化 (undifferentiated) 四個類型相此較，以中性化特質者適應最佳，未分化者適應最差 (Dusek, 1996; Strough et al., 2007)。

　　班氏性別角色量表 (BSRI) 是各國和各年齡組最常用的、經過驗證的性別角色測量工具。至於中性化特質的發展，班氏 (Bem, 1981) 認為中性化的男性 (androgynous males) 會隨年齡的增加而增多，而中性化的女性 (androgynous females) 則隨年齡增加而減少。對性別角色的感知是一個人身份的重要組成部分，也是決定健康的一個既定因素。那些同時具有高水準的男性氣質和女性氣質（中性特質）的人更具有適應性，因此有更好的健康。總的來說，中性特質與更好的流動性和身心健康有關 (Vafaei et al., 2014)。

　　在教育與適性輔導上，目前較鼓勵青少年發展與自己生理性別相稱的性別角色，但重視給予男女生公平的教育與工作機會，並期望青少年男生能部分兼有陰性特質，女性能兼有部分陽性特質，使男女青少年能在性別特質上較具彈性，以適應日趨複雜的社會。在日常的教育情境中，教育與輔導人員並可以作下列的努力，以協助青少年適性發展自我的性別角色：(一) 在教科書與其他教材的選擇上，儘量要消除性別歧視與性別偏見的題材，並協助學生認識刻板化性別角色的缺點。(二) 對具有與生理性別相異特質的學生要多予寬容，甚至在某些方面要多鼓勵，如鼓勵男生多表現善

體人意、溫馨與纖細的特質，同樣鼓勵女生多發揮領導、果斷、獨立的特質。(三) 協助女生克服數學焦慮、建立積極的數學態度，對於女生數學學習上的困擾，要有更多的耐心指導與克服，學校輔導室也可以設計減低數學焦慮與增強數學態度的團體諮商輔導方案。(四) 協助女生提高職業抱負水準，多研讀自然科學，並能建立良好的自我形象。對男生想進入女性主導的工作領域如護理師、教師與服務業等工作也能給予支持。(五) 在班級實務上，應避免因性別而區分教材與教法，並能鼓勵男女生合作學習，增多男女生溝通機會。(六) 學校可以多舉辦探討與體驗不同性別角色的活動。(七) 教育與輔導工作者更應能時常反省自己，避免因爲自己的性別偏見而誤導學生。(八) 對不同性選擇與性取性的學生給予更多探索機會，以及尊重與寬容。

肆、LGBT 族群與適性輔導

　　LGBT 是女同性戀者 (Lesbian)、男同性戀者 (Gay)、雙性戀者 (Bisexual) 與跨性別者 (Transgender) 的英文第一個字母縮寫。一般出生性別是指一個人的生理特徵，通常分爲男性、女性或雙性人。基本上，人類有一些生物性別的指標，包括性染色體、性腺、內部生殖器官和外部生殖器，長大之後的性別是特定文化及個人有關的態度、感情和行爲的共同組合，通常大多也是符合文化期望的行爲。但當一個人的性別認同和生理性別不一致時，可能會被認定爲同性戀者或變性人。性取向指的是一個人在性和戀愛方面的性別。

　　LGBT 包含吸引與自己的性別相同者（男同性戀者或女同性戀者）、吸引另一性別成員（異性戀者），以及對兩性成員均具吸引力（雙性戀）。儘管社會對於 LGBT 接受度增高，贊同這是個人的人生自我選擇，但偏見與歧視仍未全然消除，也因此，美國心理學會 (APA) 訂頒對同性戀與雙性戀者的準則，呼籲善待 LGBT，社會大眾也需要多理解與接納，倘有相關的困惑，建議洽請專業諮商輔導人員的協助。美國心理學會所制定的「對同性戀和雙性戀的態度」(Attitudes Toward Homosexuality and Bisexuality) 共有 20 條，亦可上網查閱 (APA, 2021b)。

☆問題討論與班級學習活動☆

一、請分別說明青少年男女的第二性徵，並以自我成長經驗為例，說明個人有哪些不一樣的成長特徵及次序？

二、請說明女生月經的生成原理及月經健康促進策略。

三、請敘述青少年主要的性活動，並與同學分享相關自我成長歷程。

四、舉例說明史登伯格 (Robert Sternberg) 的愛情理論三大要素與八大類型，並在班級中加以討論，分析其可靠性。

五、目前色情資訊與色情網站氾濫，對青少年有何影響？在青少年教育及輔導上有何對策？

六、請說明青少年預防性病及避孕的重要方法。

七、何謂性別角色？青少年性別角色有哪些類型，具有哪些教育及輔導意義？

八、性別刻板化印象自古已然，請說明當前社會有哪些主要的性別刻板化印象？請進行班級討論，並以性別刻板化印象強度加以排序，並說明如何降低或減少不當的性別刻板化印象？

九、請比較說明重要的性別角色理論，包括：精神分析、社會學理論與認知理論。

十、請參酌聯合國教科文組織 (UNESCO) 的性教育關鍵概念與主題，檢討臺灣青少年性教育有哪些有待加強之處？

十一、請概述臺灣女權的推動與發展狀況，並說明如何積極推動兩性平等教育？

十二、請說明青少年中性特質的特徵與發展及適性輔導策略。

十三、請蒐尋 APA「對同性戀和雙性戀的態度」準則，並在班級中進行討論。

第五章
青少年的認知與智能發展及適性輔導

第一節 青少年的認知發展與訊息處理

　　宇宙浩瀚，學海無涯，與青少年終身發展及幸福人生最為關鍵的就是有效學習，而與青少年學習成就最為關鍵的是「認知」(cognition) 與「智力」(intelligence)。「認知」是獲得知識和理解知識的心理歷程，包括思考、了解、記憶、判斷和解決問題等，「認知」亦即是訊息的獲取、存儲、操作和檢索有關的一系列心理過程。「智力」是適應環境的整體能力，也是解決複雜問題或做出對個體有利決定的能力，並且能在生命歷程中，適應不同環境以求生存和繁殖。本質而論，「認知」與「智力」都依賴大腦與神經系統的運作，都是大腦高級功能的展現，主要是語言、想像力、感知、推理和計算的綜合體，顯見「認知」與「智力」兩者相關密切，甚至可能一體兩面，僅有定義的不同而已。不過「認知」與「智力」有各自的發展歷史及理論基礎，因此本章亦分別加以討論。

壹、認知發展論與適性輔導

　　皮亞傑是近代影響兒童與青少年教學與輔導、課程設計、教材編輯等教育領域有傑出貢獻的心理學家。他出生於瑞士，原專攻軟體生物的發展，偶然涉入心理學，利用臨床會談的技術，探討兒童面對推理問題的反應方式，進而研究兒童的思考特徵。皮亞傑有系統調查兒童的道德判斷、日常生活事件、使用的語言等，最後形成了著名的認知發展論。依據皮亞傑的理論，個體的智能是以有規則的 (lawful) 與可預測的 (predictable) 的類型在改變之中。

一、理論重點

皮亞傑認知發展理論有二個基本的概念：(一) 基模 (scheme)；(二) 適應 (adaptation)。所謂「基模」是個體適應環境的思考與動作的基本模式，它是個體在既有的生物條件下所獲得的能力與經驗。基模是認知發展的基本結構，基模的改變表示學習的成果。基模是行動的結構或組織，可以因個體重複的接觸相似或類同的環境而加以轉變或類化。一個基模也可說是事件、情感與相關的形象、行動與概念的一個有意義組合。

皮亞傑認為知識的形成與獲得是「適應」的結果。當個體接觸新的情境時，會以既有的基模 (existing scheme) 去解釋新的經驗，使新經驗能融入既有的基模中，此種過程稱之為「同化」(assimilation)。當個體原有的基模無法去充分解釋新的經驗時，個體會參考外界事物的特徵，修正既有的基模，以適合新的事物或目標，避免認知結構失去平衡，此一過程稱之為「調適」(accommodation)。經由「同化」與「調適」二個歷程，個體可能擴展了既有基模，或修正了既有基模，兩者交互作用使個體達到適應，並獲得知識。依照皮亞傑的論點，為了獲得新的知識，個體必須使新舊經驗能產生聯絡，同時也須修正基模以區分新舊經驗的不同，認知結構即是基模不斷重組 (restructuring) 的結果。

皮亞傑的最大貢獻在於建立了認知發展階段論，他認為個體的發展共分四個時期：(一) 感覺動作期（約出生至 2 歲）；(二) 運思前期 (preoperational stage)（約 2 至 7 歲）；(三) 具體運思期 (concrete operational stage)（約 7 至 11 歲）；(四) 形式運思期 (formal operational stage)（約 11 歲以後）。就青少年的發展而言，其認知的發展約處於形式運思期階段。在此時期，青少年的思考型態不再侷限於具體的事物或問題，已經開始運用抽象的、邏輯的思考方式去推理或判斷，並解決周遭的問題。皮亞傑認為形式運思期中，青少年的思考是依照「邏輯原則」(logic principles) 在作思考運作，而非感覺或經驗。青少年也開始能對從未接觸或面臨的問題訂立假設，並創造法則去解決問題或驗證假設。

青少年在問題解決上有三種基本的特徵：(一) 可以系統化的設定調查研究的計畫；(二) 能經由試驗而在較少偏見的情況下，正確地記錄結果；

(三) 可以作邏輯推論。除此之外，青少年的思考也較兒童期更具彈性，可以使用象徵符號，並且能抽象地思考未來，能區別現實與可能性之不同。基本上，在青少年的思考中，「可能性勝過於現實性」(possibility dominates reality)。

　　皮亞傑認爲 11 歲以上青少年的認知能力發展特徵是具有形式運思 (formal operation) 或操作的能力。所謂操作或運思係指個體能夠以有條理 (coherent) 與可轉換 (reversible) 的方式進行心智活動 (mental action)。例如知道 $3 \times 4 = 12$，$12 \div 6 = 2$ 的心智歷程，就是一種運思作用。根據皮亞傑的論點，青少年已經有邏輯與推理的形式運思能力，具有思考現實不存在的事物、各種可能性、假設、未來世界等心智能力。

　　有關青少年形式運思期的認知結構特色，皮亞傑稱之爲 INRC 群組 (INRC group)：(一) 確認 (identity, I)；(二) 否證 (negation, N)；(三) 逆向 (reciprocal, R)；以及 (四) 相關 (correlative, C) 等四種歷程。首先，解決問題應達成轉換 (transformation) 的程式，任何問題必須運用此四種重要思考轉換群組而獲得解答，意即當我們審慎思考一個問題時，應能辨認出單一屬性，稱之爲確認轉換 (identity transformation)，並能反駁現存問題，稱爲否證運思 (negation operation)，能逆向思考稱爲逆向轉換 (reciprocal transformation)，或能思考與此問題相關的其他問題，稱爲相關轉換 (correlative transformation)。唯有活用上述四種轉換群組才能讓所有的問題獲致解決。直到 INRC 的群組建立完成，我們所擁有的認知結構才能適宜地處理純粹抽象的問題 (Inhelder & Piaget, 1958)。

　　皮亞傑認爲青少年的邏輯運思使青少年脫離具體的世界，進入廣泛的形式思考空間之中。透過複雜的邏輯系統程式，可以顯現青少年已具有統一連貫的思考結構。基本上，青少年的思考已有邏輯與規則體系，不需再藉助於具體的事物做運思。不過青少年的形式運思能力非一朝一夕的改變，而是經由不同理念與情境的激盪，所日漸發展與擴充的。因此不同青少年的形式運思能力發展及質量都有極大的個別差異。

　　基本上，具體運思與形式運思的評斷標準主要在於抽象思考，以及思考複雜度與彈性之差異。形式推理能力可以看成是第二級運思方式 (second-order operation)，是屬於命題間 (inter-propositional) 的思考方式，

具體運思則是第一級運思 (first-order operation)，主要特徵是進行命題內 (intra-propositional) 的思考。皮亞傑認為青少年的形式運思能力較兒童期更具系統性與分析性，較能考慮各種假設的可能性，對時間也較具成熟的概念，同時處理符號的能力相對增加，對於「隱喻」與「解釋」，以及對詩詞與音韻的體會能力都大為提高。此外，青少年也會利用假設推理、科學歸納、系統性控制變項、機率原理等策略解決問題，同時具有「逆向思考」(reversibility) 與「命題式推理」(proposition reasoning) 的能力 (Piaget & Inhelder,1969)。

二、認知發展理論在青少年適性輔導上的應用

　　皮亞傑的認知發展理論甚受心理學與教育研究的肯定，他相信青少年已進入形式運思期，這在青少年適性輔導上具有下列意義：(一) 青少年在心智上已接近成熟，可以作多層面的思考與判斷，父母與教師可以試著與小孩講道理，使用較高階語言。(二) 青少年開始能夠思考未來，考慮未來各種變化的可能性，是生涯規劃的探索好時期，可以讓青少年在各方面多試探。(三) 青少年可以依照邏輯原則思考與驗證事物，因此如能理解數學概念與演算成功，青少年會有喜悅與成就感。(四) 青少年已經可以預見行為的後果，可以開始對青少年課以責任。(五) 青少年可以依據更現實的方式思考自己及其所處的世界，因此，試著引導他們據理力爭或依事實雄辯。(六) 青少年所具備的認知發展潛能唯有在充沛的教育環境與良好的情緒適應情況下，方能達成。(七) 形式思考的能力雖可表現於數學、機械技巧、文學或哲學方面，但仍無法擴及人生各層面的問題。因此，青少年智慧的啟發與適當的誘導仍非常需要。(八) 並非所有的青少年其認知發展都能達到形式運思期，故在青少年教育與輔導上利用皮亞傑的理論仍須慎重，也許具體運思的教育策略仍適用於多數成長與學習中的青少年。(九) 青少年的教育與輔導充滿了各種可能性 (Arlin, 1975；Kuhn, 1979；Newman & Newman, 2020；Piaget, 1972)。

貳、青少年的訊息處理理論與適性輔導

訊息處理 (Information Processing Theory) 是認知心理學長期探討的課題，旨在解釋訊息如何編碼到記憶之中，同時也探究大腦如何處理訊息或資訊，以及基本算術、邏輯、控制和輸入／輸出 (I/O) 的運作歷程。訊息處理理論並無單一或少數的理論代表人物，正確地說，是無數認知心理學家的集體貢獻。

一、理論重點

人體的大腦中樞，每天處理來自個體內外無數的訊息，並加以解析、應用與對應。當代資訊科技發達，藉助於資訊理論，心智或大腦被比作一台能夠分析來自環境訊息的計算機（俗稱電腦）及平台 (platform)。電腦的三大歷程是：輸入 (Input)、中央處理 (Central Processing Unit, CPU) 與輸出 (Output)。CPU 的運作原理可分為四個階段：提取 (retrieve)、解碼 (decode)、執行 (execute) 和寫回 (write back)，主要在執行程式所下達的訊息處理指令。

訊息處理論者認為人類大腦的機制和神經網絡的規模與運作非常複雜，不僅對環境的刺激會做出反應，每個人更會用不同方式處理所接收到的資訊。訊息處理專家致力於探討個體感知、分析、操縱、使用和記憶等訊息處理的歷程與方法，這些論證可以解釋個體資訊處理及學習的歷程，並可進而協助兒童與青少年有效學習。

訊息處理理論不僅解釋了訊息是如何被接收的，而且還解釋了它是如何儲存和檢索的。該過程涵蓋各種感官從環境中接收輸入（也稱為刺激）開始，然後輸入被描述並儲存在記憶庫中，在需要時可加以提取及運用。訊息處理理論有三個重點：(一) 訊息存儲 (Information stores)：在大腦中的不同區塊儲存，包含：感官記憶、短期記憶、長期記憶、語義記憶、情境記憶等。(二) 認知過程 (Cognitive processes)：在不同的記憶儲存之間傳輸記憶的過程，其中一些過程包括感知、編碼、記錄、分類和檢索。(三) 執行認知 (Executive cognition)：是個人對訊息在內部處理方式的意識，還涉及了解個人的長處和短處。這與後設認知 (metacognition) 非常相似，後

設認知就是對個體認知狀況的認知 (cognition about cognition)。

　　從青春期早期到青春期晚期，青少年訊息處理與抽象思維能力提高，除了個人的認知調節能力增強之外，社會和情感環境的認知處理也很重要。同伴的存在和執行任務的價值具有激勵效應，提升認知處理的程度。此外，越來越多的證據表明，認知和情感與大腦的變化有關，當大腦的獎勵系統啓動時，青少年在學習和記憶任務上比兒童會做得更好。不過大腦的語言區域在 13 歲之前髓鞘已形成，神經軸突已絕緣，因此語言技能被鞏固了，導致學習第二語言變得更加困難 (Miller, 2003; Proctor & Vu, 2006)。

　　青少年的大腦就類似 CPU 的訊息處理歷程，個體的思考即是訊息處理，包括察覺、編碼、表現、儲存。下列四種機制共同改變青少年的認知技巧：(一) 編碼 (encoding)：訊息進入記憶的歷程。(二) 自動化 (automatization)：使訊息處理形成自然反應。(三) 策略建構 (strategy construction)：發現訊息處理的新程式。(四) 類化 (generalization)：把新的策略應用於處理其他問題。同時大腦訊息處理時，也進行自我校正，運用先前習得的知識策略來適應新的學習情境 (Keating, 2004)。

　　在訊息處理過程中「注意」與「記憶」是兩個重要的認知過程，注意就是集中精神於某項刺激物，它有兩項特徵：(一) 具選擇性：選擇某種刺激物，而忽略其他。(二) 具轉移性：從某刺激物轉移到另一刺激物。在記憶上，青少年的生活充滿記憶，記憶即是過往訊息的保留，包括三種：(一) 短期記憶 (short-term memory)：容量小，若非經過演練，訊息只能保留約 30 秒，經演練後則可更長。記憶廣度在孩童早期增加快速，在青春期即減緩，但青少年仍大於兒童。(二) 工作記憶 (working memory)：是訊息處理的平台，經過運思，有可能從記憶中刪除，或保留在短期或長期記憶中。(三) 長期記憶 (long-term memory)：訊息保留的時間較長，且量很大，長期記憶與學習活動有關 (Wang, Liu, & Wang, 2003)。

　　青少年訊息處理歷程中另一個要項是做決定的過程，小至要不要吃飯，大至要升讀哪些學校？通常年長的青少年比年幼的兒童善於做決定，但能做成熟的決定並不保證一定會做，或做得正確，此與經驗的廣度有關，這就是青少年學習的重要性及認知發展的關鍵。如青少年經過駕駛訓

練後，其駕駛技術與成人比不相上下，甚至優於成人，但青少年交通肇事率卻偏高，可能顯示青少年在實際情境中如何做決定與開車實務經驗才是關鍵。因此，需要給青少年更多機會學習、練習及探索，以便在實際情境中能做正確或適宜的決定。

二、青少年訊息處理理論在適性輔導上的應用

學習需要思考與記憶，此即訊息處理過程，因此需積極關注青少年的訊息處理歷程與效益，其適性輔導策略有：(一) 青少年在訊息處理與思考或思維上逐漸變得更加複雜，因此需要幫助青少年開始認識現實，因為人生各種內外問題都很複雜。(二) 幫助青少年了解訊息可以用不同的方式加以解釋，要學習思考的靈活性、複雜推理、歸納和演繹推理、對他人的敏感性，以及解決問題的能力。(三) 學習接受不安與遲疑，青少年看到其他的觀點，或別人能力較強，可能會因而不安與徬徨，在壓力感受時期，青少年可能會恢復到具體的、簡單化的思維上，這是學習停滯的徵候，應給予更多嘗試機會與心理支持。(四) 幫助青少年獲得充足的睡眠、水分和營養，個體健康地生理運作，是思考與訊息處理的動力。(五) 讓青少年參與有關人生課題、問題和時事的討論。(六) 鼓勵青少年與成年人分享想法和觀點。(七) 鼓勵青少年獨立思考並發展自己的想法。(八) 幫助青少年設定自己的目標，多方面思考未來的可能性。(九) 讚美和表揚青少年深思熟慮的決定。(十) 幫助青少年回顧與檢核任何錯誤的決定，讓青少年對頻繁的對話、想法和資訊進行探索。(十一) 在合理範圍內，容忍青少年選擇可能看起來夠不尊重的話語，讓青少年學習如何表達他們真正的想法。(十二) 示範如何以尊重的方式表達不同的觀點，設置對話的基本規則，成人與青少年彼此尊重。(十三) 不要貶低或批評青少年的瘋狂想法，延緩、暫緩或抑制對青少年資訊處理過程的評斷。

參、青少年的思考能力發展與適性輔導

正在發育中的青少年已具有系統性思考問題與邏輯推理的能力，經常提出更廣泛的問題和分析結果，思考並開始形成自己的道德準則，也會開

始考慮長遠問題，每個青少年都以自己的速度發展更複雜的思考能力。當青少年開始對自己的世界觀有情緒問題出現時，青少年的認知推理會增加額外的複雜性，如考慮更多可能性，或以積極或消極的方式影響做決定。在青少年思考能力特徵上，依舊以基汀 (Keating, 1980, 2004) 的研究最爲經典。基汀認爲青少年思考能力具有下列五大特徵：

一、可能性思考 (thinking possibilities)

基汀認爲青少年並非永遠在進行著抽象思考，事實上青少年大部分時間是在解決具體的問題，尤其對日常生活問題的解決更是具體且實在。但基本上青少年是「能夠」思考各種問題的可能性，他能思考問題的來龍去脈，前因後果，也能思考自我、朋友、個人的定位，甚至政治與道德問題。青少年與兒童思考方式最大不同的是，兒童思考的向度較爲窄化，青少年的思考空間較爲廣泛。

二、透過假設做思考 (thinking through hypothesis)

青少年思考能力的另一個特徵就是能夠發展假設，思辨可能與不可能的問題，亦即可以運用科學的方法做思考。在實驗過程中，實驗主導者不只要想像哪些現象切合預測，同時也要注意哪些現象與預測不符，進而進行實驗，考驗假設是否成立，實驗中的觀察必須敏銳，假設也必須系統化，具有可驗證性。青少年於此時期可能已經發展出近似實驗過程的假設性思考能力。

透過假設進行思考可以幫助青少年有能力作預測，根據預測做事與做決定，並且依照經驗證據做調整。青少年的認知能力提升，使得他們可以將此種假設性思考技巧運用到日常生活中的各個層面，不過其運作尚不十分純熟。

三、有計畫的思考 (thinking ahead)

兒童與青少年思考能力的另一項差異是，兒童做事之前仍不會訂定系統化的策略。青少年則可以利用抽象的方式思考各種步驟，並且透過這些步驟，按部就班的去加以實現。「想在前面」(thinking ahead) 或事前擬

定，或事先思考就是有計畫思考的特徵。具有此種思考特徵的青少年逐漸可以進行科學推理，同時也可以因爲預期到行爲的後果，而採取事先的防範措施，如減速慢行。

四、對思考的思考 (thinking about thoughts)

青少年對思考的思考能力亦即是開始具有認知技巧，包括：反省，能思考自己的情感與思考等。青少年寫日記、作詩，與其他人做深度談論等可反應青少年已具有自省的認知水準。一般而言，青少年在此階段已日益擁有「後設認知」(metacognition) 的能力。後設認知能力係指有能力思考認知、覺察知識、對認知加以了解與認識的能力，也就是一種「對認知加以認知」的能力。青少年對思想的思考能力使他們能使用邏輯方法作推理分析，訂立規則去解析規則，以及利用更抽象與高層思維的方式作概念之間的比較與對照。

五、超越固有限制的思考 (thinking beyond old limits)

青少年另一種思考能力特徵是不再依賴具體、現實的東西作思考，能夠考慮事情的各個層面，思考的廣度與深度均提高。既有的思考方式限制越來越少，導致青少年開始懷疑現實、不滿現實，並且也對個人的社會、生理與情緒問題產生疑惑。他們開始重新評估兒童時期所建立的政治、宗教與道德觀。

青少年超越固有限制的思考能力雖會給青少年帶來不安，甚至惶恐，但在思考過程中也帶給青少年極大的興奮與快樂，所以對舊觀念的挑戰使青少年有了新的蛻變，對智慧水準的提升也有重要貢獻 (Keating,1980; Keating & Clark, 1980)。

另外，青少年還需要去發展認知控制力 (cognitive control)，認知控制是大腦主動創建指導行爲的訊息圖像能力。認知控制和認知的靈活性在個體適應變化中的環境，能發揮重要作用。認知控制力能促進目標導向的行爲，並與情緒調節有關，使青少年接受某種行爲，並拒絕認爲不合適的行爲。認知控制是自我意識、最高意識水準和意志力的核心，經由認知的掌握過程，去達成目標與實現計畫。認知控制支援靈活與具適應性的反應，

以及複雜的目標導向思維。能夠真正的努力堅持去做一件事，並避免分心或者受環境的干擾，並能夠讓事情做得有效率，在採取行動之前先思考，努力去做認為重要但有些無聊的事情，並很有自律的完成這些事，這亦是學業成就的要素 (Galinsky, 2017; Keating, 2004)。

在青少年適性輔導上，應善用青少年的思考特徵，協助提高成就：(一) 鼓勵青少年做思考選擇、挑戰長期存在的想法和考慮改變的可能性。(二) 增加抽象思維對話，多方思考不存在的物體、原則和想法。(三) 鼓勵青少年多對思考進行思考 (thinking about thinking)，讓青少年超越自己，並考慮自己和他人對某事的想法。(四) 協助青少年更了解自己的思維過程，可以使用記憶術 (mnemonics) 和其他策略更有效地思考和記憶資訊。(五) 發展青少年後設認知 (metacognition) 能力，在思考過程中計畫、監控與評估自己的認知活動。

肆、青少年的自我中心主義發展與適性輔導

皮亞傑認為個人如果無法區分人我之間觀點的差異，就會形成「自我中心主義」(egocentrism)。目前有證據顯示，自我中心主義會由嬰兒期一直持續到青少年期，雖然前述青少年已具有各種不同的思考能力，能夠免於兒童期自我中心主義的限制，但卻產生了青少年期特有的自我中心主義 (Kimmel & Weiner,1995)。嬰兒期的自我中心主義是因為嬰兒無法區分事實與本身觀點的不同，嬰兒只以自己的觀點看待他人或外在世界，仍無法顧及他人的反應，無法為別人設想。青少年的自我中心主義，是青少年以自我為中心，形成個人獨特感，自我感覺良好，堅信個人是特別的，並且應該成為他人關注的焦點，整個世界都圍繞著他們轉。如青少年在校園走路不小心摔倒，認為大家全都看到了，羞愧至極，事實卻不然。根據艾爾楷 (Elkind, 1878) 的論點，青少年的自我中心主義有下列四大特徵：

一、想像的觀眾 (imaginary audience)

青少年一直想像自己是演員，而有一群「觀眾」(audience) 在注意著他們的儀表與行為，他們是觀眾矚目與注意的焦點，由於這是憑空想像的

情況，因此青少年好像是「魚缸」裡的金魚，成爲大家欣賞的對象。「想像的觀眾」此種自我中心主義的產生與青少年「對思想的思考」（認知）能力發展有關，青少年已能夠思考自己的想法之外，也會思考他人的想法，不過由於青少年尚無法區分他人思想與自己思想的不同，所以一直以爲別人與他們有志一同。

　　艾爾楷並認爲「想像的觀眾」部分是由於青少年初期過高的「自我意識」(self-consciousness) 所造成的。青少年由於一直以爲自己是被眾人觀賞的對象，因此也產生了想要逃離「觀眾」的品頭論足與批判，也因而容易產生羞恥感、自卑感、自我批評，或自以爲是的反應。值得注意的是，艾爾楷認爲青少年的惡行也是由於自我中心主義所引發的，青少年的憤怒與發飆行爲可能只在測試或確認觀眾是否與他們有相同的感受，以爲如果表現了蠻橫的行爲，可以在想像的觀眾中留下印象。

　　青少年的自我中心主義到了 15 或 16 歲左右會日漸消退，想像的觀眾會被「眞實的觀眾」(real audience) 所取代，眞實的同儕與重要他人 (significant others) 的反應轉而成爲他們最關切的重點。因此，到了青少年期末期，青少年就開始能區分個人知覺與他人知覺的不同，「想像的觀眾」作用力漸小，不過部分仍會被帶入成人社會中 (Alberts, Elkind, & Ginsberg, 2007)。

二、個人神話 (personal fable)

　　青少年自我中心主義的另一個特徵就是「個人神話」，個人神話係指青少年過度強調自己的情感與獨特性，也會過度區分自己的情感，相信自己與眾不同。由於「個人神話」的作用，使得青少年認爲他們是不朽的 (immortal)、特殊的、獨特的存在個體，類似無敵鐵金剛。青少年「個人神話」產生的原因主要是由於他們認爲自己就站在「想像的觀眾」前面，舞臺的中央 (center stage)，另外部分是由於他們在思考上仍無法辨別個人的思想及情感與他人的差別，會持續不斷的想像與誇大自己，相信自己有著獨一無二的思想與情感，認爲只有他們才能有特殊的喜悅或憤怒。青少年「個人神話」也會有不良的作用，如當他們不愼未婚懷孕、染上抽菸或藥物濫用習慣時，也相信他人同樣會做出類似的事情，青少年最常說：

「別人也這樣，並不是只有我如此！」

　　艾爾楷認為青少年與友伴發展了親密互動，獲知他人也具有共同的人類特質之後，他們才慢慢知道自己並不獨特，也不突出，恐懼也隨著降低，進而會減低「個人的神話」。青少年孤獨降低，「個人的神話」也會隨著降低。與「想像的觀眾」一樣，成人期個人仍會或多或少的保有一些「個人的神話」特質，具有正向意義，有助於個人在遭受意外事件、疾病、失親等不幸事故時，也相信別人有類似遭遇，因而會降低個人的哀傷。

三、假裝愚蠢 (pseudo stupidity)

　　青少年由於思考能力提升，能夠思考各種可能性，會找尋行為的複雜動機所在，在嘗試性的環境中也會表現過度的理智化 (over intellectualization)，但結果青少年卻反而會顯得大智若愚的樣子，「假裝愚蠢」以操弄別人。亦即青少年事實上已非常精明，卻故意表現宛如一無所知的樣子。青少年假裝愚蠢可以緩減因身心發展不平衡所產生的心理壓力，對外表現若無其事，輕鬆迴避他人，尤其來自權威人物的關注。

四、明顯的偽善 (apparent hypocrisy)

　　青少年自我中心主義的第四個特徵是「明顯的偽善」，青少年認為他們不需要去遵從絕大部分人都遵守的規定，他們希望能夠與眾不同，此種心理歷程與「個人神話」有相似之處。青少年容易虛情假意，顯現表裡不一的樣子。例如，青少年努力參與環保運動的遊行，但卻邊走邊製造垃圾。「明顯的偽善」經常可以在青少年身上看到，要求別人甚於自我要求。明顯的偽善也使青少年在人際間開始學會偽裝，掩蓋自己不堪的一面。

　　青少年時期的自我中心主義與嬰幼兒期的自我中心主義有著明顯的不同，青少年主要面對的是自我辨識與身分認定的問題，他們的思考重點放在於自己到底是誰？自己何去何從？全神貫注於自己身上，特別會注意儀表、外觀與行為。另外，青少年也不斷地評斷自己、不停的經由社會比較，以及別人的反應來衡鑑自己，他們認為別人也會應用他們的觀點與行

動方式來體察外在世界的一切，並且期待他人也能有同樣的好惡，因此非常在意別人對他們的評價與反應，陷於自我為中心而不自知 (Elkind,1978; Kimmel & Weiner,1995)。

在青少年適性輔導上，可以關注下列要項：(一) 可將青少年自我中心主義視為個體化的過程，是青少年生活範圍擴大後的對應機制，是成長的一種歷程，具有正向價值。(二) 多關心與理解青少年的內在世界，青少年之所以認為自己是獨一無二的，是因為沒有人能夠理解他。個人無所不能，是因為自己想像可能擁有特殊的權威、權力或影響力。(三) 青少年認為自己無懈可擊，所以不會受到傷害，甚至是不朽的，雖具危險性，但也對自信的發展有利，多注意與提醒即可 (Aalsma, Lapsley, & Flannery, 2006; Galanaki,2017)。

伍、青少年自我調節學習理論及適性輔導

對青少年學習者來說，如何學得快速、準確與有效，是在學習生涯上至所期盼的事。在教育心理學上，如何有效學習的理論非常多，自我調節學習理論 (Self-Regulated learning, SRL) 是其中佼佼者，它將有效的學習策略加以綜整成一套 (one set) 評價甚高的學習理論。

一、自我調節學習理論與自主學習

自我調節學習 (SRL) 主要是由齊默曼 (Barry J. Zimmerman) 為首的學者所建構而成，認為有效的學習與提高學業成就的作用因素，主要包括學習者在認知 (cognition)、後設認知 (metacognition)、動機 (motivation)、情緒 / 情感 (emotion/affection) 與行為 (behaviors) 等方面都能善加調節、調整、規劃與運用，並形成自我的學習模式。有效的學習就是學習者自我效能 (self-efficacy)、意志 (volition)、認知策略 (cognitive strategy) 的綜合表現 (Panadero, 2017)。

青少年學習者倘能提高 SRL 知能，即能積極促進學業成就。基本上，SRL 強調有效的學習是能主動調節內在個體效能、外在環境條件，並能採取有效學習行為的歷程。所以有效的學習者，就是一位主動的學習

者 (active learner)，也是一位自主學習者 (self-directed learner)(Zimmerman & Schunk, 2011)，因此整個學習過程近似古人所說：不經一番寒徹骨，怎得梅花撲鼻香？SRL 的學習過程就宛如耕田，沒有辛勞的施作，怎會有豐盛的收穫？學習者辛苦學習，包括用功、專注、訊息處理、計畫、監控、評估、整備、排除干擾等所有心智歷程都要動員，當然近似耕田的辛勞，但學習有表現，有績效，有成就，就有充滿學習成就的喜悅，學習就不斷精熟，並達成學習目標。具體的學習目標是獲得學科與學期高分，或通過升學考試，獲得學位。遠期目標或是個人最高榮譽，在於個人有終身學習成就與獲得高度評價。

自我調節學習理論將學習分成三個主要階段：(一) 階段一：學習先前階段 (forethought phase)，學習者須先分析學習材料、作業或任務，設定目標，計畫如何達到學習目標，並自我誘發具有激勵性的動機信念，提供能量，並啟動學習策略。(二) 階段二：績效掌握階段 (performance control phase)，學生實際執行學習任務，同時監測自己的進展情況，並使用一些自我控制的策略，保持自己在認知上的投入和完成任務的動力，使學習有績效表現。(三) 階段三：自我反思階段 (self-reflection phase)，學生能評估自我是如何完成任務的，對學習的成功或失敗作出歸因，自我做檢討與調整，對學習效果產生自我省思，並積極應對。在整體學習階段，學習者積極投入 (involvement) 或涉入 (engagement) 學習歷程中，就能提高學業成績或成就表現 (performance)。

自我調節學習理論是認知心理學一個相對較新的發展，其起源可以追溯到 Bandura (1997) 社會認知學習理論的核心概念「相互決定論」(reciprocal determinism)，亦即學習是個人、環境和行為因素相互作用與互動的結果。個人因素包括學習者的信念和態度；環境因素包括教學品質、教師回饋、獲取資訊，以及來自同伴和父母的幫助；行為因素包括先前的學習經驗、表現與成就。個人、環境和行為這三個因素中的每一項都會牽動與影響其他兩個因素。

自我調節學習主要強調個體能夠計畫、組織、自我評估，以獲取知識的歷程，同時個體能自我能主動積極、自主且具有內在動機，並且能夠選擇、建構與創造適宜學習的社會與物理環境。齊爾曼所發展的有效學習策

略，包括：自我評估、組織、目標設定、訂定計畫、尋求資訊、保持紀錄、監控、環境建構、自我影響、演練、記憶、尋求同儕或尋求老師及成人協助，善用考試答題技巧、上課做筆記、勤練教科書、下課複習、保留考試試卷與紀錄等。隨著學生能力的發展，他們越來越依賴自我內部的自我調節技能，獲得學習績效與成就，是學生在學習過程中取得成功的關鍵 (Gambo & Shakir, 2021; Zimmerman, 2015)。

　　目前各級升學考試，都很重視中英文寫作，甚至作文是勝出關鍵，以中學生的寫作為例，善用 SRL 寫作的自我調節歷程，共有 10 種策略可以提升寫作能力。(一) 環境歷程變項：(1) 環境的建構：包括選擇、組織與創造有效地寫作環境，如安靜的房間。(2) 自我選擇楷模、導師、範本等寫作知識與技巧相關的社會資源，如模仿著名小說的隱喻法。(二) 行為歷程：(3) 進行與自我成就內隱歷程有關的自我監控，如保持寫作的紀錄。(4) 對自己寫作與作品進行酬賞與懲罰有關的自我增強，如完成初稿或報告之後，外出用餐，自我酬賞。(5) 個人自言自語式的擴展寫作歷程，進行有關的自我語言 (verbalization)，如說出劇本中的對話，宛如自己演出。(三) 個人內隱歷程：(6) 作評估及規畫與時間有關的進程計畫，如每天早上用三個小時作文。(7) 設計與寫作努力程度有關的目標設定，如在二週之內完成一章。(8) 對個人滿意的寫作設定明確標準，以及有關的自我評定標準，如訂定標準判斷作品完成的品質。(9) 使用組織、製造與轉換作品有關的認知策略，如設定大綱，以引導寫作或利用多變的句子結構去修正初稿。(10) 以場景活動及人物作回憶或創造明顯的心像 (mental image) 去激勵寫作，此亦即是心理意像法 (mental imagery)，如想像網球教練的動作，而在寫作之中加以描述 (Zimmerman & Risemberg,1997, p.79)。

二、自我調節學習理論在青少年適性輔導上的運用

　　自我調節學習理論的重點就是強調青少年學習者可以整合與調節內外在資源，成為一位適性學習者 (adaptive learner)，這對高科技時代青少年的學習與生活甚具意義與價值：(一) 在教學上，教師應該教導學生「如何學？」(How to learn?)，甚於「學什麼？」(What to learn?)，尤其各學科各自有不同的學習策略，如物理與化學學習策略並不相同，中文與英

文也不同，教師的經驗應該傳承給學生。(二)SRL 強調學習策略是可以教導或教學的，智慧教學法 (SMART) 就是其中代表，共有五個部分，包括情境學習 (Situated Learning, S)、精熟學習 (Mastery Learning, M)、適性學習 (Adaptive Learning, A)、反思學習 (Reflective Learning, R) 和運用思維工具 (Thinking Tools, T)。各科教學教師都應設法讓學生在此五大層面的內外狀況調整至最佳，表現績效。(三) 有效的學習者就是一位「好的策略使用者」(good strategy user)，學生的學習策略教學在過去較受忽略，通常被視爲想當然耳，事實不然，有效的教學需要善加引導學生，在教學時使用前導架構 (advance organizers)，進行略讀 (skimming)、鼓勵發問、產生認知圖像、鼓勵作筆記、複習、摘要、精緻化 (elaborating)、善用記憶術 (mnemonics) 等，都能因師生激盪，教學相長，使學習績效顯現。(四) 教導學生何時 (when)、何處 (where)、如何 (how) 使用策略。策略的教學過程包括；(1) 示範並詳細解釋步驟。(2) 讓學生練習，老師提供回饋，並反覆練習直到學生能自然的應用。(3) 向學生說明應用策略的好處。(4) 讓學生應用新的學習策略，並比較新舊策略的效果。(5) 給學生學習運用新策略的時間，教師並加以適當的引導與支持。(6) 學習者要有效運用新策略需要長期牢記相關策略，也需要有足夠策略使用的動能。(五) 引導學生敏銳地察覺內外的學習情境，無論何時，SRL 都是在學習者所追求的學習任務背景下發生的。任務可能是由教師、教科書或合作小組中的同伴分配的；或者任務可能是自我產生的，如學習者追求與偏好有關的知識和技能。任務也是多面向的，在描述任務的類型上也有很大的差異。(六) 強調經由策略訓練可以使一般學生成爲有效的學習者，學習策略是可以訓練的，也可以教學的，自我調節學習理論相信學生可以成爲自己學習過程的主人，每位學生都可以成功 (Gambo & Shakir, 2021; Zimmerman, 2015)。

第二節 青少年智力發展與適性輔導

壹、智力的意義與智力測驗的發展

　　人類是智慧超高的生物，人類依靠智力，創造工具與物品，克服生活上的限制與障礙，最終主宰地球。智力 (intelligence)，又稱智慧、智能，不同心理學家對智力的界定各不相同。魏克斯勒 (David Wechsler, 1896-1981) 認為智力是個體了解世界與資源，以面對挑戰的能力。智力測驗的鼻祖比奈 (Alfred Binet, 1857-1911) 則將智力看成是個人整體適應環境的能力。

　　智力研究的歷史已有百餘年，1904 年法國巴黎市公共教學部 (Public Instruction) 部長指派比奈組織一個委員會分析與鑑定在學校中無法有效學習之學生的方法。比奈以其神經醫學與精神病學的學術訓練背景，開始思索個體推理思考方式的差異現象，他相信智力應該與心智活動 (mental activities) 有關，因此他設計一系列的作業要求兒童去完成，再依照兒童完成作業的多寡區分正常與遲鈍的兒童，如果兒童能完成一般兒童能完成的作業，他的智力將是中等，反之就是較愚笨者。比奈依此概念再依年級編定不同的作業，以區分不同學年兒童的智慧高低。經由與另一位學者西蒙 (Theodore Simon, 1873-1961) 的共同努力，首創了比奈西蒙智力量表 (Binet-Simon Scale)，本量表的作業題目由淺至深，由簡單至複雜排列，兒童通過作業題目的多寡就表示其智力的高低。1908 年再發展了心理年齡 (mental age) 的計分方法，亦即完成了一定的作業題目可以表示其心理成長到達某個年齡階段，心理年齡就是心智成長的指標，再與兒童的實際年齡 (chronological age) 相互比較，如兩者之比大於 1，表示智慧高於平均數，低於 1 則表示智慧較低下，等於 1 則顯示智慧居於中間。

　　1914 年史登 (Willian Stern) 再把比西的心理年齡與實足年齡的對比乘以 100，將其得分稱之為智慧商數 (Intelligence Quotient, IQ)，作為個體智力的指標，從此 IQ 乃成為學術界與一般社會大眾所熟知的名詞。史登的 IQ 公式沿用至今：$IQ=MA/CA \times 100$。

　　此公式表示智慧商數即是心理年齡除以實足年齡所獲得的商數，再乘以 100 所得到的分數。如有一位中學生其心理年齡是 13 歲 9 個月，實足年齡是 12 歲 6 個月，他的 IQ=165 月 /150 月 ×100，故得 IQ=110，顯示此中學生的智力稍高於平均數。同理，假如一位實足年齡 10 歲兒童的心智年齡是 12，表示能通過 12 歲兒童的作業平均值，這位兒童的 IQ=12/10 ×100，亦即 IQ 是 120。相反的，一位 10 歲兒童的心智年齡是 8，表示僅能通過 8 歲兒童的平均值，這位兒童的 IQ=8/10×100，IQ 是 80。

　　1916 年美國史丹福大學的教授推孟 (Lewis Terman, 1877-1956) 修訂出版了比西量表，這是早期最完整的英文版智力測驗。推孟的智力測驗除保留了部分比西量表的作業題目之外，並加入了史登的 IQ 概念，並且建立了美國受試者的標準化測驗資料，此一測驗被稱之為史丹福比奈量表 (Stanford-Binet Scale)（簡稱史比量表，但國內仍習稱比西量表），此一量表至今仍是普遍被使用的智力評量工具，它被認為在鑑定兒童的智力高低與預測學業成就上，有極高的正確性與穩定性 (Kimmel & Weiner, 1985)。

　　魏克斯勒是紐約市貝勒福醫院 (Bellevue Hospital) 的首席心理學家，他於 1939 年編定了一項新穎的智力測驗，稱之為「魏克斯勒貝勒福測驗」(Wechsler-Bellevue Test)。魏氏的智力測驗揚棄了心理年齡的計算方法，代之以點量表 (point scale) 方法，受試者在魏氏智力測驗上的得分可以立即轉換成 IQ，無須計算年月，此量表以 100 為智力平均數，受試者測驗作業完成程度就直接以 100 為基準轉換成 IQ。魏氏量表主要包括語文 (verbal) 與作業 (performance) 兩個分量表，各自再有分測驗，標準差為 15，而比西量表標準差為 16。國內目前亦有魏氏兒童智慧量表的中文修訂本，普遍受到心理與教育工作者的喜愛。

　　「史比量表」與「魏氏量表」兩個主要的個別智力測驗之外，團體智力測驗也有長足的發展。在第一次世界大戰期間，美軍為了分派新兵的需要，由心理學者奧迪斯 (Arthur S. Otis, 1886-1964) 領導，發展了第一份團體智力測驗量表「陸軍甲種量表」(Army Alpha Scale)，以及「陸軍乙種量表」(Army Beta Scale)，前者為語文式智力測驗，後者為非語文式智力測驗，分別適用於識字與文盲士兵的甄別。一次大戰結束後，美軍又編製了一份陸軍普通分類測驗 (Army General Test，簡稱 AGCT)，此份量表後

來被推廣運用到學校與工廠，以及世界其他國家。由於團體智力測驗施行簡單、計分方便，因此乃成為智力測驗的主流。「比西量表」與「魏氏量表」由於施測耗時、施測人數受限，雖然功能受肯定，但卻遠不如團體智力測驗使用的普遍，因此常僅應用在特殊學生甄選與鑑定工作上。

從比奈開始至今，智力測驗已成為一種廣泛被使用的工具，IQ 也成為普遍被接受與使用的概念，相關理論與評量工具推陳出新，成百家爭鳴的現象。學者對智力的概念即有兩種爭論，第一類認為智力於出生時基本已固定，不能實質性改變，形成實體或固定的智力觀。第二類認為智力是可塑的，通過努力改進，可以改變、增量或增長智力。此外，智力建構可能涉及的文化偏見，以及定義智力的方式也引發長期的辯論和爭議 (Dweck, 2006)。

另一方面，20 世紀初期就有人開始注意一般文字智力測驗可能對少數民族、移民或語言障礙者不利，無法評量其真正的智力，因此非語文的智力測驗乃應運而生，1917 年有學者首先編製了作業式非語文量表，引起廣泛注意，此後，英國人瑞文 (John C. Raven, 1902-1970) 再於 1938 年編製了「瑞文氏非文字推理測驗」(Raven Progressive Matrices Test)，帶動了非文字智力測驗的發展。

至目前為止，世界各國的智力測驗不論個別式或團體式，語文式或非文字式，非常之多，對兒童與青少年的鑑定與診斷已甚精進，裨益兒童與青少年的教育與輔導工作甚大。

貳、智力的結構理論

智力在整個心理學發展歷史上是一個長期有爭議的課題，儘管甚多學者對智力相關主題有很大的興趣，但對於智慧的組成部分仍然存在相當大的分歧。除了如何正確定義智力的問題外，關於測量是否準確的爭論，今天仍舊繼續著。智力有多層面意義：如高階智慧、抽象推理、心理表徵、問題解決、決策制定、學習能力、情感知識、創造力和適應環境需求的能力等。整體來看，智力有下列特徵：(一) 讓個體能從經驗中學習：知識的獲取、保留和使用都是智力的重要組成部分。(二) 認知或識別問題：能

利用知識，探索與識別環境中需要解決的問題。(三) 解決問題：能夠運用他們所學的知識，對周圍世界中的問題提出有用的解決方案。(四) 能夠學習：經由學習與經驗累積，面對生活世界，包括各種正式和非正式的學習。

智力事實上是心理學上的一種建構性概念 constructive conception)，就像人類的良心 (conscientiousness)，人人都相信它的存在，但它到底特徵如何？如何表現？則人言各殊，因此在智力的界定上就顯現出了差異，至於它的成分與評量方式爲何？分歧更大。在智力的量化取向 (quantitative oriented) 理論中，傾向將智力看成是個體抽象思考、適應環境、有效學習，以及一切心智能力的總和，在智力質性取向 (qualitative oriented) 理論上，則偏重個體整體智慧品質的高下 (Dusek, 1996)，以下是主要的智力結構理論。

一、雙因論

英國著名的統計學者史比爾曼 (Charles Spearman, 1986-1945) 於 1920 年代末期利用統計學方法，推斷人類的智慧包含二個因素：(一) 普通因素（general factor, 簡稱 g-factor 或 g），這是心智能力所共通、共同具有的要素；(二) 特殊因素（specific factor，簡稱 s-factor 或 s），這是因人而異的心智能力，通常因個體不同的潛能或學習而有特殊的能力表現。特殊因素有四類，包括：語文 (verbal)、數字 (numerical)、空間 (spatial) 與機械 (mechanical)。史比爾曼認爲智力測驗必須包含 g 與 s 兩個因素，他也認爲 g 是心智能力的控制力量。史比爾曼的智力理論雖年代久遠，但至今仍深具意義。

二、群因論

塞斯通 (Louis Leon Thurstone, 1887-1955) 不滿意史比爾曼的雙因素智力結構論，因而不採用相關法探討智力結構，改採因素分析的方法分析智力的成分，結果發現智力包含著一些獨立的「基本心智能力」(primary mental ability)，計有數字能力 (numerical ability)、推理 (reasoning)、語文流暢(verbal fluency)、空間視覺(spatial visualization)、知覺能力(perceptual ability)、記憶 (memory)，以及語文理解 (verbal comprehension) 等七種群組因素 (group factors)，塞斯通認為史比爾曼的 g 因素與此七個基本心智能力關係不大，由基本心智能力所發展的次級基本心智能力才是心智的控制力量。塞斯通的群因論也備受肯定，可惜後繼無人。

三、三因論與三維論

史登柏格 (Sternberg,1985) 所發展的智力三元論 (Triarchic Theory of Intelligence) 受到極高評價，史登柏格認為智力應包括：(一) 情境能力 (Context ability)，(二) 經驗性能力 (Experiential ability)，(三) 組合性能力 (Componential ability) 等三部分。情境能力亦即是社會或人際情境的適應能力，主要心智功能有；應用、使用、實作、執行、採用、擴展、實用。經驗性能力是因經驗的累積，能應付新問題的能力，功能有：試驗、創意、發明、探索、想像、猜想、預測。組合性能力則是個人解決問題的策略、步驟與調整分析的能力，主要心智功能有：組合、分析、批評、判斷、比較、評估、評鑑等。後來史登柏格的智力三元論又簡化成下列三要素，包括：(一) 實用智力 (Practical intelligence)：史登伯格把一個人成功地與日常世界互動的能力稱為實用智力。具實用智慧的人特別善於在外部環境中以成功的方式行事。(二) 創造性智力 (Creative intelligence)：即一個人利用現有知識創造新方法來處理新問題，或在新情況下應對的能力。(三) 分析性智力 (Analytical intelligence)：分析性智力是用來解決問題的能力，基本上是學術性智力，是由標準化智力測驗所意圖衡量的那種智力 (Santrock, 2014; Sternberg, 1985)。

此外，伯金斯 (Perkins, 1995) 檢視與審核了大量關於 IQ 測量和旨在提高 IQ 水準的相關學術研究，他認為智力實際上具有三個主要成份或維度 (dimensions)：(一) 神經智能 (Neural intelligence)：這是指一個人神經系統的效率和精確度。(二) 經驗智能 (Experiential intelligence)：是指一個人在不同領域積累的知識和經驗。(三) 反思智能 (Reflective intelligence)：係指一個人在解決問題、學習和處理智力挑戰方面的廣泛策略，包括堅持、系統化和想像力，也包括自我監控和自我管理 (Perkins & Zimmer-man, 1995)。不過三維向度的智力論追隨者不多，只能說伯金斯的理論開

了智力概念建構的另一扇窗。

四、結構論

　　美國另一位聲譽卓著的心理學家基爾福 (Joy Paul Guilford, 1897-1987)，從 1950 年代起就不斷探討人類智慧的因子結構，早期他認為智力共分內容 (contents)、運思 (operation) 與成果 (products) 等三個層面，此三個層面又各自包含了不同因子，在內容層面包括圖形、符號、語意與行為等四個小類型；在運作層面包括評價、聚斂性思考、擴散性思考、記憶與認知等五個小類型；在成果層面包括了單位、分類、關係、系統、轉換與推測等六個小類型。因此，人類的智力結構乃形成以內容、運作與結果三維向度所建構而成的立方體，此立方體由上述各個小類型分成 $4 \times 5 \times 6 = 120$ 個小方塊。基爾福即以此架構設計了各種智力測驗驗證人類可能的智力結構因子。1977 年基爾福另又在內容層面中新增聽覺一個小類型，再將運思層面的記憶分短期記憶與長期記憶兩種，因此智力結構因子擴展成 $5 \times 6 \times 6 = 180$ 個的智力結構模型 (Guilford, 1982)（詳如圖 5-1 所示）。

　　由基爾福的理論可見人類智力因子極其複雜，不過目前尚未有一份智力測驗可以完全評定人類智力的各個層面及其所包含的因子。

五、流體與晶體論

　　在智力結構論中，霍恩與卡特爾 (Horn & Cattell, 1966) 的理論別樹一格，他們認為智力包含流體智力 (fluid intelligence) 與晶體智力 (crystalized intelligence) 兩種。流體智力是指個體在思考歷程中所表現的能力，如思考與推理能力，流體智力是從問題解決者的角度出發，用於解決新的和不尋常問題的技術與能力，基本上是屬於得自於遺傳或天生的智力。晶體智力則是經由時間的累積所形成的智力，基本上就是生活經歷的結晶，亦即是人生淬鍊的結果。晶體智力可以長期保留與累積，人生歷練愈多，晶體智慧會愈多。晶體智力是將以前習得的，通常是文化所定義的，以及過去或他人解決問題的方法，應用於解決當前的個人問題。

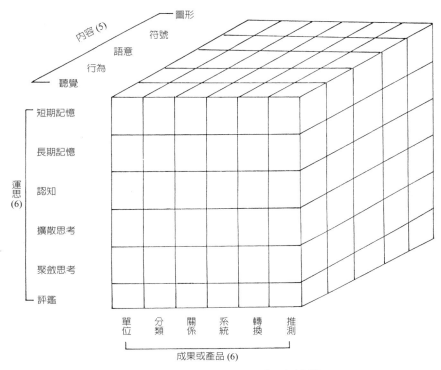

圖 5-1　基爾福的三向度智力結構圖

資料來源：Guildford, 1988。

六、智力階層論

　　智力階層論者認為人類智力是具階層或層次的，上層的智慧對下層的智慧具有指導的能力，智力的最高階層是普通智慧 (general intelligence)。人類智力以普通智力的層次最高，在普通智力之下共有主群因素、小群因素與特殊因素三組不同的智力結構，主群因素包括「語文─教育」及「空間─機械」兩類；小群因素共有創造力、語文流暢、數字、空間、心理動作與機械等六類，各小群因素中又包含了甚多的特殊智慧能力（以 S 表示）。智力階層論目前已較少人引用。

七、智力多元論

　　智力多元論認為智力是許多能力的組合，目前正夯，追隨者眾。1920

年代桑代克 (E.L.Thorndike) 即認為智力包含：(一) 社會智力 (social intelligence)；(二)抽象智力 (abstract intelligence)；(三)機械或實作能力等三者。桑代克進而認為智力測驗應該包括四類：(一) 語句完成；(二) 數學推理；(三) 字彙；(四) 遵從指示等。桑代克因此被認為是最早的智力多元論者。

近年來，著名的心理學家葛登納 (Gardner, 1987, 1992) 認為智力是各種不同能力的結合，各種不同能力彼此獨立，智力多元論 (multiple intelligences) 最早分為七類，至今已分成九大類：(一) 語言—語文智力 (Linguistic-Verbal Intelligence)；(二) 邏輯—數學智力 (Logical-Mathematical Intelligence)；(三) 視覺—空間智力 (Visual-Spatial Intelligence)；(四) 音樂智力 (Musical Intelligence)；(五) 身體動覺智力 (Bodily-Kinesthetic Intelligence)；(六) 人際智力 (Interpersonal Intelligence)；(七) 個人內省智力 (Intrapersonal Intelligence)；(八) 自然主義智力 (Naturalistic Intelligence)；(九) 存在智力 (Existential Intelligence) 等。葛登納智力結構元素的後六類在傳統智力理論中並不被認為是智力的範疇，但葛登納認為此六者應給予積極肯定。表 5-1 係多元智力理論及特徵，包括優勢及潛勢職涯抉擇 (potential career choice)，亦即多元智能優勢面向充分發展，在不同職涯領域可能都是傑出人才。

表 5-1　多元智力理論及特徵

優勢	特徵	潛勢職涯抉擇
一、語言—語文智力 (Linguistic-Verbal Intelligence)		
詞彙、語言和寫作	記住書面和口頭資訊 享受閱讀和寫作 辯論或發表有說服力的演說 能夠良好地解釋事物 講故事時具有幽默感	作家 記者 律師 教師
二、邏輯—數學智力 (Logical-Mathematical Intelligence)		
分析問題和數學運算	有出色的解決問題的能力 喜歡思考抽象的議題 喜歡進行科學實驗 能解決複雜的計算問題 科學分析能力高	科學家 數學家 電腦程式員 工程師 會計師

優勢	特徵	潛勢職涯抉擇
三、視覺—空間智力 (Visual-Spatial Intelligence)		
視覺和空間判斷	以閱讀和寫作為樂 善於拼湊拼圖 善於解釋圖片、圖形和圖表 喜歡畫畫和視覺藝術 容易識別圖案	建築師 藝術家 工程師
四、音樂智力 (Musical Intelligence)		
節奏和音樂	喜歡唱歌和演奏樂器 容易識別音樂模式和音調 記住歌曲和旋律 對音樂結構、節奏和音符有豐富的了解	音樂家 作曲家 歌手 音樂教師 指揮家
五、身體—動覺智力 (Bodily-Kinesthetic Intelligence)		
身體運動，運動控制	擅長舞蹈和運動 喜歡用手創造東西 有出色的身體協調能力 通過實踐來記憶，而不是聽或看	舞蹈家 建築師 雕塑家 演員
六、人際智力 (Interpersonal Intelligence)		
能理解他人並與之交往	口頭溝通良好 擅長非語言溝通 從不同的角度看問題 與他人建立積極的關係 解決群體環境中的衝突	心理學家 哲學家 諮商師 銷售人員 政治家
七、個人內省智力 (Intrapersonal Intelligence)		
自省和自我反省	善於分析自己的優勢和劣勢 喜歡分析理論和思想 有出色的自我意識 理解自己的動機和感受	哲學家 作家 理論家 科學家
八、自然主義智力 (Naturalistic Intelligence)		
尋找自然模式和與自然的關係	對植物學、生物學和動物學等學科感興趣 容易對資訊進行分類和編目 喜歡野營、園藝、徒步旅行和探索戶外活動 喜歡學習與自然有關係的課題	生物學家 保護主義者 園藝師 農民

優勢	特徵	潛勢職涯抉擇
九、存在智力 (Existential Intelligence)		
使用集體價值觀和直覺，有理解他人和周圍世界的能力	利用直覺、思考和認知提出及回答有關人類存在的深層問題 擁有宇宙觀、成為宇宙公民 認識人類在宇宙中的地位 深度思考人類問題 具解惑能力	經營創意工坊 宗教大師 神職人員 哲學家 心靈導師

資料來源：Cherry (2021); Kurt (2021)。

參、智力的教育意涵及其在青少年適性輔導上的應用

由上述不同的智力結構理論可見，智力的確存在於個體之中，但智力到底結構為何？包含哪些因素？則尚無定論，這在青少年教育與適性輔導上，甚具意義。

一、對智力概念保持開放心胸，天生我材必有用

目前學術上已承認智力的存在，但智力包含哪些要素或因子，猶未定論。同時智力遺傳重要？抑或環境重要？諸多發展久遠的智力理論之所以受到肯定，乃是他們具有劃時代的意義，在當今的智力理論中，以多元智力理論最受肯定，也最符合學校教育及社會環境現實，亦即學習與生活具多面向意涵，個人一生，無須樣樣精通，以單一面向興趣及專長妥善發揮，即可成就各種可能。甚且目前可能尚有重要的智力因素有待發掘與驗證，如葛登納多元智力理論中的「存在智力」就是例子，確實有些宗教先行者，對人生價值、人與萬物、人與宇宙之關係，感受較為敏銳，並成為宗師，風行草偃，此種智能受重視，是近年首見。此外，由於每個人有各自潛能與智慧，在繁雜的社會中，都可以發展特長，天生我材必有用，一枝草一點露，只要努力學習都有各自人生亮點，成為達人，創造自我價值。

二、認識智力的常態分配現象

　　多數智力量表的平均數訂爲 100，標準差爲 15 或 16。萬事萬物只要數量夠多，多會呈現常態分配 (normal distribution)，青少年的身高與體重亦乎如此。依據常態分配的概念，分數在 $\pm\sigma$ 所占的人數爲 68.26%，$\pm2\sigma$ 所占的人數約爲 95.44%，$\pm3\sigma$ 所占的人數約爲 99.72%。圖 5-2 係常態分配人數分配比率，以及幾個重要心理統計與評量的標準分數，以 IQ

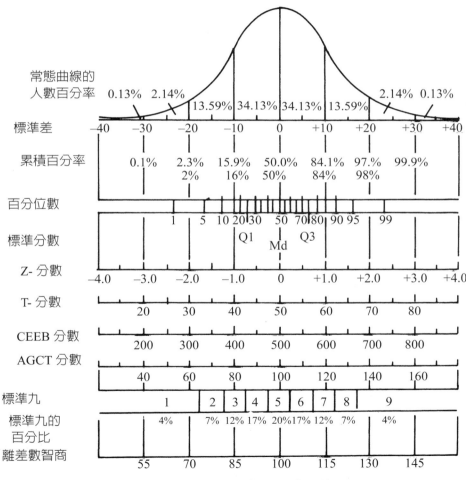

圖 5-2　常態分配予各類標準分數圖

資料來源：Gibson & Mitchell, 1995, p.231。

而言，在 84 至 116 者共占 68.26%，IQ 在 68 至 132 者共占 95.44%，在 52 至 148 者占 99.72%，IQ 低於 52 及高於 148 者各只占 0.13%，人口數頗爲稀少，由常態分配概念衍伸可知，芸芸眾生，多數是尋常人家，智力多在中等以上，無需妄自菲薄，智力測驗得分較高者，是要感恩父母給予的基因天賦，無需自鳴得意；相同的，智力較低下者，只要更勤奮學習，亦可彌補智力的不足，IQ 僅是一種參考值。

三、對智力測驗的實施與解釋，謹慎為之

智力測驗只是一種工具，須由受過專業訓練的心理與醫療專業人員施測與解釋。就一分良好的智力測驗而言，應具有下列五個條件：(一) 標準化 (standardized)：智力測驗的編製、實施與解釋均依一定程式與步驟進行，不會因人而異。智力測驗編製者要提供標準化的測驗資訊。(二) 有常模 (norm)：常模是測驗分數作比較的基準，智力測驗得分的意義必須與相似的常模群體 (normative sample) 做比較之後，才能顯示出測驗得分的相對地位，也才能估算個人智力的高低。(三) 客觀 (objective)：智力測驗必須客觀、明確，使受試者能清楚的了解語意，不會感到模糊或矛盾。測驗的結果評分也要客觀，不會因爲施測者的偏見或主觀而影響測驗分數。(四) 信度 (reliability)：在不同情境中對相同受試者實施相同智力測驗，能夠得到類似結果，則測驗的可靠性高，表示其信度高，一分良好的智力測驗通常要提供信度如何測得，以及信度高低的資料。(五) 效度 (validity)：效度是有效智力測驗的根本所在，智力測驗必須能夠評量到眞正的智力，否則智力測驗將白忙一場，智力測驗有效達成的程度稱之爲效度。對智力測驗而言，預測效度 (predictive validity) 特別重要，有了高度的預測效度，通常能客觀的測驗受試者未來的學習成就與潛勢職涯抉擇可能。智力測驗誤用與濫用，害處甚多，須謹慎爲之。

此外，也要特別注意下列事項：(一) 智力測驗由於發展上的限制，並不能充分反映個人「每日的智慧」(everyday intelligence) 高低，如解決日常生活問題、購物、謀生、人際溝通等能力，智力測驗充其量只是一種「學校智慧」(school intelligence) 的評量工具，因此，不能盡信智力測驗的結果，而應廣泛參酌受試者的各類日常反應或表現。(二) 目前層面涵蓋

更廣泛的智力測驗工具有待發展，智力測驗的分數只是暫時性的分數，而非最終結果，測驗的使用者不可以存有命定的成見，青少年不管智力測驗得分高低，都有極大發展的可能性。

第三節　特殊智能青少年的特徵與適性輔導

　　人類智力的分布如前所述，係成常態分配，亦即多數人的智力是屬於中等程度，只有極少數的人智力是屬於較優異者，同時智力較低下者亦僅占少數，青少年智力在常態分配上，處於左右兩個極端值可稱為特殊智慧者，在青少年教育與輔導上，應充份開展智慧稟賦較優者的潛能，使他們能對人類社會做最大的貢獻，另一方面對智力程度較差者亦能輔導其有效學習，以彌補先天的不足。

　　我國「特殊教育法」第 3 條規定，本法所稱身心障礙，指因生理或心理之障礙，經專業評估及鑑定具學習特殊需求，須特殊教育及相關服務措施之協助者；其分類如下：(一) 智能障礙。(二) 視覺障礙。(三) 聽覺障礙。(四) 語言障礙。(五) 肢體障礙。(六) 腦性麻痺。(七) 身體病弱。(八) 情緒行為障礙。(九) 學習障礙。(十) 多重障礙。(十一) 自閉症。(十二) 發展遲緩。(十三) 其他障礙。這些身心障礙有特殊教育需求的學生，可能在智慧發展與生活學習上較為遲緩，需要政府、家庭、學校及學生本身，加以特別關照、適性教學及自我努力。

　　另外，「特殊教育法」第 4 條又規定，本法所稱資賦優異，指有卓越潛能或傑出表現，經專業評估及鑑定具學習特殊需求，需要特殊教育及相關服務措施協助者，其分類如下：(一) 一般智能資賦優異。(二) 學術性向資賦優異。(三) 藝術才能資賦優異。(四) 創造能力資賦優異。(五) 領導能力資賦優異。(六) 其他特殊才能資賦優異。可見資賦優異類別多樣，都是未來國家社會的資產。本章僅選擇資賦優異青少年、青少年創造力，以及智能發展遲緩青少年的教育及適性輔導三部分進行討論，其餘各類型特殊青少年的教育及適性輔導可以參照運用。

壹、資賦優異與特殊才能青少年的特徵與新概念

一、資賦優異者與特殊才能的特徵

自從有人類開始，人群中就有某些人秉賦優異，學習快速，反應敏捷，成就一番事業。歸納而言，資賦優異 (giftedness) 或擁有特殊稟賦才能 (talent) 青少年具有下列各種特徵：(一) 在智能、創造力、特殊學業、領導才能、運動或藝術等方面有高度績效表現能力 (performance ability)。(二) 具有強烈的學習動機，學習速度較快，工作成就高。(三) 智慧高，通常 IQ 測驗得分在 130 或 140 以上。(四) 良好的心理健康適應程度。(五) 良好的生理與健康狀況。(六) 具思考縝密、敏銳、動作技巧靈活、情緒穩定等特質。(七) 在特殊領域具有高度專注與工作投入。(八) 有探索、了解和掌握環境的強烈動力。(九) 具有一種立即和毫不費力的學習能力，學習速度非常快速。(十) 有極好的記憶力，非常具有想像力和創造力 (Steiner & Carr, 2003)。

自上世紀 90 年代末以來，高智商者的大腦發展已被證明與一般的大腦不同。一項爲期 6 年的縱向研究表明，高智商兒童在年幼時大腦皮層較薄，然後迅速增長，到了青少年時，大腦皮層明顯比其他青少年的皮層要厚 (Robinson & Clinkenbeard, 2008)。然而，正如學者 (Kaufman 和 Sternberg, 2008) 所指出的，「資優」(giftedness) 只是一個標籤，會根據不同個人的情況而改變，也會因評量設定的標準而改變。資優往往是家族遺傳的，在所有文化和所有類型的家庭中都有資優兒童與青少年。學校中的資優學生卻有可能特別容易受到社會和個人自我壓力的影響，資優學生的學校經歷反而可能會阻礙他們的學習和發展。因此必須在學校和社區創造溫馨接納的氣氛，使資優學生願意專心學習和發展潛能，而不是壓抑他們的特質與專長 (Steinberg, 2008)。

除此之外，另一個被討論的現象是，資優兒童與青少年的發展可能是不同步調，他們的思維往往領先於身體的成長，特定的認知和情感功能往往在不同的個體發展階段有不同的發展特徵，或發展的程度不同。一個經常被引用的事例是愛因斯坦 (Albert Einstein, 1879-1955)，他是早期認知

發展中的非同步例證，愛因斯坦童年在說話方面有所延遲，但後來他的語言流利程度和成就掩蓋了童年初始的遲緩。認知心理學家平克 (Steven Pinker) 認為，與其把愛因斯坦的天賦且說話遲緩視為一種「障礙」，不如說愛因斯坦的天賦和他的說話遲緩，在個體發展上是相互依存的 (Pinker, 1991)。

　　一般而言，資優或特殊才能學生比同齡學生學習得更快、更深、更廣。他們可能較早說話，較早會閱讀，並比年齡大得多的正常兒童在同一水準上進步更多。資優學生也往往表現出高推理能力、創造力、好奇心、大量詞彙和出色的記憶力。他們往往只需重複幾次就能掌握核心概念。他們也可能有完美主義，並經常質疑權威。由於詞彙使用量、性格、興趣和動機方面的差異，有些資優生在與同齡人交往或溝通時遭遇困難，他們可能更喜歡與年長的青少年或成人為伴。在所有智力領域，資優經常不是平均分布的，一名資優學生可能在解決邏輯問題方面表現出色，但拼寫能力卻很差。另一位可能在閱讀和寫作方面遠高於平均水準，但在物理學習上卻有困難。

二、天賦與才能的差異模式

　　葛聶 (Gagné, 1999, 2000) 提出著名的「天賦與才能的差異模式」(Differentiated Model of Giftedness and Talent, DMGT)，此一發展理論將資優與特殊才能區分開來，解釋傑出的自然能力（資優與天賦）如何發展成特定的專業技能（才能）的歷程。根據 DMGT 理論，一個人如果沒有先天才賦，或幾乎沒有天賦，就不能成為人才。葛聶認為，所有的人才都是需要通過學習，在內在和外在環境催化劑的影響下，才能從自然能力中得以適性發展。葛聶列出了四個領域的自然能力，根據他的說法，這些能力大多由基因決定：(一) 智力能力：推理、記憶、觀察力、判斷力和後設認知。(二) 創造能力：發明力、想像力、原創力和流暢性。(三) 社會情感能力：感知力、人際交流（移情和策略）和影響力。(四) 感覺運動能力：感官敏銳性、力量、耐力、協調和其他能力。

　　本質上，DMGT 理論強調如果沒有學習過程，天賦都不會變成才能。個人內部的催化因素最為重要，包含身體特徵，如健康；積極性和意

志力；自我管理和個性（氣質、自尊、適應性等）。環境催化因素最重要的是人生機會或機緣，機緣會通過父系基因的重組，決定孩子擁有哪種類型的天賦，以及擁有的程度。天賦是自然能力，才華是系統性發展出來的技能。

　　綜合葛聶的 DMGT 論點，資優的組成部分包括：天賦（天分）(G)、個人本身、機會 (C)、環境催化劑 (EC)、個人內部催化劑 (IC)、學習 / 練習 (LP) 和天賦的結果 (T)。其中 (G)、(C)、(EC) 和 (IC) 是可以促進的，但也可能阻礙學習和訓練。學習與實踐是資優成就的調節器，只有經由學習和實踐過程，加上環境和個人內部的相互催化作用，天生自然能力才會轉化為人才。葛聶是法國人，他引述法國 19 世紀著名藝術家左拉 (Émile Zola, 1840-1902) 所說：「沒有天賦，藝術家就一無是處；但沒有努力，天賦也會煙消霧散」(The artist is nothing without the gift, but the gift is nothing without work)。葛聶的結論是天賦並不是成功的天然自動保證 (Gagné, 1999, 2000)，DMGT 理論最近受到學術界極高的評價與讚賞。

　　新近另有頗多研究關切資優學生的社會情緒功能，但研究發現不一，有些發現資優學生較少遵從同儕意見、較獨立、表現出較佳的情緒調節、重視合作和民主的互動形式、有更多的領導能力。一般來說，他們的心理適應能力更強。另一方面，一些研究發現，資優學生會表現出過高的敏感度和情緒反應、與同齡人相處時有較多困難、有較低的自我概念。

　　資賦優異者由於稟賦優秀，可能是未來國家社會的精英，因此應及早加以鑑定，以提供良好的教育與輔導策略。鑑定資賦優異青少年可以有下列的方法：(一) 實施智力測驗：鑑定學業資優的青少年可以直接由智力測驗測得，一般而言，IQ 在 130 以上者，及團體智力測驗分數在頂尖的 3% 者，都可視為具有良好智慧程度。不過由於智力測驗目前仍未達於完美的境地，因此智力測驗的結果只能當做資賦優異青少年鑑定的一個指標，而非唯一的依據。(二) 家長與教師的觀察：與青少年關係最密切的家長及教師可以在日常生活中直接觀察青少年的一般行為表現與學習狀況，推測青少年是否為資賦優異者。下列九個問題可以當做教師直接觀察的參考：(1) 誰學習比較好且迅速？(2) 誰擁有較多的常識與實用知識 (practical knowledge)？(3) 誰記住最多他們所聽到的東西？(4) 誰知道較多其他青少年所

不知道的事？(5) 誰較容易與準確的使用大量的語句？(6) 誰能認識事物的關係與理解意義？(7) 誰是具警覺性與敏銳的觀察者，並且反應迅速？(8) 誰能堅持且在某種工作上具有高度動機？(9) 誰具有創造力，有不一樣的想法，且對事物能做有趣的連結？(三) 其他訊息來源：其他如上課專注情況、學業成就、同儕的看法、科學實驗成績、創造力測驗等都可以當做鑑定資優青少年參考的資料。一般而言，才華出眾、學習能力特強、思考敏捷的青少年極可能是資賦優異者 (Woolfolk, 2019)。

三、資賦優異與特殊才能青少年的教育與適性輔導

現行資賦優異教育，依施教情境的不同，可分為：(一) 一般教室情境；與 (二) 特殊班級制等兩種。依照教育方法作區分，又可分為：(一) 加速制 (acceleration)；(二) 充實制 (enrichment) 兩種。一般教室情境所進行的資賦優異教育雖可能因老師要照顧其他學生的學習，而使他們對學習題材感到厭煩，但對資優青少年而言，與一般青少年一起學習，並進行社會交流，比較不會受到同儕的孤立與排斥，有其可取之處，不過一般教室情境中的資優教育需要有其他的配套措施，如補充教材的提供，資源教室的設立，較高的師資水準等，否則效果有限。特殊班級制的資賦優異教育可以使資源與設備充分運用，教師也可以有較集中的心力，全心全意的投入資優教學歷程中，師生同時會有較高的成就感，容易達成資優教育的目標，但特殊班級制容易壟斷學校教學資源，並養成資優生的自大與高傲心理，故難以判定兩種制度的優劣。

加速制的資優教育是容許資優青少年提早入學，跳級就讀與提早畢業。加速制以較大彈性方式允許資優青少年提早學習較高程度的課程，及早貢獻社會，有其可貴之處，但加速制在美國也持續受到抗拒與排斥。因為加速制容易使資優生與同儕隔離，同時他們又比一起學習的學生年輕，不易獲得接納，同樣會有情緒與社會適應上的困難。充實制重點在擴充教材、增多資優生的學習機會，充實制包括垂直加深 (vertical enrichment) 與水準加廣 (horizontal enrichment) 兩種方式，加深制是提高學習的難度與深度，增多資優生學習的挑戰，使他們願意學習，加廣制則是不增加難度下，擴充資優生的學習題材，增多他們學習的範圍。

　　資優生的適性教學與輔導應以下列為準則：(一) 鼓勵抽象性思考、創造性與獨立性。(二) 老師與學生一起工作時，著重想像力、彈性與低威脅。(三) 老師須能回答下列問題：(1) 他們最需要什麼？(2) 他們真正的學習是什麼？(3) 誰能幫助他們去挑戰自己？(四) 安排彈性課程與計畫，提供豐富學習經驗。(五) 利用較高級的學習資源與電腦，使資優生能獨立精熟學習題材，提供高級的教學材料，並且利用網路進行自我學習。(六) 利用延宕、內在的與社會性的增強方式，而非立即與具體的酬賞；避免強調考試分數，讓他們能自我分析與自我批評，並鼓勵他們當小老師或導生 (peer tutors)。(七) 與學生共同設計課程，幫助學生自訂學習目標及作業。(八) 重視問題解決與擴散思考，進行長期研究計畫，避免密集考試與小型、細緻的作業，相反的要鼓勵他們去完成較長期性的研究 (Woolfolk, 2019)。國內資優教育已有了長足進步，但一般家長觀念並未配合，有些家長把資優實驗班看成是「超級升學班」，或對資優兒童施以不當壓力，或有不當期望，是推展資優教育的一股阻力，也有些家長在沾沾自喜有資優孩子之餘，卻不知如何來幫助他們成長。學校輔導教師的職責之一是對學生家長的輔導，因此，平時輔導教師應與資優學生家長保持聯繫，基於心理輔導的知能，提供家長管教的知識及輔導策略。

貳、青少年創造力的發展與輔導

一、青少年創造力的特徵

　　青少年創造力的發展與輔導受關注的程度不下於特殊智能的發展與輔導，因為創造力是每位青少年都具有的潛能，倘能有效激發青少年創造力的發展，不只對青少年未來生涯發展，以及生活的充實與豐富化有積極的助益，更有可能促使青少年的潛能充分發揮，在未來對國家社會，甚至全人類會有重大的貢獻。

　　創造力研究的大師托倫斯 (E. P. Torrance) 認為創造力具有四大特性：(一) 變通性 (flexibility)：個人思想不受功能固著的影響與限制，能夠彈性思考、靈活變通、可以擴大事物的可能性。(二) 流暢性 (fluency)：思慮與

語言流暢、通達，亦即心思敏捷、反應總量與品質超過常人。(三) 獨創性 (originality)：具有匠心獨具的表現，並有新穎與獨特的觀念或思維。(四) 精密性 (elaboration)：觀察與思考能力縝密、完善、結構週延 (Torrance,1972；Runco, Millar, Acar, & Cramond, 2010)。

　　另外創造力高者也有下列判斷基準：(一) 專業知識高：有創意的人研究並了解整個主題關鍵。(二) 具想像力：有創造力的人以新的和不同的方式看待問題。(三) 有冒險性：有創造力的人採用新的但有潛在風險的方法。(四) 具內在興趣：有創造力的人工作是為了興趣而不是為了錢。(五) 喜歡在創意環境中工作：最有創造力的人會得到從事類似工作的他人的支援、幫助和挑戰。(六) 具生產性：創造力是產生、創造或發現新想法、解決方案和可能性的能力。(七) 喜好深度探索：有創造力的人通常對某件事有深入的了解，長時間一直在探究它，尋找新穎的解決方案，尋求其他專家的建議和幫助，並承擔風險。(八) 發現新事物：創造力通常也與藝術創作有關，驅使個體去發現新事物。(九) 高度擴散性思維 (divergent thinking)：創造力能創發擴散性思維，「跳出框框」進行思考，找到獨特的、多種解決方案。此外，創造者的心智歷程具有下列特徵：(一) 連結主義：具創造力的人能夠將各種不同的問題連結在一起，並且產生新的與具想像力的方式。創造的過程就是將心裡已有的觀念，以不常有的、原則性的與有用性的方式加以結合。(二) 完形主義：具創造力的人常會整體性的思考與處理問題，並以整體性的方式重新建構問題。如具有創造力的音樂家能有整體的音樂結構，再將各個細節加以重新安排，而創造出具創意的作品。

　　創造力者的人格特質向來為學者所關注，相關的研究也頗多，一般而言，具有高創造力的青少年可能有下列的人格特質：(一) 更能覺察現有的問題。(二) 有更大的彈性處理問題。(三) 某些方面會有較大的情緒困擾，但本身也較能自我控制情緒。(四) 在思考上較具分析性與直覺性。(五) 能夠兼具聚斂性思考，以單一正確答案解決問題，以及擴散性思考，以甚多各種可能的答案思考與解決問題。(六) 顯現較大的決定性與堅持性。(七) 有高於常人的智慧，但並不一定是資賦優異者。(八) 似乎有較多不規律的需求，不規律可以帶給他們較多心理上的滿足。(九) 有較開放的經驗，對

新資訊的接收較少防衛與排斥。(十) 對自己的事情有較大責任心。(十一) 喜歡嬉戲、較具孩子氣，會玩弄環境。(十二) 較常獨自從事活動。(十三) 能夠延緩滿足 (delay gratification)。(十四) 容易懷疑現狀。(十五) 能獨立於別人判斷之外。(十六) 較具中性特質，如果是女生較具陽剛性特質，如果是男生則較具陰柔特質。(十七) 較大的自發性與較少禁制性。(十八) 對未知、神祕的、費猜疑的事物較少受到驚嚇，相反的，會被它們所吸引。(十九) 較少害怕自己的衝動與隱含的情感。(二十) 自訂計畫、自我決定，並且有較多自我輔導的經驗。(二十一) 不太喜歡與他人一起工作，並且較少尋求其他師生的意見。(二十二) 面對批評時能堅持自己的觀點。(二十三) 希望能面對更複雜的工作。(二十四) 比較能忍受不確定與曖昧的環境。(二十五) 能具想像力使用不同的語句。(二十六) 具有彈性、創造性與精密性，思想觀念與一般學生不同。(二十七) 具有幽默感、性情直率。(二十八) 喜歡研究抽象的哲學問題。(二十九) 對未來有較高的期望與抱負。(三十) 在不尋常的情境中能善用資源 (Berzonsky,1981；Dacey,1986; Runco, Millar, Acar, & Cramond, 2010)。

二、青少年創造力的教育與適性輔導

創造力的培養與家庭教育關係密切，家庭氣氛、親子溝通、父母的幽默感、家庭規約等都會影響青少年的創造力發展，不過現行一般的家庭或學校教育可能有不利於青少年創造力發展的一些障礙，包括：(一) 強迫順從：要求青少年順從標準的規約，父母與教師過於權威化，要求秩序甚於個性發展。(二) 嘲笑不尋常的觀念：不能接納青少年超乎尋常的思想觀念，甚至嘲諷與羞辱。(三) 過度要求成功：父母與教師經常只求目前的成功，或要求過度。(四) 不能忍受較彈性的態度與創造性的人格特質：創造力的青少年常因與眾不同，點子新穎，而不見容於父母與師長。

青少年創造力的教育與適性輔導策略有下列各項：(一) 提供自發性的學習環境：青少年創造力的培養需要有試驗性與想像的空間。因此，多提供他們自我誘發、自我投入與自我發現的學習環境，有助於青少年創造力的發展。(二) 接納與鼓勵擴散性思考：在教學時應多使用討論法，對於不尋常的思想觀念與問題解決方式應多給予讚美、鼓勵與支持。(三) 忍受不

同意見：教師與父母本身要能忍受不同的意見，同時也能要求其他學生接受不同的意見，同時也不強求青少年一致與順從。(四) 鼓勵青少年相信自己的判斷，自我作評估：具創造力的青少年常是少數，新穎的思考觀念剛萌芽常受到排斥，因此要鼓勵青少年自我做判斷與評估，不要在意他人的意見。(五) 強調每個人均有創造的可能性：創造力人人皆有，其創意通常只靠環境而已，因此青少年的教育與輔導工作者應認知每位青少年均有創造的可能性，並積極進行具有創意的活動。(六) 有效利用各種教學策略：腦力激盪、問題解決、團體討論、開放式問題等教學方式都有助於提高青少年的創造力。(七) 協助青少年忍受挫折與失敗：偉大的發明家與藝術創造者都會面臨無數的失敗，成功並不能偶然獲得，努力與學習才是重要的條件，當青少年遭遇失敗與挫折時應多給予支持與協助。(八) 激發內在動機與培養彈性和愉悅的思考模式。

　　美國心理學會 (APA) 根據相關心理學的研究，將如何幫助學齡前兒童到高中階段 (K-12) 的資賦優異、具有天賦、特殊才能與創造力的學生有效的教學與學習，總共歸納成如表 5-2 的 20 項準則，包含思考與學習 (Thinking and Learning)、動機 (Motivation)、社會與情緒學習 (Social-Emotional Learning)、班級經營 (Classroom Management)、評量 (Assessment) 等五大類 (APA, 2017)，可供教育與輔導諮商師及家長的參考運用，並可據以上網查考更詳盡的文獻資料。

參、智能與學習遲緩青少年的特徵與輔導

一、智能與學習遲緩青少年的特徵與鑑定

　　智能與學習遲緩青少年通常表現出與資優生極端相反的特質，通常智慧低下、反應遲鈍、學習緩慢。智力和發育障礙 (Intellectual and Developmental Disabilities, IDD) 通常是在出生時就存在的疾病，對個人的身體、智力或情感發展軌跡產生負面影響，其中許多情況影響到多個身體部位或系統。截至 2016 年，美國有 737 萬人患有智力或發育障礙，智力失能始於 18 歲之前的任何時候，其特點是智力功能或智能，包括學習、推理、

表 5-2　美國心理學會對資優、特殊才能與創造力學生的教與學準則 (K-12)

美國心理學會資優與創造力學生的教與學的 20 大原則

I. 思考與學習 (Thinking and Learning)
原則 1　學生對智力和能力的信念或看法會影響他們的認知功能和學習。
原則 2　學生已經知道的東西會影響他們的學習。
原則 3　學生的認知發展和學習不受一般階段的限制。
原則 4　學習是奠基於環境的，所以以新的環境中的學習不是自發的，而是需要被激發的。
原則 5　獲得長期的知識和技能在很大程度上取決於實踐。
原則 6　清晰的、有解釋的與及時的回饋對學生的學習很重要。
原則 7　學生的自我調節有助於學習，自我調節的技能是可以被教導的。
原則 8　學生的創造力是可以培養的。

II. 動機 (Motivation)
原則 9　學生往往喜歡學習，當他們有更多的內在需求時，他們會做得更好。內在動機比外在動機重要。
原則 10　學生在面對具有挑戰性的任務時會堅持不懈的學習，當他們採用精熟的目標而不是績效目標時，會更深入地處理資訊。
原則 11　教師對學生的期望，影響學生的學習機會、動機與學習成效。
原則 12　設定短期、明確的目標比制定長期（遠期）、中等難度的目標和過度的挑戰更能提高學生的積極性。

III. 社會與情緒學習 (Social-Emotional Learning)
原則 13　學習是在多元社會環境中進行的。
原則 14　人際關係和人際交流至關重要，對教與學的過程和學生的社會發展都很重要。
原則 15　情緒健康影響著教育表現、學習和發展。

IV. 班級經營 (Classroom Management)
原則 16　對班級行為和社會互動的期望是學習而來的，並且可以運用已被證實的行為及有效班級教學原則加以教導的。
原則 17　有效的班級經營是植基於：(a) 設定並傳達高期望值，(b) 不斷培養，始終如一的培養積極關係，以及 (c) 為學生提供高水準的支持。

V. 評量 (Assessment)
原則 18　形成性和總結性評量都很重要和有用，但需要採取不同的方法及解釋。
原則 19　學生的技能、知識和能力最好是採取心理學為基礎的評量過程，在科學的基礎上，以明確的標準評量，維持教學品質和公平性。
原則 20　對評量資料的理解取決於清晰、適當和公平的解釋。

資料來源：APA (2017)。

解決問題和其他技能的能力，以及適應性行為，包括日常社交和生活技能方面都有困難和問題。

　　發育障礙的例子包括自閉症、行為障礙、腦損傷、腦性麻痺、唐氏綜合症、胎兒酒精綜合症、智力障礙和脊柱破裂等。就生理而言，智能與學習遲緩青少年有四大類生理系統失能或障礙：(一) 神經系統 (Nervous system)：可能因疾病影響大腦、脊髓和神經系統的功能，從而影響智力和學習。相關疾病還可能導致其他問題，如行為障礙、言語表達或語言困難、癲癇發作和運動障礙。腦性麻痺、唐氏綜合症和自閉症等都是與神經系統問題有關的 IDD 案例。(二) 感官系統 (Sensory system)：疾病影響了感官（視覺、聽覺、觸覺、味覺和嗅覺），以致於大腦難以處理或解釋來自感官的資訊。早產兒和接觸感染原的嬰兒，如巨噬細胞病毒，可能會使視力和聽力的功能下降。(三) 新陳代謝 (Metabolism)：疾病影響身體利用食物和其他物質獲得能量和生長。身體在消化過程中如何分解食物就是一個新陳代謝過程，這些過程中的生理問題會破壞身體正常運作所需的物質平衡。某一種東西太多，或另一種東西太少，都會擾亂身體和大腦的整體功能。苯丙酮尿症 (PKU) 和先天性甲狀腺功能減退症可能導致產生 IDD 的代謝症狀。(四) 退化性疾病 (Degenerative)：患有退化性疾病的人在出生時可能看起來普通或很典型，並可能在一段時間內達到一般兒童的發展水平，但隨後他們的技能、能力和功能會因為該疾病而受到干擾。在某些情況下，這種疾病可能直到孩子進入青春期或成年後才開始出現症狀，或喪失能力時才被發現。有些退化性疾病是由其他疾病所引起的，如未經治療的新陳代謝疾病、漸凍人等 (Friend, 2007)。

二、智能與學習遲緩青少年的教育與適性輔導

　　事實上，不論資賦優異或智能與學習遲緩者的教育，最重要的是實施「個別化的教育」(individualized education)。上述資優生的教育與輔導的精神仍然適用於智能與學習遲緩者的教育與輔導工作中，如個案資料建立與其他輔導策略等。

　　智能與學習遲緩青少年的教育與輔導更可加強下列各項：(一) 多給予鼓勵、支持與建立信心。(二) 加強聽覺、視覺與注意力的訓練。(三) 加強

語言與社會能力的訓練，使他們能適當的與他人溝通，並取得社會支持。
(四) 重視日常生活技巧的培養，如會辨識交通燈號、簡單的計算、打電
話、使用小型電算機、購物、照料自己的飲食與生活起居。(五) 學習基本
的謀生計能，會從事輕便的工作等。(六) 制定具有普遍吸引力的學習與生
活方案。(七) 不要低估智能發育障礙者。(八) 在引導上使用通用或容易識
別的圖形。(九) 保持無障礙設施，配備易於操作的門把和門、洗手間裝置
與飲水機。(十) 傾聽並保持耐心，給予具體指導與示範。(十一) 提供嘗
試的機會，而不是簡單地解釋某項任務。(十二) 不要把過多的指示合併成
一個字的命令。將指示分成幾個步驟，並逐一轉達。(十三) 確定準備度，
不管智能狀況與年齡如何，他們都有學習下一步事物的準備度，假如學生
學習無法跟上，必須回到較簡單的水準上。(十四) 需要教導學生如何去學
習，並在不同情境中時常去複習與演練新的技巧。(十五) 目前強調融合教
育，應多給予智能與學習遲緩青少年有較多親密的社會與人際關係，因為
智能遲緩學者不易交到朋友。(十六) 教學重點置放於個人自理生活能力的
提升，包括穿衣、上廁所、自我餵養、交談、使用手機、學習常規、注意
安全、金錢使用、需要時求助於人，再進階至基本工作技能訓練 (Ormrod,
Anderman, & Anderman, 2019; Woodfolk, 2019)。

☆問題討論與班級學習活動☆

一、請比較說明認知 (Cognition) 與智力 (Intelligence) 的意義、功能
　　及對個體心智發展的重要性。
二、請申論皮亞傑青少年認知發展理論的重點及其在青少年適性輔導
　　上的應用。
三、請申述青少年的訊息處理理論的要點，及其對青少年學習的影響
　　與適性輔導策略。
四、青少年的思考能力發展有何特徵？有哪些適性輔導策略？
五、請舉例說明青少年的自我中心主義發展特徵，以及其在教學與適
　　性輔導上的意義。

六、請說明青少年自我調節學習理論的重點，並以自我的學習經驗及學科專長，指出如何幫助青少年有效學習？

七、就班級進行分組，針對國高中階段各學科的重要學習策略，透過訪問、調查、自我學習經驗，加以綜整，再至班級分享，包括：國文、英文、數學、物理、化學、生物、地理、歷史等學科。

八、請說明IQ的意義、發展過程，以及評量、施測與應用上的準則。

九、請評述不同的智力理論之優缺點。您個人如有做過智力測驗，請與同學分享經過及所受影響？智力測驗可靠嗎？理由何在？

十、請詳讀美國心理學會 (APA) 對資優、特殊才能與創造力學生 (K-12) 的教與學原則，並討論其值得參考運用之處。

十一、請申述智能及學習遲緩青少年的特徵及適性輔導原理原則。

十二、在多元智力理論各面向中，您在哪一種智能最具優勢？學校在啓發學生多元智力上，應有哪些努力？請就課程與教學層面加以申論。

第六章

青少年的學校教育、友伴關係及適性輔導

第一節 學校教育效能與青少年發展

　　教育能增進美好生活，教育能豐富個人生命，教育能改造國家社會，教育能營造幸福未來。教育的理想與理念通常在學校中實踐，學校僅次於家庭，是兒童與青少年成長與發展最重要的社會化場域，學生停留在學校的時間甚至多於家庭。然而由於社會變遷與價值觀念的改變，家庭與學校對青少年的教化功能都面臨極大的挑戰。每當社會出現問題時，一般大眾就會說學校沒教好，事實上，目前學校工具化目標太顯著，可能只關心招生及升學率，學校通常無法提供適合青少年社會能力發展、健康需求和認知發展所需要的充分養分。

壹、學校教育的重要性與功能

　　我國「國民教育法」第一條規定，國民教育以養成德、智、體、群、美五育均衡發展之健全國民為宗旨，亦即是學校要培養五育健全的國民與好公民。簡而言之，學校的教育目標即是在啟發青少年學習者的智能思考、促進身心健康、懷抱關懷情操、有良好的道德與美感，能終身從事有意義、具生產性及貢獻性的工作。

　　當前兒童與青少年所經歷的基本學習階段與年限，從幼兒園開始，國小六年、國高中各三年、大學四年，倘加上碩博士班，人生約五分之一至四分之一是在學校中度過。尤其目前多數學生屬雙薪家庭，父母都要工作，家庭功能銳減，可能僅剩休息與睡眠功能，相形之下，學校教育就顯得特別重要。學校的創建是為了增進學生的知識學習，形塑學生的身心健

康和培養良善道德素養。學校教育基本上是一種社會化的機構,向社會未來的成員傳播知識、技能與價值,引導學生進入成人世界,包括:了解與融入社會的傳統價值、文化規範、職場需求、工作技術與生活知能等。

當前世界各國教育主要都是在學校中進行,由受過專門培訓的教師,指導學生進行正式的學習活動。基本上,學校具有下列的特徵:(一) 是一種社會制度;(二) 是師生共同生活場所;(三) 是課程與教學實踐場域;(四) 是學生學習的地方;(五) 是人際互動與建立關係的場域;(六) 是學生社會化的場所;(七) 是政治意識形態與價值形成的地方;(八) 是政治話語或批評政治的場所;(九) 是文化傳播和階級複製的中心;(十) 是文化傳承和融合的場所;(十一) 是一種服務機構;(十二) 是傳播知識的中心;(十三) 是社會變革和發展的中心;(十四) 是社會的實體縮影;(十五) 是學生生涯發展的起始點;(十六) 是社區人文匯集場所。

再從學校的功能來看,學校的功能頗多,包括:(一) 提供優質人力資源;(二) 促進會經濟發展;(三) 增進社會融合;(四) 傳承社會主流價值;(五) 促成社會流動;(六) 增進社會平等;(七) 協助人力資源的選擇與配置;(八) 促進社會發展與變革;(九) 促進民主與政治結構的維護和延續;(十) 政治社會化;(十一) 促進政治發展和改革;(十二) 文化的融合與延續;(十三) 文化資本的再生產;(十四) 增進個體的尊嚴與價值;(十五) 促進國際經濟合作與貿易;(十六) 消除國家、地域、種族與性別偏見 (Park & Shavit, 2016; UNESCO, 2005)。

然而,現代學校教育延續數百年之後,已形成龐大、複雜、量多、質雜、效益難測的社會複合體,並可能形成社會負擔,也因此,學校教育的效能,以及學生的學業成就,近年來,就受到較為審慎與嚴肅的檢視。

貳、學校教育效能與學生學業成就

國防與社會安全、經濟發展、衛生福利、學校教育是當前世界各國政府最為重要的施政區塊,政府因而聘用無數軍公教人員來實踐國家目標,服務國民,此方面也是政府國家預算的最大開支。然而學校是否充分發揮效能,提升國民素質,促進經濟發展?也一直受到各界關切。學校效能

(school effectiveness) 常被用來解釋學校教育成功與否，以及兒童與青少年學業成就的一個重要指標。有效能的學校屬於學習型組織，校務與教學專業化，教師充滿熱情，學生的認知、情感和行為充分的發展。

　　有效能的學校其特徵有：(一) 校園充滿活力；(二) 重視教學；(三) 建構安全且有秩序的學習環境；(四) 對學生的成功有高度的期望；(五) 教師專業和滿意度高；(六) 有專業的領導群；(七) 有共同的願景和目標；(八) 師生專注於教與學；(九) 家長與學校充分合作。此外，學校校長是學校效能的一個重要因素，領導技能是一種習得的能力，具支持性的校長領導，能夠預先設定辦學的願景與目標，校長是學校的領航者與舵手，成功的校長領導需要能聆聽教師意見，對教師的建議持開放態度，對教師需要精進之處，能建設性地提出批評，校長要經常表揚教職員工，尊重教職員工的能力，支持教師的專業發展。學校的產品就是學生成就與表現，學校產品的數量、質量、效率、適應性，是可受檢驗與評鑑的指標，學校通常也存有 3R 法則：(一) 學校有規約 (rules)；(二) 有固定程序 (routines)；(三) 有課程與教學規範 (regulations)。教師的教材教法，上下課的時間，學生的成績評量，諮商輔導都有一定的規則可循。學校是一種公共系統，從校長領導、教師專業、課程綱領、課程設計、教材選擇、班級經營、師生互動、教師教學、學生學習、常規管理都有一套法則可以遵行，教育主管單位、家長、外界與社區也可以加以檢視 (Sadker & Zittleman, 2006)。

　　此外，全校師生需具有集體的信任感與效能感 (collective trust and efficacy)，學校、教師、學生和家長必須建立互信與健康的學校文化。人際信任是指一個人對另一個人的信任，教師相信學校領導層級與師生群體是仁慈的、可靠的，校長也信任教師的專業素養。集體信任包括教師信任校長、學生信任老師，家長信任學校，教師、校長、同事、學生和家長之間相互信任的合作關係。校長能信守諾言，並按照學校的最佳利益行事。相互間有信任感，老師更可能相信他們可以依賴同事，尤其是在具有挑戰性的環境中，能依靠誠信行事。集體信任也是一種積極的社會期望，是社會感知的一種信念、態度或傾向 (Kramer, 2010)。群體對其團體組織具有共同的信念，教師相信他們可以改變自己的學生，並有效地克服挑戰，尤其是位處貧窮、偏鄉與資源匱乏社區的學校，不讓障礙阻止學校成功實現目標。

參、正式課程與潛在課程

課程 (curriculum) 是學校中有計畫的學習活動總和。我國國民中學的課程和活動是以培養德、智、體、群、美五育均衡發展的健全國民爲目的；高級中學的教育目標則在發展青少年身心，並爲研究高深學術及學習專門知能作準備。事實上，學生課程包含二大類，一種是「形式課程」或「正式課程」(formal curriculum)，包含教師所預期的計畫和教導的科目；另一種是「潛在課程」或「隱藏課程」(hidden curriculum)。潛在課程乃非有意計畫的、無形的、心理的、氣氛的與師生互動的潛在影響力量，它對學生的影響並不亞於「正式課程」。對青少年社會化的影響，甚至遠比「正式課程」爲大，但一般學校教師往往只注意「正式課程」而忽略了「潛在課程」。其他如學生的課業負擔、學校考試與評鑑方式、同儕互動、家長參與、社區文化等都會影響學生的學習成就。潛在課程又稱「潛藏課程」，學校的結構基本上是屬於公共開放的空間，不若軍事單位的隱密。公立學校之間只要正常運作，學校績效差距不大。眞正影響青少年發展較多的可能是潛在的青少年次級文化、師生互動方式、學校傳統與聲望、校友表現等這些非明顯的作用因子（黃德祥等譯，2001; Kaggelaris & Koutsioumari, 2015）。

肆、有選擇性學校與另類學校

由於學校班級化，組織龐大，越來越多兒童與青少年不適應正規的學校教育，因此「有選擇性的學校」、「實驗教育」、「試驗性學校」、「替代選擇學校」或「另類學校」(alternative schools) 應運而生，是近年來極受注意的新型教育方式。另類與替代性的學校係對應於傳統學校的名詞，故又可稱之爲「非傳統性的學校」(nontraditional school)。另類學校在 1970 年代興起，主要是對傳統公立學校無法照顧個別差異，官僚化、制式化、高度競爭與非人性化的一種反動。傳統中學與另類學校主要有九個層面的差異：(一) 角色：參與學習過程的人是誰 (who)？傳統學校校長、教師、諮商員、行政人員、學生，都有一定的角色期望。另類學校的

教師、行政人員、家長、社區人士、學生，每一個人都可以在某些專長成為人師，資格認定較有彈性，角色區分不明確。(二) 課程：學習些什麼 (what)？前者是國家與學區指定的課程，知識被分成不同學科，為特殊學生提供特殊課程，強調認知學習。後者教育內容多樣化，大部分是依學生興趣而定，通常在學校施教，但也可能擴及其他領域，強調有效的學習。(三) 權威：為何 (why) 學習？前者重外在動機，學習是為符合規定與通過考試，教師擁有權威。後者重視內在動機，學習是為了興趣與求知，學生對權威具有選擇權。(四) 方法：如何 (how) 學習？前者強調閱讀、書寫與聽講，團體表演、老師講述、使用一些視聽器材，以及討論。後者學校課程與教學方法多樣化，不排除讀、寫、聽，但更強調經驗與所有感官的投入。(五) 場地：何地 (where)？前者學習在校園、在教室中進行，有些有野外旅行，但不多。後者學習的地方廣泛，私人家庭、海邊、森林、圖書館、工廠都可以，在教室中的正式教學是例外，且非固定方式。(六) 時間：何時 (when) 開始學習？前者教學通常在早上 8 點至下午 4 點之間，每天時間被分成不同時段。後者任何時間都在學習，視學習任務而定。沒有固定休息，沒有時間切割。(七) 入學：學校選擇的基礎何在？前者常依學區而定。後者由家長與學生共同決定是否入學。(八) 組織：學校大小？前者典型中學人數在 400 至 4000 人之間。後者學生數維持在 150 至 200 人之間。(九) 關係：師生關係為何？前者教師分派課業、考試與成績，關係正式且角色明確。後者師生共同完成學習目標，學習是依契約而進行，師生共同評鑑學習結果，關係是非正式的（師生相互間叫名字）、較少固定角色 (Dacey & Kenny, 1997)。

　　實驗學校或另類學校似乎是現在傳統中學的反動，依現況而言，家長與社會大眾越來越多人接受此種新選擇，包括：(一) 重人性化；(二) 賦予學生選擇的權利；(三) 尊重學生；(四) 師生互動頻繁且密切；(五) 以大地為學習場所；(六) 教材與教法多樣化；(七) 注重學生學習興趣的培養；(八) 無時無刻都可以學習；(九) 師生角色具彈性，師生都是學校的集體主人。(十) 也是一種教育機構，其課程和教學方法自動、自發與自由的；(九) 學校提供廣泛學習題材，有設校辦學的自我哲學基礎和教學方法。（十）學習體系基本上為兒童與青少年而設，具有彈性，重表現 (performance)，

而非成績 (grades)。全世界最著名的實驗或另類學校是德國的華德福學校 (Waldorf Education)，於 1919 年在德國斯圖加特開辦。目前在 75 個國家有 1200 多所獨立學校和近 2000 所幼兒園。

伍、教師專業化及有效的教學與學生輔導

　　學校教育成功的關鍵在於教師是否稱職。學校如果個個都是「好老師」(good teacher)，青少年學生將立即受益，其影響可能終其一生，中國儒家將天、地、君、親、師並列，可見對教師之推崇程度。學生花費人生寶貴時光在學校求學，教師的教導有方，學生的學習有效，教育目標才能達成。各級學校都需要有專業化的老師，有高效能的溝通能力，欣賞學生，熱愛教學這個志業，能對提升自我專業和創新知能持開放態度，幽默、風趣、寬容，對批評保持開放態度，有耐心，適應不同的學生，能夠遵守學校教學紀律。在學科教學上，具專業學科導向和內容知識，能規劃教學過程和活動，激勵學生有效學習。

　　不過要當一位「好老師」並非容易，一位好的老師應具備三個基本條件：(一) 具有良好且專業化的本科知識與學養：如英文老師本身英文程度應符合本科的專業標準，並且精熟內容及教材，其他學科亦然；(二) 有熟練且策略性的教學知能：亦即有良好的教學知識與能力，能有效的將學科知識傳授給學生，達成教學目標；(三) 具有良好人格特質與專業精神：可以循循善誘，誨人不倦，對教育工作充滿熱忱，能當學生楷模。再以工作取向分析，好的老師亦應具有三方面的能力：(一) 有效的行政溝通能力，善用校內外資源，協助學生有效學習；(二) 成功教學，使學生沒有失敗者；(三) 具有輔導學生的能力，能協助學生解決學習、生活與生涯發展上的問題，進而作最佳適應，發揮潛能。

　　整體而言，影響教師教育專業化發展 (teacher professionalism) 與教學效果的因素有下列幾方面：(一) 教師人格特質；(二) 教師的專業素養；(三) 教師的教學技巧；(四) 教師的教學精神；(五) 學生的人格特質、背景與學習情況。「好老師」應具有良好的人格特質，方能產生良好的教學效果，其主要的特質有：(一) 具有情緒上的安全感；(二) 性情溫厚而親切；(三)

思想開朗；(四) 具有誠意與說理能力；(五) 具有民主態度；(六) 關切學生的反應；(七) 身教重於言教；(八) 言出必行；(九) 不自以爲是；(十) 能協助學生解決困難；(十一) 富幽默感；(十二) 公平；(十三) 具有同理心；(十四) 熱忱負責。此外，在教學上有效果與績效的教師 (effective teaching) 有下列效標：(一) 教學具明確性，教學有系統，循序漸進，內容與目標明確清晰；(二) 教學活動富有變化 (variety)，且生動活潑；(三) 教學具有工作取向 (task-orientation)，教學努力、關心學生、努力達成學習的目標。(四) 全心全意投入教學過程之中，充分準備教學，努力付出，使學生能參與並投入教學活動中；(五) 多數學生能獲得成功、了解學習內容與感到滿足；(六) 對所教導之學科有周詳的計畫和充分的準備；(七) 對於課程內容與教學活動有良好的組織；(八) 對所教授學科的知識或技能相當精熟，並且不斷地進修自我充實；(九) 授課注重技巧，講授內容易爲學生了解與接受；(十) 熱愛教學工作，具有「誨人不倦、教人不厭」的精神；(十一) 充分了解學生並且主動給予輔導；(十二) 善於接納他人的意見；(十三) 經常鼓勵獨自思考；(十四) 善於激發學生的學習動機與興趣；(十五) 與學生相處和諧融洽；(十六) 激勵學生努力用功求學；(十七) 對學生學習能作公正的評量；(十八) 以身作則，兼有身教與言教。當然教師無法十全十美，但須時時省思，自我砥礪，成爲學生生命中的貴人 (mentor)。在青少年人生中，可以因爲遇上一位心目中的好老師，而翻轉人生，讓生命與職涯發光發亮。

　　另一個值得注意，且與學校教師有關的現象是，絕大部分教師是來自於中產階級家庭，他們無法理解低階社經水準青少年的興趣、喜好、價值觀與生活方式，使師生隔閡加大，不利低階青少年進入主流社會中。太多老師只喜歡背景與他們相同的學生，或只喜愛聰明、有魅力、適應性高與社會關係良好的學生，而排斥或拒絕愚笨、叛逆、低成就與適應不良的學生，因而學校難以充分發揮社會化的功能，引導學習與適應較差的學生使之正常發展，也由於部分青少年在學校中不受接納與尊重，所以對學校充滿了敵意與怨恨，轉而以偏差的行爲方式去滿足個人的需求，青少年的問題於焉產生，特別值得一般教師警惕。

第二節 青少年的同儕與友伴關係

　　家庭之外，學校、同儕與社會是三股影響青少年的主要勢力。事實上此三者是密切關聯的，因為青少年的同儕可能大都來自於學校，尤其求學中的青少年大部分以學校同學為主要交往的對象。同儕 (peer) 係指同年齡的友伴、友群、朋友而言。青少年階段最明顯的轉變之一即是同儕友伴的影響力大增，父母的影響力相對的減低。同儕友伴對青少年非正式活動方面，如休閒、玩樂、打扮、穿著、性知識、異性關係方面的影響更是遠大於父母。青少年的偏差行為或犯罪甚多亦受同儕的影響，青少年友伴之所以重要，主要在於同儕團體是經歷人生變化最大時期的一股安定力量。良好的同儕友伴關係對青少年整體發展，助益最大，青少年時期良好的友伴關係甚至可以預測成年期的健康發展。好的同儕團體和堅固的友誼是珍貴的，在團體中受歡迎也是非常珍貴的經驗。

　　最近的研究發現，即使在青春期，父母仍然具有重要的影響力，這對許多父母來說是一個令人放心的研究發現。不過當家庭關係不密切或父母不支持時，同齡群體的力量會變得更加重要。例如，如果父母從事額外的工作，基本上沒有時間，青春期的孩子可能會轉向同齡友伴尋求情感支持。當親子之間的衝突發生，或溝通處理不當，以致於青少年感到被父母推開，並在其他地方尋求接納，往往容易轉向另一個團體，僅僅是因為這個團體接受他們，即使這個團體參與了非法或消極的活動。社會上常見一大群青少年集體出現，就是此例，因為在友伴團體中，青少年學習團隊工作、忠誠、社會角色、領導和合作，當這個團體從事不法情事，如詐騙，青少年就走上岔路（Santrock, 2018）。

　　相反的，如果同齡友伴團體是積極且向上的，對青少年的整體發展則具有激勵作用。1960 年代有一份研究報告發表，六個來自不同家庭的孩子，他們的父母在第二次世界大戰中都遇害後而聚在一起，在同儕團體中觀察到他們之間有密集的同伴依戀，形成一個緊密的團體，彼此依賴，對外也依賴他人幫助，即便他們全部是孤兒，被剝奪了父母的照顧，他們也沒有成為罪犯或精神病患者，良好的同伴關係是青春期正常社會發展的必要條件 (Dodge & Pettit, 2003)。在同儕社會活動中，青少年大量的付出

和回報可以促進道德的成長，青少年從自我為中心和自私自利轉變為具有合作精神的道德觀。合作的道德觀是通過同伴互動的自發給予和接受的方式互惠互利所形成。在青少年期中，父母和孩子之間的關係變得不那麼重要，而同齡群體的重要性與影響力就大幅度提高。整體來看，青少年的同伴關係兼有積極和消極作用，影響既可以是積極的，也可以是消極的，關鍵在於同儕的性質與運作。積極的作用有：(一) 獲得歸屬感和支持；(二) 增強自信心；(三) 介紹有品味的嗜好和興趣；(四) 強化積極的習慣和態度。負面影響則有：(一) 容易有使用酒精、香菸、藥物或毒品：(二) 參與冒險的行為；(三) 分散對學校課業的注意力；(四) 與家庭疏離；(五) 行為和態度的急劇變化。青少年感受同儕壓力而難以自處時，有下列徵候，值得父母師長注意：(一) 情緒低落、流淚或感到無望；(二) 具攻擊性或反社會行為；(三) 與平時的行為表現不同；(四) 行為上突然變化，往往沒有明顯的原因：(五) 難以入睡、無法維持睡眠或早醒：(六) 食慾不振或進食過多；(七) 不願去學校；(八) 不再參與過去喜歡的活動；(九) 聲稱想要放棄自我，或認為生活不值得；(十) 選擇與朋友相同的衣服、髮型、打扮或首飾；(十一) 與朋友聽同樣的音樂或看同樣的網站或電視節目；(十二) 改變說話方式或經常使用的詞彙；(十三) 做危險的事情或違反規則；(十四) 在學校上課不那麼努力；(十五) 約會或參與性活動；(十六) 吸菸或使用酒精及其他藥物。

壹、社會認知理論與青少年適性輔導

要了解青少年的友伴關係，須先了解西爾曼 (Robert Selman) 有關青少年社會認知與友誼發展歷程的社會認知理論。西爾曼特別關注青少年在社會情境中，如何經由基模與推論，覺察他人的想法、感受與行動的意義。西爾曼的社會認知論基本上是以皮亞傑與郭爾堡的理論為基礎所發展而成的，他尤其關心社會認知過程中的社會角色取替 (social role-taking) 作用。

一、理論重點

西爾曼分析研究個體對社會訊息的記憶、判斷、分類與檢索的方式及其影響。他研究的重點在於兒童與青少年如何區別人我的不同，以及友誼 (friendship) 形成的過程。基本上，社會認知論探討的重點即在於個人的社會訊息處理過程 (social information processing)。西爾曼的研究方法近似郭爾堡，也設計了一系列的社會人際衝突情境，拍成有聲幻燈片，然後要求受試者描述每一位主角人物的動機，以及各主角人物的友誼關係。主要的人際衝突情境包括四方面：(一) 個人；(二) 友情；(三) 同儕團體；(四) 親子關係。西爾曼分析的重點在於受試者能否把個人對衝突的反應和主角人物區分開來。最後他根據研究的結果對人際了解 (interpersonal understanding) 與友誼發展 (friendship development) 提出了下列的五個階段論。此五階段又稱之為人際了解與友誼發展的五階段。

二、人際了解五階段

西爾曼經由他的調查與會談結果，認為兒童與青少年人際了解的發展過程共經歷了下列五個階段：

(一)階段 0：自我中心未分化階段 (egocentric undifferentiated stage)

這個階段年齡約在 3 至 6 歲之間，兒童尚無法區別人我差異，認為別人與他們具有相同的情感與喜好，兒童仍沒有區別人我不同的策略，這時候的兒童比較相信個人對環境的知覺，不認為別人對社會情境的看法會與他有所不同。

(二)階段 1：主觀觀點階段 (subjective perspective-taking stage)

這個階段約在 5 至 9 歲之間，兒童開始發現自己與他人有所不同，但認為這種不同是由於不同訊息與不同情境所致，兒童會假定人我之間的觀點有一個是正確的，若一方的觀點是對的，則另一方的觀點一定是錯的。在此階段的兒童，開始了解到自己的內在心理並不能被他人所觀察到，但是兒童卻常以外在的觀察去判斷他人的情感，而不對他人的動機作爭辯或推理。

(三)階段 2：自我深思熟慮階段 (self-reflective thinking stage)

此階段年齡約在 7 至 12 歲之間，兒童會考慮到他人的思想與觀點，當兒童考慮到自己行為的時候，也會顧及別人的反應，同時他們也知道了別人有獨特的價值觀、情感與思考方式，這些差異是由於人我觀點不同所造成的。此階段的兒童也開始了解到他們內在世界的衝突，比如說他們會想告訴某人他們喜歡他，但卻害怕被他人所拒絕，所以他們想對他人說的話，常常欲言又止，此種經驗使兒童體認到不能由他人的行為去判斷他人的思考與情感。

(四)階段 3：相互觀點取替階段 (mutual perspective-taking stage)

此階段約在 10 至 15 歲間，大約是即將或已進入青少年期的階段。在此階段中，青少年能對人際情境中做客觀的、第三者的考量，他們了解到他人的觀點可以從與其交往之中獲知，也可從一些遊戲、活動或行為結果中做解釋。這時期青少年的自我 (self-ego) 開始扮演執行的角色，可以對人際關係中的所作所為、所說所談，以及外在的資訊作選擇。主觀的自我與客觀的自我在此時期已經更能夠清楚地加以區分。

(五)階段 4：深層與社會觀點取替階段 (in-depth and social perspective taking stage)

此階段約在青少年至成人期之間可以達成，在此階段個人可以經由先前從第三者的觀點解析人際關係，發展至更抽象的社會分析 (abstract social analysis) 水準。在此時期，個人會將社會共通的規範加入人際關係之中，他們依照社會規範，對自己的經驗賦予意義，這時對自我的分析也開始會含有潛意識作用，青少年與成人已體會到個人對自己的情感與需求了解並不充分，也不完全了解情感與需求對行為的影響，此種情況導致青少年或成人較願意更深層了解自己，但卻愈來愈無法與他人建立親密與信任的關係 (Selman, 1971,1981; Shaffer, 2008)。

三、友誼發展五階段

西爾曼另外建立了友誼發展的五階段論。西爾曼的友誼發展階段論與前述的人際了解五階段類似，亦分五個階段：

(一)階段 0：暫時性玩伴 (momentary payments) 階段

此階段的年齡約在 3 至 7 歲之間，兒童由於無法區別自己和朋友觀點的不同，玩伴通常是短暫的，友誼常以物質價值為基礎。如：「他是我的朋友，因為他把超人玩具借我玩。」

(二)階段 1：單方協助 (one-way assistance) 階段

此階段年齡約在 5 至 9 歲之間，兒童開始接受別人的觀點，但仍不能夠發展互惠的友誼，不能體認「付出與回報」的重要性。如：「她不是我的朋友，因為我想要的時候，她不跟我玩」。

(三)階段 2：公平氣氛下的合作 (faire-weather cooperation) 階段

此階段年齡大約在 6 至 12 歲之間，亦即約小學階段，此時期的兒童能了解互惠的關係與他人的觀點，也知道共同完成工作或作業的重要性，不過此種合作關係仍然是以自私為出發點。如：「我們是朋友，因為我喜歡他，他喜歡我，我們一起做功課」。

(四)階段 3：親密與相互分享 (intimate and mutual sharing) 階段：

此階段約在 9 至 15 歲之間，亦即約兒童期轉換至青少年期的階段，此時與他人能合作，並達到相互的好處，此時朋友之間可以分享祕密、情感，並互相尋求共同解決個人問題，不過這時期的友誼常具有排他性與占有性。如：「他是我最好的朋友，我們有共同的祕密，有需要的時候我們會互相幫助」。

(五)階段 4：自主相互依賴 (autonomous interdependence) 階段：

此階段約發生在 12 歲以上的青少年與成人交友之中，這時的友誼較為複雜，互相重疊，朋友相互間提供強烈的情緒支持，但同時也了解到獨

立的關係對滿足他人需求的重要性，亦即友誼能兼顧自己與相互依賴之需求。如：「良好的友誼需要信守承諾，當別人要作冒險，你可以支持、信賴與付出，但同時你也可以放棄它」(Selman, 1971, 1981)。

貳、社會認知論在青少年適性輔導上的應用

　　青少年的社會認知能力與建立友伴關係及增進友誼有關，下列原則可在青少年適性輔導上運用：(一) 西爾曼從社會認知觀點探討兒童與青少年對人際了解與友誼形成的發展歷程，擴大了青少年研究的領域，友誼與社會能力是青少年發展上的重要課題，因此，在教育實務上應關注學生的同儕、友伴與友誼關係及其互動狀況。(二) 西爾曼認為遭遇較多人際問題的青少年會妨害他們社會概念的發展，因此，在青少年輔導上如能以青少年的友誼與人際觀點為重點，將有助青少年提升友誼與人際了解的層次，同時能增加青少年的社會資源。(三) 人際了解與友誼發展與個人認知能力發展密切關聯，而且通常認知能力發展先於人際與友誼發展，在認知發展上遭遇困難的青少年，也常常無法發展高層次的友誼，倘學習成就欠佳，可能也需要檢視其人際關係。(四) 根據西爾曼的理論，青少年已能客觀地了解人際行為，也能真實的分析人際互動的關係，青少年也有能力處理自己的行為，以給他人良好的印象並能影響他人，他們對人際的看法也更能顧及全貌，並更有彈性。因此，提供青少年適宜的社會刺激，將有助於激發青少年的社會認知發展。(五) 要多鼓勵青少年參與團體活動、社會服務，以擴展人際層面；學習如何與他人相處及建立友誼、維持友誼的技巧，以促進社會能力的發展 (Elfers, Martin, & Sokol, 2008)。

參、青少年社會比較取向與社群媒體比較現象

　　青少年友伴與同儕對青少年之所以重要，乃是青少年是人生社會比較 (social comparison) 的高峰，友伴與同儕成為青少年最重要的社會比較參照體，也是青少年比較的基準。本質上，人是社會性的動物，在生活中必須不斷地與他人往來，在與人交往中需要了解自己與群體中的他人，進而

評估與判斷自己的特質與行為是否與他人相同,以便依據個人的判斷或社會情境的需求作因應與調適,以降低言行舉止的風險,並獲得心理上的滿足。青少年在身心激烈改變過程當中,喜悅歡樂有之,驚慌無助也有,經由社會比較歷程,對青少年認知與心理發展具有穩定作用,因為與他人相比,他/她並無異狀。

社會比較理論主張人世間的事物大多數是相對的,而非絕對的,日常生活中的許多概念通常是經由比較而得的,如:美與醜、胖與瘦、高與矮、多與寡、成功與失敗、快樂與痛苦等,都是需要經由比較方能獲得概念。每個人可以說時時刻刻地拿自己和他人作比較,此種以社會標準而非以物理標準和他人作比較的現象被稱之為「社會比較歷程」(social comparison process)。著名心理學家范士庭傑(Leon Festinger, 1919-1989)於1954年即提出頗受推崇的「社會比較理論」,他認為社會比較是人類的基本驅力 (drive),人類有評估自己的能力或意見的需求,會透過客觀或物理性的基礎去評估自己能力的高低或意見的適當與否,假如欠缺客觀的標準可資依循時,人通常會以他人所提供的社會比較訊息,作為評估自己的標準,而條件與個人相似的他人最容易被當作社會比較的對象 (Festinger, 1954; Huang, 1993)。人的一生有三種主要的社會比較現象:(一) 與相似的他人作比較:此種比較由出生開始而於青春期達到頂峰,隨後隨年齡增加而降低。(二) 與不相似他人作比較:此類比較於兒童期與中年階段形成兩個高峰,在青春期階段反而最不喜歡與不相似的他人作比較。(三) 時間性比較 (temporal comparisons):此類比較是個人對不同時段內的自我表現所進行的比較。此三類比較可以在人生之中形成三個曲線,但時間性比較形成較平穩的線段形式 (Festinger, 1954; Masters & Smith, 1987; Suls & Mullen, 1982)。

在四歲之前兒童還不會作社會比較,因為兒童認知能力以自我為中心,生活環境仍屬有限,但四歲之後,社會比較的比重就開始增高,在兒童四至八歲,亦即在兒童中期,兒童就開始進行各種社會比較。最值得注意的是在兒童期後期與青春期,及成年期初期階段,青少年由於認知複雜度提高,開始會進行形式運思,青少年會作多元的因果推斷。另一方面,由於生理與心理上的發展,同儕的影響力增加,此時期乃成為相似社會比

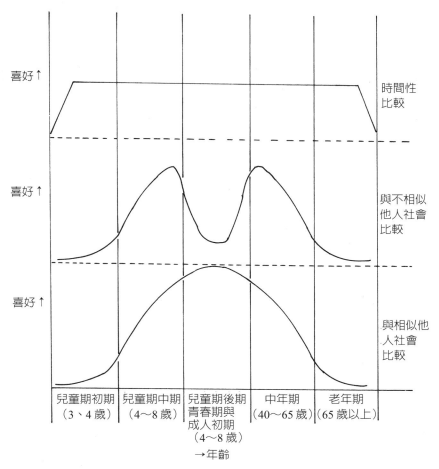

圖 6-1　人生的社會比較模式

資料來源：Suls & Mullen, 1982, p. 102。

較的高峰，同儕的一言一行與相關事物是社會比較的具體對象。這時候不相似的他人，如父母、師長、偉人反而不會成為青少年社會比較的對象，甚至會加以貶抑。

　　青少年階段是對個人身體與智慧能力重新界定的一個時期，因此學校中的青少年就有較強烈動機去接受或尋求社會比較訊息，以對自己作評估，並且建立自我印象。學校的同儕對青少年的社會比較與自我評估助益甚大，青少年的參照團體是青少年強而有力的影響機制與社會比較對象。

青少年的參照團體約有 14 種：(一) 兄姊；(二) 弟妹；(三) 小於自己二至五歲的朋友；(四) 大自己二至五歲的朋友；(五) 大自己五歲以上的朋友；(六) 大眾媒體；(七) 神職人員；(八) 鄰居；(九) 父母；(十) 年長的親戚；(十一) 學校同學；(十二) 學校教職員；(十三) 特別的朋友；(十四) 其他。這些參照團體都有可能成為青少年社會比較的對象，也是社會比較訊息的主要來源（黃德祥，1992；Huang, 1993）。

由於資訊科技發達，人手一機，網路與手機社群媒體 (social media) 成為當前青少年最重要，甚至一枝獨秀的社會比較來源，其衝擊與影響仍在持續之中，也引起各界關注。社群媒體是網際網路和手機的通訊平台，允許個人和公眾利用平台發送與接收各種資訊，Facebook（簡稱 fb）、Twitter 和 Instagram（簡稱 IG) 是屬於網路社群巨人，其他如 Kik、Snapchat、TikTok、Tumblr 緊追在後。亞洲國家使用 LINE（別稱：賴）、微信 (WeChat) 與微博 (Weibo) 最多。

目前看來，社交溝通媒體平臺 (social communication platform)、社群或社交網站 (social networking sites, SNSs)，已經成為當前世界各國政治、生活、流行文化、人際溝通的主流媒體。隨著社交媒體使用人口持續上升，影響力無遠弗屆，為各個社會提供了極大的好處與方便，是人類前所未有。估計 2021 年有超過 30 億人在使用社交媒體，全世界網民花在社交媒體上的時間越來越多，2018 年平均每人每天有 136 分鐘，社交媒體被認為比香菸和酒精更容易上癮。然而，越來越多的證據顯示，青少年過多的社群媒體使用也產生諸多不良影響，如更多的憂鬱症和焦慮症、睡眠不佳、低自尊和負面身體形象問題 (Clement, 2019; Warrender & Milne, 2020)。先前有關社交媒體的研究估計，平均每個人有 10-20 個親密關係和多達 150 個更廣泛的社會關係；「網上朋友」的平均數量估計為 338 個。雖然社會聯繫為人們提供了許多積極的機會，但聯繫越多，社會比較的機會就越多。基本上，社會比較是個體內在持續運轉的一種心理歷程，通過與他人比較來獲得自我存在的感覺。

具體而言，目前的社群媒體已成為青少年主要的社會比較來源，社會比較理論主張，人類有一種傾向，即與那些比他們處境更差或技能更差的人進行向下的社會比較 (downward social comparison)（例如，將自己與

被認爲是某層面低一等的人進行比較），可以提高自尊心。相反地，向上的社會比較 (upward qocial comparison)（例如，與那些被認爲在某方面處境比較好的人比較）會降低自尊。然而隨著社群人口擴增，青少年社會比較，尤其向上比較的對象，無限擴大，負面影響也更大，亦即在社交媒體時代，社會比較有可能被提高和放大，主要原因在於社群媒體所呈現的圖像通常是網民光彩與炫富的一面，或經過修圖與上粧而呈現的，與實體世界差距甚遠。青少年因而迴避或減少與實體社會互動，並在與其他人的互動中表現出抑制狀態，過去青少年實體世界的社會比較對象相對極爲有限，有礙青少年正常社會發展。

　　整體而言，社交或社群媒體最大的問題在於，相關的資訊五花八門，無奇不有，眞假難辨，同時社群媒體使用者容易隱惡揚善，把最光鮮亮麗甚至並非眞實存在的資訊，包括影片（視頻）、圖片、影音、文字等上傳，一般青少年經由社會比較的歷程，發現自我比不上別人，自嘆不如，心生自卑感，進而在實體世界產生畏縮與封閉現象。傳統社會比較理論普遍認爲青少年進行社會比較，是有機會啓動內在的動力，見賢思齊。然而社群媒體平台並非實體，眞假越來越難求證，因此對青少年所帶來的負面作用日趨擴大，甚至導致美國國會爲社群媒體對青少年的影響召開聽證會。

　　青少年社群媒體使用經由社會比較歷程，導致在思想、情感、行爲、生理感官與情境五大層面造成諸多負面影響（如圖 6-2 所示）。依現況而言，由於社群媒體已成爲龐然大物，青少年所受不利影響，方興未艾，值得社會各界正視。

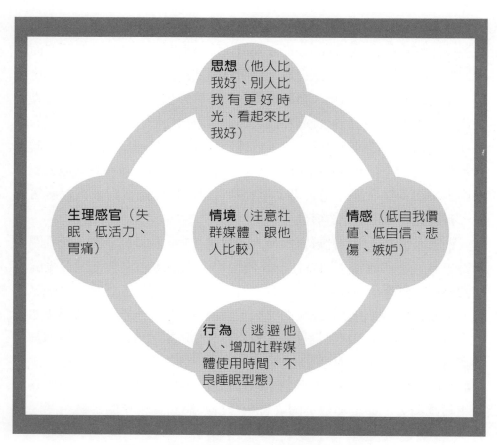

圖 6-2　青少年社群媒體使用受影響五大層面

資料來源：Willams & Garland, 2002。

第三節　青少年霸凌行為的防制與社會技巧的增進

　　個體人生要充分發展需要有健康的身心、良好的學識與學養、適當的人脈與人際關係，以及充分的職涯技能。其中適當的人脈與人際關係就是青少年的整體「社會能力」(social competence) 展現，較具體的人際互動技巧即通稱的「社會能力」或「社交技巧」(social skills)。青少年在社會發展上有著下列六項任務：(一) 與人建立關懷、有意義與滿意的關係；(二) 與不同背景、經驗及思想觀念的人交朋友，以擴展兒童期的友誼層

面；(三) 在社會團體中尋找接納、隸屬、認同與地位；(四) 將兒童期的同性興趣與玩伴轉向異性的關懷與情誼；(五) 學習與異性交往的方法及技巧，以促進個人與社會發展，並有益於未來擇偶與婚姻的成功；(六) 尋求表現被社群接受的性別角色與行為，並學習適宜或有彈性的兩性行為 (Santrock, 2018; Rice, 1993)。

壹、青少年欺凌與霸凌行為的成因與防制

在實務上，部分青少年不僅無適宜社會行為表現，甚至對同儕、同學、朋友，甚至友伴或閨蜜出現敵意 (hostility)、攻擊 (aggression)、暴力 (violence)、欺負、欺凌與霸凌 (bullying) 相關的行為。敵意、攻擊、暴力、欺負、欺凌與霸凌相關名詞事實上是一體多面向，也可能綜合為一，意即是在語言、非語言、肢體、財物或心理上對他人的威脅、侵犯、騷擾、攻擊、破壞，造成身心傷害，甚至死亡的一種舉動，是甚早受心理學家關注的課題，如精神分析學派認為早年受到父母暴力對待的兒童，長大之後很容易以暴力解決問題，也會成為施暴者。另外，暴力與攻擊可以分為內向性 (internalized) 與外向性 (externalized) 兩類，前者是對自己的攻擊，包括：自傷、自責、自殺等，後者就是對他人的語言或肢體，或他人財物的攻擊。

近年來，由於挪威學者歐威爾斯 (Dan Olweus) 習慣以 Bullying 為主題進行相關研究，國內又將此字譯為「霸凌」，因係新詞彙，因而廣受注意，事實上中文「欺凌」較貼近本意。「欺凌」或「霸凌」與其他暴力類型最大不同者，乃是施暴者較為強勢、有威勢、威權或震嚇力量存在，典型代表是「大欺小、強凌弱、眾暴寡」，涵蓋欺侮、欺負、汙辱、欺壓等意涵。欺凌行為主要有四種類型：(一) 加害者；(二) 受害者；(三) 旁觀者；(四) 加害者兼受害者。根據研究欺凌加害者通常較受害者擁有較高的社會智能，但於學業表現較不如理想，原因可能在於欺負他人可以獲得成就感、支配慾，通常加害者的父母教養方式較為權威、專制與獨裁，使用體罰管教小孩，家中經常充滿敵意及拒絕的態度，父母親的社會問題解決策較差，強調「還擊」他人。相對的，受害者較不富活力、對疼痛容忍

力較差、害怕及缺乏自信、低自尊、低自信、低自我價值感、高憂鬱與焦慮、經常感到不快樂、較為不安、逃學、逃家、學業成就低下等，極端受害者會殺害欺凌加害者或自殺，美國校園槍擊案件頗多是欺凌受害者（洪福源、黃德祥，2002; Olweus, 1978; 1993）。青少年欺凌或霸凌行為的防制，須回歸下列各大層面：(一) 良好的父母教養行為與溫暖關懷的家庭；(二) 增進青少年情緒商數 (EQ)；(三) 加強校園巡邏與建構安全監視系統，掃除校園死角；(四) 建構溫馨友善校園氛圍；(五) 增進與訓練青少年的社會技巧，尤其是人際衝突的和平解決策略。此各大層面均將於下列各章節中陸續討論。

貳、青少年社會發展與社會技巧訓練

青少年階段除生理健康是重要課題之外，青少年的積極社會與良善友誼都是未來豐富人生的要件。青少年倘能與同儕建立密切的友誼，對促進其社會能力的充分發展極為重要，有了友誼為基礎，青少年在個人興趣與活動上就能獲得共同分享的對象，當個人遭遇問題也能獲得協助解決，或在情緒上得到支持。尤其進入青春期以後，青少年的性急速成熟，引發對自己及異性新的情感，一方面需要追求情緒上的滿足，另一方面也要追求情緒上的獨立，並能從父母的掌控中獲得解放 (emancipation)，青少年的同儕友誼此時正可以彌補親子間情感上的不足。整體而言，青少年同儕友誼具有下列的功能：(一) 分享共同的興趣；(二) 分享新的人生感受；(三) 共同解決生活問題：(四) 共享隱私與祕密；(五) 相互幫助與扶持；(六) 協助解決人際衝突；(七) 減低個人身心改變所帶來的不安全感與焦慮；(八) 重新界定自己與獲得力量；(九) 能夠更順利的進入成人社會；(十) 避免心理上的孤單與寂寞。故同儕情誼對青少年的發展極其必要，尤其能形成無所不談的閨密或密友關係，對青少年身心發展具積極促動作用，當然如果「最佳朋友」(best friends) 是劣跡青少年，受誘發從事危險行為的可能性亦提高。

愈能成為青少年「最佳朋友」的同儕，愈能滿足青少年發展上的各種需求，但是在青少年初期，青少年也許不能立即找到合適的朋友，友誼經

常是處於不穩定狀態，要形成最佳閨密與拍檔 (partner) 更不容易，故尋尋覓覓或不斷更換交往的對象時常可見。在青少年初期最好的朋友幾乎都是同性同儕，而且有相同家庭社經水準、相同學校與班級、鄰居、相似成就水準。共同的興趣與嗜好的同儕較容易吸引青少年的注意，並經由密切的來往，包括：長時間的交談、電話聯繫、社群媒體使用、視訊、參與相同社團，進行相同的活動等，進而互相了解，並從對方滿足了前述的發展需求，最後成為密切往來的對象，建立了親密的友誼。青少年一般在 14 歲之間就會找到親近的朋友，女生的友誼較男生穩固，較具互惠性質，但女生友誼的持久性不如男生。到了青少年末期，青少年建立友誼的對象更加擴大，不同背景的同儕，也許因為具有異質性的吸引力，也可能成為青少年交往的對象，並因相互交換不同的人生體驗與興趣，進而形成友誼。

　　青少年的「社會技巧」係指，個人在社會情境中能利用被社會接受與肯定的方式與他人互動，同時使個人、他人或相互之間獲益的能力。「社會技巧」是可教學、可訓練的，也可以自我模擬與學習增益的。社會技巧的意義包括三個層面：(一) 是指具有導引強化結果的能力；(二) 在人際情境中能展現社會技巧；(三) 可以用可衡鑑與客觀方式加以描述的技巧行為。社會技巧亦是在環境中能引發增強效果的行為。它亦能促進人際關係的發展。「社會能力」良好的人，即是具有社會性功能 (social functioning) 並表現適當社會行為的人。社會技巧就是社會能力的另一層面，具有良好社會技巧的人能對他人激勵、增強與顯示興趣，並且在與他人互動中，以有彈性且敏銳的方式加以掌控 (controlling)。

　　由此亦可見，社會技巧事實上亦即是人際交往的技巧，主要包括：同儕相處技巧 (peer-related skills)、與成人相處技巧 (adult-related skills) 及自我相關技巧 (self-related skills) 三大要素，亦即社會技巧涵蓋與同儕及成人相處與互動的技巧，以及自我掌握與表現的技巧。其中同儕相關技巧又可分為社會互動技巧 (social interaction skills) 與社會因應技巧 (social coping skills) 兩部分。對青少年而言，最需要發展與訓練的就是社會技巧，值得注意的是，社會技巧非但含有與同儕及成人有所關聯的技巧，更重要的還包含了自我相關技巧，這似乎與我國群育教育中「修己善群」的觀點相近，顯示社會技巧兼及個人內外兼修的涵養。

　　社會技巧相關理論都強調社會技巧是經由學習而得的。根據社會學習理論的觀點，行爲是學習而來，個人經由社會獎懲的歷程，在與周遭他人互動之後，形成了個人的行爲，社會學習經驗決定了行爲的差異，因此，社會技巧訓練就是在提供正向的社會學習機會，使接受教導或訓練者能透過觀察、模仿、演練等有系統的歷程，以便獲得積極的社會經驗，進而表現適當的社會技巧或行爲。社會技巧訓練的內容就是在增進學習者新的社會體驗。不過不同學者因理論取向、訓練目標、時間，以及對象的不同，而有不同的內容題材。表 6-1 的社會技巧訓練內容與重點共有六大層面，50 種策略，簡單易學，學校教師及家長即可據以引導青少年努力學習成爲受歡迎的人，青少年本身同樣也可以利用這些指標作爲自勵的參考，相關的技巧亦對青少年謀職、面談、工作、合作、談判、與他人協商，以及避免人際衝突都有積極效益 (Flora & Segrin, 2000; Segrin, 2000)。

表 6-1　社會技巧訓練的內容與重點

Ⅰ、起始社會技巧
1.　傾聽：注意別人說話，並努力去加以了解。
2.　開啓會談：開始與人談話，並維持一段時間。
3.　保持會談：以雙方都感興趣的東西作話題。
4.　發問：從別人處獲得更多的訊息。
5.　道謝：讓別人知道你的謝意。
6.　介紹自己：努力去認識新朋友。
7.　介紹他人：介紹新朋友給他人。
8.　給予讚美：讓別人知道你喜歡他們的所作所為。
Ⅱ、高級社會技巧
9.　尋求協助：當需要時請求他人協助。
10. 參與團體：找出參與他人團體的方法。
11. 提供教導：教導他人以使他人順從。
12. 順從教導：注重他人的教導並順從他們。
13. 道歉：做錯事時讓他人知道歉意。
14. 說服別人：說服他人知道你的觀念較佳。
Ⅲ、處理感情的技巧
15. 認識自己的情感：試著了解、認識自己的情結。
16. 表達情感：讓別人知道自己的感受。
17. 了解他人情感：試著發現別人的感受。
18. 處理他人的憤怒：了解別人為何生氣。

19. 表達情意：讓別人知道你關心他們。
20. 處理恐懼：害怕時試著找出原因，並加以處理。
21. 酬賞自我：自己表現良好時，酬賞或犒賞自己。

IV、替代攻擊的技巧
22. 請求應允：事前請求適當之人的允許。
23. 東西分享：將自己的東西與他人分享。
24. 幫助他人：別人需要時提供協助。
25. 協商：當你與他人意見不同時，試著找出滿意的共同點。
26. 使用自我控制：控制情緒以使事情能受控制。
27. 維護自己權益：能堅持個人的權益，避免受到不當侵犯。
28. 對嘲笑的反應：別人嘲笑時仍能控制自己。
29. 避免與他人有麻煩：離開會帶來麻煩的情境。
30. 避免打架：找出比打架更好的方法應付困難情境。

V、處理壓力的技巧
31. 表示怨言：不滿意別人所作的事情時，以不生氣的方式清楚告訴別人。
32. 答覆怨言：當別人有怨言時，試著聆聽並公正的回答。
33. 保持運動精神：他人球隊表現良好時給予讚美。
34. 處理害羞：感到害羞時，作某些努力以降低害羞。
35. 處理被排擠：決定是否遭受排擠，並作些努力以使感受好些。
36. 維護朋友：當朋友沒有獲得公平的對待時，能讓別人知道。
37. 對說服的反應：別人說服你時，想想別人及自己再作決定。
38. 對失敗的反應：找出失敗的原因，以使未來能成功。
39. 處理矛盾的訊息：別人言行不一時，找出混淆之處。
40. 處理被責罵：找出被責罵原因，並決定面對責備者的最好方法。
41. 對困難的會談作準備：面臨有壓力的會談之前，預演可能的談話內容。
42. 處理團體壓力：別人要你作某些事之前，先決定自己該作的事。

VI、訂定計畫的技巧
43. 決定事情的作法：如感到無聊，找出較感興趣的事去做。
44. 決定導致問題的原因：問題到臨時，找出因果關係。
45. 設定目標：開始做自己想去完成的事之前，先訂立目標。
46. 決定你的能力：作事之前先客觀的決定自己的程度。
47. 蒐集資訊：決定應知道的資訊，並且如何去獲得資訊。
48. 安排事情的輕重緩急：客觀的決定最重要及優先要處理的問題。
49. 作決定：考慮事情的不同可能性，並選擇較好的一個。
50. 集中於一項任務：不分心且專注的做想的事情。

資料來源：Goldstein et al (1997)。

在青少年社會技巧實務訓練上諮商治療師、教師或家長，可採用五種教學技術：(一) 行為演練 (Behavioral rehearsal)：利用角色扮演的方法，

使青少年在類比的情況下練習新技能，如看到人要微笑、道早、問安等。(二) 矯正性回饋 (Corrective feedback)：透過指導，積極回應青少年尚待改正之處。(三) 直教教學 (Instruction)：宛如課堂教學，直接利用表 6-1 各個項目進行教學。(四) 積極增強 (Positive reinforcement)：獎勵與酬賞社會技能有所改善的青少年。(五) 訂定每週的家庭作業：提供在教學、諮商與治療之外練習新社交技能的機會 (Goldstein et al., 1997)。

第四節　青少年世代特徵與次級文化及適性輔導

　　一個世代 (One generation) 大約 20 年，最長是 30 年，有時候為了分類方便，或有明顯社會特徵，甚至以 10 年為單位。由於經濟發展與社會變遷，人類持續在進步當中，尤其近一百多年來人類透過產業革命，帶動社會的進步、繁榮與富足，讓當前人類達到史上最高與最佳的成功與成就及生活享受。

壹、世代差異與青少年世代

　　從 20 世紀初至今約 120 年，是人類千百萬年來的最佳時刻，期間雖然有過兩次殘酷的世界大戰，但復原迅速。第二次世界大戰之後的世代，被稱之為「嬰兒潮世代」，這一世代出生率特高，人口眾多，目前都已經進入老年時期，也就是當前青少年的祖父母輩。

　　當前青少世代被稱之為「Z 世代或 i 世代」(Gen Z/iGen)，其父母世代，剛巧位於數位革命時代 (digital revolution) 的先鋒，高科技推動生產力的發展，並滲透至社會各層面，導致社會經濟和社會生活產生結構性的變化，國家資本主義和生產科技競爭擴大，這個世代被廣泛稱之為「X 世代」(Generation X)。X 世代已經開始運用網際網路、BB Call、傳統手機、簡訊做溝通。

　　X 世代之後與 Y 世代之間又有「X 與千禧混合世代」(Xennials)、「千禧世代」(Millennials)、「Y 世代」、「N（網路）世代」(Generation/Net

Generation）等不同稱呼及相關分類，學術上並無定論，相關概念僅供參考（詳如表 6-2）。一般以 X、Y、Z 世代來看嬰兒潮世代之後的子孫輩發展狀況。Y 世代生於 X 世代之後，人類經濟已高度繁榮，不愁吃穿，傳統手機已非常普及，Y 世代易於接受新的科技，由於家庭普遍富有，Y 世代愛旅遊、愛打工、愛自由自在，工作的態度也大多以自我為主、講求靈活、只問快樂，是「為生活才工作」。

表 6-2　不同世代的稱呼

世代稱呼 (Generation Name)	出生起始 (Births Start)	出生結束 (Births End)	至今最輕年紀 (Youngest Age Today)	至今最老年紀 (Oldest Age Today)
失落的世代 (The Lost Generation)	1890	1915	106	131
戰鼓之間世代 (The Interbellum Generation)	1901	1913	108	120
最偉大的世代 (The Greatest Generation)	1910	1924	97	111
沉寂的世代 (The Silent Generation)	1925	1945	76	96
嬰兒潮世代 (Baby Boomer Generation)	1946	1964	57	75
X 世代 (Generation X)	1965	1979	42	56
X 與千禧混合世代 (Xennials)	1975	1985	36	46
千禧世代 (Millennials)/Y 世代 / N（網路）世代 (Gen/Y/Net Gen)	1980	1994	27	41
Z 世代 /i 世代 (Gen Z/iGen)	1995	2012	9	26
α 世代 (Gen Alpha)	2013	2025	1	8
新冠世代 (Gen COVID-19)	2019	2031	1	3

資料來源：Sager (2021)。

　　Xennials 世代是一個混合了 X 世代和千禧世代的名詞，用來描述出生

年份在 1970 年代末和 1980 年代初之間的「交叉的一代」(Cross Generation)。新近因新冠肺炎疫情發展，新產生 α 世代 (Gen Alpha) 與新冠世代 (Gen COVID-19) 兩個新名詞，但其發展尚待觀察。

　　「Z 世代/i 世代」是處於蘋果觸控式智慧型手機 (iPhone) 及平板電腦 (iPad) 引發風潮的新興數位革命時代。2007 年 1 月 9 日，蘋果電腦公司正式推出首款智慧型手機 iPhone，同年 6 月 29 日正式發售，如今將屆 15 周年，這十餘年間 iPhone 智慧型系列手機持續革命性發展，對人類生產、消費、生活、人際關係與休閒娛樂產生翻天覆地的影響，是工業革命及網際網路發展之後，首見單一產品對人類世界產生根本性的改變。對一般人而言，事事依靠手機，資訊取得、人際溝通、購物與消費、娛樂與休閒，都離不開手機，一切仰賴手機。智慧型手機，成為生活中最重要的伴侶，甚於毛小孩與親人，萬一沒有手機，或手機遺失，手機沒電，或手機短暫消失就會產生無比的困擾、焦慮、緊張、憂鬱、六神無主、恐慌與害怕的狀況，成為現代人與青少年最大的痛苦之一。

　　生活於社群媒體時代的「Z 世代/i 世代」新人類也被稱之為「後千禧一代」(Post-Millennial)、「自拍一代」(Selfie Generation)，善用智慧型手機處理日常一切。他們出生於 1995 年至 2012 年間，成長於 iPod/iPhone/iPad 的時代，世界彷彿盡在他們觸手可及的螢幕之下，比起父祖輩，「Z 世代/i 世代」更具獨立性與創意。「Z 世代/i 世代」從出生起，就接觸大量科技產品，這一代青少年很少閱讀書籍或使用實體郵件，基本上通過社群媒體呼吸。有手機依靠生活較不孤單，手機遊戲也千百種，社群網站更看不完。

　　由於當前青少年世代專注於智慧型手機，除上學外，已較少流落街頭，街頭滋事案件減少，世界性青少年犯罪都有明顯下降趨勢。但青少年被騙或參與詐騙集團案件增多，個人的無手機恐懼症也跟著發生。

　　iPod/iPhone/iPad，以及其他國家的智慧手機推陳出新，「Z 世代/i 世代」直接享受人類最方便創新產品，比過去任何世代都幸福。但是窗戶打開了，蒼蠅也飛進來了，因為智慧型手機而衍生的問題也跟著發生或惡化，傳統的網路沉迷、電玩沉迷、色情氾濫、詐欺與犯罪問題只會更加深化與嚴重，難以根除。目前有一個新興的英文字彙，將此現象稱之為「智

慧型手機分離焦慮症」(smartphone separation anxiety) 或統稱「無手機恐懼症」(nomophobia)。英文 nomophobia 於 2008 年首先由英國郵局以 no-mobile-phone phobia 四個英文單字所合成。多數人對智慧型手機的依賴與沉迷已經成為目前成人與青少年共通的現象，此種依賴及沉迷現象，可視為「二十一世紀人類最大的非藥物沉迷」(the biggest non-drug addiction of the 21st century)(Van Velthoven et al., 2018)。

　　一旦智慧型手機遺失、沒電，心情會大受影響，困擾也接著上身。「智慧型手機分離焦慮症」與「無手機恐懼症」具有五大特徵：(一) 沒有安全感 (insecure)：突然無法與朋友及家人溝聯絡及傳簡訊，感到惶惶不安。(二) 失去連結 (connected)：感到與外界切斷，與世隔絕，失去生活機能。(三) 失去方向 (undirected)：無法搜尋資料，也無法利用手機地圖，方向迷失。(四) 生活不便 (inconvenient)：智慧型手機在手，一切搞定，一旦沒有手機，生活就非常不便。(五) 焦慮緊張 (nervous)：害怕沒電，手機不能用，或手機不見，就無比擔憂，更擔心遺漏重要來電、簡訊、社群消息或遺失重要資料，甚至害怕被壞人所利用。有些人對智慧型手機遺失、沒電，短暫不在身邊惶惶不可終日，但有些人卻也較無感，目前國外有研究顯示，外向型的人對手機依賴較深，影響較大，會有較強「無手機恐懼症」，自尊心較低的人，受影響也較大，另外大學生受到的衝擊甚於其他年齡層，主要因為他們是智慧型手機最大量的使用者。美國的調查研究發現，65% 的人睡覺時是將智慧型手機放在身邊，有超過一半的人從未將手機關機過。已經屬於典型「無手機恐懼症」的人有 66%，心理學者認為隨著智慧型手機應用更加廣泛，一般人的「智慧型手機分離焦慮症」與「無手機恐懼症」只會更為嚴重。青少年及一般人調適的策略是：(一) 養成每天一段時間的關機，自己將會發現，什麼事情都沒發生。(二) 睡覺關機效果最好，其次是睡前一個小時關機，同時睡覺時手機能離身 15 英尺以上。(三) 無關緊要的事不發簡訊，也不用手機聯絡，也不看群組資訊。(四) 直接找人面對面溝通，真實的面對面會增進心理的怡悅感。(五) 設定固定時間不用手機，如開車、用餐。同時也設固定時間看手機，如早上十一點或下午四點。(六) 如果對智慧型手機依賴太深，也造成困擾，可以試著找專業心理師幫忙。(七) 也許就把「智慧型手機分離焦慮症」與「無

手機恐懼症」當成感冒一樣，當真正無手機、手機遺失也無須大驚小怪，就當作現代人大腦休息的時刻，更不要遷怒別人（黃德祥，2012）。

貳、青少年次級文化與適性輔導

青少年次級文化 (subculture of adolescent) 是對應於成人主流文化 (main culture) 而言，成人的主流文化主要是依照國家社會的典章制度，以及文化歷史傳統行事，都是代代相傳而來，有一定價值、規矩與紀律。相對而言，青少年的次級文化就是青少年群體中共享 (sharing) 的一套價值、表現、流行與隨性的行為模式，通常具有下列特性：(一) 與成人文化區隔；(二) 有特殊溝通語言；(三) 隨流行文化而改變；(四) 容易被視為異端；(五) 具享樂與自由自在取向；(六) 屬於小眾文化型式；(七) 有社群媒體效應；(八) 容易被刻板化；(九) 變動性與變異性高。

青少年通常會將自己與成人的主流文化區分開來，1960 年代的嬉皮運動是青少年次文化的著名例證，多年來還有許多其他的次文化例子，如龐克、怪胎、哥特、刺青、溜冰者、遊戲者、潮人或角色扮演 (cosplay) 等。青少年次級文化主要以衣服、頭髮、身體和音樂當作身分的隱喻，意圖創造和嘗試其它有異於成人期待的生活標準。玩電子遊戲 (video games)、線上遊戲 (online games)、電競遊戲也是當前青少年踴躍參與的活動，是一項受青少年歡迎的次級文化活動，估計 72% 的青少年在玩線上遊戲。雖然線上遊戲可以帶來積極的好處，如結交新朋友及學習如何制定戰略和解決問題，但也是網路欺凌發生的主要場域之一。玩家的匿名性和化身的使用，允許用戶創建自己的另一個自我或虛構的版本，雖然此亦是遊戲樂趣的一部分，但是線上遊戲似乎難以禁制騷擾與欺凌行為的發生，通常只能道德勸說。用戶有時還會與其他玩家結夥，發送或發布負面或傷害性訊息，並將遊戲當作騷擾工具。如果某青少年表現不佳時，可能會遭咒罵或得到負評，進而演變為欺凌或霸凌，或者會被線上遊戲除名。

青少年次級文化可能是在不同的小眾年輕人群體中流傳，有些與當代青少年普遍的次級文化相呼應，有些具有地域特性，有的短時間出現，曇花一現，也有可能長期存在。以當前最流行的青少年「刺青」(tattoo) 與

身體穿孔 (piercings) 次級文化而言，當前青少年趨之若鶩，約 55% 青少年耀耀欲試，作爲酷炫、勇猛、有個性、追趕流行、認同友伴，甚至背叛父母的表徵，會受到同儕羨慕與推崇。青少年穿孔、打洞、串珠的主要部位是鼻子、耳朵、肚臍、乳頭，甚至陰部。據美國小兒科醫學會統計，美國人約有 40% 刺青，有 23% 的美國人在耳垂之外的身體打動或穿孔，高中青少年已有 10% 刺青，青少年並不總是考慮到他們的刺青選擇所帶來的終生影響 (American Academy of Pediatrics (AAP), 2021)。

　　刺青存在醫療風險，容易因爲紋身器材消毒不當，感染 B 形肝炎與愛滋病，刺青也會在身上留下疤痕，終生難以移除。也因爲紋身有感染的風險，美國捐血協會要求在紋身和捐血之間須有一年的等待時間。雖然社會對紋身和穿孔的接受度一直在增加，但 76% 的受訪者認爲紋身和穿孔會減少求職者被雇用的機會。根據美國莫特兒童醫院 (C.S. Mott Children's Hospital, 2021) 的全國兒童健康調查報告指出，大多數人（75%）認爲最早允許紋身的年齡應該在 18 歲以上。家長最擔心的是刺青墨水對健康的潛在影響。53% 的人說他們非常擔心感染或留下疤痕，50% 的人回答他們非常擔心肝炎或愛滋病毒等疾病，當被問及如果自己的青少年小孩想要紋身，他們會如何反應時，78% 的父母有一個明確的答案：絕對不可以。然而，約 1/10 的父母認爲紋身可以作爲一種獎勵，以紀念一個特殊的場合或境遇，但紋身須被隱藏，然而 32% 的家長自己有紋身。也因此美國小兒科醫學會表示，年輕人的紋身和穿孔越來越成爲主流，兒科醫生需要做好準備 (AAP, 2021)。不過臺灣欠缺青少年紋身、身體打動或穿孔的相關數據。

　　基於上述，刺青與身體穿孔是可能會導致長久後悔的青少年次級文化，但極難完全禁止，與青少年物質濫用相同，需奠基於良好的親子關係與教育，讓青少年理解紋身的可能後果，才能減少對青少年的傷害。AAP 建議父母與他們的青少年討論紋身的現實，包括社會對身體改造的接受程度，以及可見的紋身對未來就業機會的潛在影響。另外，需因勢利導，轉而鼓勵青少年改以美甲、改變髮型或染髮等短暫性身體美感展現自我。另外，假如要刺青，要避免刺上人名，且要考慮遮蔽物（APP, 2021）。

　　由於當前的青少年生長於人類最繁榮富足與高科技發展的時代，以華

人的觀念來說，可謂「命好」、「好機遇」，有積極創發的一面，但也有些青少年正負向不一的次級文化特徵，相關的印象有：(一) 草莓族（或布丁族、豆腐族）：表示青少年外表光鮮、亮麗，但內心脆弱，比較無法吃苦耐勞。(二) 火鶴族：嘴尖、腿長，眼高手低，網路酸民特多。(三) 網路族：活在網路世界中，終日掛在網上，網路沉迷。(四) 快閃族：行事無厘頭，無耐心，不喜歡人潮聚集，不擔負責任。(五) 追星族：迷戀影視歌群星，樂在其中，當粉絲，甚至鐵粉。(六) 光電族：在電視與電腦前消磨時光。(七) 月光族：將每月賺的錢都用光、花光的人，而無法儲蓄。固定開銷如食物、穿著、房租等等花完便所剩無幾。(八) 卡債族：或稱多重債務族，因為卡奴大多不只欠一家銀行，常因為使用信用卡、現金卡透支消費。(九) 敗家族：把家裡的財產用光、花光、敗光。(十) 寄生族：寄生父母家庭，不一定有工作。(十一) 尼特族：不升學、不工作、不參加就業訓練 (Not in Education, Employment or Training, NEET)。(十二) 哈日韓族：哈日族、哈韓族是指崇拜、複製日本與韓國流行文化，從生活、娛樂、思想上，大量學習日本與韓國文化，部分也學習簡單日韓語。(十三) 繭居族 (cocooning)：又稱「蟄居者」、「隱蔽人士」、「關門族」、「家裡蹲」，這些青少年幾乎足不出戶、常年隱居，吃泡麵或外叫食物，依靠父母資助生活，與「啃老族」意思相近。這些描述青少年次級文化特徵的稱呼，並非完全正確，僅反映當前非主流青少年的生活與次級文化印象，當然負面居多。對青少年次級文化相關印象或觀察，尚待實質數據資料驗證，不過相關現象也顯示當前青少年次級文化問題值得各界多加關切。

☆問題討論與班級學習活動☆

一、請在班級中與同學分享自己就讀過的小學、國中、高中職、大學各階段的學習經驗，並各舉出一位讓您印象深刻的老師，說明他們的特質及教學輔導特長。如有可能，跟這些老師取得聯絡，向他們表達您的謝忱與感恩之心。

二、請說明有效能的學校有哪些特徵？請從學校領導、校園環境氛

圍、課程與教學、班級經營、教師專業等層面分述之。

三、國內實驗學校教育蓬勃發展，請說明其學理及法令根據，並請比較分析另類學校與傳統學校的異同。

四、請說明青少年同儕友伴關係的重要性，並舉出三個您最好的朋友，說明他們的特質及對您的影響。在青少年友伴關係上有何適性輔導策略？

五、請申論西爾曼 (Robert Selman) 社會認知論的重點，及其人際暸解及友誼發展的階段論。

六、請討論說明人生的社會比較現象與特徵，並舉例說明向上比較、向下比較、相似比較、時間性比較等各種社會比較的意義與特徵。

七、當前青少年網路社群資訊是青少年社會比較的主要來源，請說明其正負向影響與作用，並提出有效的適性輔導策略。

八、網路欺凌與霸凌是網路社群發展之後最大的副作用之一，請說明其成因、過程、影響及防治對策。

九、青少年社會技巧訓練有效嗎？有哪些可以參照的指標與評量標準？您自己的社會技巧有哪些優點與不足？如何自我增長？

十、青少年智慧型手機幾乎人手一機，請說明如何引導青少年善用行動裝置，又能減少副作用，並避免被霸凌、詐騙與成癮？

十一、何謂青少年的次級文化？當前青少年有哪些重要的次級文化？請訪問一位以上有紋身、身體有打洞、穿孔青少年的心理歷程及影響，並至班級與同學分享。

十二、世代發展各有不同特徵與境遇，請比較說明 XYZ 世代的特質與差異，並請說明如何增進世代之間的了解與溝通及相互成長？

第七章
青少年的父母與家庭關係及適性輔導

第一節 家庭的功能與青少年發展

壹、家庭的意義與功能

　　家庭是兩個人以上，因 (一) 血統；(二) 婚姻；或 (三) 收養關係而生活在一起的團體，家庭也是親子所結合而成的社會性群體，主要目的在養育兒女與滿足人類的需求。家庭是青少年社會化最重要的場所，青少年各層面的發展幾乎都受到父母與家庭的影響，父母是青少年最重要的影響人物，父母對子女的影響可能終其一生。

　　家庭具有下列特徵：(一) 家庭是人類特有的集合體，存在於原始社會與現代社會。(二) 家庭主要建立在婚姻的基礎上，夫妻結婚而建立了家庭，通常有一個或多個孩子（含領養的）。(三) 有兩個異性成年人結合（同婚家庭是特例）。(四) 每個家庭成員都一個人名姓氏，是法定命名。(五) 家族是可以追溯血緣或血統的群體。(六) 家庭是任何人生命中最重要的群體。(七) 家庭是一個人初始社會化中最基本且最重要的單位。(八) 家庭的規模通常是有限的，但也是可以大幅度擴展。(九) 家庭是社會中最重要的群體，甚於其他社會機構、組織和團體。(十) 家庭是建立在愛情和情感之上，性愛（交配）、生兒育女（繁殖）、父愛、母愛、兄弟姊妹情感、祖父母的關照等愛與情是家庭的核心。(十一) 家庭成員是經濟合作的群體。(十二) 每個家庭成員都分擔與承接家庭運作的義務和責任。(十三) 每個家庭由不同的社會角色所組成，如：丈夫、妻子、母親、父親、孩子、兄弟、姐妹、孫子、孫女等。

　　就功能而言，家庭具有下列重要的功能：(一) 生育的功能：家庭是生育子女、繁衍家族的地方，家庭最初形成的主要目的即在於生養子女。(二) 情愛的功能：家庭成員間因為滿足情與愛的需求，而生活在一起。(三) 經濟的功能：家庭可以成為生產的單元，家庭成員在家或外出工作賺錢，維持家計。(四) 保護的功能：家庭可以保護成員，避免身心受到侵害，幼弱的兒童更需要家庭的保護才能正常成長。(五) 教育的功能：家庭是最基本的教育組織，個人生活習慣、人格與價值觀的形成都受家庭的影響。(六) 休閒娛樂的功能：家庭是工作之餘休閒娛樂處所，家庭成員間也可以相互取悅、減輕外來壓力。(七) 宗教與文化傳承的功能：家庭各有不同信仰、價值觀，甚至是禁忌，會代代相傳。上述這些家庭功能又可以簡單歸納為四大類：(一) 繁衍功能 (Reproduction)；(二) 守護功能 (Maintenance)；(三) 居家功能 (Placement)；(四) 社會化功能 (Socialization)。

　　家庭是人格初期發展與形成及鞏固的場域，父母擔負有養育兒童與青少年的責任。整體而言，家庭之所以成為個人社會化最重要的單位，是因為個人長時間生活在家庭之內，家庭成員間的親密互動關係，是個人社會化過程中最重要的作用力量。家庭不僅是人類社會的基本初級團體 (primary group)，更是個人社會化的第一個單位，青少年在智能、性別角色、道德、人格、與生涯發展上都深受家庭的影響。

貳、現代家庭變遷的特徵

　　儘管家庭具有多重的功能，但是隨著工商業發達與都市化的發展，世界先進國家與臺灣地區的家庭都起了結構性的改變，家庭所能發揮的功能越趨有限。現代家庭變遷的重要特徵有下列各項：(一) 家庭往都市集中：都市化與人口集中明顯促進工商業的進步，並帶給人們生活上的便利與舒適，但過度擁擠的城市卻也呈現不少問題，如公共設施不足；生活空間狹隘；交通混亂；空氣污染；人際疏離；都市犯罪增加；教育與工作機會競爭激烈；社區意識無法建立等。(二) 家庭結構改變：社會經濟發展之後，傳統的大家庭日趨式微，已很少三代同堂。家庭結構改變之後，老人在家中的地位立即降低，老人逐漸成為家庭的負擔，但另一方面，家庭也較缺

乏可以調和爭議，維持正義與和諧的權威人物。青少年與兒童也較乏人照顧，衍生管教與托育問題。(三) 生育率下降，少子化嚴重：臺灣已婚婦女生育率為 1.07，全球排名倒數第一。世界已開發國家總體生育率至少在 2.0 以上。(四) 離婚率增高：在 2020 年臺灣離婚高達 5 萬 1,680 對，位居亞洲之冠，離婚主因是外遇、家暴、婆媳問題等。離婚已成社會普遍現象，離婚家庭增加也對兒童與青少年的發展有所影響。(五) 生活水準提高、家庭日益富裕：國民生活改善後，對成長中的青少年而言，亦屬各有利弊，在利的方面，營養與健康條件良好，促進生理正向發展，不過相對的亦造成青少年近視、懶散、不負責任、追求立即享受等不良後果。(六) 職業婦女增加：我國 25 至 34 歲女性勞參與率逾 85%，高於美、日、韓，顯見兒童與青少年一半以上的母親在就業當中，由於父母外出工作而受到較少的關照頗為顯著。(七) 家庭遷徙頻繁：工業化與都市化的另一個普遍現象是遷徙頻繁，多數人逐工作而居。臺灣地區人口移動每年平均在二百萬人以上，不同縣市間的遷移比率高於同縣市與同一鄉鎮市之遷移。(八) 家庭整體性與結構性的改變：臺灣的家庭不論人口數、穩定性與功能性都因上述原因交互影響，而產生結構性改變，基本上難以逆轉 (Raymo, Park, & Yeung, 2015)。

第二節　父母教養方式與青少年的親子關係

　　儘管青少年階段同儕與友伴的影響力日增，但父母的角色與功能對青少年仍頗為重要，不過親子關係與互動方式則可能需要重新因應與調整。對父母親而言，青少年子女的成長也是中年階段的一大挑戰。在兒童期階段，父母的管教方式有較多的控制與要求，但當子女進入青少年期以後，父母反而要配合青少年的心理需求，逐漸放棄控制與約束，鼓勵與支持子女獨立，父母教養方式如果不適當調適，親子衝突立即可能會增多。

壹、親職教養類型

在父母教養上，甚早即有頗多學者關注，相關論點至今仍頗受肯定，仍依然是經典。艾爾德 (Elder, 1962) 最早將父母教養類型分爲七個類型：(一) 獨斷型 (Autocratic)：近似獨裁專制，此類型的父母會告訴子女如何作爲，但很少容許子女自發性表現或肯定自己。(二) 威信型 (Authoritarian)：此類型的父母會告訴子女如何做，但也會聆聽子女的看法。(三) 民主型 (Democratic)：此類型的父母會提供子女充分的機會，使他們自我作決定，但仍然保有最後的權威。(四) 公平型 (Equalitarian)：父母對子女應有的行爲，平等、公平的作出決定。(五) 寬容型 (Permissive)：父母允許子女爲自己做決定，而且父母喜歡聆聽子女的看法，並提供建議。(六) 放任型 (Laissez-faire)：此類型的父母讓子女自作決定，子女也不需要聽從父母的意見。(七) 忽視型 (Ignoring)：子女可以作決定，父母也不關心子女的決定。艾爾德的研究發現不同類型的父母教養方式對子女的獨立、自我信心有所影響。在威信型父母教養下，小孩學業成就較高，較少偏差行爲。民主型與寬容型的管教方式，子女有較高的自主性與獨立性。獨斷、放任與忽視型的教養負面效果明顯。

貝克 (Becker, 1964) 也是另一位甚早就探討父母教養行爲對子女之影響的人，他與艾爾德一樣，所建構的父母教養行爲的概念至今仍被廣泛引用。他主張父母教養共有三個對立面向：(一) 限制對寬容 (Restrictive vs. Permissive)；(二) 焦慮情緒投入對冷靜疏離 (Anxious Emotional Involvement vs. Calm Detachment)；(三) 溫暖對敵意 (Warmth vs. Hostility)。每一個面向都包含一組對立的教養行爲，例如在溫暖對敵意的層面中，溫暖的教養行爲包括接納、正向反映、較少使用體罰、較多使用讚賞，而敵意的教養行爲則包括體罰、責備等與溫暖相反的行爲。在限制對寬容的對立層面中，寬容的教養行爲包含了容許與自由，而限制的行爲則有較多的服從與餐桌規則。在焦慮情緒投入對冷靜疏離的對立層面中，焦慮情緒投入行爲則有較多的過度保護行爲與焦慮反映。不過一般的父母教養行爲常有不同特質結合的情況，如民主與溺愛位於溫暖與寬容之間，溺愛與民主之區別在於溺愛的父母有較多的情緒投入。

除此之外，雪佛 (Schaefer, 1959) 也提出二個層面四個向度的父母管教類型。父母教養行為的第一個層面是「控制或權威」(Control or Authority)，可以再分為高度自主與高度控制的二個極端；第二個層面是「情感或愛」(Affection or love)，同樣再區分為高度敵意與高度情感二個極端，在此四個極端之中，又可涵蓋六類教養行為，包括：(一) 寬容；(二) 民主與威信 (Democratic/Authoritative)；(三) 溺愛 (Indulgent)；(四) 占有 (Possessive)；(五) 權威；(六) 疏離與冷淡 (Detached/Indifferent)。馬寇比與馬丁 (Maccoby & Martin, 1983) 再以綜合式方法將父母的教養方式分為四個基本題型（如圖 7-1）。馬寇比與馬丁的父母教養類型有「父母要求與控制」(Parental demand and control) 與「父母接納與反映」(Parental acceptance and responsiveness) 兩個面向，並再區分為威信型 (Authoritative)、獨斷型 (Authoritarian)、寬容溺愛型 (Permissive Indulgent)、寬容冷漠型 (Permissive Indifferent) 等四個主要教養類型。

父母要求與控制 (Parental demand and control)	父母接納與反應 (Parental acceptance and responsiveness)	
	接納、反應 (Accepting, Responsive)	拒絕、不反應 (Rejecting, Unresponsive)
要求、控制 (Demanding, Controlling)	威信型 (Authoritative)	獨斷型 (Authoritarian)
不要求、不控制 (Undemanding, Uncontrolling)	寬容溺愛型 (Permissive Indulgent)	寬容冷漠型 (Permissive Indifferent)

圖 7-1　父母教養類型圖

資料來源：Maccoby & Martin (1983)。

圖 7-1 所形成的父母教養類型，具有親職教養教育意涵，值得青少年父母警惕與重視：(一) 威信教養型 (Authoritative parenting)：此種教養方式包含較高程度的父母接納與掌控，是屬於較佳的父母管教方法。威信教養的父母對於青少年會以溫暖與負責任的方式鼓勵青少年子女，依年齡作適度的獨立，但同時也會適時使用合法的親職權威管教子女，尤其對子女

的健康與安全方面會有所約束。此類父母會向子女解釋父母管教的規則，並願意與子女協商。在此家庭成長的青少年比較能夠發展出高度的自我接納與個人控制，同時也能感受到父母的愛與尊重，由於父母管教適宜，青少年也較不需要從其他權威人物與同儕之中獲得認可與讚賞，他們也有較多參與家庭決策的機會，因此學會了以合理與負責任的態度表現個人的行為。(二) 獨斷教養型 (Authoritarian parenting)：獨斷型近似專制型，父母強調以控制的方式約束其子女，較常訴諸於物質力量，也因此常使用威脅、體罰、控制物質資源的方式管束青少年子女。這類父母忽略子女自我決定的心理需求，尤其當父母的權威受到挑戰之後，極少與子女協商、作合理解釋，反而怒目相向。在此類家庭中成長的青少年容易養成依賴、順從、過度盲目、叛逆、敵對等態度，不過他們的順從常是虛與委蛇，陽奉陰違，另有些青少年則十分依賴外在權威。(三) 寬容溺愛教養型 (Permissive indulgent parenting)：寬容溺愛型的教養方式能對青少年子女予以接納與反應，但卻賦予過度的自由，結果導致青少年無法制止本身負向、不合理的行為，同時寬容型的父母常會以收回愛的方式，包括表現憤怒與不讚賞的方式去影響青少年，使得青少年常常感受到會被遺棄。在寬容溺愛型家庭成長的青少年較不會遵守規則與規約，他們常會表現被拒絕的憤怒，一生之中會有強烈的求取他人讚賞的需求，他們自我接納與自我控制的能力也較低。(四) 寬容冷漠教養型 (permissive indifferent parenting)：此類型的教養方式對青少年的需求漠視，並不作反應，此類家庭功能不健全。在此家庭成長的青少年會形成自卑與自我拒絕，同時也欠缺生活的方向。由於父母冷漠，因此管教常不一致，且對青少年的不良行為「視而不見」(blind eye)。此外，父母也常排斥青少年的需求，容易虐待與斥責青少年，使青少年對父母存有怨懟。此類家庭的青少年時常比其他類型家庭青少年更容易逃家或離家。最後這些父母教養類型又可歸納成「父母要求與控制」(parental demand and control) 與「父母接納與反應」(parental acceptance and responsiveness) 兩大類。合計馬寇比與馬丁的父母教養類型共可分成兩大類、八小類（其中包含四類基本類型）。由寇比與馬丁的分析，可見父母適當的要求、控制，同時付出愛與接納，並能對青少年有所反應，是較佳的教養方式，值得青少年的父母參考。

貳、青少年的自主與衛星理論

　　青少年追求獨立自主是一種普遍心理，在家庭之中他們渴求行為自主與情緒自主，甚至價值自主與道德自主。他們極期望獨立與自治。不過青少年是否能成為一位獨立、自主、自信與開放的人卻與其親子關係及父母教養方式密切關聯。奧斯柏等人 (Ausubel, 1954; Ausubel & Sullivan, 1971) 甚早以前即以青少年追求自主的過程，建立衛星理論 (Satellitelization Theory)，極受青少年心理學者的重視。

　　依據奧斯柏的論點，在正常發展行程上，青少年就像是一顆衛星 (satellite)，在自己能獨立自主之前，環繞著父母親而繞行，個體依賴父母，並接受密集的社會化。在青少年發展階段，親子間的衛星關係逐漸地形成「脫離衛星化」(desatellization) 的過程。青少年的「脫離衛星化」常常不容易立即達成，可能只是「重新衛星化」(resatellization) 而已，因為青少年會將對父母的依賴轉向對他人的依賴，如對老師、教練，尤其是同儕與友伴身上。有些青少年甚至立即轉向對異性的依賴。奧斯柏認為「脫離衛星化」的歷程是漸進的，並非與父母一刀兩斷，父母的鼓勵與支持，使青少年能配合年齡表現適度的自主，對青少年未來的生涯與婚姻有積極的影響。父母如果能夠溫暖與接納其子女，將會使青少年有內在的自我價值感，能夠形成自信與自尊，有助於青少年「脫離衛星化」歷程的發展。兒童期階段親子關係良好者主要是能形成奧斯柏所稱的衛星化關係，此時父母能無條件接納其子女，並對子女作合理的要求，父母與子女各在自己的軌道上運行，並不侵犯各自的自由。

　　在衛星化的親子關係中，青少年較能發展出積極的自我，學會忍受挫折、能延緩享受、更趨於負責與考慮現實，他們也較能符合父母的期望，能信賴自己與父母。依照奧斯柏的論點，衛星化就是青少年內化父母價值觀念與形成良心意識的歷程。不過並非所有的親子關係都成為衛星化的關係，有些則屬於「非衛星化」的關係，父母對於子女低度價值化或過度價值化，會妨害其子女的自主與健全發展。在家庭有衛星化親子關係的兒童或青少年，在學校與教師也較容易形成衛星化的師生關係，有較高學業成就與良好行為表現。對青少年而言，由於要進入成人世界，不能再對父母

依賴，極需追求自信、獨立與自主，因此，脫離衛星化的過程乃極為必要。奧斯柏認為脫離衛星化就在為往後自己獨立的家庭作準備。

　　青少年的脫離衛星化有三種主要的機轉：(一) 重新衛星化；(二) 試著贏得地位；(三) 進行探索 (being exploratory)。事實上脫離衛星化也非完全與父母完全分開或離開家庭，而是親子關係的一種調整。在重新衛星化過程中，青少年的同儕與其他的成人等取代了父母的角色，家庭之外的成人影響有時超過父母。另一方面，青少年為了獲得認同，他們會努力去追求個人地位，以便證明他們具有不錯的特質，並嘗試新的角色。脫離衛星化的第三個歷程即是對工作與任務的探索，以便尋求情緒穩定，贏得友誼。能解決問題與克服困難的青少年即能證明自己具有能力，可以不再依附父母。由於脫離衛星化對青少年健全的發展頗為重要，因此，如果父母能鼓勵其青少年子女獨立與「放手去做」(let go)，則青少年有較大機會成功的脫離衛星化。另外，父母應該增加對青少年負責任行為的期待，尤其當他們能有成熟與負責任行為表現，以及有與其發展層次相當的行為表現時，能夠給予酬賞或特權。此外，也應容許青少年有「做錯事的權利」(right to make mistakes)，青少年有錯誤與失敗的經驗，更有助於他們成人後的成功，對青少年過度的保護反而有害無益 (Ausubel, Montemayor, & Svajian, 1977)。

參、親子溝通

　　家庭是一個社會體系，健康的家庭需要有良好的親子溝通，尤其親子間需要有密切的情緒親近 (emotional closeness)、相互支持與鼓勵，才能促進青少年正常發展。家庭溝通除了需要充分語言交流之外，也需要有良好的情感、同理心、傾聽等態度。問題青少年通常來自於親子溝通不良的家庭，相對的，能有效的、清楚溝通的家庭，比較能激發家庭的凝聚力，並促進青少年的獨立。親子間無效的溝通常隱含著防衛與負面情緒，並有優越感、過度控制、過度批評、頤指氣使、責備等態度。不良溝通的父母親對青少年子女常傾向苛責，以致於引起青少年子女的罪惡感，尤其當父母過度威脅、恐嚇與懲罰子女時，對親子間的溝通極易造成不良影響，也

無法解決親子間的衝突，導致青少年覺得家庭沒有愛與關懷，因而有較高比率的青少年會離家出走、犯罪、逃學、懷孕與早婚、吸毒、宗教狂熱等行為 (Gabriel, Schlomer, & Giudice, 2011)。艾德沃特 (Atwater, 1996) 認為親子溝通常見的問題類型有三類：(一) 低度反應的溝通 (underresponsible communication)：此類的溝通者不能掌握訊息，不能激發家庭成員負起責任。如常說：「沒有人幫忙作家事」之類的話。較適當的溝通方式應是「讓我們一起把家事做好」，應多使用「我」、「我們」的字眼，少用「沒有人」(nobody) 等字眼。(二) 不良品質的溝通 (disqualification communication)：此類溝通未能充分反映真正的情緒，使自己產生矛盾、扭曲主題、言行突然改變，或使用未完成語句等。(三) 不一致或矛盾的溝通 (incongruent or paradoxical communication)：此類溝通家庭成員常傳送複雜的訊息，同時含有輕視或諷刺的面部表情或手勢。典型的矛盾溝通方式是「雙向束縛」(double-blind) 的溝通，雙方都傳送不一致的訊息。

肆、青少年親子關係的轉變

對青少年而言，家庭可以滿足其成長上的各種身心需求，本身正朝著身體、情感和認知獨立的方向發展，但他們仍在成長之中，年輕人仍然需要穩定的家庭環境，支持他們探索和體驗外在世界，更在遭遇生活艱難時，得以回家尋求安慰，獲得父母支持與接受無條件的愛。然而由於青少年身心所發生的變化，其複雜性和幅度都頗為巨大，青春期成為人生發展最危險的階段之一，這個階段的健康和幸福就取決於獲得家庭的支持與關照。

基本上，影響青少年身心健康狀況的關鍵，是青少年與父母及其家人之間的關係。年輕人雖不再需要父母細微的照顧，但他們仍沒有準備好承擔成年人的責任，尤其是經濟能力。青少年需要在父母和孩子之間協商新的互動和交流方式，對父母和青少年來說是最具考驗和壓力最大的階段。

在童年時代，父母除非嚴重失能，一般會是小孩心目中的英雄，到了青春期，小孩對父母的依賴減少，將父母理想化的內在表徵逐漸放棄，青少年漸漸發現父母有優點，也有缺點，也是容易犯錯的人。然而，這並不

一定意味著青少年就拒絕親子間的依戀或依附關係 (attachment)。就青少年而言，去理想化父母最好發生在安全與平等的關係背景下，這種關係鼓勵青少年探索外部世界，將依戀從父母延伸到與同齡層友伴交往，青少年變得更喜歡與友伴共度時光，並從中獲得安慰，同伴群體的友誼提供了親子關係轉換的「中途站」。父母與家庭依然是青少年的「安全基地」(safety base)，允許孩子探索外部世界，並在需要時返回安全地帶。對於青少年來說，父母和家庭依舊是關懷和情感支援的來源，家庭為青少年提供實際、經濟和物質方面的幫助。大多數青少年仍然希望與家人共度時光，分享想法並享受樂趣。然而由於青少年身心成長不穩定，喜怒無常或不善於交流，但他們仍然需要父母的呵護。一般青少年仍然希望父母參與他們的生活與學習中。青少年受益於家庭關係中尊重、體諒和互助的精神，在跌倒的時候，能從理解和支持中受益，讓自己重新站起來。

然而，許多父母在教養行為上，常存有一些盲點：(一) 常有批評青少年小孩的傾向：父母習慣找出小孩缺點，而非優點。從未得到父母讚賞或欽佩的孩子往往傾向於尋求同齡人的支持和讚賞。(二) 有些父母從不向孩子表達愛意：父母不擅於言詞，從不表達對小孩的愛，相對的，青少年總是渴望父母的愛，喜歡聽到父母說是他們是多麼寶貴，久而久之，青少年常常覺得他們不被愛或不被需要。此種親子之間情感空白的孩子更容易產生偏差行為。(三) 不喜歡與青少年相處：父母可能因忙碌或個性使然，不喜歡與小孩相處，因而常常在親子之間製造距離。事實上，青少年仍喜歡與父母相處，共享美好時光，親子關係不佳的青少年比較有可能轉而尋找反社會團體或同齡人的慰藉。此種親子差距涉及父母本身的成長過程與婚姻關係（如圖 7-2 所示）。

圖 7-2 父母教養影響因子關係圖頗為簡明，顯示青少年父母本身也有自我的成長與發展的背景及歷史，進而形成不同的人格特質，再與婚姻關係及職場工作交互作用，加上社會網絡作用與小孩的特質，形成不同的親職教養行為，進而影響了兒童及青少年整體發展 (Belsky, 1984)。這些是漸進發生，並形成於嬰兒期開始的複雜親子互動過程中。當父母和青少年在孩子的早期發展過程中共同完成成長與發展任務時，青少年的青春期壓力就會減輕。

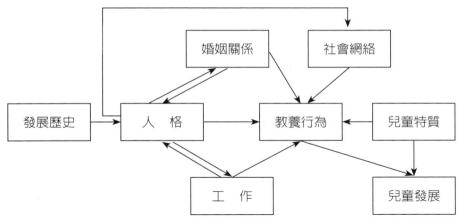

圖 7-2　父母教養影響因子關係圖

資料來源：Belsky (1984)。

伍、親子衝突與家庭暴力

　　家庭中不同世代之間因為生活背景、經濟條件與社會環境有所不同，代與代之間存有距離、鴻溝，甚至隔閡，產生衝突，自古已然，一般稱之為「代間差距」或「代溝」(generation gap)。西方社會基本上是不信任青少年，甚至對青少年存有敵意的。社會上一直認為青少年是叛逆的、不道德的、不成熟的、不負責任的、懶散、目無法紀與墮落的一群。成人對青少年存有嚴重的負面刻板印象 (negative stereotypes)，其成因頗為複雜，但可能有下列主要原因：(一) 青少年使成人記起個人的生活體驗：生意不成功的父親害怕兒子重蹈覆轍，情場曾失意的媽媽可能會對女兒的交友施加壓力。因此，青少年正好反射了父母的弱點，以至於對青少年更加的擔憂、恐懼與批評。(二) 青少年對成人的自我、安全與地位有所威脅：成人通常不願自己受到挑戰、思想觀念受到質疑、自我遭到貶抑，因此會對青少年有所防衛，甚至攻擊。(三) 成人對青少年會有羨慕與嫉妒：青少年的年輕、有活力、流行與自在等都會讓成人既羨又恨。尤其流行事物常先起於青少年，青少年的生活型態也較激進，導致成人會有強烈的批評。(四) 成人害怕失去對青少年的控制：青少年叛逆性愈高，成人恐懼程度愈高，

青少年愈不明智、經驗愈少、行為愈勇敢，對成人威脅愈大，因此成人會對青少年有較多的防堵，而不願意與他們分享責任與關愛。(五) 青少年的價值觀念常對成人的傳統價值體系會有所挑戰；因此成人容易感到代間衝突，尤其在道德、宗教、金錢使用、愛國、性等方面的價值體系更容易有所歧異 (Branje, Laursen, & Collins, 2012; Buhrmester & Furman, 1990)。其實這些負向刻板化印象事實上並非正確，青少年不必然會有問題產生，即使有也不一定比人生其他階段為多，父母應該積極且正確的面對當前青少年發展的優勢。

基本上，對青少年而言，在青春期的家人關係還是非常重要，年輕人開始獨立思考並質疑他們生活和家庭關係的各個面向是正常的。這些變化可能意味著會導致家人的憤怒和沮喪，但在大多數情況下，這些感覺可能是暫時的或間接的。青春期是一個生物和社會心理快速變化的時期，這對親子關係有顯著影響。父母和青少年必須重新調適，釐清責任，並走向更加平等的關係。雖然父母和孩子之間的衝突在青春期變得更加頻繁和激烈，但這些衝突也被認為是親子關係變化的手段。青少年在成長過程中會遭遇個性、角色、權威、情緒適應與價值等相關的認定與辨識危機。青少年的父母由於也處於中年階段，因此，在其人生當中也同樣面臨著各種危機，兩者的關係又面臨新的調整與改變，如上述衛星化與脫離衛星化的歷程即是顯著的親子現象，當兩者適應不佳時，親子間的衝突就可能會發生。史考特 (Stott, 1982) 曾密集的探訪犯罪青少年的背景，他的結論指出，青少年的不良適應是根源於家庭，他將青少年罪犯分為下列五類：(一) 逃避與興奮型 (avoidance /excitement)：此類青少年尋求興奮感，並將它當作忘掉家庭煩惱的手段。(二) 遠離家庭型 (getting removed from family)：由於家庭四分五裂，青少年乃重複犯罪，以便能被捕，進而可以遠離家庭。(三) 敵意型 (hostility)：此類青少年覺得被家庭所拒絕，並且把犯罪當作自我放逐的方法。(四) 犯罪忠誠考驗型 (delinquent loyalty test-ing)：此類青少年在考驗他們的父母，威脅要把他們放棄是否為真。(五) 虛張聲勢型 (bravado)：此類青少年行為暴戾，主要是把犯罪當作在家中的價值與需求受懷疑的一種補償。

青少年與其父母的衝突事件主要涉及下列五種領域：(一) 社交生活與

習慣：父母親對青少年子女的社交生活與生活習慣常常觀點不一，青少年的創意通常高於父母。(二) 責任：父母親最常批評青少年不負責任，如不做家事、不賺錢與亂花錢、不會照料自己的東西、衣物與房間。(三) 學校事務：學校成就、在校行為、對學校的態度等。(四) 家庭關係：家庭關係除了前述的衛星化與脫離衛星化的關係容易引發緊張外，常有些家庭事情導致親子衝突，如對父母不尊敬、與兄弟姊妹的爭吵、與親戚的關係不良、與祖父母的關係不佳等。(五) 價值與道德：親子兩代間對事物的看法有基本上的歧異，尤其在價值觀與道德方面容易觀點不同，如對藥物使用、喝酒、抽菸看法的不同、語言與說話不中聽、不誠實或偷竊等。

　　除此之外，由於父母親與青少年之間存在年齡差距，各自的生活體驗不同，尤其當社會變遷愈快速時，兩代間在思想觀念與價值態度上愈會存有明顯的差距，中年階段的成人世代與青少年世代在人格方面即有不同的特徵（如同表 7-1 所示）。中年世代事事保守、審慎、安於現狀；青少年世代勇敢、自由、理想化，世代間差距頗為顯著。

表 7-1　中年世代與青少年世代的人格特徵差異

中年世代	青少年世代
1. 謹慎、依經驗行事。	1. 勇敢，喜歡嘗試新事物，欠缺以經驗為判斷的基礎。
2. 過去導向，常將現在與過去做比較。	2. 活在當下，未來不明確，過去不顯著。
3. 顧及現實，有時會懷疑人生。	3. 理想樂觀。
4. 保守傾向，包含態度、價值和道德上的保守。	4. 自由傾向，對傳統道德規範、倫理做挑戰，試驗新的觀念與生活方式。
5. 滿足於現狀。	5. 對已擁有的事物批判，渴望改革。
6. 想保有青春，害怕老化。	6. 想要長大，但不喜歡老化。
7. 行為上被限制在合於年齡的表現。	7. 行為上比成人更容易接受違反社會期望的行為。

資料來源：Rice, 1993, p.104。

第三節　家庭結構改變與青少年的適性輔導

　　傳統以一夫一妻及其子女所組成的核心家庭 (nuclear family)，隨著社會變遷，逐漸減少，相反的，不同類型家庭逐漸增多，導致現今愈來愈多的青少年在非典型的家庭中成長。原生家庭的社會關係對青少年的健康和發展很重要，不正常的家庭關係可能會產生長期的不良後果，但社會的現實是，核心家庭日趨減少。普遍的非典型家庭類型有：(一) 單親家庭；(二) 父母再婚家庭；(三) 祖父母撫養家庭；(四) 父親或母親缺席家庭；(五) 父母雙薪與失業家庭；(六) 貧窮與經濟緊張家庭；(七) 移民家庭；(八) LGBT 家庭等，這些家庭類型有可能重疊，如貧窮與富有的單親家庭，或只是屬於短暫類型現象，如失聯的父或母又返家，或父母離婚又復合。

壹、單親家庭類型與適性輔導策略

　　單親家庭 (single-parent family) 係指兒童或青少年由單一父親或母親撫養的家庭狀況，共有四種主要類型：(一) 離婚父母 (Divorced parents)；(二) 鰥寡父母 (Widowed parents)；(三) 未婚父母 (Non-married parents)；(四) 自擇單身的父母 (Parents who are single by choice)。後兩者類型較不普遍，未婚父母或是短暫的，也有結婚可能。鰥寡的父母在戰亂與傳染病猖獗時期較多，目前單親家庭父母主要是以離婚類型居多數，占九成以上，因此以下以父母離婚家庭作為單親家庭類型的主要代表，對其餘類型家庭亦有參考之處。

　　父母離婚的原因非常複雜，對心智尚未成熟，涉世未深的兒童和青少年來說，父母離婚是極其難理解的習題，尤其如果父母離婚剛好是在青春期，青少年本身有新的難題要去面對，若同時父母又有離婚爭吵，會造成青少年更大壓力，研究顯示，父母離婚對青少年而言，是僅次於父母或親人死亡的最大壓力事件 (Yeaworth, McNamee, & Pozehl, 1992)。離婚家庭的青少年學業成就可能較低，較多外顯問題（如暴力、犯罪）和內隱問題（如焦慮、沮喪）、較低的社會責任感、不易建立親密關係、輟學、過早性行為、吸毒、和反社會同儕廝混、低自尊、自卑等狀況。

　　然而，父母的婚姻如果有暴力陰影，或是家庭不快樂，到底父母要不要考慮小孩，生活在不快樂或衝突的婚姻之中？或是離婚是最好選擇？基本上，在一個不愉快和衝突的婚姻家庭關係中，壓力會侵蝕兒童和青少年的幸福，假如這些負面的影響可以因離婚而移除，離婚可能是有益的，要決定父母親離婚或勉強維繫婚姻哪一個對青少年較好，是頗為困難的。但若離婚後仍有危機或衝突（離婚父母衝突、父母與小孩間的衝突），何者是最佳的選擇可能還是困難選擇。

　　父母離婚除了家庭系統與關係的改變之外，如果以時間作分析，青少年所面對的父母離婚過程，可以區分為三個時期，這三個階段各有不同親子關係特質，也影響了青少年的適應：(一) 父母離婚前階段 (predivorce stage)：父母離婚前通常都有一段冷戰或熱戰的時期，父親或母親如有外遇，常會有爭執，也可能衍生暴力衝突，此時其子女往往疏於照顧，比如：三餐不繼，沒有零用錢等，這個時期的兒童與青少年與其父母一樣處於不安與焦慮的環境中，甚至惶惶不可終日，通常這時期的青少年學習會受干擾，學業會明顯的低落，尤其數理學科學習更甚。另外由於生活不正常，身體健康也受到影響。(二) 父母離婚時階段 (divorce stage)：父母處於離婚時，對兒童與青少年最大的影響在於當事人雙方常會以其子女作為武器對抗對方。當父母雙方已無法復合，確定要離婚時，一般都會對子女的監護權與探視權有所爭執。由於子女監護權、探視權與贍養費的安排並非一時可決定，使父母離婚的青少年常常兩面不討好，對未來有高度的焦慮，導致其生活與學業適應產生困難。(三) 離婚後階段 (postdivorce)：父母離婚後，又是另一個新的生活環境開始，兒童與青少年所遭遇的問題大致有：(1) 家庭經濟情況改變：如父親或母親單方收入減少；(2) 搬家：在美國離婚之後搬家的情況非常普遍，在臺灣尚無具體資料。父母搬家後，則將要面對新的鄰居、新同學與學校，造成適應的困難；(3) 父母再婚：一般兒童與青少年是反對父親或母親再婚的，倘父親或母親選擇再婚，他們又要面臨與繼父或繼母，甚至繼兄弟姊妹的相處及適應問題。圖 7-3 係離婚家庭的家庭結構改變狀況，可見父母離婚與再婚讓青少年的生活世界更加複雜，容易造成心理上的負擔，萬一新組合的親人難以相處，更有可能是傷害的開始。

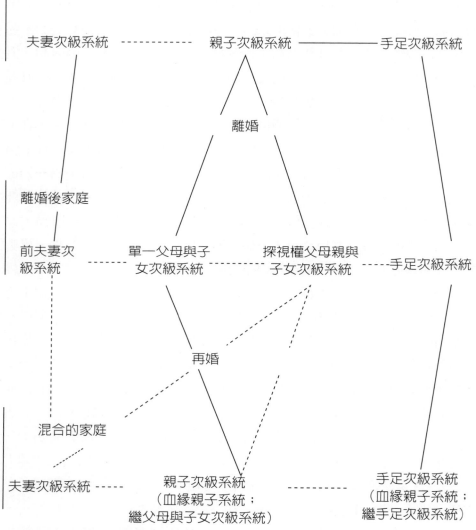

圖 7-3　離婚家庭的家庭結構改變

資料來源：Poppen & White, 1984, p. 50。

　　對單親與離婚青少年的適性輔導策略有：(一) 了解與理解青少年的心理調適歷程：青少年面對父母離婚或死亡通常會經歷五個階段：(1) 否認階段 (denial stage)：青少年第一時間通常會加以否認，試圖排斥事實，常把否認擴展成孤立的反應模式，把自己從同輩朋友、老師、環境中孤立與退縮。(2) 憤怒階段 (anger stage)：當父母離婚不能改變的時候，青少年開始有激烈反應，試圖攻擊與父母離婚有關的人、替代者或肇事者，這種攻擊傾向與其對父母離婚所產生的罪惡感有關，表現憤怒情緒，也可能在於引人注目。(3) 協議階段 (bargaining stage)：在此階段的青少年會試圖挽回父母，保證自己會表現更好，試圖父母和好如初，常提出條件與父母談判，或評斷父母的是非好壞，並決定哪位是離婚的罪魁禍首，處於此階段的兒童與青少年常無心上課。(4) 沮喪階段 (depression stage)：當無法以協議方式使父母破鏡重圓後，青少年開始會有沮喪反應，對自己過去行為的不當感到遺憾，相信自己命運多舛，或對家庭發生之事無動於衷，開始感到悲傷，因而課業退步。(5) 接受階段 (acceptance stage)：處於此階段的青少年意識到父母所給予之安全與保障已經消逝，開始專心思考與父母的關係，或接納繼父母與他人的新關係。(二) 了解學生家庭結構與家庭真相：班級教師，尤其是導師於平常即應建立完整的學生家庭背景資料，對於來自單親家庭的學生要給予較大的關切與更多的體諒，但對學生的家庭資料應絕對保密，更切忌當作話題公開。(三) 注意學生情緒變化：如果學生的父母正處於離婚前與離婚時的爭吵階段，通常他們的情緒會起伏不安，或有反抗行為發生，老師應給於適時關懷或轉介，出乎真誠，給予保證，使學生能樂於吐露心聲，發洩情緒。(四) 注意日常用語：父母離婚的青少年一般對於「愛」、「家庭」、「父母」、「離婚」、「後母」、「母親節」、「父親節」、「破碎家庭」等字眼特別敏感，班級教師如果用語不慎，極可能就刺傷了他們的心。譬如班上有單親學生，母親節快到的時候，如果教師改口說：「送一份禮物給對你重要的人」，會比說：「送一份禮物給你的媽媽」要適切些。(五) 制止學生的不當排擠或諷刺：青少年常常把單親或父母離婚當作一件難以啟齒的事，在學校容易被當作話題，被奚落。遇有此種情況教師應隨時加以制止，並有效開導，人生各有不同境遇，各有不同生活方式。(六) 隨時提供建議與協助：教師可以當這些學生的支持

者、鼓勵者與疏導者，以協助他們度過難關。(七) 配合學校輔導機制：運用個別諮商讓學生感受到世界上仍然有很人關愛著，協助減輕痛苦與消除情緒困擾。其次認知與閱讀輔導及團體諮商也是協助認知改變與成長的有效輔導方法，讓青少年覺察到頗多同學也有類似的經驗與感受，進而發展積極的思想、態度、行為與人際關係。

貳、父母再婚家庭的調適

　　父母離婚以後，單親家庭與重組家庭是兩種可能的情況，因此使青少年再面臨單親家庭與重組家庭之適應問題。在美國父母離婚後平均四年再婚，約五分之四的離婚者再婚，其中男性多於女性，年輕者比年長者多，但僅約有一半的再婚者婚姻成功，因而社會上二婚 (second marriage)、三婚 (third marriage) 人口增加。再婚又已有子女，稱之為繼親家庭 (step-family) 或繼父母家庭。繼親家庭的結構主要有三種：(一) 繼父家庭 (step-father family)：係擁有監護權的母親再婚；(二) 繼母家庭 (stepmother)：擁有監護權的父親再婚；(三) 融合或複雜家庭 (blended or complex family)：再婚的父母均帶著先前婚姻的小孩住在新的繼親家庭中。此三種繼親家庭何者對青少年較適宜，目前無定論，頗具個別差異，但本質上，青少年與繼父母有著正向關係時，適應較佳。

　　繼親家庭有優點，也有難處，整體而言，許多兒童和青少年起初會感到困惑和不安，但大多數人最終都很高興他們是繼親家庭的一員，一旦每個人都習慣了這些變化並相互了解，就會有很多青少年喜歡這種安排。繼親家庭優缺點有：(一) 優點：繼親家庭小孩子會有額外的成年人照顧，家庭的收入有可能提高，可以享有更高的生活水準。繼親家庭擁有更多的家庭成員也意味著有更多的人可以與之交談，一起玩樂。感覺更安全、更有保障，父母再次開心，同時青少年的生日和其他節日可能獲得更多禮物。(二) 缺點：一方或雙方可能會將先前家庭關係中的障礙和未解決的感情帶入新家庭，在管教孩子上容易引起爭執與怨恨，先前家庭父母探視權與監護問題常會出現意外狀況，不同家庭組合可能出現生活習慣與家規不一致或衝突。再婚父親或母親可能不喜歡另一個伴侶的孩子，即使想積極的改

變也會帶來壓力。

　　傳統上，繼父母家庭常受到誤解 (myth)，以致離婚後再婚的人，以及先前婚姻的青少年會面臨新的問題。繼父母常受到的誤解有四：(一) 繼父母家庭與核心家庭相似，事實上兩者有著顯著差異：(1) 繼父母家庭之所有家庭成員都曾經歷過失落 (experienced losses)；(2) 會有一位親生父母在他處；(3) 青少年可能有兩個家庭；(4) 青少年與成人會背負先前家庭的負擔；(5) 親子關係優先於新婚夫妻的關係；(6) 繼父母與過繼兒童之間沒有法律關係，只因父母婚姻而存在著。(二) 後母都被誤認為是邪惡的：在世界各文化中都存有這種誤解，像灰姑娘 (Cinderella)、白雪公主 (Snow White) 等通俗故事的描寫即是，使得青少年對後母存有刻板化印象。(三) 社會期待繼父母與過繼兒童之間要有急速的愛 (instant love)。因此，繼母為避免被視為邪惡，繼父母與青少年之間並不是以愛為開始，而是為了擺脫罪惡。內在與外在的壓力，容易造成繼父母家庭持續的挫折、失敗與不統整。(四) 如同離婚的家庭，在繼親家庭中的小孩都存有相似適應問題，包括學業、外在和內在問題、低自尊、早發性活動、犯罪等。父母和小孩適應繼親家庭通常要花五年以上時間，但適應單親家庭則只要二年時間。因此，單親家庭青少年的適性輔導策略適用在繼親家庭青少年身上。

參、祖父母撫養家庭

　　隨著社會進步，衛生醫療發達，老年人口增加，祖父母擔負教養孫子輩的情形越來越多，在美國、澳洲、日本、中國大陸等都是如此，與前幾代老人相比，今天的長輩身體更健康，思想更開放，與孫輩的關係也更加密切，加上青少年父母謀生不易，或家庭發生變故，如上述單親與再婚家庭，祖父母就可能承擔小孩的養育責任。有學者將祖父母教養方式分為五類：疏離型 (detached)、被動型 (passive)、支持型 (supportive)、權威型 (authoritative) 和有影響力型 (influential)，祖父母教養可以減輕父母生活與工作上的壓力，也有助於孫子女的成長，但倘若兩代皆貧困，可能對青少年的發展仍是負面居多，有研究發現，祖父母教養，影響兒童與青少年最大的是貧窮與偏鄉資源缺乏（Yang & Liu, 2020）。

如親生父母家庭經濟狀況尚可，加上祖父母的協助，有助於青少年健康的成長，也有益於祖父母的老年生活，但如果青少年父母遭遇困難，再由條件不佳或貧窮的祖父母隔代教養，青少年普遍會面臨成長難題。祖父母與孫子女之間的接觸、溝通和關係，會因年齡、性別、家庭經濟、文化背景、個性和地理距離的不同而有所差異。特別是當孫子女長大後，如與孫子女之間有歸屬感、自豪感、交流和適度距離，對於祖孫均有積極效應。近幾十年來，隨著人口結構的變化，以及家庭類型和聯繫的日益便利，祖父母的教養需求也發生變化，儘管參與程度各不相同，但祖父母養育通常提供了有意義與積極的跨代聯繫，並有利於三代間相關生活品質的提升。祖父母可以與孫子女建立良好關係，如玩耍，傾聽他們的想法和看法，通常可以替代忙碌父母的部分功能，祖父母也可以將人生經驗傳達給孫輩，有助於孫子女建立自尊與信心 (Yang & Liu, 2020)。

肆、父親或母親缺席家庭

父母有法定婚姻，也無離婚計畫，但父親或母親可能有各種原因，在子女成長與學習過程中缺席，父親缺席 (father absence) 與母親缺席 (mother absence) 對兒童與青少年的影響目前越來越受重視。父或母缺席可能原因有：(一) 在遠地工作；(二) 軍人；(三) 服刑；(四) 離家出走。父或母缺席有些是短期性，數日或數月，有些則長達數年。

適切的親職教養是父母都能全程參與其中，從母親懷孕開始，至小孩出生、長大、就學、讀書、學習、生活起居、生病看醫生等。父母同心，協力撫養小孩，對小孩成長與發展有積極助益。反之，家中沒有父親或母親的孩子會受到負面的影響。有研究顯示，與父親關係良好的學齡兒童較不會出現撒謊或破壞性的行為，父親在青少年時期缺席，容易導致持久性的傷害。父親參與青少年的成長，並使用威信型的養育方式，有愛，有明確的界限和期望，會使青少年在情感、學業、社會和行為各方面發展得更好。對父親有親近感的孩子，進入大學或在高中畢業後找到穩定工作的可能性是父親缺席小孩的兩倍，青少年生育的可能性降低 75%，入獄的可能性降低 80%，發生多種憂鬱症狀的可能性降低一半。越來越多研究發

現，父親在兒童與青少年的發展歷程中具有關鍵作用，當然父子關係的品質比相處時間更為重要，父親參與可以減少青春期男孩行為問題發生的頻率。同樣的，父親的參與對青春期女生亦有相似積極功能。父親不在身邊對孩子的影響有些是災難性的，子女會感到被遺棄，容易有間歇性的自我厭惡，許多青少年會發展出一種大搖大擺、令人生畏的性格，試圖掩蓋他們潛在的恐懼、怨恨、焦慮和不快。青少年犯罪資料顯示，沒有父親的孩子成年後，更有可能犯罪和入獄服刑，其中 85% 在青少年期父親缺席。沒有父親的兒童更有可能遭遇性的問題，如過早性行為，女孩容易表現出對男性關愛的渴望，因而較多遭受身體、情感和性的虐待，其可能性是其他青少年的五倍 (Smetana, 2011)。

母親缺席對青少年更會有災難性的傷害，任何人都需要母親的溫暖、關注和愛護。母親缺席的青少年，所受傷害幾乎終身難以彌補，畢竟在兒童時期，小孩最害怕的就是被母親拋棄，母親完全不在身邊，對小孩情感的發展傷害非常嚴重，小孩的腦海中會留下可怕的印記，尤其是在出生後的前六年更是關鍵。一位經常性及長時間缺席的母親可能會給孩子帶來極端的焦慮，當她離開和回家時，小孩通常會感到害怕，因為他們不知道她會在身邊多久，典型的小孩反應方式是抗議、絕望和疏遠。青少年最終唯一的選擇是阻斷對愛的感受，有些孩子甚至因為這種斷斷續續與失去的愛，產生惡性循環，最終甚至仇視外在世界 (APA, 2021a；Smetana, 2011)。

伍、雙薪與失業家庭

由於社會生態環境、家庭經濟，以及婦女追求自我生涯發展，雙職涯或雙薪家庭 (dual career family) 已成為社會普遍現象，雖然政府與企業已容許婦女生育小孩請長假，但終究雙薪家庭教養負擔沉重。雖然雙薪家庭的好處多，能改善家庭經濟和獲得職業成就感，但代價也高，因為父母同樣忙碌，照顧孩子變得更加複雜。甚至有學者宣稱，如果找不到支持妳（你）事業的配偶，那就保持單身 (Steinberg, 2008)。

傳統以來，婦女必須承擔料理家務、照顧小孩、侍候長輩的大部分責任，婦女兼顧職業和一個家庭特別辛苦與艱難，通常是忙碌和緊張的，可

能會感到精疲力竭。父母親工作過量更會影響與青少年小孩的關係，也會影響青少年的發展。然而，母親對青少年的溫情和接納，有助於降低因她工作過量對青少年發展的負面影響。至於父親工作過量，則是與青少年衝突的重要因素，若雙親都有工作壓力，與青少年的衝突可能會導致嚴重的後果。

另外，雙薪家庭的特徵是會產生鑰匙青少年 (latchkey adolescents)，意指青少年從早晨上學，一直到晚上六、七點才會在看到他們的雙親。之所以稱鑰匙兒，是因青少年將家裏鑰匙帶去上學，當父母還在工作時，他們自己開門回家。鑰匙兒童和青少年，沒有父母的限制和監督，容易惹出麻煩，如在街上遊蕩、和兄弟姊妹吵架、偷竊，或任意破壞等。

與雙薪家庭相對的是父母失業 (Unemployment)，甚至長期無業。在一項調查中發現，失業或職場降級的父母，會影響青少年的學校適應與發展，使青少年顯得較不會與同儕互動，父母的失業與青少年的低生活滿意度有關 (Lerner & Steinberg, 2009)。對於成年人來說，失業會產生不安、怨懟、失望、徬徨與憂鬱心理，如果長期失業，更可能酗酒等，直接有害心理健康，間接影響親子之間的情感。與一個或兩個失業的父母生活在一起的青少年，顯示生活滿意度較差 (APA, 2021a)。推而廣之，全國的高失業率應該意味著全國青少年生活滿意度的平均水準會降低，因為更多的青少年會與失業的父母一起生活，親子緊張與貧困增加，此種狀況在COVID-19 封城管制期間非常明顯。基本上，青少年的生活滿意度，受父母工作滿意度及有沒有失業所牽連。

陸、貧窮與經濟緊張家庭

在大多數國家，很多兒童和青少年的家庭處在貧窮線以下，而且人數在不斷增加中，這可歸因於社會經濟貧富不均，父母謀職不易、失業、家庭收入降低，或原本家中就較為貧困。家庭經濟緊張，會干擾小孩正常的學習，甚至衍生小孩自卑心理，尤其處在炫富的友伴群體中，會導致青少年產生負面情緒。整體而言，家庭經濟拮据，加上父母因失業產生的痛苦，會造成家庭關係的緊張，會對青少年的情緒發展產生負面影響。

　　貧窮意味著家境與文化貧乏，對青少年而言，可能在補習與課外活動、生活消費、服裝打扮、休閒娛樂上面都較同伴不足，符合布迪厄 (Bourdieu, 1984) 的社會再製理論 (social reproduction) 的觀點，亦即家庭文化資本 (cultural capital) 較為欠缺。令人擔憂的是，貧窮與社會再製，是會代代相傳，來自低收入家庭的青少年在健康不良、教育失敗和行為問題等方面的風險會顯著增加 (Willekens & Lievens, 2014)。基本上，貧窮的青少年在成長過程中更容易出現各式各樣的心理問題。當父母處於經濟困境時，這些年輕人所接受的父母教養與管教的品質會降低，父母在經濟壓力之下，也容易採取嚴厲的、懲罰性的養育方式，以致親子間的衝突會更為突出。貧困家庭是社會的必然，任何時代，任何社會都難以避免。由於青少年生活在貧窮、底層鄰里品質、高風險的都市社區中，發展與生活風險較多，因此學校、政府與社會對出身貧困家庭的青少年需要更多的關照，協助克服學習困難，並尋求社會資源協助。另外協助青少年學習一技之長，能自我先脫貧，才能克服社會再製循環。

柒、移民家庭的調適

　　臺灣在 20 世紀後期，因為經濟相對比周邊國家繁榮，因而估計有 50 萬外籍配偶家庭，男性外籍配偶相對較少。臺灣新住民的組成多元，除了中國，還包括東南亞的越南、印尼、泰國、菲律賓、柬甫寨，東北亞的日本、韓國等，至 2021 年合計新住民已達 568,925 人，來自中國及港澳地區的新住民最多，有 371,373 人，其餘來自東南亞等國家新住民有 197,552 人，新住民子女總數，也突破 20 萬人（移民署，2021）。在概念上，新移民家庭被廣泛地定義為有一個或多個成員從另一個國家遷移而來，可能是夫妻中的一個成員或兩個成員都是。新住民青少年的教育與適性輔導策略有：(一) 鼓勵發展「第一語言」，讓親子間能以母語溝通。(二) 家長與教師應充分使用各種有助於提高學習效果的媒體資源。(三) 提供豐富的語言學習環境與多元學習課程，尤其是青少年父母的語言。(四) 教師要與學生共享多元原生文化，提高學生歸屬感。(五) 重視學生的能力與專長，及早學業介入輔導。(六) 師生與同學間能清楚的溝通與互動。(七) 利

用各種學習活動激勵學生表達情感，以及語言學習效果。(八) 鼓勵同儕互動及活動參與，能相互關懷與體諒。(九) 學校應聘用合格專業老師，能接納、支持、耐心與關懷所有新移民家庭小孩。(十) 鼓勵父母親積極參與小孩子的學習活動，小孩如有出現困難時，知道如何尋求協助。(十一) 增加專業與半專業人員的協助，如語言治療師、社工師、心理諮商師、社區義工等的協助。(十二) 鼓勵新住民小孩的尋根活動，讓父母以小孩為榮（黃德祥，2006a）。

　　總體而言，移民家庭社涉及個人特質、語言學習、家庭成員、社會和親屬網路等，同樣會影響成長中的兒童與青少年適應。一般而言，假如外籍媽媽或爸爸適應良好，婚姻滿意度高，子女適應也會相對提高，亦即更關鍵的因素是家庭的社經條件、收入與父母的職業及婚姻調適。

捌、LGBT 家庭的調適

　　LGBT 家庭係指父母之一是女同性戀者 (Lesbian)、男同性戀者 (Gay)、雙性戀者 (Bisexual) 和跨性別者 (Transgender) 組成家庭，撫養一個或多個孩子。普遍的專業意見是，父母的性取向與他或她成為一個好父母的能力沒有關係。由於社會對 LGBT 的接受度漸增，但社會大眾的存疑仍在。基本上，父母的性取向與成為好父母的能力沒有關聯，父母的經濟條件與對子女的關愛與充分照料，才是關鍵。美國主要的兒童福利、心理學和兒童健康組織也都發表了政策或立場聲明，宣布父母的性取向與他或她撫養孩子的能力無關。許多組織還譴責在收養、監護和其他養育情況下對於性取向的歧視，並呼籲為所有父母和兒童提供平等的權利 (APA, 2021b)。

　　美國兒童和青少年精神病學會 (American Academy of Child and Adolescent Psychiatry, 2021) 主張，所有與監護權和父母權利有關的決定，都應該以兒童的利益為基礎。沒有證據表明或支持女同性戀者、男同性戀者、雙性戀者或跨性別者的父母與異性戀父母相比，在養育技能、以兒童為中心的關注和親子依戀方面本身就有優勢或劣勢或不足。沒有可信的證據表明，父母的性取向或性別認同會對孩子的發展產生不利影響。美國家

庭醫生學會在 2002 年 10 月的會議上通過了以下立場聲明：「美國家庭醫師協會支持制定政策並立法，促進為所有兒童，包括各式養父母的兒童提供安全和滋養的環境，無論父母的性取向為何」。美國兒科學會在 2002 年 2 月也發表聲明，支持男女同性戀者的養育子女權，並呼籲為男女同性戀者的父母提供平等的共同養育權。父母為同性戀的兒童與父母為異性戀的兒童在健康、適應和發展方面具有同樣的優勢和期望。儘管社會越趨接納，專業上也容許，LGBT 家庭的青少年仍會有較多的成長調適與外界質疑的挑戰。

第四節 新時代的青少年親子關係與適性輔導

　　青少年期是人生一個重要的發展階段，標誌著即將由童年過渡到成年期，幼兒時期對父母的密切情感聯繫與依附 (attachment)，是小孩生活與生存的憑藉。隨著年齡長大，青春期到來，親子關係逐漸有了質與量的改變，在質方面，青少年與父母關注的問題不同，相互間的話題也不一樣，青少年關心自我內在世界，與對外在世界認知的改變，父母仍然大都關心養家活口或子女的成績與成就；在量方面，青少年有了新的同儕友伴，花較多時間在家庭之外的交友及活動上，不再聆聽父母的高談闊論。青少年需要尋求獨立自主，但生活與學習各面卻仍需要父母的支持與參與，尤其是在金錢提供與學習及生涯規劃上。多數學者認為，在今日高科技時代，青少年時期的親子關係與父母教養行為，有重新檢視、省思與調整的必要 (Smetana, 2017)。

壹、當代父母難為？

　　今日父母的養育方式與 20 世紀的養育方式有何不同？青少年的父母又有哪些新挑戰？「經濟合作與發展組織」(Organisation for Economic Co-operation and Development [OECD] (2020) 的研究報告指出，要理解今天兒童與青少年的教養需求，需要先理解 21 世紀的父母親。基本上，今日

父母對子女在健康福祉、認知、學習和社會情感的發展上，跟過去一樣有著重大影響，但現在的育兒工作對父母而言，更具有挑戰性。在過去的半個世紀裡，由於科技高度發展，世界各國都發生了重大變化，已經大大改變了家庭生活與親子關係，對父母教養子女的方法有著潛在的影響。前述經典的親職教養理論和面向，似乎仍能充分描述與解釋當代父母的教養方式。但近年來，許多父母不確定如何掌握養育孩子的方式。面對各種育兒資訊，以及公私立機構多樣化的教育方法，感到不知所措，不知道如何選擇。許多家長求助於網際網路或育兒百科叢書，但可能會被無邊無際的育兒方法所迷惑，甚至失去方向。

儘管如此，在更多的工業化國家中，父母教養普遍從專制型轉向威信型。在美國，隨著時間的推移，父母對體罰的認可度普遍下降，這在受過高等教育的父母中更為明顯。然而最近，「密集教養」(Intensive parenting) 或「過度教養」(Overparenting) 議題受到學者的關注，這是當代養育子女的普遍趨勢，亦即父母更密集地利用時間與孩子在一起，包括：對話、教學、閱讀、玩遊戲、視訊、電話、哄孩子睡覺、陪伴、接送孩子上下學和其他聚會等。雖然父母更多的參與是積極的，但意味著父母的努力變得太多，對兒童與青少年的發展反而不利，目前各國各種過度教養的方式，特別是在中上階級父母中，極為明顯，形成新的父母教養類型：(一) 協力培養型 (Concerted-cultivating parents)：此類父母有意圖地刺激孩子的發展，例如在孩子的生活中加入有組織的休閒活動，用以培養小孩的才能或才藝。他們對學校的參與度過高，要求教師對他們的孩子應給予特別關注。(二) 直升機父母型 (Helicopter parents)：此類型父母一直盤旋在他們的孩子身上，過度保護他們，為他們解決問題。這些父母過度參與，並常使用在發展上不適當的策略來保護他們的小孩，以確保他們的成功，最終阻礙了孩子為自己的選擇承擔責任。(三) 老虎型 (Tiger parents)：此類虎媽虎爸型，對孩子施加嚴格的控制，施行限制性、懲罰性的管教方式，以強制手段促進子女的成功。然而他們依然充滿愛、溫暖和關懷，但不接受孩子任何討論與商議 (OECD, 2020; Sovet & Metz, 2014)。另一方面，家庭越來越多樣化，例如，分居家庭、通勤家庭、同性父母、多民族家庭、更多的監護人、單親監護人，以及與更多無血緣關係的人在一起生活，都是

當前新型態家庭對青少年父母的挑戰與壓力。

貳、親子關係的轉變與親職疏離症候群

　　假如今日父母難為，今天青少年面臨的挑戰和危險卻也是大多數父母在成長過程中未曾遭遇過的，比如網紅、網路詐欺與掠奪、網路欺凌、社交媒體與網路色情沉迷、個人前途茫然、謀職不易、真實人際互動降低等，所有這些都可能導致青少年困惑、焦慮、憂鬱。此外，青少年緊盯著螢幕的時間比父母想像的要多，同時吸收了大量無法控制的資訊，影響著青少年的日常生活適應。青少年在「情感背包」(Emotional Backpack) 中攜帶了什麼，父母可能不太清楚。有些青少年在學校有健康的應對機制，父母幫助他們發展，並在學術、社會和情感方面取得成功。但有些青少年沒有父母充份的支持，或由於家庭變故而使情緒內化，導致憤怒、怨恨、有家不歸、缺乏適當社會聯繫、孤立無援等。如果父母不注意，沒有讀懂孩子的信號，青少年就會誤入歧途，漸進式的走向下坡路，出現破壞性或偏差的行為。

　　青少年與父母親子間建立信任、安全、關懷的關係是青少年成長的動力，但有些父母卻反其道而行，精神醫師葛登納 (Gardner,1985, 2001) 指出，某些父母容易罹患「親職疏離症候群」(Parental Alienation Syndrome, PAS) 或稱「異化綜合症」。「親職疏離症候群」係指父或母利用孩子，疏遠或拒絕另一方父或母的一套策略。當「親職疏離症候群」發生在青少年孩子身上，他們會憎恨、害怕和拒絕目標父母，認為不值得與之共存。青少年孩子在父或母一方的操縱下，與另一目標方父母反目成仇，拒絕與之接觸。在離婚或分居訴訟後的監護權糾紛中，這種與父或母一方結盟，而拒絕另一方的情況最常發生，特別是當訴訟曠日持久，或涉及雙方之間情感與財務分配嚴重對立之時。

　　青少年「親職疏離症候群」有八個主要症狀：(一) 無情地詆毀目標父母；(二) 詆毀的理由輕率、軟弱或荒謬；(三) 對詆毀缺乏內省或內疚；(四) 存有矛盾心理，以至於孩子認為父或母一方完全「好」，另一方完全「壞」；(五) 在任何衝突中自動支持結盟的父或母；(六) 敵視並拒絕與目

標父或母的接觸；(七) 存在「借來的情景」，即青少年在描述對目標父或母之厭惡時，往往使用結盟的父或母使用的相同情境語言；(八) 兒童或青少年會堅持認為詆毀目標父或母時是在彰顯自己的觀點 (Gardner, 1985, 2001)。

在圖 7-2 中曾呈現父母的人格、工作與婚姻會影響對子女的教養行為，再進而影響孩子的發展。基於此，青少年父母在婚姻與工作上應時時自我調適與因應，並力圖建立良善的親子關係，以促進青少年的積極成長與發展。即便在父母本身婚姻破裂時，亦應維持寬容與和平，通過設定與調整，在情感和控制之間保持適當的平衡，不把小孩捲入婚姻紛爭之中，避免青少年產生「親職疏離症候群」。青少年是情感敏感的時期，他們應該被愛，被關懷與溫暖的接納。

「經濟合作與發展組織」(OECD, 2020) 即指出，當前青少年教養的三大元素是：(一) 愛與關懷 (Love and care)：父母與子女的互動是溫暖的、親切的。他們對小孩的痛苦有敏感性，並能提供足夠的支持和安慰，以減輕任何痛苦。相關的特質是父母的支持、回應、參與、接受、愛、認可、親近與聯繫 (connection)。(二) 鼓勵自主 (Promotion of autonomy)：以小孩的觀點為參照點，創造機會讓小孩體驗心理自由，提供選擇機會並鼓勵主動性。在介紹規則時，說明其意義及理由。自由、民主教養、非指導性、給予心理自主性。(三) 輔導與規範 (Guidance and regulation)：家長表達對小孩行為的明確期望，在需要時提供支援，以及給予積極的、過程導向的回饋 (process-oriented feedback)；適當監管、行為掌握、要求、明確控制 (firm control)、監督、制定規約、肯定性控制 (assertive control)。OECD 指出與此相反的三大不利教養方式是：(一) 拒絕 (Rejection)：父母在與孩子的互動中冷漠、忽視，他們對孩子要求支援的呼聲沒有敏感度。(二) 施壓 (Pressure)：父母是有壓力、專橫的，他們將自己的人生議題強加在孩子身上，採取施壓、侵擾和操縱的行為。(三) 混亂 (Chaos)：父母的要求無法預測，不清楚他們對孩子之行為和目標的期望，有時是極其寬鬆，不設定任何規則或限制，有時極度嚴苛。父母還可能不斷的批評，因而破壞孩子的成就和表現。

參、積極的親子溝通與教養

青少年在家中，通常最想要跟父母談論的事項有：(一) 家庭問題：青少年想要參與決策，並了解家庭中的問題。(二) 有爭議的問題：青少年常有類似的困惑，父母可以，我為什麼不可以？如為什麼我不能喝酒？(三) 情感問題：青少年想知道父母對同性及異性交友的真實感受。(四) 較大的社會問題：青少年開始對選舉、戰爭、宗教和哲學問題產生興趣。(五) 未來期望：青少年好奇並關心父母對他們的未來期望。(六) 關切時事：青少年對生活和社區中正在發生的事情有些疑問。(七) 個人興趣：青少年希望父母對他們的活動、音樂、運動和朋友有興趣。(八) 父母的生活：青少年想知道對這個年齡時的父母是如何？包括情緒和曾經犯過的錯誤。

在親子教養與溝通上，彙整各種不同機構與專家的論點，青少年的父母可以遵循下列的原則與策略：(一) 提供穩定、安全、充滿愛的居家環境。(二) 營造誠信、互信、尊重的氛圍。(三) 善用家庭用餐時間，創造開放式溝通的文化。(四) 允許獨立和發展自信。(五) 鼓勵親子間無話不談的關係。(六) 教導家庭成員自我的財物責任。(七) 教導基本的家務責任。(八) 明確指出行為接受的限度。(九) 塑造青少年的良善行為。(十) 認識他們孩子所面臨的挑戰、衝突或機會。(十一) 幫助孩子調節和發展對情緒的控制能力。(十二) 制定溝通的基本規則。(十三) 父母不在孩子面前互相責罵或爭吵。如果有必要，需要在隱密地方解決衝突。(十四) 父母雙方都應尋求外在幫助，或專業諮商，解決自己的問題，避免家庭中出現可能的敵意，並減少爭吵的頻率。(十五) 在孩子面前樹立相互尊重的榜樣，不要在孩子面前說另一方的負面情事。(十六) 不要嘮叨講大道理，不要一講幾個小時。(十七) 保守小孩秘密。(十八) 仔細傾聽青少年小孩的擔憂和感受，尊重他們的觀點，青少年常常害怕被教誨、懲罰或不被理解。(十九) 強調青少年可以，而且應該為自己的行為做出選擇，並對這些決定負責。(二十) 多多給予讚美。(二十一) 告訴孩子父母很愛他。(二十二) 給予他們溫情和尊重。(二十三) 對他們的生活顯出持續的興趣。(二十四) 瞭解並接納他們改變中的認知及社會情緒發展。(二十五) 表達對行為和成就的高度期望。(二十六) 以威信教養及建設性方式，處理問題和衝突。(二十七) 逐漸放棄

控制與約束，能鼓勵與支持子女獨立。(二十八) 傾聽、瞭解與增多談話機會。(二十九) 付出愛與關懷，青少年遭遇失敗與挫折時給予安慰、鼓勵與支持，而非斥責與嘲笑。(三十) 充分信任青少年子女，不能像偵探般的刺探子女的生活、交友與隱私。(三十一) 應以眞誠的態度建立家庭溝通的基本規約或準則，避免相互誤解。(三十二) 家庭成員間應以同理心傾聽對方的感受，並且不加以批判。(三十三) 多使用「我」的訊息 (I message) 作溝通，並誠實的表達自己的觀念與觀感。(三十四) 少批評與給予告誡，批評與告誡容易造成言者諄諄，聽者藐藐的結果。(三十五) 發展共同的興趣，嘗試留出時間進行有趣的家庭旅遊、一起過節、度假。(三十六) 慶祝孩子的成就，分擔他們的失落，並對良好的表現感到高興。(三十七) 維持與傳承優良的家庭傳統、慣例和儀式。(三十八) 必要時召開家庭會議解決問題，讓每成員都有機會表達意見，並提出解決方案。(三十九) 設定規則和後果，鼓勵青少年表現良好，知道哪些行爲是可以接受和不可以接受的，要明確和簡潔，如不能在外面過夜。(四十) 樹立積極的榜樣，讓青少年通過觀察與模仿父母，學習如何做人 (APA, 2021a; Alm, Låftman, Sivertsson, & Bohman, 2020)。

　　總之，父母親職教養策略洋洋灑灑，無限之多。當前父母難爲，父母對青少年的養育及教養，無法全盤兼顧，都是邊學邊做，適時調整。世界上並沒有一個放之四海而皆準的方法。但親子溝通與教養萬變不離宗，最重要的是，相互理解與信任，青少年能感受到被愛與尊重，家庭成員之間能儘量減少衝突，最重要的是滿足青少年孩子身心發展的需求。柏拉圖 (Plato, 429-347 BC) 曾說，在所有的野生動物中，孩子是最難應付的 (From all wild beasts, a child is the most difficult to handle)。顯示自古教養小孩都是艱辛與不易的。但柏拉圖也相信，父母留給子女的不是財富，而是虔敬的精神 (Let parents bequeath to their children not riches, but the spirit of reverence)。父母良好的教養行爲，足以培養出良善與成功的小孩。

☆問題討論與班級學習活動☆

一、請說明家庭的意義、特徵與功能，並以自身經驗說明家庭對您有何重大的意義？

二、請敘述重要的親職教養理論，比較分析其異同，並以個人的體驗，申論哪些父母教養方法較適切？

三、在快速變遷的當前社會中，家庭有哪些不一樣？具有那些顯著特徵？可以改變嗎？未來又會如何發展？

四、請以個人體驗，說明青少年衛星理論所呈現的親子關係及改變過程的可靠性。

五、父母婚姻狀況通常會影響親子關係，請思索您父母的婚姻狀況，敘述其對您的影響為何？您期待自身的婚姻與親子關係如何積極發展？

六、青少年與父母之間親子爭執、衝突在所難免，舉例說明當前親子爭執與衝突的主要事由，以及如何形成具建設性的衝突 (constructive conflicts)？

七、請說明親職疏離症候群的意義、特徵，及其在青少年適性輔導上的意義。

八、請說明如何有效幫助與輔導單親或父母離婚的青少年？學生的父母正在離婚爭執之中，身為教師的您，如何幫助學生度過難關？

九、LGBT 家庭的調適與親子教養漸受關注，美國心理學會 (APA) 的輔導準則對教育及輔導人員有何啟示？

十、請說明父母缺席與移民家庭青少年的輔導策略。

十一、在病毒蔓延的今天，受苦的人增加，貧窮與經濟困難的家庭增多。請敘述如何輔導貧苦家庭的青少年？您的學生家長無業或失業中，您如何輔導這些青少年增強復原力？

十二、祖父母對孫子女的教養功能，日漸受到重視，請說明當前祖父母在家庭中的地位為何？您與祖父母的關係如何？何者是祖父母最佳的教養策略？

十三、請訪問青少年的父母，歸納整理他們的意見，說明哪些教養原
　　　則與策略最適宜青少年的成長與發展？如有可能，也請教自己的
　　　父母親，當您在青春期時他們的主要教養策略有哪些？有哪些積
　　　極意義？

第八章

青少年的道德與品格、情緒發展及適性輔導

第一節 青少年的道德與品格發展

　　青少年隨著生理成熟與智能水準的提升，也開始思索人生的意義與價值，尤其是善與惡的標準何在？爲何在童年所見的世界，如今變得複雜、多樣，甚至感覺壞人那麼多？做壞事的人爲何沒有受到應有的懲罰？一連串的疑惑，造成青少年內心的不安與不滿，進而會對成人世界感到失望，因此，適切的青少年道德與品格教育，對個體終身發展，至關重要。尤其當前數位科技發達，各式各樣網站無奇不有，無所禁忌的言論也經常出現，有些網紅甚至滿口髒話，與父母及老師所教的極爲不同，整體社會呈現「倫理與道德多樣化」(ethical and moral diversity) 的景象，青少年的倫理與道德判斷面臨更多的困惑與挑戰。

壹、青少年道德發展的意義與要素

　　道德 (moral) 是指人的習性與品性，以及人際間所應遵守的規範或準則。道德同時也反映了個人的價值觀與理想，是個體人生哲學的基本所在。青少年的道德發展之所以受到重視，乃因爲進入青春期，青少年開始關心個人與社會的道德規範，同時也注意何謂是非善惡，個人並對社會秩序與社會現實開始有了新的建構，道德成爲青少年思考與生活的中心。

　　以心理學的觀點而言，青少年的道德發展可分爲知、情、意三層面：(一) 知的層面：知就是道德的知識 (moral knowledge)，青少年必須具備充分的道德知識，才有道德判斷的基礎。道德判斷本身就是對於是非善惡的認知作用。(二) 情的層面：情是指道德情緒 (moral emotion)，是青少年在

成長過程中發展出的控制行為之情緒感受力量。當青少年面臨誘惑，或在發生過錯行為的前後，內心感到罪疚或羞恥，即是道德情緒發生作用。個人由於有避免感受到不愉快情緒之傾向，因而促使青少年表現適切的道德行為。(三) 意的層面：意就是道德意志力量 (moral willpower)，亦即個人面臨誘惑而能不迷失的自我控制力量。自我控制是個人在判斷目前的情境與分析行為後果之後，所做之自控的反應，是決定個人道德行為的重要因素。

另一方面，青少年的道德發展包含三個要素：(一) 道德的行為 (moral behavior)：與道德有關的行動；(二) 道德的情緒 (moral emotion)：與個人的感受及情操有關；(三) 道德的判斷 (moral judgement)：即道德的推理或對道德的思考方式。青少年的某一種道德行為或反應都可能包含此三個要素。

貳、青少年道德發展的特徵

一般而言，青少年的道德發展因認知發展程度提升，具有下列的特徵：(一) 道德相對主義 (moral relativism)：青少年的道德能力逐漸脫離是非二分法，不再依賴社會所接受的刻板印象或權威人物的看法作為判斷的依據。相反的由於抽象思考能力的提升，青少年會開始作假設性的思考；更重要的，能比較、對照事物的各個層面差異情形，並且能考慮問題的不同解決方法，不再受制於成人所提供的「正確答案」。(二) 道德的衝突增多 (conflicts)：青少年無疑的會遭遇比兒童期更多的道德問題，如喝酒、開車、性、抽菸、賭博等誘惑都比兒童期顯得更直接，且日益增多。同時，父母、師長、同儕、課本等對這些涉及道德的問題所持的看法卻常有衝突，引發青少年極大的困惑，例如父母與師長把抽菸視為有害健康的行為，但同儕卻把抽菸當作炫耀的舉動，更矛盾的是部分父母與師長本身也在抽菸。青少年更常因為想追求獨立自主，或為抗拒父母及師長的關心，而故意採取與父母或師長不同的道德價值觀念，導致青少年的道德衝突比兒童期顯著的增多。(三) 道德上的知行不一 (inconsistency)：青少年道德發展上的另一個特徵是道德的認知與道德的實踐之間存在著鴻溝，甚多青

少年已能理解何者是善？何者是惡？但卻不一定會有所行動，或遵守規範。尤其青少年容易在同儕壓力下放棄自己所認知的道德原則，當外在引誘力夠大的時候，青少年不容易克制自我，因而會做出違反道德規範的事。多數違規犯過的青少年都知道自己行為的不當，但又常常自我把持不住，一而再的重複做不當的事，因為成人所認為不當的事，卻是青少年心理滿足的泉源，道德的知與行乃形成分歧狀態。(四) 與成人道德觀念的疏離 (alienation)：青少年雖然身心日益成熟，但卻仍不為成人所充分接納，無法享受成人的特權，因此心理上與成人世界有著疏離感，青少年在道德思考上也不會認同成人的標準，以免自我受到限制。不過青少年道德觀念的疏離感隨著個人責任感的增加與身分地位的受到認可，將會逐漸降低。親子間的代間差距（或稱代溝）通常以道德觀念的差異最為顯著。

參、品格與道德教育的意涵與重要性

　　中國儒家傳統上講究修身養性，培養良好的品德，從修身、齊家、治國、到平天下都是以道德為基礎。科舉時代也都是以四書五經為教材，整套儒家思想蘊含了為人處世的哲學與規約。基本上，社會強調讀書人的人品與修為，期待術德兼修，或品學兼優，讀書人在社會上也是一般民眾的道德表率，這套人倫道德標準，維持了千百年農業社會的穩定與和諧。

　　西方國家因為深受基督教倫理的影響，強調對神的虔敬與誠信，人生的價值在於榮耀上帝 (Glory to God)，行為舉止有一定規範。美國在移民初期清教徒時代，力行虔誠 (piety)、忠誠 (loyalty)、勤奮 (industry) 和節制 (temperance)，美國拓墾時代的精神，也被視為是美國的立國價值。同時在天主教教義中也對社會有強烈約束力量，如禁止墮胎，注重聖潔，反對婚前性行為等，讓社會維持一定程度的安全與穩定，基本上東西方社會傳統都很重視為人處世的道德與品格。

　　然而進入工商時代，人際互動密切且複雜，人與人之間的分寸就不如過去農業時代的單純，因此恪守道德並非人生的第一要務，也因此人際困擾與社會衝突增多，人際與社會互動經常不是依賴道德，而是依靠法律調處、訴訟與刑罰。然而徒法無以自行，社會的安全與順利運作，仍需依靠

大眾的品格與道德，亦即是每個人的自律道德，而學校就是涵養心性，養成良好品格的重要場域。

美國從1980年代開始，受到郭爾堡道德發展理論的影響，學校的「道德教育」(moral education) 特別注重道德的思辨與推理，強調讓青少年理解道德的意涵，培養道德推理能力，在課堂上並以道德兩難問題做為思辨與討論題材，風起雲湧形成一股道德教育風潮，但實務上郭爾堡式道德教育可能在社區條件良好，學生家長社經地位中等以上者，效果較為顯著，同時因為道德推理需要較長久的教材設計與師生討論時間，效果並非顯著，加上1990年代開始美國學校暴力不斷，並發生多起校園槍擊案件，令各界重新省思校園安全與教育到底疏失在哪裡？以2021年為例，就發生了24起校園槍擊案件，造成6人死亡，34人受傷。自2018年以來，美國校園共已經發生了82起校園槍擊事件。COVID-19大流行之後才中斷了不斷上漲的趨勢，校園槍擊受害人數下降的主要原因是，幾乎所有學校都採取在家遠距學習 (Education Week, 2021)。也因此，「品格教育」(character education) 就此興起，成為目前學校教育的主流，不過新式的品格教育卻也充滿爭議，亦即學校有權灌輸學生某些特定的價值、美德與教條嗎？

1992年7月，美國一群關心學校品格教育的教育工作者，由非營利機構約瑟夫森倫理機構 (Josephson Institution of Ethics) 倡議，共同起草發布了「阿斯彭品格教育宣言」(Aspen Declaration of Character Education)，提出了品德教育的八項原則：(一) 在非常關鍵的時代，下一代即將成為我們社區、國家和地球的管理者。(二) 在這樣的時代，為了我們社會的福祉，需要具有良好道德品格 (moral character)，且能參與及關懷的公民。(三) 人不會自動養成良好的道德品格；因此，必須認真努力幫助年輕人培養道德決定，以及道德行為所必需的價值觀和能力。(四) 有效的品格教育需植根於民主社會的核心道德價值觀，特別是尊重、責任、誠信、正義與公平、關懷、公民美德和公民責任。(五) 這些核心倫理價值觀超越了文化、宗教和社會經濟差異。(六) 推展品格教育是家庭和宗教團體的首要義務，但學校和青年服務組織也有責任協助培養青少年的品格。(七) 當相關組織團體協同工作時，這些責任才能最好地被實現。(八) 青年人的品格和

行為反映了社會的品格和行為；因此，每個成年人都有責任教導和塑造核心道德價值觀，每個社會機構也都有責任促進良好品格的發展。

此後，品格教育 (character education) 相關的教育活動、課程設計與機構組織陸續擴展，呈現百花齊放的盛況。早期的學校教育注重 3R 的教育，亦即讀 (Reading)、寫 (Writing)、算 (Arithmetic)，當前的教育將品格教育包含在內，則是 5R 教育，即在 3R 教育之上，再加上第 4R（尊重，Respect) 與 5R（責任，Responsivity) 的教育。事實上，品格與道德的核心價值與根基就在於尊重與責任，兩者就是品格教育的代表 (Lickona, 2012)。整體品格教育注重教導與教誨的過程，近似使用儒家誨人不倦的精神，有系統地教導學生一套人倫道德規範與道德價值。

品格教育有六大支柱 (Six pillars)，是當前品格教育的核心價值。分別是：(一) 誠信 (Trustworthiness)：保持誠實。不欺騙、詐騙或偷竊。為人可靠，有勇氣做正確的事。能建立良好的聲譽，並忠於自己的價值觀，信守承諾。(二) 尊重 (Respect)：尊重他人並遵循法則。能夠接受人我的差異。有禮貌，不講髒話或口出惡言。能體諒別人的感受。不威脅、打擊或傷害任何人。能平靜地處理憤怒、侮辱和分歧。(三) 責任 (Responsibility)：做自己應該做的，為所當為。能未雨綢繆。勤奮、堅持、盡力而為。能自我控制，自制自律。三思而後行。對言行負責。為他人樹立好榜樣。表現積極的態度，做出正確的選擇。(四) 公正 (Fairness)：能遵守規則，會與他人輪流分享。思想開放，傾聽別人說話。不占別人的便宜。不責怪別人。公平對待所有人。(五) 關懷 (Caring)：善待他人，富有同情心，展現對他人的關心。有同理心。能表達感恩之情。會寬恕與憐憫他人。幫助有需要的人。能做慈善奉獻。(六) 公民權利義務 (Citizenship)：會盡力讓家庭、學校、社區和世界變得更美好。具合作精神，參與社區事務，做個好鄰居。踴躍投票。能為保護他人的安全和權利挺身而出。努力保護環境。這六大支柱亦即是美國學校品格教育的支撐力量與核心價值 (Character Counts!, 2021)。

「阿斯彭品格教育宣言」是將「道德」與「品格」兩字並存。事實上根據歐姆洛等人 (Ormrod, Anderman, & Anderman, 2019) 的論點，品格教育與道德教育有所不同，如表 8-1 所示。

表 8-1 品格教育與道德教育的異同

	品格教育 (character education)	道德教育 (moral education)
目標	傳遞道德價值 將這些價值轉換成品格特質或行為	道德推理能力 道德議題的決定
教學	學習與分析價值 練習與獎賞良善價值	道德兩難是解決問題的焦點 以討論提供機會，分享道德觀點，並加以分析
教師的角色	講師及倡導者 角色楷模	問題提供者 催化者
學習者的角色	尚未社會化的公民需要道德的指引與輔導	使用資訊去建構複雜的道德結構

資料來源：Ormrod, Anderman, & Anderman (2017, 2020)。

　　目前國內學校並未將品格教育當作一種課程，傳統上有「晨間導師時間」、「生活與倫理」、「公民與道德」等正式課程，在這波教改運動後已被刪除，殊為可惜，因為品格教育重視教誨的過程，課堂上老師的諄諄教誨，有助於學生的品格道德思辨，自我反思，並期待能發展美德，能「知善」(Knowing the good)、「好善」(Desiring the good) 與「行善」(Doing the good)。當然品格教育也可以搭配其他教育主題如人權教育、法治教育等教育議題融合教導學生。人權教育重視對自己及他人權益的尊重。法治教育注重知法與守法的教育，生命教育倡導珍惜生命、愛護生命。生活教育注重良好生活習慣的培養。公民教育則強調公民責任與義務的涵養。

第二節 青少年道德發展的理論基礎

　　對青少年的道德發展論述最多的以佛洛伊德的精神分析論、班都拉的社會學習論、皮亞傑的認知發展理論、郭爾堡的道德判斷論、基里艮 (Gilligan, 1982) 的女性道德發展論，以及瑞斯特等人 (Rest et al., 1999) 的新道德推理發展論為主要，以下分述之。

壹、精神分析論

　　精神分析理論認為個體的道德觀念與道德行為是受本能衝動所支配，經由內化與認同作用，兒童認同重要他人的道德與價值，至青少年階段逐漸形成超我，具有辨別是非善惡的能力，超我即等於個人的良心，超我發展良好的人可以免於本我的衝動，並免於受自我的支配，而能表現符合社會規範及具有良好情操的行為。

　　精神分析理論由於特別重視早年生活經驗與親子關係，因此也可以類推，青少年道德發展良好與否和早年的生活歷史，以及親子關係有密切相關，亦即青少年的道德表現乃奠基於兒童階段。倘父母有良好的道德水準，子女也較有可能發展出較高層次的道德水準。良好的親子互動有助於青少年超我的發展。

　　依照佛洛伊德的論點，超我包括自我理想 (ego ideal) 與良心 (conscience) 兩個部分，自我理想是個人對所應該做的事所抱持的信念，良心則是個人應該如何去行動的規約。此外，新精神分析學派大師艾力克遜 (Erikson, 1975) 對青少年的道德發展也有獨特的見解，艾力克遜認為人生之不同階段中會面臨不同的心理社會危機，道德的發展也貫穿一生，倘道德發展不利時，會形成「固著現象」(fixation)，最高的道德發展應該是能達到「有倫理」(ethical) 的狀態，具有倫理狀態的個體能夠獨立作決定，能調和情感與正義，並使道德水準提升，也較能克服各階段的心理社會危機。青少年的道德發展水準與其個人對克服危機所付出的努力成正比。

貳、社會學習理論

　　班都拉 (Bandura, 1986) 的社會學習論強調道德的發展是透過模仿、認同的過程，在增強作用和示範作用之下，將文化規範內化的結果。青少年的道德發展經由向父母、師長或其他重要他人等楷模學習，以及受到外在獎懲的增強制約，而表現符合社會文化規範所預期的行為，並逐漸內化成為自我控制的道德水準。

　　社會學習理論認為道德的發展有三個重點：(一) 抗拒誘惑：在具有誘

惑力的情境之下，個人能依據社會規範所設的禁制，對自己的慾望、衝動等行為傾向有所抑制，因此在行動上不致做出違反社會規範的行為，此種情況即是道德的表現。(二) 賞罰控制：強調以社會獎懲使合於社會規範的行為得以強化，而不合於社會規範的行為因而減少。(三) 楷模學習與替身效應 (vicarious effect)：觀看到他人因某些行為表現而受到讚賞或懲罰時，自我也受到制約，同樣學到自我強化或抑制某些行為。楷模學習，事實上就是模仿，模仿時未必一定要觀察別人受賞罰的情境，只要是青少年喜歡的人，行為上所表現的特徵就能引起注意或羨慕，對青少年就具有示範作用。成人的以身作則對青少年的道德最具示範作用。此外，青少年道德也受到替身效應的影響。替身效應係指青少年周遭的人物因為行為的表現所受的懲罰，別人替代受過受罰，對青少年產生知覺反應，形成制約作用，產生類似殺雞儆猴的效果。

參、認知發展論

認知發展論認為「發展」具有三項特徵：(一) 是個體心理結構的基本改變；(二) 是個體結構與環境結構交互作用的結果；(三) 發展是有組織的 (organized)。郭爾堡就認為社會發展就是：(一) 自我概念；(二) 對他人的概念，以及 (三) 對社會世界與社會標準之看法等三者的「重組歷程」(restructuring)(Kohlberg, 1969)。換句話說，依郭爾堡的觀點來看，社會發展就是讓自我的行動與他人對自我之行動間能維持平衡 (equilibrium) 的結果。郭爾堡此種觀念是將皮亞傑的一般認知理論引申應用到社會道德發展之中。以皮亞傑為主的認知發展論者認為，青少年的道德發展和認知能力發展相似，須以積極的運思能力為基礎，才能對於道德的問題和情境，進行思考、認知、推理、判斷，以及做決定。雖然認知發展不是道德發展的充分條件，但卻是必要條件。個體的道德發展是個體與環境交互作用，使認知與心理結構產生重組的結果。上世紀初期的教育哲學權威杜威 (John Dewey, 1859-1952) 就曾指出，道德的形成是由於天賦的本能或衝動，經過個體思慮、推理、判斷，以及選擇等智慧作用後，所形成的有組織、穩定、良好的品格和習慣 (Dewey, 1993)。

　　皮亞傑認為嬰兒剛出生，在道德發展上是屬於個人主義 (individualism) 無律階段。個體道德發展的第一個階段是「他律道德」(heteronomous morality)。在此階段兒童遵照父母與成人所指定的方式有所為或有所不為，違犯了規範將會自動地受到懲罰，因此兒童會認為道德是不能改變 (unchangeable)，且固定的。道德發展的第二個階段是「自律道德」(autonomous morality)。自律的道德也是一種「合作的道德」(morality of cooperation)，因為兒童或青少年在他們的社會世界中容納了更多的同儕，開始與他人密切互動與合作，因而充分了解到他人所設的規範，也知道道德是可以改變的，是否違犯規範需考慮行為者的意圖與環境，違犯規範不必然要受到懲罰，到了青少年期認知能力發展之後，道德的思考、推理、判斷在廣度與深度方面都更加提高，行為的自主與自律日漸成熟。依照皮亞傑的觀點來看，認知能力就是道德發展的基礎 (Piaget, 1964)。表 8-2 係皮亞傑他律與自律道德發展之特徵的摘要表，此表有助於深入了解皮亞傑對道德發展的主張。

表 8-2　皮亞傑的道德發展階段論

他律道德	自律道德
一、以強制的關係為基礎，如兒童完全地接受成人的命令。	一、自主的個體間以合作及均等的認知為基礎。
二、主觀道德實在主義的態度：規範被視為是沒有彈性的要求、受制於外在權威、不能公開協商、善就是對成人與規範的服從。	二、呈現服從理性的道德態度：規範被視為是相互同意的結果、能公開協商、以個人的接納和共識為合法的基礎，亦就是能以合作和相互尊重的的方式符合要求。
三、惡的判斷是以客體及行動的結果為依據，同意成人的決定就是公平，嚴厲的懲罰被認為合理。	三、惡的判斷是以行動者的意圖為依據，均等的被對待或考慮個人的需要就是公平，適當的對違規者懲罰才是合理。
四、懲罰被認為是違規者自討的結果，正義不是天賦的。	四、懲罰被認為會受人的意向所影響。

資料來源：Slavin (1997), p.57。

肆、道德判斷論

郭爾堡的道德判斷理論模式部分已於先前諸多討論，他對道德判斷所建構的三層次六階段論點，備受推崇。事實上，郭爾堡著重於個人對道德的推理 (reasoning) 與判斷 (judgement) 的探討，尤其何者是善或對的事 (what is right)，以及個人對道德事件的理由判別，更是他關注的重點。深入而言，郭爾堡認為個體的道德發展具有上述的三個層次六個階段，道德判斷循規前期亦即是道德先前層次，在此層次中，幼童並不具有成人般的道德理解能力，道德的判斷都以所獲得的獎懲為依據。在循規期的層次中，兒童能根據他們所以為的他人想法作判斷的依據，尤其是以父母與師長等權威人物為依據。此層次的道德發展基礎在於既有的規約。第三層次的後循規期即屬於「原則化層次」(principled level)，在此層次的青少年會以倫理原則為依據，自己能建立道德原則當作行為的方針，此時自己所建立的道德原則並非一定與外在社會的一般規約相同。表 8-3 係郭爾堡道德發展階段的主要內容，包括什麼是對的？做對的理由為何？以及發展階段的社會觀點。

伍、女性觀點的道德發展論

郭爾堡的道德發展理論風行多年，至今仍是經典。紐約大學教授基里艮 (Carol Gilligan) 特別持女性觀點，認為郭爾堡的道德研究對象都是男生，所建構的理論並不能類推到女性身上。基里艮認為男性將「正義倫理」放在首位，女性則將「關懷倫理」放在第一位。基里艮另外建構了女性道德發展的三個階段，第一階段是「個人生存的道德」(morality as individual survive)，第二個階段是「自我犧牲的道德」(morality as self-sacrifice)，第三個階段是「均等的道德」(morality as equality)，不同發展階段具有不同的特徵，但基里艮沒有指稱確實達到道德發展水平的具體年齡。

此三個階段有對應的三個「位階」(position)：位階一 (position 1)：生存導向 (survival orientation)，只考慮個人需求的行動，但開始意識到自己對他人的責任。位階二 (position 2)：傳統道德 (conventional morality)，亦

表 8-3　郭爾堡道德發展階段的主要內容

道德發展階段	什麼是對的	做對的理由	發展階段的社會觀點
一、道德循規前期			
1. 避罰服從導向	不破壞規則、不使身體受傷害。	避免處罰、服從權威。	自我中心。不能考慮到別人的認知等。
2. 相對功利導向	守規則或付出自己的權益和需要。並要求其他的人也這麼做。	從維護自己的權益中，認知到別人也有他們的權益。	具體的個人主義。知道個人有其權益和衝突，所以最能互通有無。
二、道德循規期			
3. 尋求認可導向	希望人們親近，彼此就好像父子、兄弟、朋友一般。	保留並支持規則，願意去照顧別人，以成為一位「好人」。	建立人際關係。與別人分享情感，他人同意與期望比個人權益還重要。
4. 順從權威導向社會體系和良心	履行自己的責任，尤其對社會團體有貢獻。	支持制度的完整，避免破壞傳統。	不同社會觀來自個人的認同或動機。維持制度時亦考慮個體間的關係。
三、道德循規後期			
5. 法治觀念導向	了解人有多樣性的價值和看法，但最大的價值則是和團體的關係。	社會契約的訂定和維持要靠法律。所以對法律應有義務感。	自我價值觀先於社會契約。道德和法律偶爾會有衝突，應尋求調和之道。
6. 價值觀念建立	遵循自我選擇的觀念。法律建立在普遍性的道德觀上。	相信普遍道德規則的有效性。	道德觀念來自社會的安排。理性的人在於認知事實和道德。尋求道德的本質。

資料來源：Dusek, 1987, pp. 344-345.

即是循規道德，考慮他人需求或喜好，不考慮自己的需求或偏好。位階三 (position 3)：整合性關懷 (integrated care)，試圖將自己的個人需求與他人的需求加以調和與統合。

　　基里民的道德發展理論認為第一階段的道德發展就是由自私轉變為責

任，第二個階段的道德是由善轉變到真理的過程。第三階段的道德同時也是「無暴力」的道德。基里艮曾批評郭爾堡的道德理論過度誇張社會的目標，並且低估了人際關係的重要性。基本上，基里艮的道德理論注重關懷(care) 與責任 (responsibility)，而郭爾堡的道德理論則強調正義 (justice) 的發展。

　　將基里艮與郭爾堡的道德發展理論加以比較對照，可以發現基里艮倡導以非暴力或關懷為基本道德，郭爾堡則強調以正義為道德的基礎。在道德因素方面，基里艮重視關係，以及對自己及他人的責任、關懷、和諧、憐憫與自我犧牲，郭爾堡則重視個人權利、公正、互惠、尊重與規約或法律。在道德兩難方面，基里艮認為對和諧關係有所威脅，郭爾堡卻重視權利與兩難衝突。前者並且以關係為道德義務的決定因子，後者以原則為決定因子。在道德兩難問題的認知過程中，基里艮採歸納式思考方式，郭爾堡則注重形式與邏輯演繹方式。對自我道德的看法上，基里艮注重自我的聯結性 (connected) 與親和性 (attached)，郭爾堡較不考慮情感因素。在哲學取向上，基里艮的哲學較傾向於現象學，屬於情境相對主義 (contextual relativism)，而郭爾堡的理論較傾向於理性主義 (idealism)，著重正義的普遍性與共通原則的追求。詳如表 8-4 所示。

表 8-4　基里艮與郭爾堡道德發展理論的比較

不同點	基里艮	郭爾堡
一、基本道德	非暴力、關懷	正義
二、道德因素	關係、對自己及他人的責任、關懷、和諧、憐憫、自私、自我犧牲。	個人的神聖性、自我與他人權利、公正、互惠、尊重、規約、法律。
三、道德兩難的性質	威脅和諧與關係	權利衝突
四、道德義務的決定因子	關係	規則
五、解決兩難問題的認知過程	歸納式思考	形式、邏輯演繹式思考
六、自我道德的看法	聯結性、親和性	分離性、個別性
七、情感的角色	動機性關懷、憐憫	沒有情感要素
八、哲學取向	現象學（情境相對論）	理性（正義的普遍原則）

資料來源：Dacey & Kenny (1997)。

陸、新道德推理發展論

郭爾堡道德發展理論的追隨者瑞斯特等人 (Rest, Narvaez, Bebeau, & Thoma, 1999) 經過多年的研究，修正了郭爾堡的理論，稱之為「新郭爾堡道德推理論」(Neo-Kohlbergian Approach to Moral Reasoning)，瑞斯特等人以類似皮亞傑認知基模的概念，創立道德基模理論 (Schema Theory)，套用在郭爾堡的道德三階段論中，側重道德認知發展的原型探討。瑞斯特同樣認為道德思維的發展是連續性的階段或模式。新道德發展論同樣關注宏觀道德，包括社會正義、公平和人權，比較不重視微觀道德，例如人際關係與忠誠。道德基模發展共有三個階段：(一) 個人利益基模 (Personal Interest Schema)；(二) 維護規範基模 (Maintaining Norms Schema)；(三) 後循規基模 (Post-conventional Schema)。

新道德發展論中，三個道德基模具有下列意涵：(一)「個人興趣基模」：與郭爾堡的前循規期相當，強調個人利益在經歷道德衝突時，只重視個人的得或失，而不考慮對整個社會的影響。這種模式的焦點本質上是微觀道德的，並且與人際密切相關，相當於郭爾堡的前循規期中的關係和個人興趣。(二)「維護規範基模」：與郭爾堡的循規期相當，代表了如何在全社會基礎上組織合作，具有全社會道德觀點。維護規範基模支持此種觀點，即沒有法律就會沒有秩序；人們會根據自己的特殊利益行事，結果會是混亂和無法無天的社會。維護規範基模是大多數成人道德思維的典型代表，一個有秩序的社會，最典型的是切合郭爾堡理論中循規水平的法律和秩序。(三)「後循規基模」：擁有所有的道德義務，強調共同的理想標準，是完全互惠的，並且接受邏輯的一致性、社區經驗和與公認做法的一致性。新道德發展論非常注重通過以下方式組織社會，包括建立共識的過程，堅持正當程序，維護基本權利。後循規基模是社會中受過教育成年人的高級道德推理的典型代表 (Bell & Liu, 2015)。

第三節 道德與品格教育的實施與適性輔導

壹、道德推理與道德兩難教學

　　基於道德推理是個體道德發展的概念基礎，郭爾堡及其追隨者就設計無數道德困境或兩難問題 (moral dilemma) 供學生討論思考，以促進道德水準的提高。道德兩難問題就是道德教育 (moral dilemma as moral education)，也是一種衝突的道德困境思考教育，在兩難情況下，每個人所做出的每一種選擇都會有道德上的傷害，並且難以修復。目前文獻中可用的道德困境約有 50 個，道德困境都是編撰的短篇小說，描述了兩種相互衝突的道德原因及相關的情況，通過引導說明，要參與者在這個兩難困境中做出強制性選擇，之後也可以根據選答結果，請參與者說明選擇的理由，並據以判斷其道德發展層次是停留在哪一階段。

一、電車兩難問題

　　以電車兩難問題 (Trolley Problem) 爲例，電車困境有兩個主要版本。在第一個場景中，一輛失控的電車正駛向五名鐵路工人，如果電車繼續行駛，他們將被撞死。實驗參與者被要求從故事主角的角度出發，他可以選擇跳入並拉動一個開關，將電車重新定向到不同的軌道上，並拯救五名鐵路工人。然而，轉向另一條軌道時，電車將壓死一名原本不會被殺死的鐵路工人。在困境的第二種版本中，主角爲了停止電車而必須執行的動作是不同的。這一次，沒有開關，只有一個陌生人站在鐵軌上的橋上，但電車問題的結果是一樣的：犧牲一個無辜的人就可以救了五個鐵路工人。然而，這項實驗的參與者大都同意拉動開關。

　　故事主角可以選擇執行或不執行的「行爲」，都是道德罪過 (moral transgression) 或違反道德 (moral violation)。在違犯或不犯道德困境行爲之間的選擇，本身就是一艱難的道德判斷。做出傷害的決定被稱爲功利主義的道德判斷，因爲它權衡了成本和收益，而避免傷害的決定是一種義務論的道德判斷，因爲它更重視「不能殺人」的最高原則 (Christensen &

Gomila, 2012; Manfrinati et al., 2013)。

二、兩難的定時炸彈場景

　　另一個道德兩難困境問題事例是「滴答作響的定時炸彈場景」(Ticking time bomb scenario)。困境大致是：一枚大規模殺傷性的定時炸彈，隱藏在居家附近，並即將引爆，知情者已被關押，警察是否應該使用刑求或酷刑來審訊，以求得解除引信的方法。這是一個道德上的兩難問題，任一選擇都是不道德的。困境的第二個版本是：酷刑後知情者人仍閉口不說，是否應該進而也對其家人採取嚴刑逼供。

三、海因茲偷藥困境

　　郭爾堡最著名的道德兩難情境是海因茲偷藥困境 (Heinz dilemma)，主角海因茲的妻子將死於一種特殊的癌症。醫生認為只有一種藥物可以治癒她，但這是一家製藥公司最近才研發的一種先進配方。由於高成本的設備和單一的生產技術，這種藥物的生產成本非常高。最重要的是，該公司以生產成本十倍的價格銷售該藥物。海因茲向他所認識的每個人借錢，最終他的錢只有購買藥物費用的一半。他尋求會見這家製藥公司的首席執行長，告訴執行長他的妻子快死了，並懇求他以更低廉的價格出售該藥物，或允許他延遲付款，但被首席執行長拒絕了。他也不意外，因為藥廠在研發和設備上花費了大量資金，盈利是公司的首要任務。海因茲因此心灰意冷，不知下一步該怎麼做。最後，他闖入公司，為妻子偷走藥品。海因茲該不該偷藥的原因分析，可以據以發現學生道德判斷的發展層次。

　　這些相關的道德困境題材，就是道德發展的促進教材。郭爾堡認為道德的討論最有助於青少年的道德發展。道德討論的原則有：(一) 使學生暴露在下一個較高層次道德推理的情境中；(二) 讓學生暴露在與現在道德結構相矛盾或不一致的情境中，使學生不滿意目前的道德水準；(三) 道德討論需要有相互交換與對話的環境氣氛，尤其教師開放的態度更為重要 (Kohlberg, 1981)。郭爾堡曾依據自己的理論於 1974 年在美國麻州創設正義社區學校 (The Just Community School)，學校家庭背景差異甚大，有資優生、學習障礙者、有專業家庭與工人家庭的學生，人種也黑白都有。在

正義社區學校中，教師與學生有相同的權利與投票權，所有學校重要的規定都由每週舉行的社區大會決定，學校的課程、評分、行為問題，以及其他決策過程都由大會討論、決定。此外，每週還安排小組討論，在小組討論中，成員有高度的投入，使學生能暴露在較高層次的道德推理中。學校的英文、歷史等科目都以道德討論為主要教學方法，其他的科目涉及道德問題時也儘量利用討論法。此項實驗結果發現，道德兩難問題的討論仍然是提升學生道德水準的最有效方法，在良好的學習氣氛與高度師生互動與參與的情境中，有助於學生道德的發展，不過這所學校並未持續，似乎空有理想，可能與郭爾堡早逝有關。

基本上，郭爾堡道德教育的實施有下列困難：(一) 教師很難真正掌握學生的道德水準，並以適當方式和學生對話；(二) 學生可能同時會以不同道德階段思考、運作，而非固定於某一道德階段；(三) 教師很難直接將道德發展階段與年齡加以聯結；(四) 學校容易流於單一的道德課程，而忽視其他體育、知識或技能的學習。

事實上，道德判斷水準的提升需要不斷地有外來的刺激，當個人道德觀點與他人不符時，個體會產生認知失衡，因此，會刺激個人思考結構與道德觀點的改變，有利於道德的思考與判斷。家庭與學校的道德教育切忌一味要求青少年服從與多方面的禁制，而是要在日常生活中對青少年多給予關懷與接納，引導他們討論日常生活中有關的道德問題，鼓勵他們作各種推理、判斷與思考，才能促進青少年的道德發展。

貳、學校品格教育的實踐與適性輔導

整體來說，品格教育 (character) 與道德教育 (moral education) 是一體兩面，都是期盼學生成為良善的人，但論證與實踐重點各有不同。品格教育就是人品、品行、操行與品德合體的教育，亦即是培養學生符合社會道德標準之多樣化教育過程，目的是讓學生「知善」、「樂善」和「行善」，並協助學生認知良善與美好的行為，並內化成為習慣，進而自動表現在日常生活中之教育。個體除能知善、樂善及行善外，學校中的道德教育、公民教育，人權教育、法治教育等都可視為品格教育的一環。

　　品格教育與道德教育最大的不同，在於品格教育有品格核心價值 (core values) 存在，不同學校可能有不同核心品格價值，主要都含括上述六大品格支柱，類似過去學校的中心品格教育項目，目前較受期待實踐的核心品格價值有：誠實、信用、禮貌、勤勞、責任、尊重、感恩、寬恕、合作、惜福、關懷、公平、正義、善良、孝順、自律、自制、包容、公民意識、道德勇氣等。隨後美國又提出品格教育的 11 項品格原則 (11 Principles)，供各校參考使用：(一) 品格教育應將核心的道德價值視為良好品格的基礎。(二) 品格在思想、感覺與行為三層面上必須被合理的界定。(三) 品格教育策略應具有目的性與前瞻性。(四) 學校必須是一個關懷型社區。(五) 學生需有實踐道德的機會。(六) 品格教育課程應具有意義與挑戰性。(七) 品格教育應激發學生的內在動機。(八) 學校應成為一個學習道德的社區團體，團員彼此分擔品格教育的責任，並且堅持相同的核心價值，以引導學生。(九) 品格教育要求學校成員與學生皆有道德上的使命感。(十) 學校應招募家長與社區成員共同為建立學生品格而努力。(十一) 品格教育評估應從校內的品格行為開始，學校成員的主要工作即為實踐品格教育，而學生品格行為的評估在於表現出來的具體行為 (Nast, 2020; Singh, 2019)。

　　青少年品格教育實施的內涵與策略，目前學者倡議甚多，主要有下列的模式：

一、李科那 (Lickona) 7E 模式

　　此一品格教育模式認為品格推展策略共有七個步驟，正好每個字首都有個 E，包括：(一) 解釋 (Explain)：界定品格的意義，說明並討論品格的重要性。(二) 檢視 (Examine)：在文學、歷史或時事中檢驗或檢視品格事件。(三) 展示 (Exhibit)：透過個人事例，宣導品格的價值。(四) 期待 (Expect)：通過規範、規則、約定和後果，期待表現善行。(五) 體驗 (Experience)：直接的生活體驗。(六) 鼓勵 (Encourage)：激勵學生設定目標、努力實踐和自我評估。(七) 評估 (Evaluate)：對學生的品格道德提供反饋 (Lickona, 2012)。

二、瑞恩 (Ryan) 6E 模式

目前品格教育最受肯定的是 6E 模式，強調品格教育需要六項策略，同樣的每個策略字首都有個 E：(一) 典範學習 (Example)：鼓勵教師或家長等學生生活親近之人物成為學生學習典範，發揮潛移默化之效果。透過文學與歷史實例，以身作則及進行教學。(二) 倫理氛圍 (Ethos)：提供道德環境，型塑品格，讓學生知道是非對錯。鼓勵各級學校透過行政團隊發揮典範領導，建立具品德核心價值之校園景觀、制度及倫理文化。(三) 解析詮釋 (Explanation)：提供法規和道德規範說明，讓學生深度討論道德決定。品德教育不能八股、教條，或只要求背誦規則，而要對話與思辨。可鼓勵教師對為什麼要有品德、品德的核心價值與其生活中實踐之行為準則進行討論、澄清與思辨。(四) 情感訴求 (Exhortation)：訴諸情感，教導學生熱愛「善的事物」(love the right things)。鼓勵教師透過影片、故事、體驗教學活動及生活教育等，常常勸勉激勵學生實踐品德核心價值。(五) 體驗實踐 (Experience)：鼓勵各級學校推動服務學習課程及社區服務，實踐品德核心之價值。讓學生有機會參與道德行為，如從事偏鄉與社區服務學習。(六) 期望卓越 (Expectation of Excellence)：鼓勵各級學校透過獎勵與表揚，協助學生自己設定合理、優質的品德目標，並能自我激勵，不斷追求成長。期望並鼓勵學生在人生各層面尋求卓越 (Ryan & Bohlin, 1999)。

三、KIPP 模式

「知識就是力量計畫」(The Knowledge is Power Program, KIPP) 是一個讓美國低收入社區學生，免費就讀大學預科之學校所組成的網絡系統，是美國最大的特許學校 (charter schools)，類似政府核可的免費公益學校系統，總部分別位於舊金山、芝加哥、紐約市和華盛頓特區。該計畫組織非常重視品格教育，KIPP 模式主張品格教育應有下列重點：(一) 相信並當楷模 (Believe and Model)：以身作則。(二) 名聲 (Name)：有目的地解釋和談論聲譽的重要性。(三) 發現 (Find)：提供體驗品格道德的機會。(四) 感受 (Feel)：創造一個溫馨的環境。(五) 統整 (Integrate)：將角色發展落實到各個層面。(六) 鼓勵 (Encourage)：期待並鼓勵最好的行為。(七) 追蹤 (Track)：設定目標並衡量成功 (Singh, 2019)。

四、班級與學校品格教育實施與教學方法

　　班級教室是師生互動最爲密切的場域，班級亦即是學生涵養良善品格的地方，班級教師的品格教育策略有：(一) 重視教師的角色作用，教師必須扮演關心者、示範者和指導者的角色。(二) 創建一個具有「關懷型社區」氣氛的教室。(三) 實施道德紀律。(四) 創造民主教室環境。(五) 透過課程來教導價值。(六) 合作學習。(七) 良心知覺：培養學生學習責任感並關心學習價值。(八) 道德反省：從閱讀、研究、寫作、討論中習得。(九) 衝突管理：可以公正地解決衝突，遠離暴力與脅迫。(十) 教師能鼓勵學生在生活中實踐美德。(十一) 建立良好師生關係，分享感受。(十二) 運用同儕力量，溝通價值觀念。(十三) 教導學生適切的社會技巧。(十四) 教導學生尊重與包容。(十五) 經常以良好品格之人物爲典範教材。(十六) 鼓勵學生使用良好道德價值之語言，並於班級適當地方豎立道德標語。(十七) 善用批判思考與討論法。(十八) 公開表揚良善美德與懿行。(十九) 印製共同認可之規範送給學生、家長、教師。(二十) 結合班級內外資源，經常舉辦有意義之活動。(二十一) 讓學生閱讀品格勵志有關之書籍，讓學生反省。(二十二) 讓校園、社區、家庭形成良善道德環境，使學生覺得塑造品格是人生追求的一部分。

　　基本上，品格教育與道德教育在實施與實踐上最大的不同是，品格教育可以採用教學模式進行，主要有三種教學模式：(一) 直接教學法 (Direct instruction)：直接教導與教誨，類似蘇格拉底的詰問法。倡議直接向年輕人傳達社會美德，非常注重習慣或善良行爲的訓練。(二) 間接教學法 (Indirect instruction)：側重於構建青少年的理解力和社會道德發展，並且強調同伴之間的愛心。(三) 品格社區的建構 (Community building)：建設道德與倫理環境和關懷社區。除此之外，實際的教學方法與策略有：(一) 建立共識 (Consensus building)；(二) 合作學習 (Cooperative learning)；(三) 文學導讀 (Literature)；(四) 衝突解決 (Conflict resolution)；(五) 討論與參與道德推理 (Discussing and engaging)；(六) 服務學習 (Service learning) 等 (Agboola & Tsai, 2012)。讓學生在教室中眞實體會合作、公平與衝突解決的方法。

　　在教育情境中，其他重要的品格教育及適性輔導具體策略有：(一) 設置與運用品格教育時間 (Character Education Time)，和學生討論如何在學校或在家中實踐良善品格，老師並引導學生針對品格故事情節發表意見。(二) 訂定學生、教師、父母均同意的一套行為規範。(三) 邀請父母親到校觀看上課情形或為班級服務。(四) 教師選擇個人的座右銘與學生分享。(五) 製訂每月的美德主題，並予以探討。(六) 與學生分享自己的英雄人物並說明原因。(七) 時常將故事情節、歷史事件或其他主題與「什麼是對的？」問題加以討論。(八) 幫助學生了解「善」較學業成就更為重要。(九) 給予學生服務社區的機會。(十) 不允許在教室中發生不友善的事。(十一) 在學校中不允許講髒話，或粗俗及淫穢的語言。(十二) 以紙條、打電話或拜訪等方式告知父母親其子女的良好或不良行為。(十三) 考試、家庭作業實施榮譽制。(十四) 發起義舉，如慈善捐獻。(十五) 鼓勵學生與父母親討論道德問題、道德兩難問題。(十六) 將名言佳句張貼於學校適當場所，以鼓勵良好品德，如「坐而言，不如起而行」。(十七) 與學生分享道德衝突的故事，尤其是與學生相同背景者。(十八) 以觀察或討論英雄的事蹟來慶祝英雄人物的生日。(十九) 請學生將對自己最有意義的話語張貼在牆上。(二十) 時常討論校園的品格議題（如故意破壞公物、良好的行為事蹟等）（黃德祥、洪福源，2004）。

第四節　青少年的情緒發展及適性輔導

壹、情緒智慧的意義與功能

　　中國人常說人有七情六慾，心理學上也主張認知、情緒、行為是個體的基本要素。人除了有生理活動外，也有情感、感受或情緒。「情緒」(emotion) 一詞是泛指由神經生理變化所引發的心理狀態，也是主觀的心理感受。生為人，每一個人都會經驗到情緒，如歡笑、喜悅、悲傷、痛苦、焦慮、憤怒、生氣與憂鬱等都是人類共通的體驗，在運動場上，勝利

者歡笑、喜悅，失敗者悲傷、痛苦，都是典型的人類情緒表現。

　　心理學上對於個體情緒的探討由來已久，情緒 (Emotions) 相關的詞彙有：心情 (Moods)、感覺 (Feelings)、情感 (Affects)、情操 (Sentiment) 和熱情 (Passion) 也都曾受關注。情緒基本上是一種心理神經過程 (psycho-neurological processes)，在動物世界亦常有激烈的情緒行為，生物體的每一種情緒都有其「情感基調」(feeling tone)，因為主觀體驗感受會誘發個體的反應與動作，如遭遇大型動物，會有驚恐情緒與脫逃動作，以確保自身安全，因此情緒與物種的生存有關。

　　情緒對青少年有下列的影響：(一) 情緒狀態會影響身心健康：個體感受到情緒作用，並對情緒加以反應，整個身體都會受到牽動。在刺激事件發生時，訊息會傳送至大腦及中央神經系統中，並使個體產生激起狀態 (arousal)，因而使身體生理機能受到改變，尤其自主神經系統會將情緒訊息傳導至內臟器官，如心臟、肺、胃、胰臟、腎臟、肝臟，以及其他腺體中，如淚腺、腎上腺等。經由身體各器官的作用，情緒會抑制或激發身體器官及腺體的活動，以使個體能對外在的刺激呈現準備反應的狀態。如果情緒愈持久、情緒愈激烈，對個人身體機能的影響也就愈強大。過度的焦慮會使胃酸分泌失常，進而產生胃病，就是情緒影響身體健康的例子。當身體健康受到影響時，也同樣會對心理的適應造成影響，如過度憂鬱者常會失去自我的信心與生存的勇氣，容易造成自我傷害的結果。(二) 情緒會影響人際關係：人際相處常會受到情緒的左右，過度焦慮與憂鬱者不利良好人際關係的建立，因為個人的負向情緒狀態會使人際關係產生不安狀態，讓對方不願意維持較長久的關係。容易生氣的人也容易在人際中傷害他人，不利人際關係的建立。具有恐懼情緒的青少年更會讓自己從人際中退縮或逃避社會性聚會，因而阻礙社會能力的發展。(三) 情緒會影響行為表現：青少年的行為表現大都事出有因，情緒狀態就是一個主要的促動力量，情緒反應常是青少年行為動機的根源。恐懼失敗的青少年會用功讀書，以獲得較高成就，但過度的恐懼，反而使青少年自暴自棄，放棄學習。可見情緒狀態兼有正向與負向功能，對青少年行為的影響也是雙向的，關鍵在於青少年情緒的類型、強度，及自我因應策略。(四) 情緒是青少年喜悅、快樂與滿足的來源：青少年可能因經驗到較愉悅或歡欣的情

緒，而覺得人生充滿了希望，也可能因爲克服了焦慮與恐懼的情緒，感到有成就，並建立了信心。欠缺積極的情緒感受不利於青少年的充分發展。情緒經驗同時也是青少年追求自我實現的動力 (Appleton, 2014; McRae & Gross, 2020)。

貳、青少年情緒類型與壓力事件

在英文之中，情緒相關的字彙頗多，中文相對不夠敏銳，情緒主要可以區分爲三類：(一) 喜悅狀態 (joyous states)：是屬於積極的情緒，如情感、愛、快樂與怡悅等。(二) 抑制狀態 (inhibitory states)：是屬於負向的情緒如擔憂、恐懼、焦慮、悲傷、害羞、遺憾、罪惡與厭惡等。(三) 敵意狀態 (hostile states)：也是屬於負向的情緒，如憤怒、憎恨與嫉妒等。科斯特尼克等人 (Kostelnik et al., 2015) 則將情緒類型分成四大類（如表 8-5 所示），積極的喜悅情緒只占四分之一，印證佛家所說，人生苦海無邊，或人生苦多於樂的觀點。

青少年由於身心與生活快速發展改變，青少年面臨著無數具有心理壓力的生活事件，如該事件具威脅與挑戰性，或超過青少年的社會、心理和生理能力及資源所負荷，就會感受到壓力，情緒困擾跟著產生。青少年主要的壓力事件，及其壓力值（最高分爲 100）如下，數值愈高，顯示壓力越大：1. 父母死亡（98）；2. 兄弟姊妹死亡（95）；3. 親密朋友死亡（92）；4. 父母離婚或分居（86）；5. 學校中一科或多科學業失敗（86）；6. 被警察逮捕（85）；7. 被留級（84）；8. 家庭成員有酗酒麻煩（79）；9. 使用藥物或飲酒（77）；10. 失去寵物（77）；11. 父母或親人生病（77）；12. 失去工作（74）；13. 與親密的男女朋友分手（74）；14. 輟學（73）；15. 女朋友懷孕（69）；16. 父母失業（69）；17. 嚴重受傷或生病（64）；18. 與父母爭吵（64）；19. 與老師或校長有麻煩（63）；20. 有下列的麻煩，如：青春痘、過重、過瘦、太高、太矮（63）；21. 新的學校生活開始（57）；22. 搬新家（51）；23. 儀表改變（帶牙齒矯正器或眼鏡）（47）；24. 與兄弟姊妹爭吵（46）；25. 開始有月經（女生）（46）；26. 家庭有新來的人（如祖父母、收養的兄弟姐妹，及他人）（35）；27.開始工作（34）；28. 母親懷孕（31）；

表 8-5　核心情緒及對應的情緒聚類

喜悅	悲傷	憤怒	恐懼
快樂 (happiness)	灰心 (dejection)	挫折 (frustration)	擔憂 (worries)
歡欣 (delight)	不快樂 (unhappiness)	嫉妒 (jealousy)	焦慮 (anxiety)
滿意 (contentment)	苦惱 (distress)	厭惡 (disgust)	懷疑 (suspicion)
滿足 (satisfaction)	悲傷 (grief)	生氣 (annoyance)	害怕 (dread)
怡悅 (pleasure)	失望 (discouragement)	激怒 (fury)	恐慌 (dismay)
得意 (elation)	害羞 (shame)	無聊 (boredom)	苦悶 (anguish)
榮耀 (pride)	罪惡 (guilt)	蔑視 (defiance)	驚慌 (panic)

資料來源：Kostelnik et al. (2015)。

29. 開始約會（31）；30. 交了新朋友（27）；31. 兄弟姊妹結婚（26）。可見青少年的生活壓力塞滿各個生活層面，也是青少年悲傷、恐懼與憤怒情緒的源頭，青少年生活中的各種遭遇需要更多師長及友伴的關懷與協助 (Kendler & Karkowski, 1999)。

參、情緒智慧與情緒商數的發展與意涵

早在 20 世紀 30 年代，心理學家桑代克 (Edward Thorndik, 1874-1949) 就提出「社會智力」(social intelligence) 的概念，代表個體與他人相處的能力。1990 年，心理學家薩洛維和梅伊爾 (Salovey & Mayer, 1990) 在「想像力、認知和人格」(Imagination, Cognition, and Personality) 期刊中，首先提出「情緒智力」(Emotional Intelligence, EI) 一詞，認為能監測自己和他人的感受和情緒的能力，並能加以辨別，且利用相關資訊來指導自己的思維和行動，就是情緒智力。EI 的研究，基本上是屬於發展心理學範疇。

到了 1995 年高曼 (Daniel Goleman) 出版了一本情緒商數 (Emotional Quotient, EQ) 的通俗暢銷書，借用 IQ 的概念，創設 EQ 一詞，宣稱影響個體成功與適應的關鍵在於 EQ，而非 IQ，一時洛陽紙貴，IQ、EQ 與 EI 等幾個概念才在學術研究之外，廣為普羅大眾所喜愛與關注，「情商」也成為新名詞。此後，情商的話題不斷引起公眾的興趣，並在心理學以外的

相關領域，包括企業管理、教育文化和商業領域變得非常重要。

綜合而言，情緒智力 (EI) 是指感知、控制和評估情緒的能力。情商或 EQ 包括四大內涵：(一) 能感知和表達情緒：注意到自己的情緒和捕捉他人的情緒，以及區分不同情緒的能力。(二) 善用情緒來促進思考：將情緒納入思考過程中，了解情緒何時以及如何有助於推理過程。(三) 理解和分析情緒：有解讀情緒的能力，理解其意義，並了解它們之間的關係和隨時間變化。(四) 反思性地調節情緒：對所有情緒持開放性，能調節自己和他人的情緒，增進成長和洞察力。

巴恩 (Bar-On, 1997, 2006) 也是對 EQ 和 EI 概念建構有貢獻的人，巴恩的情商混合模型聲稱，EQ 是能力、技能和活化的組合，有助於人們如何表達自己，應對環境中的挑戰，以及與他人的聯繫。他認為有 EQ 和 EI 行為的支架有 10 個不同的組成部分：(一) 自我評價；(二) 情緒意識；(三) 自信；(四) 同理心；(五) 人際關係；(六) 壓力承受能力；(七) 衝動控制；(八) 現實測試；(九) 靈活性；(十) 問題的解決。高曼 (Goleman, 1995) 認為 EQ 包含五個領域：(一) 了解自己的情緒；(二) 管理情緒；(三) 激勵自己；(四) 識別他人的情緒；(五) 處理人際關係。

基本上，EI 或 EQ 是一種自我情緒控制能力的指數，也是一種認識、了解、控制情緒的能力。不過 IQ 有評量公式，EQ 則無。EQ 至今尚未有符合統計學原理的測驗試題研發，科學準確度有待提升，基本上只是搭 IQ 的便車，以便引起注意而已。但 EQ 受到一般大眾喜愛，亦是好事一椿。智商和情商事實上呈現正相關，甚至一個人的智商，對情商的解釋力最強。一些研究者認為，情商是可以學習和加強的，而另一些研究者則聲稱它是一種先天的特性 (Bar-On, 2006)。

肆、青少年的情緒發展與適性輔導

青少年的感受敏銳，對外在事物及對自己的反應容易趨向激烈化，情緒起伏波動非常大，對同儕與異性容易因微小的事情而有愛惡分明的表現。不過青少年的情緒類多是個人內在的真實感受，對青少年而言，情緒本身並無對錯之分。在青少年情緒發展的輔導上有下列各種策略可以使用。

一、情感反映策略

　　情感反映 (affective reflection) 是以敏銳及關懷的態度，使用與青少年相似的言語或行為，反射青少年內在真正感受，並引導做建設性表達情緒的一種情感教育方法。透過情感反映有助於青少年了解自己的情緒與他人不同之處，也可以幫助他們了解情緒的對與錯。在情感反映中也要引導青少年描述自己的情緒，並逐漸以建設性的方式表達負面的情緒。情感反映的具體步驟有：(一) 在對青少年說話以前要先充分觀察青少年的言行，才能充分掌握青少年的情緒狀態。(二) 對青少年的情緒表現要敏銳的去探察其強度與正負向作用。(三) 先簡單的描述青少年的情緒表現。(四) 使用更豐富與多樣的字眼反映青少年的情緒。(五) 協助青少年修正不當的情緒表現。

二、行為輔導策略

　　行為輔導策略是協助青少年減低負向情緒的有效方法，包括：(一) 系統減敏法 (systematic desensitization)：係以身體鬆弛及建立焦慮階層交互作用，循序漸進，最後克服焦慮或恐懼的方法。在系統減敏法中，焦慮階層的建立必須具體、細密，並且身體鬆弛要能確實達成，才能發揮效果。(二) 認知方法 (cognitive methods)：主要是由認知著手，分析認知與情緒的關聯，再以理性與建設性的認知取代非理性與破壞性的認知。(三) 洪水法 (emotional flooding) 或爆炸法 (explosion)：是將引發恐懼、焦慮、憤怒的刺激在短時間內大量呈現，使青少年對負向刺激原失去敏感度的方法，相關的負向刺激源並非一定是活生生的事物，利用想像的方式亦可達到治療的效果。(四) 操作法 (operational procedures)：操作法則是應用增強、削弱、行為塑造或交互使用各種操作制約的方法，以使青少年的不當情緒反應消除或減弱。(五) 示範法 (modeling)：示範法係利用真實的他人（包括師長或同儕）或錄音、錄影，為青少年示範正確的情緒表達方式，進而去除不良情緒的方法。強調利用循序漸進與積極增強的步驟，使青少年察覺到如何以建設性的方式表達各種情緒。(六) 社會技巧訓練 (social skills training)：直接把情緒的處理當作訓練的一部分，主要的訓項目有：(1) 認

識自己的情感：試著了解、認識自己的情緒。(2) 表達情感：讓別人知道自己的感受。(3) 了解他人情感：試著發現別人的感受。(4) 處理他人的憤怒：了解別人為何生氣。(5) 表達情意：讓別人知道你關心他們。(6)處理恐懼：害怕時試著找出原因，並加以處理。(7) 酬賞自我：自己表現良好時，酬賞自己。

　　青少年由於發展尚未平衡與穩定，會顯現更多極端的情緒，無論是消極的還是積極的，即使是在回應同一事件時也是如此，在同齡人的環境中也經常表現出憤怒和焦慮等負面情緒。

　　情緒是個體對刺激作反應所獲致的主觀情感與個別的經驗，情緒也是一種意識狀態，對個體具有促動或干擾作用。青少年發展階段的情緒反應與變化十分明顯，對青少年的內外在環境所產生的影響非常廣泛，如青少年的情感、喜悅與快樂，常會使青少年有歡愉的感受，而願意積極努力地去追求；相反的，焦慮、悲傷與憂鬱會帶給青少年不安與痛苦，使青少年極力去加以逃避，甚至形成自殺意圖。

　　在教學情境中，應充分了解青少年的情緒發展特徵與主要的情緒狀態，再進而協助他們因應各種情緒作用，促進積極發展。影響青少年情緒發展的因素有：(一) 青少年正在尋找身份認同：年輕人正忙於弄清楚自己是誰，以及他們在世界上的位置。這種搜索與自我探索會受到性別、友伴群體、文化背景、媒體、學校和家庭期望的影響。(二) 尋求更多的獨立性：尋求更多的自主與責任，無論是在家裡還是在學校。(三) 尋找新體驗：青少年大腦發育尚未充分完成，意味著青少年可能會尋求新體驗，並參與更多冒險行為。(四) 青少年試圖控制自己的衝動：青少年思考能力提升，會考慮更多的「對」和「錯」，並開始發展一套更強大的個人價值觀和道德。(五) 青少年情緒仍具有難以預測性：青少年在不同的時間可能會表現出強烈的感情和強烈的情緒，似乎難以預測。這些起伏情緒會導致親子與同儕衝突加劇。(六) 青少年情緒隨著年齡的增長，漸趨穩定：年輕人越來越善於閱讀和處理他人的情緒。

　　在青少年情緒發展的適性輔導上，可運用下列重要策略：(一) 與青少年成為朋友、合作夥伴建立和保持積極的關係。(二) 引導青少年通過觀察，學習尊重、同理心和解決衝突的積極方式。(三) 結識青少年及其朋

友，讓他們在班級與家中受到歡迎，這有助於青少年社交關係與能力的提升。(四) 傾聽青少年的感受，青少年想說話時，停下來並全神貫注於他的情緒反應。(五) 老師及父母應該成為處理困難情緒，以及積極情緒的表達的榜樣。(六) 多與青少年討論的青少年在意的人際關係、男女交往、性和性行為。(七) 要加強發展青少年社交和情感發展的積極面，因為青少年往往對自己的身體和外表有強烈自我意識和焦慮。(八) 給予青少年較多反省空間，他們有社交壓力或對友伴的排斥感到更加敏感。(九) 要容忍與接受青少年在此期間會有更多的砰砰聲、尖叫聲，或故意與成年人疏遠，同時青少年開始對隱私有更大的需求。

除此之外，情緒也是可以學習的，青少年的自我情緒管理 (self-emotional management) 可以有下列各項發展事項：(一) 對別人有同理心，能體諒別人，也能對他人的情緒做出適宜反應。(二) 能夠接受批評和承擔責任。(三) 犯錯後能夠繼續前進。(四) 能夠在必要時說「不」。(五) 能夠與他人分享感受。(六) 能夠以適合所有人的方式解決問題。(七) 對他人有很好的聆聽技巧。(八) 知道你為什麼做你所做的事情。(九) 不評判他人。(十) 感知情緒，準確地感知情緒。(十一) 對他人非語言信號能敏銳察覺，如肢體語言和面部表情。(十二) 善用情緒推理。(十三) 理解情緒，感知情緒的多種意涵。

如果某人正在發怒，應該了解憤怒的原因及含意。當面臨立即的人際情緒激發困境時，可以運用下列方法，自我管控情緒：(一) 深呼吸，緩和情緒。(二) 可以平和緩慢的說出委屈或不滿之處，切忌暴怒。(三) 可以到空曠處吼叫出聲，宣洩不滿。(四) 用紙寫出或用電腦打出自己覺得委屈之處。(五) 默念：1～10、1～20、1～50、1～100……等，藉以緩和情緒。(六) 離開爭執、爭議或衝突現場。(七) 一切以積極意念出發，善待自己與他人。(八) 鬆弛訓練，多進行運動、休閒、度假，舒緩身心壓力。

☆問題討論與班級學習活動☆

一、請說明倫理道德與品格的意義、功能與對個人及社會發展的重要性。

二、青少年的道德發展有何特徵？您個人在青春期階段常有哪些道德困惑？個人又如何形成自我的道德及價值觀？

三、請比較說明「道德教育」與「品格教育」的異同。

四、請基於當前社會發展狀況，說明學校應該如何積極推展道德與品格教育？有哪些具體策略？

五、「品格教育」重視核心價值的傳承與教導，請列舉重要的品格核心價值，並說明有效的實施與實踐的策略。

六、請說明並評論班級與學校推展品格教育的具體策略，有哪些需要改進之處？

七、請比較說明 IQ 與 EQ 的意義與功能，及其異同。

八、請舉例說明 EQ 主要的情緒反映及行為輔導策略。

九、請敘述如何輔導青少年能在人際衝突、生活高度壓力或窮極無聊的環境下，自我調適與調節情緒，發展高 EQ 的人生？

十、請以自我成長經驗，說明如何管控與調節情緒？並與同學分享，相互比較有何差異。

十一、將班級同學分成兩組進行辯論，一組主張女性觀點的道德論，另一組主張男性觀點的道德論，如有可能再角色互換，一起討論對應主題。最後全班歸納共識，提出較周延的青少年道德發展論及輔導策略。

第九章

青少年的工作與職涯發展及適性輔導

第一節　青少年職涯發展的重要性

　　在較原始的社會中，人類基本上過著自給自足的生活，自謀其力，自我維生。在農牧社會中，靠農作產物及豢養牲畜維生，生產知識與技術大都是代代相傳，自家附近就是農耕或放牧場域，有些人就在自家方圓數里之內勞動，終其一生。農牧人家有時利用剩餘的農產品與他人交換或出售，再換取或購買生活所需，這種生產圖像，人類進行千萬年之久，直到工業革命後，機器代替勞工，社會日益進化，人類的需求增加，分工精細，工作、就業與求職問題就相對顯得極其複雜。

　　從出生到成年，我們每個人都走一條獨特的道路。對一些人來說，這條路相對簡單，因為在求職與工作上捷足先登，家族或父母已經大大地舖平道路。但對於很多人來說，職涯這條路非常曲折與艱難，年輕人的生涯路一如壯遊者，需要很多支持才能在充滿挑戰的地形上前進。所幸大多數人都以良好的狀態完成了旅程，克服了挑戰，培養了韌性，並增強了應付工作與職場上各種挑戰的能力與資產。

　　在今日工商業社會中，人人需要有工作，獲得金錢收入，再以金錢購買日常生活中所必須的貨品、勞務或服務。有了工作才能獲取報酬，才能維生。工作一方面可以使人滿足生理需求、維持生命、更重要的，工作能讓人因才智、興趣及理想得以發揮，獲得心理上的滿足。個人工作表現與專業發展且能促進社會進步，貢獻人群。

壹、職涯發展的意義與內涵

　　職業或工作可以增進個人心理滿足與成就感，促進經濟進步與社會發展的多方面功能，尤其從 20 世紀後期至 21 世紀的今日，資訊科技高度發展，高智能技術成為職場主流，連帶的過去沒有的產業產生了，有些傳統產業沒落，甚至消失了，如因為人手一支慧型手機，鐘錶與照相機使用銳減，因此鐘錶師傅與照相沖洗業就成為黃昏產業，但傳家或炫富用高檔鐘錶例外。對成長發展中的青少年而言，面對的是跟父祖輩不同的嶄新職涯世界，機會多，挑戰更增多，學校教育與生涯或職涯輔導也更形重要。

　　前述輔導運動起源於職業輔導，歷經一個多世紀，職業輔導的議題也隨之改變，此領域亦有相關的詞彙待釐清。

　　一、工作 (work)：是個人所從事的系統化活動，付出勞力或心智去獲得金錢或其他報酬的歷程，如清潔工作。

　　二、特定工作 (job)：係指明確的工作，較具體的工作或職業，也泛指「為了賺錢而做的工作」。在徵人時，也常被當作「職缺」的意思，如作業員。

　　三、職位 (position)：係指在職場中所擔任及具有的位置或位階，如經理、總經理、教授、副教授、主管、員工等。

　　四、職業 (occupation)：付出全部時間和精力的工作，或者一種長期勞心或勞力，能獲得報酬，有自我合適的感覺，顯示個人長期擔任的一份工作。

　　五、角色 (role)：在某種情境、組織、社會或關係中的地位或扮演的身分，如贊助商、股東、董監事。

　　六、任務 (tasks)：一項要完成的工作，或具體要在一定期限內要達成的事務，如股票上市、貨櫃出港、工廠開工。

　　七、職業 (vocation)：一個人的特定工作總稱 (a person's job)。工作能長期獲得報酬或待遇即是職業，如教師。職業 (vocation) 與前述職業 (occupation)，英文有別，但中文界線卻很模糊。

　　八、專業 (profession)：需要有高水平的教育、特殊培訓或擁有特定技能的工作，並須具有社會的認定標準，通過證照考試，如醫護專業。

　　九、僱用或聘用 (employ)：由雇主或老闆招募而來，從事勞心勞力工作。受雇者能領薪資，如公務員、台塑員工。

　　十、失業或被解僱 (unemployed)：未得到繼續雇用，沒有工作了，意味著無收入，如被台積電解雇的員工。

　　十一、職涯或生涯 (career)：是指一個人生活的全部，也是終身歷程的代表。在職涯或生涯中所做的工作或一系列的工作，特別是如果長期投入會獲得更好的職位或酬賞。職涯或生涯的概念偏重個人長期或終身的職業發展歷程，是以焦點工作為主的一切行為或活動的總和。

　　十二、休閒 (leisure)：休閒乃是對應於「工作」的名詞，是不從事工作的時間，也是個人工作之餘或下班後的時間。

　　英文 career 一詞，有生計、生活、生涯、職涯等不同譯法，近年來「職涯」一詞漸漸被社會大眾所理解與採用，本書將生涯與職涯交互使用。深入而言，職涯或生涯 (career) 是個人一生之中會擁有各種的職位、角色、任務，甚至是專業，以及其他與工作有關之經驗與活動，讓個人得以維生，顯得充實與有意義之總和。

貳、青少年職涯發展的重要性

　　對青少年而言，由於即將進入成人社會，個人必須努力充實工作知能、選擇未來的職業，並且建立職業認同，以便使個人的生涯得以充分發展，豐富人生。整體而言，在青少年發展階段，個人面臨下列的工作、職業、生涯發展上的課題：

　　一、需要培養職涯知能 (career skills)：由於目前社會分工十分精細，各種工作均有不同的知識與技能的要求，具有良好的職涯知能的青少年，比較能夠順利的獲得職業，早日進入工作世界中，避免個人時間的浪費。

　　二、需要作生涯探索 (career exploration)：個人在確立生涯目標之前，需要對生涯世界做廣泛的探索，一方面探索個人的能力、性向、興趣與人格概況，另方面探討各種工作領域所需具備的條件，再思考與判斷個人適宜的生涯發展方向。

　　三、嘗試作生涯規劃 (career planning)：生涯規劃需要考量個人的內

外在條件與環境，將自己置於工作世界中的最有利位置。青少年經歷適當生涯探索之後，可以試著擬定生涯藍圖，努力培養生涯能力，盡力開發個人潛能，營造成功與充實的未來。

四、建立生涯價值觀 (career values)：價值是行為的根基，生涯的選擇常涉及價值體系，因此，在青少年發展階段，需要了解工作、職業與生涯的真諦，建立正確的生涯價值觀，如勞動神聖、職業無貴賤等，才不致因價值的混淆，而影響工作的選擇與潛能的發揮。

五、讓生涯晶體化 (career crystallization)：青少年在求學階段勇於各種工作嘗試與探索各種新技能，讓職業興趣與偏好，能結晶、具體化，有助於青少年知道自己何去何從，對未來有所期待，也有發展方向 (Steinberg, 2008)。

第二節 青少年職涯發展的相關理論

青少年生涯發展的特徵一直是生涯理論學者關注的焦點。青少年生涯發展的理論頗多，但多年來相關新理論增加有限，也顯示青少年生涯發展在學術上受到的關注並不多。青少年生涯發展主要可以歸納為「社會理論」(Social Theories)、「發展理論」(Developmental Theories)、「特質因素理論」(Trait-Factor Theories) 與「動機理論」(Motivational Theories) 等四個理論體系，近年新增「希望為中心的生涯理論模式」(Hope-Centered Model)，以下分述之。

壹、生涯社會理論

青少年生涯發展社會理論是以社會學研究發現為基礎，認為青少年的生涯發展受到環境中的社會環境與體制所影響，個人的生涯發展受到下列各種社會體制的限制：(一) 家庭、學校與教會；(二) 同儕關係、鄰居、種族團體；(三) 地理區域、社會階層、種族背景；(四) 文化中的自由企業、價值觀念與道德規範。主要代表人物是羅伊 (Anne Roe, 1904-1991)，

她相信父母與家庭環境對個人的職業選擇有重大影響，個人會根據與父母的互動來選擇自己的職業。假如個人體會到父母親具有愛、接納、保護與要求等特質，青少年較會選擇「人群取向」(persons-orientation) 的職業。反之，假如個人認為父母是命定、排斥與忽視者，則他們通常會選擇「非人群取向」(nonpersons-orientation) 的職業。羅伊曾將職業分為服務、商業交易、商業組織、科技、戶外活動、科學、文化與藝術娛樂等八大類。這八大類職業類別依難易度與水準之高低，可以再分成高級專業及高度管理、一般專業及中層管理、半專業及低度管理、技術、半技術、非技術等六個層次。服務、藝術與娛樂、文化、商業交易與商業組織屬於人群取向的職業，科技、戶外活動與科學三者屬於非人群取向的職業。羅伊特別強調幼年的生活經驗，尤其是父母的教養方式對個人職業選擇具有決定性的影響。

貳、職涯發展理論

生涯發展理論雖然也承認社會因素的作用，但更強調發展的特徵與生涯轉折的功能。金滋伯等人認為生涯的發展有階段之分 (Ginzberg et al., 1951)，在 11 歲以前的生涯發展特徵是幻想，個人會想像各種工作與職業的可能。青少年階段（11 歲至 18 歲）是生涯的試驗期 (tentative stage)，此階段有四個特徵：(一) 個人開始對特定領域的工作感到興趣；(二) 能覺察個人的能力狀況；(三) 能覺察個人的價值觀，並與個人的能力統合；(四) 能逐漸由生涯的試驗轉換至實際的選擇。在 19 歲以後，生涯的發展就進入現實階段 (realistic stage)。在現實階段個人的生涯發展具有二種特徵：(一) 晶體化 (crystallize)：個人能對某一種職業作承諾，全心全意地投入；(二) 特定化 (specify)：個人選擇特定的職業。

金滋伯等人相信從認識職業到選擇職業受到四個因素的影響：(一) 現實因素；(二) 教育過程；(三) 情感因素；(四) 個人價值觀。

青春期開始到結束，個人生涯發展會經歷三個小階段：(一) 幻想：在幻想階段，可以自由地追求、想像任何職業選擇，通過喜歡的活動，接近未來期待所要選擇的職業。(二) 試探：在探索階段，青少年開始進行個人

的選擇，探索個人的喜好、技能和能力。(三) 實現：在實現或結晶階段做出職業選擇 (Howell, Frese, & Sollie, 1977)。

哈維葛斯特 (Havighurst, 1972) 延續發展任務的論點，認為個人生涯的發展包含四個階段：(一) 向重要他人認同階段：此階段個人向父母及其重要他人認同，形成工作概念與自我理想，年齡約在 5 至 10 歲之間。(二) 工作習慣獲得階段：形成個人的工作與遊戲有關的習慣，並且學習組織時間與能源，年齡約在 10 至 15 歲之間。(三) 真實工作認同階段：此階段對真實的工作加以認同，並且為某一職業作準備，年齡約在 15-20 歲之間。(四) 成為生產工作者階段：在此階段個人成為一位具生產力的工作者，可以掌握技巧與獲得升遷，年齡約在 25-40 歲之間。

甚受推崇的舒波 (Donald Super, 1910-1994) 建構了終身觀點的生涯發展論，他宣稱職業選擇應該被視為個人一生開展的過程 (unfolding process)，而不是單一時間點的決定 (not a point-in-the-time decision)(Super, 1980)。人生好比彩虹（如圖 9-1 所示），整體生涯發展由三個層面組成：(一) 時間：一個人的生命歷程分為成長、探索、建立、維持、衰退等階段。(二) 廣度：包括人的一生中所扮演的各種角色，如：兒童、學生、休閒者、公民、工作者、家庭照顧者等。(三) 深度：一個人在扮演某種角色時所投入的程度。

舒波分兩次建構個人的生涯發展階段論，兩次稍有不同。第一個主張個人生涯經歷有五個階段：(一) 具體化階段 (crystallization)：此時期個人對工作自我概念具體成形，建立了對工作世界的基本態度，年齡約在 14-18 歲左右。(二) 明確階段 (specification)：個人開始選擇一項職業，年齡在 18-20 歲之間。(三) 執行階段 (implementation)：個人實際進入某一職業之中，年齡在 21-24 歲之間。(四) 穩定階段 (stabilization)：個人接受所作的職業選擇，在工作中求穩定發展，年齡約在 25-35 歲之間。(五) 鞏固階段 (consolidation)：工作已穩定，並且獲得地位與進步，年齡在 35 歲以上 (Super, 1964)。

舒波 (Super, 1980) 第二個理論亦即是廣為流傳的生涯彩虹論，將個人的生涯發展分為五個階段：(一) 成長期 (growth)（年齡在 0-14 歲之間）：是人生的第一個階段，兒童開始發展自己的能力、態度、興趣，對工作世

界開始有新的理解。(二) 探索期 (exploration)（年齡在 15-24 歲左右）：
是個人試圖了解自己，並在工作世界中找到自己位置的時期。通過課程、
工作經驗和愛好，試圖確定自己的興趣和能力，並清楚自己如何適應各種
職業。此一階段有三個職業發展任務：(1) 職業偏好的結晶化：制定和規
劃一個暫定的職業目標。(2) 職業偏好的規範：將廣義的偏好轉化為具體
的選擇，朝向較堅定的職業目標。(3) 適當的職業培訓：在所選職業中獲
得職位來實現職業偏好。(三) 建立期 (establishment)（年齡在 25-44 歲之
間）：或稱立業階段，是個人在所選擇的工作領域獲得適當職位後，努
力確保初始職位，並尋求進一步晉升的機會。(四) 維持期 (maintenance)
（年齡在 45-64 之間）：是不斷調整與調適的時期，兼有堅持、跟上、創
新的職業發展任務。個人須努力保持他們所取得的成就，並尋找執行工作
程序的創新方法，也試圖尋找新的挑戰，但在此期間職涯通常很少有新的

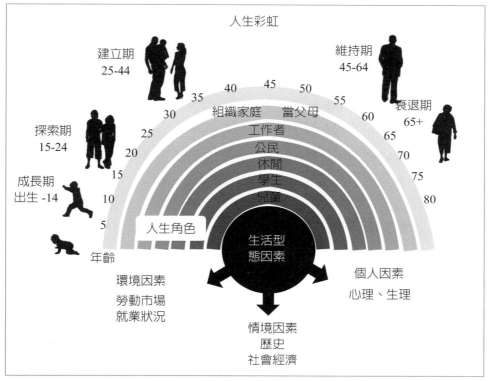

圖 9-1　個人生涯發展彩虹圖

資料來源：Super,1980; Super, Savickas, & Super, 1996。

突破。(五) 衰退期 (decline) （65 歲以後）：也是生涯脫離與衰弱期，是職涯最後階段。在這個階段，個人面臨如何規劃退休和適應退休生活的新問題。隨著對職業的精力和興趣下降，逐漸脫離職業活動，專注於退休計畫 (Super,1980; Super, Savickas, & Super, 1996)。

參、生涯特質因素理論

　　特質因素理論認為職業與人格密切關聯，人格類型是職業選擇的基礎，個人的職業選擇與人格類型必須切合與適配。特質因素論以荷倫德 (Holland, 1997) 的理論最為著名。荷倫德的職業抉擇理論強調個人的行為是人格與環境交互作用的一個函數，選擇職業亦即是人格的表現，人格與行為型態影響個人的擇業與生活適應，個體面對生活環境中雜亂紛陳的職業，會習慣的以刻板化的觀點加以歸類。荷倫德的理論可以說是植基於一句古老的諺語「物以類聚」(Birds of feather flock together) 之上。荷倫德理論有下列基本的假設：(一) 選擇職業正是人格的一種表現。(二) 個人的興趣組型即是人格組型。(三) 職業的「刻板化印象」有其心理與社會性的意義。(四) 相同職業的人，有相似的人格特徵與人格成長的歷史。(五) 由於同一職業團體內的人有相似的人格，因此他們對甚多的情境與問題會有相類似的反應方式，並因而產生類似的人際環境。(六) 個人的人格與工作環境之間的適配性，是職業滿意度、穩定性與職業成就的基礎。

　　荷倫德認為芸芸眾生可以歸納成六種類型，不同類型的人具有不同的人格特質，同一類型的人，則具有相似的特性：(一) 實際型 (Realistic)：此類型的人常以客觀、具體、以身體操作的態度來處理環境中的事物，他們避免需要客觀、智能、藝術表現，或社交能力的目標和工作。他們通常是一位男性化、不善交際、情緒穩定與唯物論者。此類型的人比較喜歡農業、機械、技術性、商業和工程等職業。(二) 智慧型 (Investigative)：智慧型的人常以智慧、理念、話語與象徵符號等來處理日常事物。他們喜好科學性的職業和理論性的工作，也喜歡閱讀與蒐集，也喜好數學、外文，以及其他有創造性的活動，如：藝術、音樂、雕刻等。(三)藝術性 (Artistic)：藝術型的人常以創造藝術作品的方法來處理環境中的事物，他們以主觀的

印象與幻想解決問題。他們喜歡音樂、藝術、文學、戲劇性的職業，也喜歡自然創造的活動。(四) 社會型 (Social)：社會型的人常使用人際技巧來處理環境中的事物，他們頗具社交手腕，不斷想與他人交往。他們比較喜歡教育、治療與宗教等職業，以及喜歡傳教、管理、社區服務、音樂、閱讀、戲劇等活動。(五) 企業型 (Enterprising)：企業型的人常以冒險、狂熱、強迫性的態度處理日常事務，頗具說服、語文、外向、自我悅納、自信、進取、好表現等特性，他們喜歡銷售、監督、領導性的職業，也喜好支配性、口語表現、認知與權力性的活動。(六) 傳統型 (Conventional)：傳統型的人常選擇社會讚許的目標或活動來處理環境中的事物，他們往往以刻板化、正確性與無創意的方法去解決問題。他們以端正的社會性與保守性的行為來獲取他人的好感。他們喜歡販售、店員、計算性的工作，也喜歡其他的經濟事物 (Holmberg, Rosen, & Holland, 1999)。

　　荷倫德也將工作與職業環境歸納成下列六個類型：(一) 實際型：實際型的環境包括需要機械技術、堅持性與體力活動的具體及物理性的工作。典型的代表是「實作者」(Doers)，實際型機構有：加油站、機械工廠、農地、建築工地與理髮店。(二) 智慧型：智慧型的環境需要使用抽象思考與創造性的能力。工作依靠知識、邏輯與事理甚於人事。典型的代表是「思考者」(Thinkers)，智慧型環境有：研究實驗室、學術研討會、圖書館，以及科學家、數學家和工程師的組織。(三) 藝術性：藝術型的環境需要使用藝術化的形式加以創造與解析。典型的代表是「創意發想者」(Creators)，藝術型環境有：劇場、演奏廳、舞台、藝術或音樂的工坊與圖書場所。(四) 社會型：社會型的環境需要具備解析、修正人類行為的能力，也須具備對他人關懷、與他人交往的興趣。典型的代表是「助人者」(Helpers)，社會型環境有：學校、大學教室、輔導機構、心理醫院、教堂、教育機構，以及休閒中心。(五) 企業型：企業型的環境需要口語能力，以引導或說服他人。工作需要用指導、控制與計畫性的活動，並且要有表面化的工夫，典型的代表是「說服者」(Persuaders)，企業型環境有：行銷、遊說、選舉造勢、政治性集會與廣告機構。(六) 傳統型：傳統型的環境包含了系統與具體的資訊，且經常充滿語文或數理的訊息。典型的代表是「組織者」(Organizers)，傳統環境有：銀行、會計師事務所、郵局、

檔案室與事務性辦公室 (Holland, 1994, 1997)。

　　荷倫德主張個人與環境愈能適配 (congruence) 的人，人生的成就與滿足感增加，包括：(一) 有較穩定的職業選擇；(二) 有較高的職業成就；(三) 更能保持人格的穩定性；(四) 有較高的學業成就；(五) 能得到較高度的滿足 (Holland, 1997, 1994)。荷倫德的職涯六型論並非分立與孤立的類型，是相互關聯的六方體（如圖 9-2 所示），如企業型可以與社會型高度相關，企業性特質的人從事慈善工作或行銷，如果適配，個人如魚得水，將有良好的生涯發展。六方體類型相互間可以獲得 6！的降冪組合，形成 6x5x4x3x2x1=720 可能組合效果。如研究型與社會型結合，可以當一位卓越的大學教授，藝術型加上企業型特質，可以開設畫廊，行銷畫作，藝術品生意滾滾而來。實際型的人如果兼有研發特質，可改善工作環境，提高產能。

圖 9-2　何倫德的職業抉擇理論類型圖

資料來源：University of Louisville, 2021。

肆、動機理論

　　動機理論學者相信，內在與外在的動機需求，直接影響個人的職業抉擇。動機理論主要的代表人物是馬斯洛 (Abraham H. Maslow, 1908-1970)。馬斯洛是人本主義心理學的大師，他所建立的心理需求階層圖 (Hierarchy of needs) 備受推崇，廣受引用。他認為人類有五大需求，各種需求並呈階層上升之勢，低階層的需求是上階層需求滿足的基礎。這五大需求是：(一) 生理需求：這是人類的基本需求，包括對食物、水、性的需求。第一層次的需求又是求生存的需求。(二) 安全的需求：這也是人類的基本需求之一，人類需要有安全感、規則與穩定。(三) 隸屬與愛的需求：人類需要有歸屬感，能愛人與被愛。(四) 自尊的需求：人類需要被他人所尊重。(五) 自我實現的需求：人有滿足慾望，追求理想與發展潛能的需求。此後，馬斯洛又於自尊與自我實現之間加入了智能成就 (intellectual achievement) 與審美 (aesthetic appreciation) 二種需求，智能成就即了解與探索宇宙萬物道理的需求，審美需求則是對美、結構與秩序的需求。合計共七種的心理需求。生理與安全是基本需求 (basic needs)；兩者之上的需求都是成長需求 (growth needs)。

　　馬斯洛認為成功的商人不會再注意生理需求，而是特別關心高層次心理需求的滿足，但倘經濟衰退或事業失敗，基本的生理與安全需求又會被置於首位。依照馬斯洛的需求階層理論來看，工作與職業不只可以滿足個人的基本需求，並且可以在工作與職業中獲得愛與隸屬、自尊尊人、智能成就、審美等高層次的心理需求，更可以因為在工作與職業有創新與發展而達到自我實現的境界。

　　另有學者 (Sergiovanni & Carver, 1980) 將馬斯洛的動機需求層次加以擴展修正，形成如圖 9-3 的動機需求圖，此圖更可以用來說明生涯世界中的各種人類需求。

　　由圖 9-3 可見，人類的主要需求有安全、親和、自尊、自主與自我實現五個需求。在安全需求之中，金錢、利益、職位、保障、角色鞏固 (role consolidation) 是主要項目，這些項目與工作、職業與生涯關係最為密切，這是人類最基本的需求層次。在親和需求中，以接納、隸屬、友誼、學校

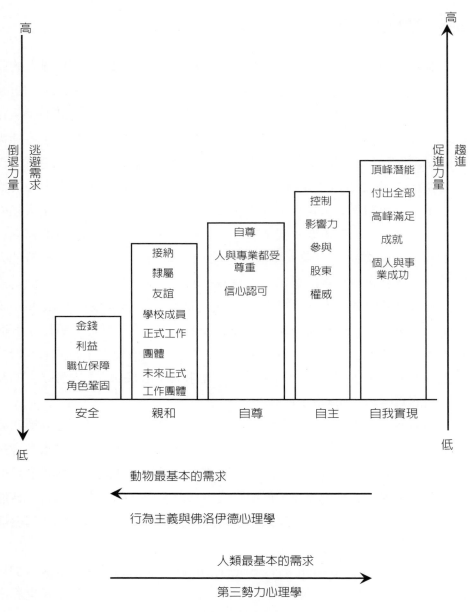

圖 9-3　動機需求階層修正圖

資料來源：Sergiovanni & Carver, 1980。

成員、正式工作團體、非正式工作團體爲主要滿足項目，個人工作之中因爲與人有正式與非正式的接觸，而能發展適當的人際情緒，使個人的親和需求得以能夠滿足，沒有工作或失業者，即無法有適當的人際來往，因此親和動機需求將不易得到滿足。在自尊需求層次中，自尊、個人及事業均受到尊重，自信與認可等都是重要的心理滿足對象，尤其當個人與事業都能被尊重，即代表個人的工作與職業受到肯定。在自主需求中則以影響力、參與、股東、權威等爲主要滿足項目，這些需求通常也只能在生涯世界中去獲得滿足。最後的自我實現層次滿足項目有工作職業攀上高峰、全部付出、高峰滿足 (peak satisfaction)、成就、個人與事業都獲得成功、幸福美滿。可見倘個人職涯能獲得充分發展，將能使個人得到最大地自我充分發揮，進而達到自我實現的境界。

　　圖 9-3 中亦顯示由自主、自尊、親和與安全需求而下降的層次是較屬於基本的生物需求，由安全、親和、自尊、自主層次上升的需求是較屬於人類的需求，前者行爲與佛洛伊德心理學較類似，後者則是心理學第三大勢力所關心的重點。此外，在動機需求左邊有倒退力量 (reactive strength) 與逃避需求 (avoidance needs) 的情況，愈往下層力量愈大，愈不利個人高層次的滿足，相反的，在動機需求的右側有促動力量 (proactive strength) 與趨進需求 (approach needs)，愈高層次力量愈大，愈往上愈能滿足人類高層次心理需求的發展，因此高層次需求最有利於個人事業的成長與發展，如教師的事業發展層次即可用圖 9-3 加以解釋。

伍、希望中心生涯發展理論

　　「希望」(hope) 是普羅大眾的一種心理傾向，是對即將發生或未來可能發生的人事地物的一種心理期盼，如希望中獎、希望金榜題名、希望工作順利等等。加拿大學者辛德 (Snyder, 1994) 首先將「希望」概念化，並設計評量工具，分析其因素結構，辛德發現希望具有三個要素：(一) 有目標 (goals)：有長短程的期待目標，對個人有價值感，因此心中期待發生，如我期待參加明天的耶誕餐會，希望有好天氣。(二) 有途徑 (pathway)：能夠激發出達成目標的具體路徑 (workable routes)，通常可能是自我內在

語言，如我希望幸運地在餐會摸彩中得大獎。(三) 運作機制 (agency)：是完成或滿足希望的動機或操作機制，如保持準時，不錯過餐會。

　　高希望感的人對未來有較正向的期待，心理健康的人對未來的期待與希望也較高。尼爾斯等人 (Niles, Balin, & Yoon, 2010) 將希望理論與相關動機理論運用在生涯發展上，創建了「希望為中心的生涯發展理論」(Hope-centered Model of Career Development, HCMCD)。尼爾斯等人認為未來的世界變化不定，需要對自我和職業保持警惕，生涯要能充份發展，終身需要具備下列重要態度和行為，包括：(一) 有希望感 (Hopefulness)：對未來有希望與期盼。(二) 能自我省思或反省 (Self-reflection)：檢查自我的想法、信念、行為和環境。(三) 能自我澄清 (Self-clarity)：在興趣、價值觀、技能、動機、目標等方面對自己有清晰的了解。(四) 對未來有願景 (Visioning)：能集思廣益，多方思考職業未來發展的可能性，並確定未來所盼望的結果。(五) 能設定或規畫目標 (Goal Setting and Planning)：設定要實現的目標，並確定實現目標的具體步驟與過程。(六) 實踐與適應 (Implementing & Adapting)：採取行動實現目標，並運用新資訊，調整與設定新目標和新計畫。

　　以希望為中心的職涯發展模型認為，個人在其一生當中會遇到各種挑戰和機遇（計畫內或計畫外），學會職涯自我管理 (career self-management) 才是王道。由於最近全球疫情爆發，引發經濟危機和不斷變化的就業趨勢，個人不太可能去預測未來，也無法永遠有穩定的工作。也因此，HCMCD 強調發展職業適應性的重要性，即個人有效地因應自己或外在不斷變化的生涯情況，並將其轉化為戰略性求職行為的動能，以及個人職業的自我管理，進而產生有效和令人滿意的職涯發展 (Niles, Balin, & Yoon, 2010)。HCMCD 基本上非常重視生涯歷程中的自我反省和自我澄清，以使個體得以展望未來職業的可能性，設定目標，擬定實施計畫，並適應所需的新角色。

　　希望為中心的職業發展論 (HCMCD) 在青少年適性輔導上，具有下列意義：(一) 要引導青少年對未來的職業充滿期待、有希望。(二) 強調個人要保持對自我和職業的警覺性，才能面對變動、多樣與難測的工作世界。(三) 生涯發展是一種終身過程，需要有良好的態度和行為，具有希望感，

隨時自我反省與自我澄清，有願景、有目標，而且要不斷調適。(四) 希望雖然是抽象的心理歷程，但可以點燃青少年的熱情，可以驅動個人感知與期望，如何沿著路徑，開啓和維持動能，以達成目標。(五) 在生涯輔導上，給青少年希望與支持，可以將焦點放在學生的長處、特長或專長上。例如，學生的父母如有優勢的職業，擁有許多技能，很容易跨世代角色轉移。(六) 要讓學生對人生與未來充滿希望，沒有希望，就不可能在生活中採取積極的行動。如希望程度較好的學生在準備考試、寫報告、交論文等任務上比較不容易拖延。(七) 協助學生了解個人職業發展的各個層面，時時抱持有希望的期待。希望感能幫助個體相信他們將能夠採取特定的步驟來實現未來的目標。(八) 青少年職涯發展目標必須有意義且可實現，但也必須具有挑戰性。擁有希望的態度是採取行動步驟的催化劑。(九) HCMCD 確信在實現目標的過程中，會遇到無法克服的障礙，必須展現個人的靈活性，並採取行動繞過障礙，才能夠實現目標。(十) 個人時時保持靈活度，包括隨著變化而變化的能力。亦即雖然已經確定了所設定的目標，但仍可能對發展新目標，並對有關的新資訊保持開放態度，工作與職業有希望，一切都有可能。

第三節　青少年的生涯發展問題

壹、青少年的打工問題

　　青少年需要學習規劃求學時間與承擔責任，並且需要增加工作經驗，並選擇某項職業以爲未來的經濟獨立作準備。對多數在學的青少年而言，「打工」是最常有的職涯活動，打工亦即是半時的工作 (part-time employment)，是目前青少年獲得工作經驗的主要來源。世界各國青少年的打工現象已非常普遍，青少年打工的理由，男女生有稍許差異。男女生皆以賺錢便利目前開支爲首要的打工理由，其次是增加存款與爲未來的教育而賺錢。男生更以買車、開車爲主要理由，當前更多青少年打工是要購買新型

手機或遊戲卡。男生通常開銷大於女生,男生在汽油、娛樂與約會上的開支較大,女生則用較多的錢打扮自己,包括衣服與化妝品。打工固然可以使青少年目前的生活較為寬裕,但立即的影響有:(一) 減少課業學習時間;(二) 對學校功課的興趣減少;(三) 花較少時間完成家庭作業;(四) 減少課外活動參與時間;(五) 可能學到社會不良習性,如抽菸、喝酒或賭博等;(六) 減少親子、朋友間相處機會;(七) 物質化。

　　青少年的打工是利弊互見的,亦即青少年為了獲得打工的利益,是必須付出代價。在適性輔導上建議應從下列方向著手,減少打工給青少年所帶來的害處:(一) 由學校與工商企業合作,對青少年的工作加以詳細規劃,以便青少年學得有用的技能,此近似我國目前的建教合作方式。(二) 協助青少年降低工作壓力與適當調適壓力,尤其要留意青少年的行為反應,切忌染上不良習性,此方面,家長與學校師長應與青少年的僱主聯繫,共同監督與配合。(三) 減少青少年的打工時間,一般而言,青少年打工時間愈長,害處愈多,故父母與師長應多加強注意,必要時給予限制。

貳、青少年的勞動參與及失業問題

　　青少年如不升學,通常會面臨就業問題,由於謀職不易,青少年失業也一直受到各國政府關切。青少年失業常會帶來社會問題,如吸食藥物與犯罪率會隨著增加,更嚴重的是,青少年的失業者容易成為成年失業者,造成社會負擔與人力浪費。青少年初次謀職頗有困難,也顯示青少年並不受就業市場的歡迎與接納。其可能原因有:(一) 職業觀念影響:一般青少年仍嚮往白領工作,希望能在辦公室上班。(二) 待遇偏低:青少年求職者由於定性不夠,並不受就業市場歡迎,另一方面僱主所提供的薪資報酬亦不高。(三) 缺乏技術:工商業社會普遍需要較專業的技術人才,過早進入就業市場的青少年常無法具備良好的職業技術,因而難以就業。(四) 兵役問題:對臺灣的男性青少年而言,由於尚有兵役義務,因此,僱主普遍不歡迎未服兵役的青少年,以免工作被迫中途停頓。(五) 地區失衡:臺灣地區的工作機會通常集中於城市地區,不利偏鄉青少年的充分就業。

第四節 青少年的生涯諮商與適性輔導策略

壹、青少年生涯諮商的重要性

　　青少年生涯諮商與輔導是青少年整體教育與一般生涯教育 (career education) 的一環。生涯教育的目的係提供有計畫的教育經驗，以增進青少年的生涯發展與為未來的職涯作準備，本質上，青少年所接受的所有教育活動都可能等於接受生涯教育，即使是升學，也是在為未來的生涯作準備。有研究顯示，美國人一生中平均要經歷五到六次失業，尋求諮商輔導協助，可以幫助失業者度過失業時期的壓力和不確定性，高中畢業生或大學生尋找的第一份工作，也有必要尋求協助 (US Department of Edncation, 2021a)。

　　生涯諮商與輔導則是指由諮商輔導人員有計畫地提供各種刺激與增進青少年整體生涯發展的活動，包括：協助青少年作生涯規劃、生涯決定與生涯適應。生涯諮商與輔導事實上與生涯教育的目的是一致的，只是前者較強調係由學校諮商輔導人員所提供的服務。

　　美國教育部認為職涯諮商與輔導是一個全面的、發展性的計畫，目的在幫助個人明智的做出並實踐教育和職業選擇。職業諮詢、諮商或專案計畫可以培養個人的自我認知，獲得必要的職涯知識、技能和經驗，增強教育和職業探索能力，並作自我生涯規劃，為 21 世紀變化不定的工作場域做好準備，並能在社會中獲得成功。生涯教育與職涯專案計畫，可以有下列的重點：(一) 教導勞動力市場的變化狀況和工作場所的複雜性。(二) 拓展知識、技能和能力。(三) 提高作決定或決策的能力。(四) 提高自尊心和積極性。(五) 建立人際關係的有效性。(六) 最大限度地增加職業機會。(七) 提高就業能力和機會。(八) 促進有效的就業安置。(九) 加強與雇主的關係 (US Department of Education, 2021a)。

貳、青少年生涯諮商的要項

　　以學生的生涯教育來看，由幼稚園至高中畢業，生涯教育的重點與要素包含了八大項目：(一) 自我覺察 (self-awareness)：使學生了解自己的需求、優點、個人的性格，並使學生能發展自我知識 (self-knowledge)，且有積極的自我認定。(二) 教育覺察 (educational awareness)：使學生認識到基本知能發展的重要性，並且能掌握知識內容，以便達成生涯目標。(三) 生涯覺察 (career awareness)：透過教育與職業經驗，使學生了解自己與生涯、工作世界的關係，並充分認識生涯發展的歷程。(四) 經濟覺察 (economic awareness)：使學生了解人、經濟、生活型態與就業的關係。(五) 作決定 (decision making)：使學生負責任的作選擇，並協助學生能將個人的抉擇與個人的目標相配合，而且能採取必要的行動。更要使青少年在生涯決定中利用有用的資源，並獲得最大利益。(六) 起始的能力 (beginning competency)：協助學生發展基本的認知能力，以便界定工作目標、對生涯步驟作摘要、完成目標，並對結果作評鑑。(七) 就業能力技巧 (employability skills)：使學生發展適當的就業技巧，以便能勝任工作。(八) 態度與鑑賞 (attitudes and appreciations)：協助學生發展內在的價值體系，以便能承擔適當的生涯角色，使工作的參與能得到滿足。

　　生涯教育的目標與結果，相對的也有八項，分別是：(一) 自我辨識與認定 (self-identify)；(二) 教育的認定；(三) 生涯認定；(四) 經驗的了解；(五) 生涯決定；(六) 就業技巧；(七) 生涯安置；(八) 自我與社會滿足 (self-social fulfillment)。但以學生年級作區分，在國小四年級至高二階段，各有不同重點，如在國小以自我覺察、教育覺察及態度與鑑賞的培養最重要，到了國中高中階段，則以經濟覺察、做決定，與起始能力的培養為重點。

　　再以各教育階段的生涯輔導重點來看，幼稚園至小學六年級以生涯覺察為重點，國中階段（7-9 年級）以生涯探索 (career exploration) 為重點，高中階段（10-12 年級）則是以生涯準備 (career preparation) 為重點，此外再進行生涯安置 (career placement)。中學階段是密集生涯輔導的階段，也是最重要的生涯輔導過程，關係未來生涯整體的發展。高中之後的生涯

發展途徑則分別有大專教育、成人延續教育與就業等三個主要途徑。

　　學生的生涯發展基本上是屬於發展性與教育性的歷程，因此，學校所有教職員工都對學生的生涯發展須共同承擔責任，但學校諮商師或輔導教師則屬於推動青少年生涯發展的主力角色，需發揮下列四個功能 (4C)：(一) 協調 (Coordination)：學校輔導教師需協調教務、學務、輔導相關單位，規畫學生生涯發展方案，並妥善分配各種教學資源；(二) 溝通 (Communication)：學校輔導教師應與行政人員、教師、家長及學生溝通觀念、取得合作，以有效推展各項生涯輔導方案，並進行各項生涯活動；(三) 諮詢 (Consultation)：輔導教師通常具有較多的生涯知識與技能，可以當作學校相關人員的顧問，提供生涯輔導上的必要資訊；(四) 連結 (Conjunction)：輔導教師可以結合有利學生生涯發展的團體與個人，如就業輔導機關、僱主、家長、社會公益團體等，使他們共同為學生提供有效的就業機會與學生生涯發展資源。輔導老師即如同橋樑般的連接各界人士與團體，使學生的生涯發展獲得最大的利益。

參、青少年生涯諮商的具體策略

　　在具體方面，學校輔導教師可以直接為學生提供下列的服務：

　　一、生涯諮商：由於青少年需要有生涯專業的協助，才能對自己的生涯作適當的抉擇，因此，生涯諮商可以採行個別諮商、團體諮商與父母諮商等方式，協助學生探索自我與工作世界，並增強生涯抉擇能力，以作最佳的生涯規畫與選擇。生涯諮商的重點有訊息提供、自我了解與工作世界的探索、社會相關環境因素的掌握等。生涯諮商可區分成五個層次，分別是 (一) 蒐尋訊息 (information)；(二) 自我引導的活動 (self-directed activities)；(三) 與諮商師協作 (counselor collaboration) 及選擇性處遇模式 (alternative treatment models)；(四) 團體諮商；與 (五) 個別諮商等。在第一層次的訊息提供與資訊服務層次中，可以提供學生各種生涯資料，包括宣傳品、圖書、手冊、視聽器材等。在第二層次中則協助學生進行自我引導式的學習，作自我探索、自我研究與自我規劃，並利用各種測驗評量工具、電腦輔導等方式自我求進步。在第三層次中則協助學生參與各種生涯處遇

的方案，至此階段才是正式的生涯接案 (intakes) 階段。處遇方式有研討會、工作坊、俱樂部及各種課程學習。團體諮商是第四個層次，此時可以利用團體解釋測驗，並以結構性與開放性的團體諮商協助學生作深入的生涯探索。最後層次是個別諮商，此時可以實施效標為基礎 (criterion-based)的測驗，並加以解釋，另外作短期與長期的個別諮商。由上而下，當事人本身的投入與投資 (investment) 越高，諮商員的投入也需越高。

二、生涯評估：生涯教育的另一項重點是要提供學生評估自己與各種生涯發展的可能性，以便充分了解自己。生涯評估主要有利用標準化測驗與非標準化測驗兩種方式。標準化的生涯測驗是指經由客觀與標準化程序編製而成，並有信度、效度及常模資料的測驗，目前國內已發展甚多的職業測驗量表，學校輔導教師可充分利用，其實施的原則亦如同智力測驗施測的要項。至於非標準化的職業評量方式，可以利用觀察法、軼事法、父母約談法、同儕評估法，或利用問卷等方式多方評量學生生涯發展的各種可能性，並進而協助學生了解自己。值得注意的是，學生的生涯發展並非孤立的事件，是學生智力、性向、人格、成就、家庭環境與社會需求的綜合性課題，在評量學生職涯發展時仍應兼顧學生各相關層面的評估，方不致於見樹不見林。

三、諮詢、資源提供與聯絡：學校輔導教師傳統上在提供學生生涯資訊上頗有成效，如視聽媒體的介紹、電腦輔助生涯輔導、就業資料的蒐集與提供等。但在生涯輔導工作上，輔導教師可再扮演更積極的角色，能成為學校教職員工、學生家長及學生的人力資源師 (resource person)，並且能成為被諮詢者與顧問，使學生能充分掌握各種教育與訓練的機會。此外，目前在生涯輔導工作上亦更期望輔導教師能成為校內外機構與人員的聯絡者，尤其要與各就業輔導與訓練機構，以及僱主聯絡，協助學生充分利用各種資源。各相關單位即是輔導教師應密切接觸與聯繫者，除此之外，輔導教師也應協助學生認識與利用這些機構的資源，多與寺廟、教會、獅子會、扶輪社等相關社區機構聯絡，必要時可以請求他們協助參與生涯教育方案。

四、釐清父母與家族期待：個人教育和職業前景的文化、家庭信仰和價值觀會影響職涯發展，家庭期待應該學習什麼或應該考慮哪些職業，通

常在東方國家社會，特別明顯，克紹箕裘、繼承家業，是父母親的願望，有些年輕人卻反其道而行，成為親子衝突的原因之一，另可能父母專業程度較高，如醫師，子女難以達成，也會造成兩代之間的不安與困擾。

　　五、探索自我人生目標與工作條件：個人對生活方式、工作地理位置、首選工作環境、家庭需求等的偏好不同。學校教師在青少年生涯決定的時刻更具有強而有力的作用，如升學與就業的決定、選擇科系、選讀升學學校類型等，學生通常會順從老師的建議。在師生互動愈密切的學校中，教師對學生生涯發展的影響愈大，學生常會採取與教師相同的生涯價值觀，甚至選擇與教師相同的志業。一般而言，學業成就較高的青少年，教師對他們有較高的職業期望，因此，高成就青少年通常會受到教師鼓勵進入高聲望的職業領域中。另外，學校所舉辦的生涯輔導相關活動，也會影響青少年的生涯觀念與生涯抉擇。校友的生涯發展狀況也往往成為青少年認同與模仿的對象。

第五節　高科技時代的青少年職涯準備與發展

　　由於資訊科技及相關產業高度發達，人工智慧或智能時代 (Era of Artificial Intelligence) 已經到來，青少年未來的職涯發展充滿無比的機緣與可能，但也會有更多的挑戰與危機。如當今年收入上億元的網紅、You-Tuber、每月上千萬的網路海鮮拍賣員與購物頻道、熱銷 APP 或社群貼圖製作人等，都是十年前難以想像的高收入工作。但在茫茫網海中，如何在軟硬體推陳出新的世界中勝出，並非容易。綜合各領域的發展趨勢，配合未來世界經濟展望，當前青少年的職涯準備與發展需掌握各種可能途徑，才能開創美好未來。

壹、掌握科學意義、過程與技能

　　青少年未來不一定要走向實驗室，成為科學家 (Scientist)，但必須是一位科學人 (Scientific man)，具備科學基礎訓練與養成能運用科學方法做

思辨，並在職涯過程中利用科學技術，創新或精進工作流程與效率。科學的對面就是迷信，過度相信命運、神靈、風水、輪迴等有礙生涯發展。目前隨著資訊科技、行動裝置與人工智慧的高度發展，STEAM 教育模式興起，是一種使用科學 (Science)、技術 (Technology)、工程 (Engineering)、藝術 (Art) 和數學 (Mathematics) 作為指導學生探究、對話和以批判性思維為接入點的學習方法，讓學生在數學邏輯的基礎下，藉由動手建構工程與呈現藝術美學，進行有效學習。許多教育專家將 STEAM（及其前身 STEM) 視為是 21 世紀教育的重要組成部分。美國教育部指出，「在一個不斷變化、日益複雜的世界中，年輕人要準備好學習解決問題的知識和技能，理解資訊並知道如何蒐集訊息，評估證據以做出決定，比以往任何時代都更加重要」(U.S. Department of Education, 2021b)。提高這些技能就是 STEAM 教育的核心。STEAM 也是一種對學生成績和教師效能產生積極影響的前瞻性教育方法。在一項研究中，研究人員調查了 STEAM 課程對市區高貧困小學 3 至 5 年級物理科學學習的影響。調查結果顯示，僅接受 9 小時 STEAM 教學的學生在科學成就方面就獲得大幅度進步 (Graham & Brouillette, 2016)。教學策略有：(一) 為學生提供必要設備（有時以計算機實驗室的形式，有時以 1 比 1 的形式為每個學生提供一個設備）。(二) 課後參與 STEM 社團或計畫。(三) 實質進行 STEM 課程，其中嵌入了使用 STEM 實踐的項目。(四) 進行 BYOD 計畫（需自帶設備，Bring Your Own Device)。(五)STEM 鼓勵在每個學科中進行實踐並探索機器人相關課程。

在跨學科領域的教學架構下，學生可以把重心放在特定議題上，而不被侷限於單一學科，學生可以練習用不同的觀點切入思考，在多元發展下培養出跨界溝通的能力。「STEM to STEAM」運動在過去幾年中已經紮根，並作為一種積極的行動方式蓬勃發展，期待能真正滿足 21 世紀的經濟需求 (Graham & Brouillette, 2016)。

貳、學習程式語言與程式設計

在數位時代，除了母語、國語與英語是必學的實體語言之外，也需外

加學習數位程式語言 (Programming languages)。程式語言已成爲生涯發展的必備工具，這是青少年父祖輩難以想像的新時代課題。各種程式語言互有優劣，但廣受使用的程式語言，具有通用性與普遍性，值得青少年用心學習。

表 9-1　世界程式語言使用排行表

2021/8	2020/8	排名升降	程式語言	占比	增減
1	1		C	12.57%	-4.41%
2	3	↑	Python	11.86%	+2.17%
3	2	↓	Java	10.43%	-4.00%
4	4		C++	7.36%	+0.52%
5	5		C#	5.14%	+0.46%
6	6		Visual Basic	4.67%	+0.01%
7	7		JavaScript	2.95%	+0.07%
8	9	↑	PHP	2.19%	-0.05%
9	14	↑↑	Assembly language	2.03%	+0.99%
10	10		SQL	1.47%	+0.02%

資料來源：Statistics Times (2021)。

當前世界主要程式語言如表 9-1 所示，各有排行，各領風騷，各有下列的特色與優缺點：(一)C 語言：是一個歷史悠久的語言，非常通用，在各個平台大都能使用。C 語言能以很簡單的方式編譯，方便在硬體上使用。優點是簡潔緊湊、靈活方便，數據類型豐富，對硬體進行操作，表達力強，能跨平台使用。缺點在於程式寫錯時，不容易除錯，下載處理字串麻煩。(二)Java：是優秀的語言，最大的特點就是跨平台，不論 Mac、Windows、Linux 程式碼都一樣。Java 的開發者對於 C++ 非常熟悉，所以改善了 C++ 的缺點，結構上還是非常相似，所以熟悉 C++ 的人，學起來會特別輕鬆。優點是跨平台、相容性高，可以做各式各樣的應用，像是網頁前後端開發等，且安全性高。缺點是執行速度緩慢，編譯過程繁瑣。(三)Python：是一套直譯式、物件導向、功能強大的語言。Python 的設計

哲學強調程式碼的可讀性和簡潔的語法，試圖讓程式的結構清晰明瞭。目前世界主要公司甚多在使用 Python，包括 NASA、Instragam、谷歌、雅虎、Reddit 和流行的視頻流行網站 YouTube。優點在於容易撰寫，功能強大，許多函式庫都可以輕鬆使用，跨平台，容易擴充，包含機器學習、數據分析、網路爬蟲 (Web Ocawler) 等。缺點是速度慢，容易編譯錯誤。(四) C++：是一種使用廣泛的電腦程式設計語言，目的是將將 C 語言實現物件導向的程式語言。C 的程式基本上都可以在 C++ 直接使用。優點有結構嚴謹、安全性高，性能強大，比 C 語言容易處理許多類型。缺點是複雜，遇到錯誤不容易除錯。(五)C#：是物件導向的高階程式語言，C# 是由 C、C++ 延伸而來，效能不錯，能讓開發者快速進行專案開發。優點是屬於先進的語法體系，有強大微軟支持的周邊服務。缺點是係屬於一個產品，只要求穩定，語法不精簡。(六)Visual Studio：微軟開發的程式語言，在微軟公司的整合式開發環境中，是最廣泛使用的開發工具。優點是即時編譯，易學好懂，開發效率高。缺點是安全性不高，容易有漏洞 (Johntool, 2021; Rasyid, 2021; Statistics Times, 2021)。

參、順應人工智慧時代來臨

從人類發明第一台電腦開始，人工智能 (AI) 或譯為人工智慧的議題就受到關注，但由於軟、硬體有限，AI 的研發大都停留在實驗室階段。自 2000 年以來，由於半導體技術的高度發展，運算能力大幅度提升，雲端技術 (Cloud)、大數據 (big data)、互聯網 (Internet)、物聯網 (Internet of Things，簡稱 IOT 或 IoT) 等各種科技隨之精進，並使機器學習 (Machine Learning, ML) 有了新的發展。AI 的研發、製造與生產之可能性更加提升，AI 智能系統或機器人 (robots) 經由大數據可以讓電腦學習新的資料，進而引導電腦藉由「人工神經網絡」(Artificial Neural Networks, ANN) 技術進行「深度學習」(deep learning)，使電腦自行理解、判斷與應用，朝接近人類頭腦的方向邁進（謝秀津、黃德祥，2020; Dwived et al., 2019; Jha, Doshi, Patel, & Shah, 2019）。

美國 AI 技術目前仍是領先世界各國，並且訂定七大發展策略：策略

一：要對人工智能研究進行長期投資。策略二：開發人類和人工智能的協作 (human-AI collaboration)（亦即人機協作）的有效方法。策略三：理解並解決人工智能的道德、法律和社會課題。策略四：確保 AI 系統的安全性。策略五：為 AI 培訓和測試開發共享的公共數據集 (datasets) 和環境。策略六：透過標準和基準 (standards and benchmarks) 對 AI 技術加以測量和評估。策略七：更深入了解國家 AI 研發人員的需求 (National Science & Technology Council, 2019)。為迎接 AI 世代的來臨，青少年生涯規劃與職涯發展，無妨將心力用於關注與探討 AI 相關的知識與技能，及其應用，為未來全自動化的生活、工作與學習環境預做準備。

　　人工智慧 (Artificial Intelligence, 簡稱 AI，或譯為人工智能) 是正在快速發展，影響層面廣泛，潛藏龐大商機，並關乎國家重大經濟利益與安全的產業。在高科技、全面數位化與人工智慧到臨的時代裡，對當前青少年學子的個人發展與教育想像與建構，深具下列重要意義，值得各方精進，為當前青少年的未來職涯發展奠定良好基石。

　　(一) 資訊與數位科技超高度發展，啟動教育新頁：近年來半導體與電腦軟硬體技術高度發展，運算能力大幅提升，手機、雲端技術、大數據、網際網路、物聯網等各項科技產品與應用日益精進，改變人類整體生活樣貌，教育亦是。

　　(二) 機器學習與深度學習，成為可能：AI 發展的關鍵，在於機器學習 (machine learning)，現正朝機器自我學習與深度學習前進，類人且會思考的機器發展中。

　　(三) 人機協作 (Human-AI Collaboration)，是教育核心：AI 智能系統設定機器具有學習能力，功能會日益接近人類。如何創造、製造、生產、運用、掌控與協調合作，成為新時代的教育重點。

　　(四) 人力資源概念從新定位：教育是人力資源培育基地，培養百業百工，各自發揮所長，形成國家社會適切人力資源網絡，AI 時代人力位階與專業水準大不相同，未來勞力密集工作由機器代替，製造、掌握與運用需高端人力資源。

　　(五) 新的法律與倫理關係，成為教育新課題：「為學」與「做人」依舊是學校教育的核心，在 AI 時代，新增人機共存共榮、法律與倫理、生

涯與休閒，以及人生價值何在等新課題。

　　此外，對國中、高中職階段青少年而言，「教」與「學」亦須有新的視野與境界，以及適切對策：

　　(一) 數位知能與程式設計的奠基與強化：AI 世紀來自於數位科技與程式設計等軟硬體實力，程式語言更是關鍵技術。新一代學生的讀寫能力，新增程式語言。故應全面檢視國高中學生程式語言能力，設計相關課程，尋求良師引導。

　　(二) 整體提升學生 STEAM 能力：這一代的青少年學生生活與生涯發展的關鍵在於科學 (Science)、技術 (Technology)、工程 (Engineering) 與數學 (Mathematics) 整體能力，才能因應人機協作的生活與工作環境。外加藝術 (Art) 涵養，讓人生更加美好。STEAM 讓學生在數理邏輯的基礎下，藉由動手的歷程建構科技與工程，表現藝術美學，以及學習科學和技術的內涵，創造適應 AI 時代的生存條件。

　　(三) 創意培養與創客精神的激發：AI 時代來臨，其發展仍未可限量，但 AI 首重創意與創新。青少年學生創意無限，激發創見就能多元思考問題解決策略。

　　(四) 建構智慧化校園：學校的行政、教學、課程與學生學習，應在經費許可下早日全面數位化與無紙化，並能善用數位科技，讓學生享受智慧化學習環境。

　　(五) 舉辦各項競賽，讓學生見賢思齊：校內與校際應多舉辦 AI 相關知能與技術競賽，讓學生從做中學，透過觀摩學習，相互成長。相關項目包括：程式設計、機器人競技、人機互動比賽、無人機操作與應用、數位專題製作競賽等。

　　(六) 積極開設系列 AI 彈性課程：配合新課綱，開設相關課程，可以是學分制，亦可是專題製作或短期講座，如程式語言、邏輯學、科技應用、法律與倫理道德、機器人製作、機器遊戲設計等。

　　(七) 激發熱情，重新定義學習與教育意義：AI 時代，教與學已不受空間及時間限制，無限的創意、創建與發想，才是學生真正資產，教師本身的教材與教法也要數位化及具創發性，教師一樣須不斷學習 AI 知能，教學更應著重啟發、彈性、精緻與深化，為臺灣孵育未來的 AI 人才。

　　總之，AI 世代已經來臨，機器人已到處可見，Google 公司 DeepMind 設計團隊的圍棋機器人 AlphaGo 已能勝過世界棋王，未來誰掌握 AI 關鍵技術，誰就是下一個世代的主人，猶如當今的半導體技術。網路世界的領導者 Google 公司的執行長佩吉 (Larry Page) 就說：發展 AI 是 Google 的終極目標 (Artificial intelligence would be the ultimate version of Google)。具有 IT 甚多先進技術的臺灣要奮發前進，迎向這波新挑戰，青少年學生就是我們無數 AI 的希望種子（謝秀津、黃德祥，2020）。

　　整體來說，AI 正在深度改變人類的生活、學習、工作、生產、消費、休閒與生存價值觀。AI 所帶來的影響與衝擊，對教育而言，卻也充滿無限想像與創造空間，一如愛因斯坦 (Albert Einstein, 1879-1955) 所說：「想像就是一切，可以讓我們遇見未來生活的魅力」(Imagination is everything. It is the preview of life's coming attractions)。

肆、疫情時代的新挑戰與職涯發展

　　新型冠狀病毒 (Covid-19) 在 2019 年底爆發，來得又急又猛，肆虐全球。因為傳染力強、致死率高、尚無特效疫苗等三大因子交雜，成為非預期的嚴重世界性公共衛生問題。新型冠狀病毒目前尚無止歇跡象，受害與受苦的人增多，當前青少年學生世代的生活、學習與生涯發展受到嚴重衝擊。因此，學校為學生提供以增強復原力 (resilience) 為核心的諮商輔導迫切需要，青少年本身也需要全新的面對千百年一遇的「艱困時代」新挑戰。歷史上也有類似「艱困時代」成為豐富個人生命的珍貴印記。美國社會學家艾爾德 (Glen H. Elder, Jr.) 就曾利用美國政府與民間的各種文獻、檔案與訪談，分析重要歷史時段與重要人士，在歷史艱困時代的奮鬥過程，結果發現，經歷人生困境的人，只要他們有良好的心理復原能力，有高度的韌性，大都能度過難關，重啟人生。艾爾德研究發現，在「艱困時代」，親人的積極關懷、密切的朋友支持、堅強的社區鄰里關係是個體堅忍不拔、克服難關的關鍵所在。個人會因為最親密的人的愛與關懷而重新奮起，更會為了親密的人而不敢懷憂喪志。艾爾德認為在「艱困時代」，我們最需要的是對受創心靈的撫慰、親人的關懷與召喚、親友鄰居的支持

與照應。面對疫情而來的新挑戰，在生涯規劃上也要重新省思人生的意義與價值，並在遭遇困難時，能重心再起（黃德祥等，2006c；謝佩君、黃德祥，2021）。

在此「艱困時代」，生活的調適與心理韌性的鍛練就無比重要，個體通常無法或無力對抗大環境，因此有必要自我建構一套生活哲學，比如：重視人生價值、個人衛生、自我防護、清境自持，並利用機會自我修煉，如，讀書、健身等。同時可以利用各種方便的通訊媒體，關切與關懷親人、師長、同學、朋友、街坊鄰居，重拾經濟繁榮時代因忙碌所失去的人際關愛。

此外，由於疫情發展，未來非典型就業蔚為潮流，線上工作，同事散布世界各地的工作會逐漸普及，在固定場所準時上下班的型態會減少，而且公司會增多自由上班模式與責任制，個人不受拘束的工作增多，同時個人創業承包制需求增加，但欠缺資金與創新技術的年輕人將容易失業。因此，青少年在求學階段，應充實本科學能與自我感興趣的學程，廣結人脈，培養跨國移動能力，並加強國際強勢語言能力，具國際觀，能敏銳察覺國際政治與經濟面貌，立足臺灣，胸懷世界。

☆問題討論與班級學習活動☆

一、請說明青少年職涯發展的意義、重要性及內涵。

二、請比較說明主要的青少年職涯發展理論，包括：社會理論、發展理論、特質理論、動機理論的異同，並且加以評價，指出對您個人而言，哪一個理論最具參考作用？

三、新近發展的「以希望為中心的生涯理論模式」包含哪些要素？一個人如果要生涯充分發展又需要具備哪些重要的態度與行為？「以希望為中心的生涯理論模式」在青少年適性輔導上具有哪些重要意義？

四、請依照個人本身的發展歷程及對未來職涯的展望，描繪自我的生涯彩虹圖，並與同學相互分享，並說明自我未來生涯路上需要那

些努力與投入？

五、目前青少年打工現象頗為普遍，請說明它的益處與缺點，並請說明如何減少打工對青少年的負面影響？

六、青少年的生涯諮商與適性輔導策略有哪些原理原則？請嘗試自我去尋求生涯諮商輔導，再自我省思，如何有效幫助青少年積極職涯發展？

七、在目前高科技時代，青少年職涯準備與發展應該有哪些重點？青少年在職涯發展上如何充實自我，放眼全世界？

八、請說明 STEAM 教學模式及其內涵，並請說明其在教育上的重要意義。

九、請概述當前世界重要的電腦程式語言，並加以分析比較其優劣。另以個人的經驗說明學習程式語言的重要性。

十、處在人工智慧的時代，個人應該如何為職涯發展做好準備？

十一、請訪問成功的職場達人或成功的企業家，試著記錄他們的故事，並與本章所學相印證，再到班級中與同學相互分享。

十二、人生職涯發展有順境，更有逆境，當職涯路上遭遇困難時，如何激發復原能力，重新開展美好人生？

第十章
青少年偏差行為與犯罪之成因及防治

第一節 青少年偏差行為與犯罪的成因

　　人類社會是多數人的集合，但總是有少數人的認知思考及行為模式，與多數人不同。青少年群體中，亦有少數異常、行為偏差與有適應問題的人。傳統心理學通常將與眾不同者視為是異常，甚至以「變態」稱之。心理學上一個重要的研究主題「異常心理學」(Abnormal Psychology)，在臺灣就一直被譯成「變態心理學」，意含嚴重的負面評斷。事實上，異常通常是思想或認知扭曲、社會適應不良、不被他人接受，且可能做出令他人不安，自己與他人都痛苦的行為。青少年異常與偏差行為就是在社會或文化中出現多數青少年不常見的行為，或者青少年個人適應不良，以及行為對周圍的人有害。因此，偏差行為通常具有下列特徵：(一) 行為表現與多數人的行為表現方式不同；(二) 行為妨害公共秩序與安全；(三) 行為對個人或他人造成損害；(四) 與大人規定及期望的行為方式不符。社會基於眾人利益，應追求多數人的最大幸福，但自有人類以來就有犯罪，有人會破壞社會秩序，侵犯他人生命或財產安全。從社會發展來看，犯罪是對社會的傷害，犯罪不可免，有犯罪必有個人或公眾利益受害，因此犯罪預防比刑罰更為重要。

壹、青少年偏差與行為問題的意涵與成因

一、青少年問題行為的不同觀點

　　青少年行為何者是正常？何者不正常？通常取決於文化或社會的習

俗、價值、態度、信仰、技術與傳統。當個體未能遵守社會既定和潛在的規則與社會規範時，即可能被視同不正常、偏差或異常行為。目前在心理學研究上，因理論取向與數據不同，在解釋青少年異常行為的成因上呈現不同的觀點、方法、模型和理論，主要的有：(一) 醫學觀點：以生物和生理因素解釋異常行為的成因，將其視為生理、生化障礙或精神疾病的表徵，通過症狀診斷，可以了解青少年的行為問題，並可以經由治療而痊癒，住院和藥物使用通常是首選的治療方法。(二) 心理動力學觀點：主要是以佛洛伊德的精神分析理論為依據，認為青少年心理障礙是由未解決的潛意識衝突所引發，治療的重點在於識別和處理內在衝突。(三) 行為觀點：認為異常行為是錯誤或無效的學習和制約反應的結果，治療的重心在於重塑失序或違常的行為，可以使用傳統的學習歷程與策略來教導青少年新的、更合適的、更具適應性的行為。(四) 認知觀點：青少年異常是因特定的想法和行為導致的結果，這些想法和行為通常基於他們的錯誤認知假設而形成，治療重點在於幫助適應不良的個體發展，更新舊思維，並代之以新的價值觀，治療基本上是在消除適應不良習慣，並以更有用的習慣取而代之。(五) 社會文化觀點：認為異常行為是在家庭、社區、文化與社會環境中所習得的，通過學習與改變的過程，獲得文化的能量，即能了解青少年行為問題所在，並依據社會文化模式，形塑可接受的行為。

二、青少年心理違常的要素

　　青少年偏差行為有時也被視為是一種心理違常 (psychological disorders)，或失調、失常、失序，或被看成是一種心智失常、精神障礙、心理功能失常 (mental disorders)，導致個體痛苦或功能受損，並偏離社會或文化的標準，通常並含有 4 個 D 的要素 (4 Ds)：(一) 功能障礙 (Dysfunction)：個體認知、情緒調節或行為有顯著障礙，反映心理功能背後的心理、生物或發育過程中的功能性阻礙。(二) 痛苦或損害 (Distress or Impairment)：青少年痛苦可能出現心理或身體疼痛，或兩者兼而有之。苦難雖是生活的一部分，無法避免，但個體如在社交、職業或其他重要活動中經常出現痛苦或苦難狀況，將在日常生活中失去正常運作的能力，形成障礙。(三) 偏離正軌或越軌 (Deviance)：偏離了正常、典型或大眾的平均水平。

不過當社會公認的價值觀和期望產生變化，社會所認定的正常與否，可能會隨著時間的推移而發生變化。例如，過去同性戀在美國被視為禁忌，在第一版 DSM 中被列為精神障礙，但今日，已普遍被接受。(四) 具危險性 (Dangerousness)：危險是指行為對個人或他人的安全構成威脅。如表達自殺意圖、有急性偏執觀念並有攻擊性衝動的人，都會讓周遭的人畏懼。許多患有反社會人格障礙的人，可能會被認為是危險人物，會危及他人生命財產安全 (Davis, 2009)。

三、青少年偏差與行為問題的特徵

在日常生活中通常也可以觀察到正常與異常行為表現的青少年，這些異常或違常行為主要可以歸納為五大類：(一) 情緒難以管控 (Difficulty managing emotions)：故意傷害寵物、折磨或殺死任何動物；或自我傷害，作為情緒和身體釋放的一種形式。(二) 容易衝動 (Poor impulse control)：虐待他人或在家裡搞破壞；口頭辱罵、恐嚇或威脅他人；有難以消失的焦慮或悲傷。(三) 常規訓練未到位 (Failure to respond to discipline)；經常與他人爭論，即使是小事；會公然違抗或拒絕遵守規則；推卸一切責任；從不為自己的行為承擔任何責任。(四) 社會互動失衡 (Trouble with social interactions)：從不和朋友外出去；或與危險的人群出遊；喝醉酒回家；通宵在外；被警察逮捕；不想與家人或朋友共度時光，迴避所有社交活動；從事極端危險和違法行為，包括無視家規、父母的擔憂或社會法律；睡眠時間過長或根本無法入睡。(五) 在學校遭遇麻煩 (Struggles in school)：與同學關係不佳；可能會偷竊；體重突然有巨大變化；食慾突然改變，如持續暴飲暴食；逃學；很少按時繳交作業與報告；學習狀況不良等。青少年相關異常或為常行為也可以區分為兩大類：(一) 內向性行為 (Internalized behaviors)：個人內化傾向的失能問題，如焦慮、悲傷、卸責等。(二) 外向性行為 (Externalized behaviors)：對外顯現不被接受，或威脅到秩序與他人的行為，如辱罵與恐嚇他人、從事危險活動等(Santrock, 2014, 2018)。

一般而言，青少年偏差行為的預防方案可以分為三級：(一) 初級預防 (primary prevention)：消除或調整會引發偏差行為的一些因素，以預防青少年不良行為的發生；(二) 次級預防 (secondary prevention)；及早鑑定與

處理失能或失常者；(三) 三級預防 (tertiary prevention)：運用各種資源，適切的處理與治療行為偏差與失常者。

貳、親子關係與家庭功能失調

家庭與親子關係是青少年一切情感、思考、學習與行為的原動力，家庭也是青少年的安全基地。如第七章所述，青少年對家庭的歸屬感和聯繫感，以及在家庭中所感受到的愛和尊重，是許多危險行為的免疫或保護因素，包括自殺、藥物濫用、暴力與犯罪。連帶地，當家庭功能失調 (dysfunctional family)，青少年適應與行為問題跟著增多，嚴重者犯罪，其主要促動或激活因子 (activated factors) 有：親子關係不良、被忽視、失親與單親、貧窮、鄰里社區複雜、被迫在父母之間的衝突中選邊站、被貶低、經常被負面批評、父母有不適當的騷擾、父母過度參與和過度保護、父母不恰當的疏遠和不參與孩子的學習與活動、父母欠缺指導方針與原則、在家中被容許或鼓勵使用毒品與酒精、被暴力對待（打耳光、毆打、抓擊、拳打腳踢等）。

家庭中存在的衝突和暴力，父母嚴屬或不一致的養育方式、父母長期失業，以及對青少年的監督不力，都是青少年犯罪的潛在危險因子。倘若青少年與父母的關係破裂，青少年容易短暫或長期離家出走，並與犯罪高危險成人或青少年群體聚集，青少年犯罪的可能性就大增。多數青少年犯罪研究發現，父母與子女之間的相互關係至關重要，然而當家庭失去功能時，父母自顧不暇，也難以提供青少年適當的關懷、保護、支持，以及適宜的行為指引與規範。此外，有犯罪行為的父母，無法有效傳遞社會的主流價值，也容易導致青少年犯罪（黃德祥等，2006c）。

參、人格特質與行為傾向

一、一般人格

人格 (personality) 是個體身心特質，以及內在思維與外顯行為的綜合體，更是個人應對與處事的整體表現。人格具穩定且持久的特質，可用來

判斷個體與他人之間的共同性與差異性。也因此，心理學家與犯罪學者最常將人格作為青少年異常、偏差與問題行為，以及犯罪的先在變項 (pre-liminary variables)，實務上卻也常見同一事件，不同個體反應大不相同。

　　人格代表個人真正的自我，包含內在的習慣、動機、情緒、思想、情感，以及價值觀，因此青少年的偏差行為及犯罪，一直被認為與其人格發展有密切關聯，通常人格不成熟、不安全、欠缺紀律與有嚴重心理困擾者，容易產生偏差行為，甚至犯罪。人格是指個體對外在事物的反應組型，青少年階段由於身心急速的改變，因此個人的壓力增加，敵意與焦慮亦高，個人的發展受到較多限制，挫折也較多，更容易產生敵意與攻擊行為，終至犯罪。青少年犯罪就是一種人格疏離症狀 (symptom of alien-ation)，也是一種明顯強烈且相對持久的適應不良形式，引發反社會和犯罪行為。有疏離症狀的青少年具有下列的人格特徵：不信任他人、悲觀、怨恨、自我中心、焦慮、人際疏離、社會疏離、低自尊、文化疏離、不安、多疑、化外之人、無結構的宇宙觀、無能為力、無意義、無規範、自我疏遠和社會孤立 (Rayce1, Holstein, & Kreiner, 2009)。

二、T 型性格

　　T 型性格 (Type T Personality) 是人格類型之一，常被用來解釋青少年偏差與犯罪行為的成因。T 型係指個性具有尋求感官刺激的傾向，高冒險性、喜歡追求新奇、變化不定與新鮮的事物，難以忍受單調乏味的活動與生活方式，亦稱大 T 性格 (Big T Personality)。相反的，喜歡安靜、舒適、穩定、平靜、低危險性、安全的人，是屬於 t 型性格，亦稱小 t 性格 (Little t Personality)。

　　刺激需求 (sensation seeking) 是個體對變化、新奇與複雜的刺激和經驗的需求，也是個體在生理與社會上作冒險以獲取這些經驗的一種意願。T 型性格的青少年有可能反覆從事富冒險或危險的行為，這種行為誘使身體一遍又一遍地分泌腎上腺素，腎上腺素分泌時又會引起青少年的快感或興奮。如果長時間腎上腺素分泌較少時，他們會變得煩躁和鬱悶。腎上腺素的生理反應可能會讓人上癮。事實上，身體在受到壓力時會產生一種叫做「安多酚」(Endorphins) 的激素，是由腦下垂體和下視丘所分泌的胺基

化合物，可以抵消腎上腺素的作用。「安多酚」具有與嗎啡相似的作用，可以減輕或減少疼痛，並產生夢幻般、柔和的健康感 (Hooley & Franklin, 2018; Reitz et al., 2015)。

在另一方面，T 型性格也有優勢的一方，他們外向和富有創造力，渴望新奇的體驗和刺激、活動強，這些都是成功企業家、政治家，甚至科學家成功所需的特質。T 型性格也有賭徒性格傾向，有些犯罪慣犯就具有此種強烈傾向，基本上 T 型性格是兼有建設性 (constructive) 與破壞性 (destructive) 作用。

就個體一生來看，青少年階段是人生刺激尋求傾向最高的時期，男生又高於女生。具有較高刺激尋求動機的人，喜歡追求富有冒險性與高度刺激的活動，對於新鮮、奇妙與富有變化的事物較感興趣，也比較喜歡體驗變動不定的生活方式，不喜歡受拘束與控制，對於平靜與穩定的生活較感不耐與厭煩，對於熟悉的事物不具好感，在生活中常常想去作不同的體驗與嘗試，甚至於冒險，在追求變化與新奇之中，獲得感官或心理上的滿足。反之，刺激尋求動機較低的人，則喜歡安定、穩定、平靜或熟悉的事物，會盡量避免冒險與刺激，對於新奇與具挑戰性的事物或活動較不敢去體驗與嘗試，也不喜歡去過不確定的生活。不過極端或典型 T 型或 t 型性格的人並不多，多數的人是落於兩個極端之中 (Morehouse, Farley, & Youngquist, 1990)。青少年吸食迷幻藥物、抽菸、性活動、參加高度冒險運動、犯罪行為等都被認為與 T 型性格有關；高刺激尋求與低刺激尋求青少年在結交異性朋友、到陌生地方探險、看限制級影片與書刊、衝浪、騎摩托車、蹺課、跳水、打架、互毆、開快車或飆車、隨身攜帶刀械、深夜在外遊蕩、講粗話或髒話等評量活動項目上都具有顯著性。

三、A 型行為類型

A 型行為模式 (Type A Behavior Pattern, TABP)，也常被視為是一種人格類型，也被簡稱為 A 型性格。A 型性格是一種明顯的反應方式，強烈追求成就、競爭、容易被激起或激怒、不耐煩、有時間緊迫感、手勢和言語的突然性、常有爆炸性的語音、過度警覺的姿勢、急躁和敵意。與 T 型性格有對應的 t 型性格一樣，A 型性格的對應是 B 型性格，後者能放

鬆、有耐心、自在、不具競爭性、喜歡過自己喜愛的生活方式。A 型性格的人比 B 型性格的人有更高罹患心臟病和高血壓的風險，同樣都有正負效應。另有研究再將不偏於 A 型與 B 型者，歸類為 C 型，共有三組行為類型（Lerner & Steinberg, 2009a）。A 型人格的特點具有強烈的競爭意識，常會經歷更高的壓力水平，討厭失敗，並具攻擊性、敵意，因此有部分性格與 T 性格相關，但兩者合併觀察，兩大行為類型可以有 TA、TB、tA、tB 等不同組合，對青少年偏差行為與犯罪的影響仍有待實徵性驗證。

肆、社交技巧與生活適應

在現代社會中，要能適應良好，必須具備一定的社會技巧 (social skills)，以便與生活中的他人溝通及維繫關係。個人必須與他人交談、協商、妥協、表現果敢地行為，並且有效的聆聽他人的意見、表現輕鬆、幽默、適時幫助別人或請求別人幫助，以達到社會目標。因此，如第八章所述，社會技巧被認為與學校適應、心理健康程度、服兵役時表現，以及是否精神疾病等有密切關聯。

犯罪者通常有人格與心理上的疾病，其社會化狀況較差，故可能是社會技巧較差者。由於有可能因為社會能力欠缺導致精神疾病，再產生犯罪行為，但社會技巧與犯罪之因果關係似難以論斷。社會技巧或社會關係欠佳者，有較多偏差行為，如在團體中被拒絕的兒童有較多的攻擊行為。社會技巧與受他人歡迎程度也有密切關聯存在，社會技巧較佳者，有較高處理社會問題的能力。此外，不具社會技巧的人具有下列特徵：較少引發性的會談；較少和團體中的人講話；花較長時間去對別人作反應；較少回應他人意見；在與別人談話中，無法顯示同意、讚賞或興趣。基本上，攻擊、不當行為、敵意等不當社會技巧可以顯著的預測青少年的偏差行為及犯罪 (Santrock, 2018)。

伍、學業低落與學習挫敗

學業成就對青少年正常發展的作用極大，學業成就高的青少年對學校

有深厚的情感，喜歡停留在學校之中，個人比較有成功與心理滿足的感受，願意表現符合師長期望的行為。反之學業成就差的學生，容易輟學、逃學，有太多閒餘時間從事刺激與興奮的事情，在學校有挫折與失敗，心理滿足感較低，故容易產生偏差與犯罪行為。學校與班級是學習的地方，學習成功，成就提高，會受到師長與同學的肯定與讚賞，心理價值感及自尊提升，反之容易意我貶抑與挫敗，學校與班級之外，一切可以立即降低心理不安或傷痛的活動與人物，對青少年即具有高度的吸引力，然而，這些通常是社會所不能接受的不良或危險行為，如低成就學生，會以抽菸來顯示他已會做成人動作，藉以展示自己的存在。整體而言，提高學生的學業成就可以大幅度抑制青少年不良行為的產生。

　　學校往往是犯罪行為的發源地，大多數違法者在學校表現不佳，對學校環境不滿意。許多犯罪青少年是輟學的學生，他們過早離開學校，欠缺工作機會，因而無法進入主流社會，容易因無業但須用錢，因而犯罪，青少年偷竊與詐騙就是典型，青少年同伙（如詐騙集團）經常從事違法行為，參與的青少年也容易犯罪，不僅是出於貪念，也源於其在群體中獲得地位的需要。

陸、同儕影響與青少年男性幫派

　　同儕關係對青少年偏差行為及犯罪具有催化作用，青少年容易受同儕影響，同儕的犯意聯結與犯罪價值觀是犯罪的主因。青少年如家庭功能不佳，同儕團體或幫派正可以替代青少年對家庭與父母親近與依附的需求，尤其男性青少年更容易受到同儕的影響。基本上，嚴重的青少年犯罪行為，就是一種男性幫派現象 (male gang phenomenon)，青少年同儕團體與幫派可以紓解男性青少年在成長過程中所面臨的壓力，以及與中產階級價值觀相衝突所產生不良適應的困境。

　　亞洲基金會 (The Asia Foundation) 曾對馬爾地夫 (Maldives) 青少年的男性幫派進行研究分析，結果發現，男性幫派成因主要有五大方面：(一)需要歸屬感和兄弟情誼 (Need to Belong and Brotherhood)：青少年表達渴望有歸屬感，同夥就像一個家庭會互相照顧，分享彼此的問題，並在那裡

度可以過美好的時光。(二) 保護作用 (Protection)：加入幫派是為了獲得保護。年幼的孩子認為年長的幫派成員是一個大團體，能提供保護免受威脅。青少年加入幫派主要因為他們想尋求與身份相關的安全感和保護力。(三) 尋求身分認同 (Identity)：尋找身份、辨識自我是促使年輕人加入幫派的另一個關鍵因素。許多人青少年受益於經濟發展，也想分一杯羹，加入幫派可以看起來很酷，並且擁有很昂貴的現代產物與享受，如新型手機。(四) 失業與低薪 (Unemployment and Insufficient Salaries)：失業是促使年輕人加入幫派的一個主要因素。有前科紀錄者，更不容易找到工作，形成一個重大障礙。法律允許雇主查詢求職者現有的警方紀錄，使部分有前科者，謀職困難。(五) 毒品使用 (Drug Abuse)：幫派同夥聲稱，他們大多數成員都在吸毒，主要是大麻、飲酒、濫用藥物等軟性藥物。海洛因等硬性毒品大多數幫派會禁止。(六) 在校被欺負、欺凌或霸凌 (Bullying at School)：青少年加入幫派是為了報復在學校被欺負。貧窮孩子在富裕孩子之間常常被孤立與歧視，增加孩子們的怨恨，加入幫派可以克服從學校開始的無力感和自卑感。(七) 家庭因素 (Family Issues)：家庭問題是青少年加入幫派的重要作用，在父母離婚或父親去世後，大多數情況下，通常是由母親照顧孩子，母親無法給予孩子們充分的關注與需要的滿足，因為母親的薪資較低，必須遠離家人長時間在外工作，孩子們因此加入幫派來獲得家中缺乏的舒適生活和精神支持 (Sabharwal, 2013)。

柒、社會的影響與機會

社會變遷帶來了頗多的負面影響，青少年首當其衝，他們因為調適上的困難而產生偏差與犯罪行為。甚早之前，克勞德與沃林 (Cloward & Ohlin, 1960) 曾經系統化的研究社會機會與青少年犯罪的關係，他們認為假如社會沒有提供良好的機會，使青少年達成心理滿足的目標，則青少年的偏差行為就會不斷產生。成功的社會與社區應讓青少年有合法的機會去追求成功的目標，使他們在追求中獲得酬賞滿足，當青少年缺乏合法的機會去滿足自己時，他們會以非法的活動，去追求地位、聲望與財富。

依照克勞德與沃林的論點，低階層青少年受限於家庭與個人能力，個

人的合法機會一直有限，倘依青少年追求中產階級成員的欲求與追求經濟地位的改善二個向度來看。根據克勞德與沃林的看法，青少年可以區分為四類：(一) 青少年想要成為中產階級的一員，也希望改善經濟地位，會內化中產階級的價值觀念，努力尋求成功。(二) 青少年希望成為中產階級的成員，但不想改善自己的經濟地位，故仍會肯定中產階級的價值觀念。(三) 青少年否定成為中產階級的成員，因此也否定中產階級的價值觀念，所以也不會以合法的手段去達成目標，更由於他們希望改善經濟地位，故只羨慕華屋、美車、他人財富，但不考慮個人的努力與奮鬥，因而最容易產生偏差行為與犯罪問題。(四) 青少年否定中產階級與改善經濟之希求，形成社會的退縮者，極難往上作垂直社會流動。

　　較嚴重的情況是，除非讓第三類的青少年對自己的行為感到羞恥，並協助他們解決適應上的困難，否則不容易改變他們，使行為歸於正常。更重要的是，倘社會能提供甚多合法的管道，包括教育與工作機會去改善經濟生活，提升自己的社會階層，青少年犯罪才可能會減少。此外，像貧窮，文化不利，低度生活水準，父母忽視與虐待，以及低度家庭社經水準等，都容易助長青少年的偏差行為與犯罪行為 (Cloward & Ohlin, 1960; Mackay, 1989)。

第二節　青少年的物質濫用與防治

　　青少年期是抽菸、喝酒、吃檳榔，進而吸食違禁藥物或濫用毒品 (drug abuse) 的入門階段。臺灣青少年也有長期吸食違禁藥物的歷史，從1990 年代的強力膠、安非他命，到近期的 K 他命、搖頭丸、大麻等，都是對青少年健康有害的物質。由於毒品成癮極難戒除，青少年毒品使用問題目前一直困擾著世界各國政府與矯正人員，從美國、中南美洲、歐洲、至巴基斯坦、東南亞、中國大陸以及臺灣都有同樣的困擾。青少年的藥物濫用在有些國家被視為是偏差行為，多數則認定為犯罪行為，穆斯林國家更嚴格以對。因此，藥物或毒品防治教育 (prevention for drug abuse) 是青少年重要的教育課題，但多數效果有限。

　　目前學術上，傾向於以青少年「物質濫用」(substance abuse) 一詞涵蓋所有青少年吸食或施打不良物品。毒品或物質買賣除了會引發嚴重社會問題，如槍擊、搶劫、幫派火火拚之外，使用者本身就是受害者 (users as victims)，容易因毒品成癮損害健康，並斷送個人生涯發展與家庭幸福。

壹、青少年抽菸的防治

　　青少年抽菸（或吸菸，smoking) 是近年來教育與輔導工作上甚受關注的課題，因為抽菸已被認為對身體健康的危害甚大，容易導致癌症與心臟血管疾病，同時也會有支氣管炎、氣腫、消化與循環系統失衡、早產，以及引起意外與火災等危險。最值得關切者，抽菸與喝酒是較嚴重物質濫用的起始點，成人世界極少不菸不酒的人，就直接開始吸毒。然而，儘管香菸的危害已漸為人知，可是言者諄諄，聽者藐藐，世界各國抽菸人口仍高居不下，其主要原因乃在於抽菸行為本身有複雜的個人特質與文化環境的因素隱含其中。目前值得注意的是，傳統市售的香菸之外，近期又有電子菸與加熱菸興起，電子菸係以電能驅動霧化器，加熱菸液為煙霧，再加以吸食，該液體也有尼古丁、丙二醇或其他香料等，與一般香菸一樣都會危害健康。青少年暴露於尼古丁之下，可能讓大腦更容易對其他物質成癮，使用菸品可能造成大腦永久性傷害。

　　青少年抽菸有六個主要原因：(一) 青少年過早曝露於大量的香菸廣告之中。(二) 青少年從抽菸的父母與成人中模仿而得，因此容易把抽菸當成是成人的象徵。(三) 部分受到同儕的壓力，如果不學習其他同儕吸菸，容易受到同儕排擠，失去與同儕相處的樂趣。(四) 與青少年想要滿足自尊及獲得地位有關，青少年抽菸行為常被視同學業失敗、無法參與課外活動或自我無法滿足的一種補償作用。(五) 青少年女生抽菸，更常含有追求獨立自主與叛逆的意義。(六) 受低階文化影響，來自低階層的青少年更把抽菸當作贏得社會地位的表徵。

　　防止青少年抽菸的適性輔導方法主要有下列各項：(一) 積極推動反菸教育，依照學理與事實做正確陳述，抽菸對肺癌、循環系統疾病、心臟血管疾病、孕婦的負面影響與危險性應具體顯示，讓青少年對抽菸行為產生

過度的焦慮,是防止青少年開始抽菸的有效方法。(二) 反菸的訴求需聚焦在關照青少年的健康,而非威權的展現,反菸教育方案必須尊重青少年的價值、自我信念與成就感、並且要鼓勵青少年控制自己的行為。(三) 坦承的告訴青少年真相,以現實為基礎,誠實的與青少年相處,尤其要避免半信半疑的情況,方能影響青少年的認知與態度。(四) 反菸教育盡可能由學生領袖與青少年本身發起,重視青少年的自發性,效果才容易彰顯,另由抽菸學生報告抽菸的身心症狀更能防止抽菸行為的產生。(五) 反菸教育必須及早推行,在國小階段就可以開始推展,以美國為例,多數兒童在 12 歲左右開始抽菸,因此,國小階段的反菸教育就非常必要,而且反菸活動倘能多元化,效果會更佳。(六) 協助學生探索自己,幫助學生探討與分析內在的、隱藏的、情緒的或社會的抽菸理由,有助於青少年去面對抽菸的問題,並產生戒菸或厭惡抽菸的意圖。(七) 反菸教學方法應多樣性,不能以單一教學方法進行,講述法、團體討論法、心理說服法或各種綜合方法,都可以用來影響青少年對抽菸的認知、情感與行為反應。(八) 加強取締違規抽菸行為,目前菸害防制法已禁止於室內空間抽菸,另環境保護法禁止亂丟菸蒂,如嚴格取締,有助於降低吸菸人口。

貳、青少年喝酒與酒精成癮

喝酒 (drinking) 與前述的吸菸傳統上都是一種被容許,甚至是值得鼓勵的文化習慣。在較原始的民族中,喝酒行為不論男女老少都極為普遍,青少年喝酒是被讚美的行為表現。青少年喝酒在甚多社會中甚至比抽菸更為開放,不過也由於此,青少年喝酒行為也較受忽略,相關的研究也較缺乏。

適當的喝酒可以增進人際情誼與促進身體循環,但過量的喝酒容易上癮,亦形成酗酒或酒精成癮症 (Alcohol Addiction Disorder)。長期過量飲酒會導致肝臟與心臟疾病,以及其他疾病的產生,喝酒過度更嚴重的問題是容易酒駕或產生意外事件,甚至殺人與自殺。青少年喝酒形成習慣,成人之後可能成為酒精上癮者,造成個人、家庭及社會問題。酒精成癮者經研究發現通常有較多的慢性疾病,喝酒的人也較會表現暴力攻擊行為。喝

酒過量對個人生活會有不利影響。

　　雖然目前社會對喝酒的容忍性高，但青少年的喝酒仍然不值得鼓勵，尤其青少年喝酒之後常會發生意外事件或作不當的性冒險，所以推動青少年喝酒防治，頗有其必要。父母與師長如果發現青少年有喝酒行為也可以利用下列原則加以輔導：(一) 先誠實的檢討自己的喝酒行為；(二) 坦誠的表示情感價值與經驗，並鼓勵青少年遠離酒類，長大之後對於喝酒能持淺嘗則止態度；(三) 與青少年談論喝酒或其他物質濫用，父母與師長都要冷靜、堅定與一致；(四) 與青少年分享喝酒的觀念與健康訊息；(五) 不要逼迫青少年作證或承認；(六) 要讓青少年認識自己可能無法控制自己的情境；(七) 陳述青少年喝酒與酒駕的可能後果；(八) 當良好的傾聽者，讓青少年能理解酗酒對人體的可能傷害；(九) 掌握要點，注意青少年飲酒的行為問題，鼓勵青少年遠離酒精。

參、青少年物質濫用與毒品成癮

　　青少年藥物或物質濫用一直是青少年研究的焦點問題，所謂藥物濫用是指沒有經過醫生的診治或沒有醫生的處方，而使用法律所禁制的藥物而言。毒品成癮會衍生職涯受挫、家庭婚姻破裂、人際困難、身體健康受損，甚至家破人亡，因此世界各國無不把打擊販毒與吸毒當作首要任務，穆斯林國家更會處以極刑。青少年倘染毒可能人生就難回頭，加上青少年抵抗誘惑的能力較低，因此防止青少年接近毒品，是極為重要課題。

　　藥物的種類繁多，過度使用幾乎都會對生理與心理功能造成不利影響，干擾正常的生活機能。青少年藥物濫用的種類主要可以分為四大類：(一) 鎮靜催眠藥物 (sedative-hypnotic drugs)：包括巴比妥鹽 (barbiturates)、酒精、大麻。(二) 麻醉性藥物 (narcotics)：如嗎啡 (morphine)、海洛因、鴉片，以及可待因 (codeine)（鴉片中的鹼質）。(三) 刺激物 (stimulants)：包括咖啡因、尼古丁、安非他命 (amphetamines)，此類藥物會刺激中樞神經系統。(四) 迷幻藥物 (psychedelic drugs)：包括二乙基菱角酸醯胺 (LSD)、大麻二酚 (CBD)、四氫大麻酚 (THC) 等。另也可將藥物區分為四大類：(一) 鎮靜劑 (depressants)：如巴比妥鹽、麻醉物、鎮定劑、或其他

鎮定止痛藥物；(二) 刺激物 (stimulants)：如安非他命、古柯鹼與咖啡因；(三) 心理轉換藥物 (mind-altering drugs)：如強力膠及其他迷幻藥物；(四) 大麻菸與大麻製品。

為防止毒品傷害，臺灣一直將毒品製造、使用、運輸與販賣，視為嚴重社會問題，因此訂有「毒品危害防制條例」，刑罰的尺度頗高。根據本條例第 2 規定，毒品依其成癮性、濫用性及對社會危害性，分為四級，分別是 (一) 第一級毒品：海洛因、嗎啡、鴉片、古柯鹼及其相類製品。(二) 第二級毒品：罌粟、古柯、大麻、安非他命、配西汀、潘他唑新及其相類製品。(三) 第三級毒品：西可巴比妥、異戊巴比妥、納洛芬及其相類製品。(四) 第四級毒品：二丙烯基巴比妥、阿普唑他及其相類製品。由此亦可見，毒品種類繁多，毒品等級越高，危害越大，因此刑度越高。

目前臺灣流行的毒品及青少年可接觸的毒品，主要有：(一) 一粒眠：主要成分為硝甲西泮，作用原為中樞神經的抑制劑，係三級毒品。(二) 快樂丸、搖頭丸：成分是亞甲二氧甲基苯丙胺，可即興隨著音樂劇烈地不停抖動而不覺痛苦，係三級毒品。(三) 古柯鹼：是強烈的麻醉劑與興奮劑，係一級毒品。(四)FM2：成分為是強力安眠藥，經常被作為迷姦藥物，屬三級毒品。(五)K 他命：成分是非巴比妥鹽類麻醉劑，係三級毒品。(六) 大麻：成分是大麻二酚，能增加興奮感、使感官意識變化，係二級毒品。(七) 安非他命：有提神、振奮的效果，係二級毒品。(八) 嗎啡：為中樞神經抑制劑，係一級毒品。(九) 海洛因：又稱白粉，是鴉片的萃取合成物，係一級毒品。(十) 鴉片：由罌粟花提煉，係一級毒品。毒品等級越高黑市價格越貴，因此臺灣青少年以吸食三級毒品居多。青少年藥物濫用事實上是受到成人社會藥物濫用情況所牽引，尤其違禁藥物的製造與販賣通常由成人所主導，再向青少年推銷，或利用青少年當販賣掮客，而擴散了藥物吸食人口。

青少年藥物濫用的原因極為複雜，下列是主要的使用類型：(一) 試驗性的使用 (experimental use)：藥物濫用多數起於一時性的使用，使用者通常受好奇心的趨使，或渴求新的體驗，或使用藥物以短暫的逃避個人的問題，終至上癮。(二) 社會消遣性的使用 (social-recreational use)：藥物的使用常興起於朋友或彼此熟識的聚會之中，此種社會消遣性的藥物使

用較不會立即增多劑量或使用價錢較高的海洛因。(三) 環境與情境的使用 (circumstantial-situational use)：這是因為環境與情境的需求與期望得到預期效果而使用，如學生使用安眠藥或鎮定劑幫助睡眠，久而久之對藥物上癮。此類藥物使用危險性高，因為形成習慣之後，戒除不易。(四) 密集的藥物使用 (intensified drug use)：此類藥物使用者長期性以藥物減除個人的問題與應付壓力情境，藥物使用已經成為個人生活的一部分，吸食者之間也形成關係連結，由於藥物的使用使得個人生活方式與習慣改變。(五) 強迫性使用 (compulsive drug use)：此類藥物使用者也長期使用藥物，因而在生理上與心理上產生依賴現象，他們幾乎每天需要使用藥物，方能發揮日常生活功能 (Atwarter, 1996; Centers for Disease Control and Prevention, 2021b)。

　　青少年藥物使用與濫用可以歸納成圖 10-1，包含有內在的生物心理因素，以及外在的環境因素。此兩者交互作用增加了青少年受害的可能性與危險情境。在生物心理因素中，前置因素包括不自覺與冒險、好奇需求、角色楷模、利用藥物以增加自尊及性別作用等。在環境因素中則包括無效的藥物教育、廣告增多、缺乏警告廣告、家長教育、不當立法，以及醫生與家長知識欠缺或否定等前置因素。除了內外在因素之外，亦有二種催化因素的作用使青少年接近了藥物，包括心理內分泌的改變、缺乏經驗與知識及多重藥物的使用，以及社會壓力與同儕誘發、藥物易得等。

　　從圖 10-1 的分析來看，青少年藥物的使用同樣涵蓋了個人、家庭與社會等複雜的因素，故在青少年藥物避用的防治上也需要多方考慮這些因素，缺乏其中一環，都可能遠不到良好的防治效果。本圖同樣適合當作各類物質濫用的分析模式。

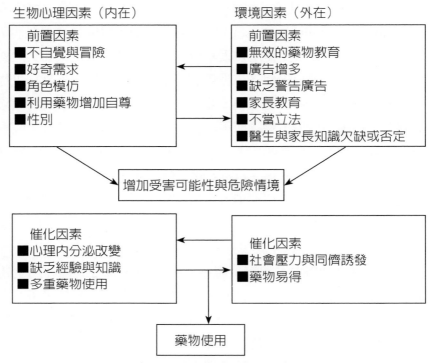

生物心理因素（內在）　　　　　　　環境因素（外在）

前置因素
■不自覺與冒險
■好奇需求
■角色模仿
■利用藥物增加自尊
■性別

前置因素
■無效的藥物教育
■廣告增多
■缺乏警告廣告
■家長教育
■不當立法
■醫生與家長知識欠缺或否定

增加受害可能性與危險情境

催化因素
■心理內分泌改變
■缺乏經驗與知識
■多重藥物使用

催化因素
■社會壓力與同儕誘發
■藥物易得

藥物使用

圖 10-1　青少年藥物使用的主要因素

資料來源：Irwin & Millstein, 1991。

肆、青少年藥物濫用的防治

　　青少年藥物成癮之治療首先要以醫療方法去毒 (detoxification)，去毒方案首先是減少生理上的痛苦，其次是採取必要步驟協助青少年免除對藥物的依賴。目前主要的治療策略有下列各項：(一) 心理諮商與治療：青少年藥物成癮者的治療始終都需要有心理諮商與心理治療的配合，心理諮商與治療的方法可以是精神分析取向的模式，也可以是認知行為治療模式。不過目前並沒有單一適合藥物戒除的心理治療模式，也沒有非常有效的模式，因此心理治療必須與就業訓練、自我幫助團體，以及其他的治療方法一起使用。(二) 家族治療：心理治療著重於個別藥物成癮者的處遇，但青少年藥物濫用者多數有不健全的家庭，如父母酗酒與濫用藥物、不當管

教、虐待子女等，使得青少年轉而使用藥物形成依賴，故要協助青少年戒除毒癮需有家族治療的配合。家族治療的目的在於協助家庭成員解決他們的家庭問題，並且能以建設性與積極性的方法與家人相處，能把家庭視為一整體，避免家庭問題成為青少年迷失的陷阱。(三) 美沙酮 (Methadone) 治療：美沙酮本身也具有毒性，但能防止海洛因中毒，以及降低海洛因戒斷的效應。美沙酮與海洛因具有對抗性，可以將毒性中性化，同時它也是一種定期的口服藥劑，因此在甚多國家已有為毒癮患者免費提供美沙酮口服液的措施，不過美沙酮仍具有毒性，是否值得採用，仍有爭論。(四) 治療社區 (therapeutic communities)：青少年藥物成癮者最需要他人的支持與鼓勵，方有戒除意志，類似戒毒村的治療社區是以團體住宿的方式，利用團體壓力與團體支持，以及診療教育或安置就業的方式協助藥物成癮者戒除。(五) 自助自救團體：藥物成癮者也可以組成自助團體，尤其藉助於已成功戒癮者的經驗，協助青少年戒毒。國外「酗酒者匿名會」(Alcoholics Anonymous, AA) 在協助戒除酒與藥癮上頗有成就，並能獲得社會大眾信賴，國內也有必要參考借鏡。

　　另外，家庭與社會因素也會助長青少年的藥物吸食行為，青少年藥物濫用者有相當多的心理困擾，其所處家庭環境亦頗不利，諸如，低自尊、經常挫敗、缺乏成就動機、欠缺人際溝通技巧，以及親子與家人關係不良等。故學校應加強諮商與輔導，幫助學生增強因應問題與克服壓力的技巧。值得注意的是，目前學校的藥物濫用防治教育效果並不理想。一般而言，學校所推展的吸毒宣導效果是有限的，學校在青少年藥物濫用防治最根本的工作是，針對較有可能吸毒者定期驗尿，多予關懷與協助，尤其要增強他們的社會能力與提高其學習成就感，方能使青少年免於藉助於藥物逃避個人與社會適應上的困難。另外學校也應多推動體育與休閒活動，不使青少年覺得無聊而產生心理上的困頓與不安，進而尋求以物質與藥物脫困。

　　青少年藥物濫用的治療有以下各項原則，頗具參考價值：(一) 了解個人的宗教期望。(二) 運用家長教育與家族諮商。(三) 使用同儕團體諮商。(四) 個別與團體諮商甚於傳統的藥物教育。(五) 幫助青少年檢核藥物所帶來的快樂與消除痛苦的知覺。(六) 發展與建立學生自尊的教學與輔導方

案。(七) 不要假定藥物使用者每個人都是叛逆的、低成就者。(八) 將冒險需求導向建設性活動的管道中。(九) 幫助青少年學習個人控制與延緩享受。(十) 幫助青少年發展其他有意義的獨立性情感。(十一) 幫助青少年發展人際信任感。(十二) 對青少年的性別角色刻板化印象應敏銳覺察,並幫助青少年學習表現適當的角色。(十三) 對戒癮處理或處遇方案的效果加以評鑑 (CDC, 2021b; Darcy, 2020)。

第三節 青少年的憂鬱與自殺行為及防治

壹、青少年憂鬱成因與防治

憂鬱 (depression)、自殘或自我傷害 (self-injure) 與自殺 (suicide) 三者密切關聯,同樣是青少年經常遭遇的問題,尤其憂鬱更是青少年普遍的現象,據估計中學生約有三分之一有中度到重度的憂鬱現象,再由憂鬱引發青少年的自殺意圖 (suicide ideation)。由於生命無價,任何生命的傷害都是親人、學校與社會極為嚴重的損失與缺憾,特別是正值青春年華的青少年理應享受美好時光,何以落寞寡歡?頗值得青少年教育與輔導工作者的注意與關注。

青少年嚴重憂鬱者好發年齡在 17 歲(約高二),女生尤其顯著。憂鬱症的青少年常會抱怨十分疲倦、昏昏欲睡、感到空虛、孤獨、與他人疏離、無法集中精神讀書,同時他們可能花太多時間看電視、電影、上網、玩手機或者做一些無謂的事,憂鬱的青少年常會有自殺的念頭,極少數且付之行動,並自殺成功。一般說來,青少年憂鬱患者具有四種明顯的症狀:(一) 情緒方面:憂鬱的青少年常見心情頹喪、負向自我態度、滿足的經驗減少、參與他人活動減少、抱怨身體不舒服、失去幽默感、失去行為動力等現象。(二) 動機方面:憂鬱的青少年失去追求成就的動機,成為逃避者與畏縮者,有自殺意念,依賴性增加。(三) 認知方面:低自尊、對未來持負面期望,有自我責罰的態度,心神不定,也有自殘身體的意念。

(四) 生理方面：失去胃口、睡眠不安、性的興趣減少、倦怠感增加 (Straub et al., 2015)。

　　另外，青少年的某些行為表現事實上即是憂鬱的症候之一，例如：(一) 無法集中注意力：因為憂鬱的青少年通常避免去觸及痛苦與悲傷的情感，因此思考形成跳躍式，而影響了注意力的集中。(二) 逃家：青少年問題的根源常來自家庭之中，逃家使他們可以短暫的離開緊張的家庭情境，並使他們覺得可以自我控制。(三) 性活動：憂鬱的青少年為了拋棄他們不被愛與需要的感受，會以性的活動作為解決憂鬱的方法，女性憂鬱者更常有此表現，因而受害。(四) 無聊與不安：憂鬱的青少年會覺得自己無聊，但又不參與他人的活動，同時他們又常坐立不安，情緒不穩定。(五) 攻擊行為與犯罪：憤怒與破壞性行為是憂鬱症青少年常有的表現，尤其男生更甚，這也是自暴自棄、自我形象低下且有無助感的反應。他們藉助於攻擊與犯罪行為、人為的誇大自己強壯，暫時逃脫心理困擾，自覺有恃無恐與自以為聰明睿智，這即是一種偽裝的憂鬱症 (masked depression)。此類青少年也會轉而自我毀壞與自殺，以獲得短暫的自我解脫 (Hooley & Franklin, 2018)。

　　憂鬱症的青少年通常經歷過嚴重性的失落 (losses)，如父母與親人死亡、父母離婚、失去自尊與安全、寵物失落與死亡、被羞辱、被朋友拋棄與背叛、童年生活比現在快樂等。16 至 17 歲是青少年憂鬱的高峰，女生更甚於男生，這可能女生傾向於內在懲罰 (intra-punitive)，而男生傾向外向懲罰 (extra-punitive) 有關 (Straub et al., 2015)。

貳、青少年自殺的成因與防治

　　自殺是一種有意圖迅速結束自己生命的行為，自殘或自我傷害經常是自殺未遂的過程，並有可能經常為之。在美國青少年自殺已成為僅次於意外事件的重要死因。自殺的時間較常發生在春天（3 月至 5 月）。而星期一的發生率又較其他時間為高；自殺的地點最常選在自家居處；至於自殺的方法則與求死欲念的程度有關，而有服藥、割腕、上吊，甚至造成廣泛創傷之跳樓與自焚等。根據衛福部統計資料，109 年國人死因數

據中，109 年自殺死亡人數爲 3,656 人，較上年減少 208 人（或 5.4%），
居國人主要死因之第 11 位，和上年相同順位；死亡率爲每十萬人口 15.5
人，與上一年相較下降 5.3%，109 年自殺人數及死亡率下降至 104 年水
準，顯示國內疫情並未增加自殺風險。109 年自殺人數中男性 2,404 人（占
65.8%），較上一年減 150 人（或 5.9%），居男性死因第 11 位；女性 1,252
人（占 34.2%），較上年減少 58 人（或 4.4%），爲女性死因之第 12 位；
男性自殺死亡率爲每十萬人口 20.6 人，約爲女性 10.5 人的 2 倍（衛生福
利部，2021），不過有關青少年的自殺人數、類型與比率，國內資訊與統
計資料仍較欠缺。

　　根據世衛組織 (WHO, 2021a) 的最新統計，自殺是全世界的主要死因
之一。每年死於自殺的人數超過愛滋病毒、瘧疾或乳腺癌，甚或戰爭和兇
殺的人數。2019 年，有 70 多萬人死於自殺，即每 100 例死亡當中有 1 例
是自殺，在 15-29 歲年輕人中，自殺是繼道路交通傷害、結核病和人際暴
力之後的第四大死因。這促使世衛組織制定了新的指導原則，以幫助世界
各國改善自殺預防和護理措施。世界衛生組織認爲絕不能輕忽自殺。每一
例自殺都是一場悲劇。在經歷了數月 COVID-19 大流行之後，自殺的許多
風險因素，包括失業、經濟壓力和社會孤立等仍然普遍存在，各國現在更
加必須關注預防自殺問題。世衛組織所發布的新指導原則，目的在強化自
殺的預防。世衛組織幫助世界各國執行預防自殺的「愛惜生命」方法，其
中包括四項策略：(一) 限制獲取自殺手段的工具，如高度危險的殺蟲劑和
槍枝。(二) 教導媒體負責任地報導自殺事件。(三) 培養青少年的社會情感
與生活技能。(四) 及早識別、評估、管理和追蹤受自殺想法和行爲影響的
任何人 (WHO, 2021a)。青少年期（10-19 歲）是獲得社會情感技能的關鍵
時期，尤其因爲一半精神衛生問題出現在 14 歲之前，因此要積極呼籲「愛
惜生命」，指導與鼓勵採取行動，包括促進精神健康和實施反欺淩規劃，
以及爲學校和大學教育人員制定明確規準，確保學生有自殺風險時能正確
地因應。

　　青少年階段經常遇到的問題包括課業、感情、人際互動或是生涯探索
等問題。青少年的自殺有下略四個發展階段：(一) 階段一：問題的長期
歷史。青少年的自殺行爲事出有因，有自殺意圖的青少年在兒童期與家庭

生活通常不快樂與不穩定。有研究發現，有自殺意圖的青少年與控制組青少年相比，認為他們的父母較嚴苛、不愛他們、批評與拒絕，此外，有自殺意圖的青少年並有 71% 來自於破裂的家庭，他們的自我形象低劣，覺得自己沒有效能、憂鬱與沮喪、自我認定混淆、自我概念低下、有無力感等。(二) 階段二：青少年期問題的誘發：有自殺意圖的青少年由於長期面對較多的困擾，因此到了青少年階段，比正常青少年遭遇較多的問題。有自殺意圖的青少年經常轉學、父母離婚或死亡、有繼父母等，舊有存在的問題加上青少年身心適應上的困難，兩相交互作用，而使問題的嚴重性擴大與再現，雪上加霜，因而興起自殺的念頭。(三) 階段三：漸進的社會孤立。自殺的青少年剛開始會以較適應及與生命無關的方式去因應他們的問題，如公開的反抗與逃家等，但當這些方式用盡而周遭情況並沒有改善時，青少年開始感到與他人及整個社會疏離，慢慢地社會孤獨感增高，終至自我孤立與自我放棄。除此之外，青少年的認知因素亦扮演重要角色，自殺的青少年常以自我的認知解釋看待問題與未來，正常人對未來會有更美好的認知建構與期望，但自殺的青少年卻覺得未來沒有希望，因而想先行自我結束生命。(四) 階段四：希望幻滅。自殺傾向的青少年大都有一個衝突與問題的生活史，到了青少年階段問題惡化，造成疏離、自我破壞與社會退縮，最後個人問題惡化難以掌握，生活的希望幻滅。自殺的青少年在事先都會經歷到一些非預期的創傷經驗 (unanticipated traumatic experience)，但這些項經驗並不是自殺的唯一原因，它只是一個促動力量而已，青少年的自殺是長期不安、壓力、挫折、衝突、失望、悲觀及多重問題累積的結果 (Berman & Jobes, 1991)。

第四節　青少年網路沉迷與網路霸凌及防治

壹、青少年的網路成癮特徵

　　登入網路，不管從事何種網路活動，出現對網路的過度心理依賴，無

法離線，或因在線上而身心體力透支，都是過度使用網路的現象，也是網路沉迷 (Internet addiction) 的一種徵候。正常的網路資訊搜尋、網路工作與學習、收發電子郵件、網路電玩、網路視訊、社群網路等，個人自制力與時間控制良好，網路會是當前人類最佳的工作夥伴及學習與娛樂工具。

　　青少年如過度依賴網路，難以下線，且超過平均值太多，均統稱網路沉迷或成癮，隨著網路頻寬增大與網路多樣化，網路成癮次級型頗多，甚至與日俱增，包括智慧型手機成癮、電玩成癮、網路色情成癮、網路性成癮、網絡賭博成癮、網紅成癮、網路購物成癮、網路直播成癮等。目前有諸多術語用來形容過度使用網路 (Internet overuse) 的現象，如有問題的網路使用 (problematic Internet use)、病態網路使用 (pathological Internet use)、強迫網路使用 (compulsive Internet use)、網路濫用 (Internet abuse)、有害的網路使用 (harmful use of the Internet) 和網路依賴 (Internet dependency) 等。

　　楊格等人 (Young & de Abreu, 2011) 首先提出了一系列整合性的網絡成癮概念，並設計評量工具，用於診斷網路成癮症的標準，稱之為網路成癮診斷性問卷 (Young's Diagnostic Questionnaire, YDQ)，本評量問卷主要包含網路依賴、耐受性、有戒斷性、遊戲玩樂、強迫性上網行為等特徵，如上網的時間超過預計的時間，忽略必須完成的工作或作業，用來上網，在網絡上結交新朋友，被抱怨上網的時間太長，上網而影響學業成績，隨時檢查網絡社群，從網上獲得支持與忘掉煩惱，上網而情緒激動，減少晚上睡眠的時間，難以減少上網的時間，「離線」而變得沮喪、悶悶不樂、緊張不安等。診斷網絡成癮需要衡量以下標準：(一) 全神貫注於網路，一直考慮以前在線的活動或預期下一次在線會話；(二) 需要增加上網時間以達到心理滿意；(三) 控制、削減、停止上網的使用意圖無效；(四) 試圖減少或停止使用網際網路時會焦躁不安、喜怒無常、沮喪或易怒；(五) 在線時間比原先預期的要長。此外，必須至少存在以下一項：(六) 因網路而危及或有可能失去重要的關係、工作、教育或職業機會；(七) 向家庭成員、治療師或其他人撒謊，隱瞞其涉入的程度；(八) 使用網際網路作為逃避問題或緩解煩躁情緒，例如無助感、內疚、焦慮與憂鬱的一種方式 (Ko et al., 2012; Waldo, 2014)。

目前美國估計 77% 的成年人每天上網，43% 每天上網幾次，26% 幾乎一直在線，8% 每天上網一次，11% 每週上網好幾次，11% 根本不使用。8 至 10 歲的兒童平均每天花費 8 小時使用各種電子媒體，而網路占主導地位。10-18 歲的兒童平均每天使用電子媒體的時間超過 11 小時。在全球範圍內，每秒社交媒體用戶超過 11 億個，用戶數量年增長率高達 90%。加拿大最近的一項調查顯示，安大略省 86% 的學齡兒童每天使用社群媒體，其中約 16% 的人每天在社交媒體網站上花費的時間超過 5 小時。全世界網絡成癮的流行率估計為 6%。在青少年方面，差距較遠，例如義大利的網絡成癮率估計為 0.8%，而中國為 8.8%。網路成癮即是一種失控的行為類型，也是一種失常行為 (disorder behavior)，由於重複或持續地使用網路，因而產生一種慢性或週期性的著迷狀態，此種著迷狀態也被認為是「心流」(flow) 現象，使個體產生難以抗拒的使用慾望，這種成癮行為與病態賭博行為相近，同時會產生想要增加使用時間的張力、忍受度、難以克制，並會有戒斷效應等。強烈的網路成癮症狀主要包括上網時間過量、強迫使用網路、難以管理上網的時間、覺得網外的現實世界無趣、網路中斷會動怒生氣、減少現實的社交生活、寂寞與沮喪感增加 (ASAM, 2021; Ko et al., 2012; Waldo, 2014)。

貳、網路成癮的防治與適性輔導

網路成癮症 (Internet Addiction Disorder, IAD) 最初由精神病專家高德柏格 (Ivan K. Goldberg) 於 1995 年提出，目前並無特效藥或積極策略可以治療青少年的網格成癮症，雖然網路成癮流行率差異大，可能是因為沒有為網路成癮訂定標準化的規準，不同的研究其結果各有不同，但 IAD 可能會引起神經系統緊張，並發生心理障礙和社會問題，過度使用網路視同另一種疾病，如焦慮或憂鬱的症狀，而不是一個單獨的實體。網路成癮也可被視為一種衝動控制障礙，患有這種疾病，與一般人群相比，多巴胺和血清素水平可能不足。然而，越來越多的人認為這一系列現象就是一種成癮症狀 (Casha, Rae, Stella, & Winklerb, 2012)。美國成癮醫學學會 (American Society of Addiction Medicine, ASAM) 最近發布了成癮的新定義，認為

成癮是慢性腦部疾病，成癮不僅限於物質使用，所有的成癮，無論是化學成癮還是行為成癮，都具有某些特徵，包括顯著性、強迫性使用、失去控制、情緒調節、減輕痛苦、容忍和戒斷，以及儘管有負面後果，但仍會繼續。網絡成癮症的生物學傾向也可能是助長因素。具強迫性格者也容易網路沉迷，並容易涉入極其有害的其他線上互動活動中，例如網路賭博、股票交易、線上拍賣和強迫性在線購物等。這些習慣會對一個人的財務穩定性產生不利影響，擾亂生活與工作，花費或損失過多的金錢也會給人際關係帶來壓力。在生理診療上，目前已有醫療處方，包括抗精神病藥、抗憂鬱藥和抗雄激素藥在內的藥物治療，藉以控制相關網路性行為的性慾異常或性慾亢奮 (ASAM, 2021)。

　　由於網路沉迷的診斷與治療目前尚在發展當中，醫學觀點認為強迫行性格會導致網路沉迷的相關論證研究有待進行，目前比較被接受的治療與適性輔導策略主要有：(一) 多運動：運動可以紓緩筋骨，增加心理強度與體能，同時多數運動需要離家或在戶外進行，因此可以抵消上網時間，不容易產生沉迷。(二) 認知治療法：網路沉迷之所以難以戒斷，主要是個人在認知與行為忽視上網對個人生活的重大干擾。認知治療法被認為是有效的防治網路沉迷的諮商輔導法。(三) 更多的親子溝通與友伴互動：實體的親屬互動，以及密切同儕聯繫，通常都可以避免網路沉迷。(三) 在家中設定上網時間，並將電腦放在客廳，並鼓勵青少年放學回家不使用手機與網路。(四) 醫療診治：重症網路成癮者應該至醫院檢查腦部是否有異常，針對強迫性行為目前已可藥物治療。(五) 導引至健康的電玩遊戲：目前青少年電競、電玩成癮者亦多，可以舉辦正向積極電玩活動競賽。(六) 綜合性療法：目前相關重要輔導技術都可參考使用，如行為矯正、辯證行為療法 (DBT)、認知行為療法 (CBT)、騎馬療法、藝術療法、休閒療法等。(七) 家庭聚會法：以家庭為單位，進行庭諮詢計畫，組成支持小組和為成癮者及其家人舉辦教育聚會，共同面對問題。

參、網路霸凌行為成因與適性輔導

　　網路霸凌或欺凌 (Cyberbullying) 是目前青少年族群之中頗為嚴重的問

題，世界各國都有相同困擾，即便成人世界也頗多人被網路霸凌或「網軍」所困，嚴重者導致受欺凌與霸凌者自傷或自殺，或引發鬥毆與兇殺案件。

　　網路欺凌或霸凌係指在手機、電腦和平板電腦等數位網路通訊上，透過簡訊、文本、圖片、照片和應用程序，讓不特定人可以查看、參與，或在共享內容的社交媒體、論壇或遊戲中，對他人的欺負、侮辱、威脅、恐嚇、壓迫，包括發送、發布、分享、灌爆郵箱或變造關於他人的負面、有害、虛假或刻薄的內容，或散播或分享個人的私密事件或隱私訊息，導致受害者尷尬、羞恥，甚至無地自容。例如，在青少年同儕群組散布消息，指稱某女生墮胎，不關事件真假，網路散播負面隱私消息，對當事青少年，造成嚴重傷害，網路訊息且一直留存，受害情況幾乎無止境。又如對政黨的偏好或政黨候選人的爭議經常會引燃青少年網路族群的議論與對抗，尤其選情越激烈，青少年之間爭端也多，最後形成非理性霸凌。

　　網路霸凌是讓人心生恐懼、擔憂或害怕的行為，網路霸凌也具有一般實體欺凌行為的強凌弱、眾暴寡、大欺小的特性，嚴重者一些網路欺凌甚至會越界成為實體非法或犯罪行為。受害者不僅是被欺凌與霸凌的人，還有旁觀者或友伴團體。網路欺凌與霸凌有下列的獨特性：(一) 持久性：數位設備提供一天 24 小時即時和持續通訊的能力，因此遭受網路欺凌的青少年可能難以解脫。(二) 永久性：如果網路霸凌不被檢舉和刪除，大多數以電子方式交流的訊息都是永久公開存在的。(三) 負面性：負面的線上聲譽會負面影響同儕關係、升學錄取、就業和其他生活領域。(四) 難以辨識：由於線上資訊與真實世界，真假難辨，同儕、教師和家長可能也難以察覺。(五) 匿名性：網路因為流量大，虛假帳號多，有匿名效應，助長目前網路欺凌行為的蔓延與難以控制。

　　聯合國兒童基金會 (UNICEF, 2021b) 也認為網路欺凌是當前青少年輔導上重要的課題，網路欺凌與霸凌泛指使用數位技術進行欺負他人的行為，通常發生在社群媒體、消息平台、遊戲平台和手機上，經常是一種重複的行為，目的在嚇唬、激怒或羞辱目標對象，例子包括：(一) 在社交媒體上散布謊言或張貼某人的尷尬照片。(二) 透過消息傳遞平台發送傷害性消息或威脅。(三) 冒充某人並代表他們向他人發送惡意訊息。(四) 面

對面實體的欺凌和網路欺凌通常會同時發生。UNICEF 認爲要積極辨識、了解，並共同監督與檢視網路霸凌是否發生，適時加以遏止，減少傷害，並給予受害者必要的協助與心理輔導。各社群媒體與網路公司、政府、學校、家長與老師都應該承擔必要責任，積極面對數位時代此一嚴重的青少年問題，目前甚至大學生或成人也深受其害。

　　青少年網路霸凌與欺凌行爲目前的防治策略，包括 (一) 積極的推動校園品格教育，從根本上養成學生樂善、好善、行善的本質。(二) 所有社群媒體的網路公司應該加強自律、偵測與管控對他人不當與虛假的言論。(三) 父母親可以跟子女多聊天，談論網路上所遭遇的問題。(四) 加強學校的教育宣導，鼓勵青少年遭遇欺負與霸凌時能夠提出告發與申訴。(五) 青少年本身應該了解姑息只會助長更多的不當言論與行爲，所以應該適時的舉發。(六) 當有同儕碰到受網路霸凌時，應給予適當協助並陪同向有關機關或單位舉發。(七) 教育與輔導人員對網路霸凌受害青少年能適當協助與輔導，並能向外求助，在國內受到暴力侵害可通報全國保護專線 113。若自身或旁人遭受身體虐待、精神虐待、性侵害、性騷擾，可立刻撥打 110 報案，再尋求 113 專線，求助專業社工人員。

第五節　青少年的犯罪預防與矯正

壹、青少年犯罪的理論解釋模式

　　基本上，犯罪是可以預防與矯治的，如增多道路燈光照明，就可以減少夜間犯罪率。社會可以將犯罪的傷害降到最低，讓多數人過最大幸福的生活。成人犯罪雖不可免，未成年或少年犯罪卻是一種可以防治的社會現象。18 歲以下青少年的非法行爲，在成年人看來會被視同爲犯罪，例如故意破壞、盜竊、性侵、縱火和嚴重攻擊等。青少年犯罪與成人一樣，必須接受懲罰，懲罰的目的是在防止犯罪，維持社會正義，但刑事處罰必須基於犯罪的成因與其所造成的社會損害程度而定。青少年原本充滿美好前

景的人生，如果因為犯罪受審判、拘禁，人生可能陰影罩頂，未來或成為成人罪犯，更增高社會成本，害處更大。

　　然而青少年犯罪的成因頗為複雜，前述家庭、學校教育、道德與社會發展等都會影響青少年犯罪之外，甚多犯罪學者並建構理論，用以解釋青少年的犯罪現象，以下是較著名的青少年犯罪理論，不過多年來新的青少年犯罪理論並不多見。

一、學習理論

　　學習理論犯罪學者認為青少年的犯罪行為是學習而來。蘇澤蘭等人 (Sutherland & Cressey, 1960) 認為犯罪行為是不同聯結或差別連結 (differential association) 形成的，成人在環境中受到犯罪案件的增強而學到了犯罪行為，青少年也不例外，蘇澤蘭的不同聯結理論共有九個要項：(一) 犯罪行為是學習而來的，學習因素甚於生物作用。(二) 犯罪行為是在與他人互動溝通過程中所學習而來的。(三) 犯罪行為的學習發生在親密的人際團體中。(四) 犯罪行為的學習包含：(a) 犯罪技巧，它有時是簡單的技巧，有時是複雜的技巧；(b) 犯罪的動機、驅力、合理化與態度。(五) 特定取向的動機與驅力是來自於對法典有利與不利的界定。(六) 會成為青少年犯罪者是因為個人對違法之界定利大於弊的結果。(七) 不同聯結的程度會因為頻率、期間、優先順序與強度而有所不同。(八) 對犯罪與反犯罪類型的不同聯結學習過程中，包含了所有其他學習活動中所存在的各種機制。(九) 雖然犯罪行為是個人一般需求與價值的表現，但卻難以用一般需求與價值加以充分解釋，因為非犯罪行為同樣也是個人需求與價值的表現。

　　蘇澤蘭的理論十分難懂，因而後來的論者又有各自不同的延伸應用。但基本而言，蘇澤蘭認為犯罪就是增強聯結的結果，尤其當個人認為違法有利於己時（獲得增強），個人就會與犯罪行為聯結起來，表現違法的行為。

　　葛拉澤 (Glasser, 1972) 認為青少年犯罪應該是差異認同或差別認同 (differential identification) 所造成的結果，他認為犯罪行為是一種自願的行為，個人是可以有選擇向犯罪或不犯罪者角色認同的自由意志，因此犯罪行為是一種有意識的活動。對青少年而言，向不同同儕團體認同的結果形

成犯罪與不犯罪的不同結果。葛拉澤認為犯罪取向的同儕團體具有三個指標：(一) 犯罪認同：團體中的個人認為自己與犯罪的他人相似。(二) 聯結性喜好：喜歡與犯罪者結合。(三) 忠誠：相互的分享、信賴與犧牲，如果青少年認同了犯罪者，或與有犯罪取向的同儕團體結合，犯罪行為就容易發生。

　　整體而言，不同聯結理論學者都強調青少年犯罪行為的學習、增強與認同作用，這些早期的犯罪理論事實上也與班都拉的社會學習理論有共通之處。犯罪行為的學習過程與一般行為的學習過程相同，只是犯罪行為直接違反了法律規範。

二、低階文化論

　　米勒 (Miller, 1958) 認為青少年犯罪是一種低階文化 (lower-class culture) 的產物，來自低階層文化的青少年之所以犯罪，是因為他們的特質使他們容易犯罪，有不得不然的現象，米勒認為低階文化青少年具有下列的特質，因此他們容易犯罪：(一) 惹麻煩 (trouble)：低階青少年對於守法與否非常敏感，惹麻煩是低階青少年贏得聲望的方法，像青少年幫派就以惹事生非、違反法律規定自我炫耀。(二) 粗獷 (toughness)：低階青少年較具身體力量，也較具男性氣概，常會展示肌肉與身體氣力。(三) 精明 (smartness)：低階青少年比較機靈、耍小聰明，他們看重有能力去欺騙、愚弄或耍詐他人的人。(四) 興奮 (excitement)：低階青少年渴求刺激與冒險，喜歡參與賭博、打架等危險的活動，他們也會捉弄女性。(五) 命運 (fate)：低階青少年通常較相信命運，把人生的起落看成是命運好壞，他們喜歡預測未來。(六) 自主 (autonomy)：低階青少年十分注重獨立，他們對權威會激烈的反抗，極想擺脫他人的支配與約束。也由於低階青少年具有這些特性，故犯罪行為不斷。

三、中和化技術

　　中性化技術或中和化技術 (techniques of neutralization) 係指青少年犯罪者為自己的行為辯解的心理作用，意即把罪惡感中和化、淡化的歷程。史凱滋與馬查 (Skyes & Matza, 1957) 認為青少年犯罪者會對自己的行為

加以合理化與辯護 (justification)。當青少年學會中和化技術以後，偏差行為就容易發生。中和化技術有五個要點：(一) 責任否定 (denial of responsibility)：青少年會把他們的犯罪行為歸之於外在環境，認為行動非他們所能控制，是受到父母、社會、壞朋友等的影響，主要目的都在推卸自己不當行為的責任。(二) 傷害否定 (denial of injury)：青少年犯罪者否定別人會受到傷害，即使有也是罪有應得，青少年竊盜犯常把「偷竊」稱作只是「借用」而已，幫派械鬥則稱之為私人事物與大家無關。傷害了他人則辯稱只是在惡作劇而已。(三) 被害者否定 (denial of the victim)：青少年犯罪者會否認他們的行為有受害者，他們把打人稱之為正常的防衛，殺人則視為給對方適當懲罰，或認為自己在主持正義、替天行道，不認為有人受害，反而是在為社會或同儕除害。(四) 責難譴責他們的人 (condemnation of the condemners)：逮捕、阻止或懲罰他們的人，都被青少年犯罪者視為與他們過意不去的人，他們會反向譴責那些會譴責他們行為不當的人，警察逮捕他們，他們反過來指責警察貪污、愚昧、野蠻、沒有人性。(五) 要求高度忠誠 (appeal to high loyalties)：青少年犯罪者雖然知道他們的行為是非法的，但會辯稱這是對團體忠誠的表現，他們只是在執行團體的決議而已，他們通常順從於團體，自認對團體忠心耿耿，同時團體也要求忠誠。中和化技術事實上就是一套為自己的行為辯解、卸責、自圓其說、規避他人指責的心理作用。

四、標籤理論

標籤理論 (label theory) 是青少年犯罪研究上最受重視的理論之一。標籤理論認為青少年的偏差行為基本上是由社會所製造出來的，社會統治階層對於何者是偏差行為，何者為是？何者為非？具有界定、分類與懲罰的權力，因此，犯罪是由權威者的反應所造成的。列墨特 (Lemert, 1972)認為偏差行為可以區分為初級偏差行為 (primary deviance) 與次級偏差行為 (secondary deviance) 二類，初級偏差行為是由生理、心理、社會與文化因素所造成的，次級偏差行為則是由社會反應所造成的，對行為者加上犯罪標籤就是一種次級偏差行為。當行為者被「成功的烙印」(successful stigmatization) 之後，他就成為罪犯。標籤理論有下列的九項基本假設：

(一) 犯罪行為不是與生俱來的。(二) 犯罪的界定是由有權勢的人所執行的。(三) 一個人成為罪犯不在於他違犯法律，而只在於被權威者定為罪犯而已。(四) 由於每個人同時會具有順從與偏差的可能，因此不能將人群區分為犯罪者與非犯罪者兩類。(五) 行為「被查獲」(getting caught) 是標籤作用過程的開始。(六)「被查獲」與刑罰體系的判決，是罪犯形成的原因，此與罪犯特質無關。(七) 年齡、社經地位、種族等特質是罪犯在刑事判斷過程中被當作有罪與否的判定依據。(八) 司法體系是建築在自由意志之上，容許是否對罪犯加以責罰或拒絕。(九) 加標籤是一種過程，最後導致行為者對偏差形象與次文化的認同，並形成對「拒絕者的拒絕」(rejection of the rejecters)。一般而言，標籤理論就在強調青少年因具有某些不利的特質（如出身與性格不利），而使他們容易被貼上不公平的標籤，以為他們是天生的罪犯，而在他們身上加上烙印。此種加標籤的過程經常是由青少年的權威人物（如警察、師長），所加諸於他們身上所形成的。

五、社會結構論

　　社會學家比較會從整體社會結構角度分析青少年的犯罪問題，結構功能理論將青少年犯罪視為社會化過程中緊張或崩潰的結果。法國社會學家涂爾幹 (Eunile Durkheim, 1858-1917) 認為犯罪是因為社會功能不彰，產生「迷亂」(anomie) 的結果。美國社會學家墨頓 (Merton, 1957) 認為社會結構影響犯罪，在社會中有五類的人：(一) 順從型 (conformity)：會順從社會文化所設定的目標，並以社會文化所認可的手段去追求目標。(二) 革新型 (innovation)：會接受既有的目標，但卻用自己較有創意的方法去達成目標。(三) 儀式型 (ritualist)：會壓抑個人抱負，幾乎衝動式的接受既有的規範。(四) 退縮型 (retreatism)：既不順從社會文化的目標，也不願意去追求。(五) 叛逆型 (rebellion)：較主動，他們希望依照自己的方式去創造新的社會結構，以滿足個人需求。在此五類之中，墨頓認為革新型的人可以促進社會進步，但他們也容易犯罪。退縮型的人可能會逃家、濫用藥物。叛逆型的人也容易犯法，因為他們不滿意目前的社會結構。至於社會功能論者 (functionalists) 則認為社會具有統整、穩定、功能協調、價值共識等性質，當這些正常功能沒有發揮時，就容易犯罪。

社會功能論者認為犯罪現象具有下列的要素：(一) 犯罪行為是社會化的結果。(二) 低階層比高階層更容易犯罪，因為其社會化機制較不佳。(三) 低階層有較多的人被捕，因為他們常犯罪。(四) 犯罪具有文化共通性，但犯罪亦有社會功能。(五) 不管社會主義或資本主義社會，因工業化與科層化的不同程度，而有不同的犯罪發生率與犯罪類型。

貳、青少年犯罪的司法處遇程序與防治

青少年正值青春年華，應該享受美好時光，努力學習，建立人際關係，積極充實職涯知識與技能，創造未來幸福人生。但是仍然有為數不少的青少年卻進入了司法程序，主要是違反「少年事件處理法」與觸犯「刑法」的規定。基本上青少年犯罪專家都同意青少年越早接進入司法程序，對他的人生是一種重大的負擔與負面影響，部分青少年可能從此終身與犯罪為伍，因此青少年犯罪預防、矯正及處遇是攸關青少年終身幸福與社會安全的嚴肅課題。

聯合國 (UN, 2021b) 指出，預防青少年犯罪是社會的重要任務，要成功地預防青少年犯罪，需要社會各界共同努力，從幼兒時期開始，就要尊重與提升他們的人格品行，並確保青少年期的正向與和諧發展。

依據我國少年事件處理法第 2 條規定，「本法稱少年者，謂十二歲以上十八歲未滿之人」。可見年齡十二至十八歲未滿的青少年刑事犯罪與曝險行為者 (status offenses)，亦即犯罪可能性較高者，舊稱虞犯，都適用少年事件處理法的規定。本法第 3 條規定少年事件適用情形為：「一、少年有觸犯刑罰法律之行為者。二、少年有下列情形之一，而認有保障其健全自我成長之必要者：(一) 無正當理由經常攜帶危險器械。(二) 有施用毒品或迷幻物品之行為而尚未觸犯刑罰法律。(三) 有預備犯罪或犯罪未遂而為法所不罰之行為」。少年事件處理法所指之保障必要，主要強調青少年有曝險行為者（高犯罪危險可能）應依少年之性格及成長環境、經常往來對象、參與團體、出入場所、生活作息、家庭功能、就學或就業等一切情狀而為判斷。

世界各國成人犯罪皆採「罪刑法定主義」，不處罰虞犯，但青少年行

爲有犯罪之虞，可能性高者，高犯罪危險可能，有曝險行爲者即可以依少年相關法律予以處置。青少年的司法程序約有下列主要的處遇程序：

一、就年齡區分：依現行少年事件處理法之規定，未滿 18 歲之人犯罪者，須依少年事件處理法之規定處理。

二、犯罪之舉證：當青少年犯罪行爲發生（如竊盜），不論何人知道青少年有觸犯刑罰規定者，皆得向少年法院（直轄市）或少年法庭報告。

三、少年法院（法庭）受理：少年犯罪經請求、報告及移送後，案件即繫屬於少年法院（法庭），均屬少年保護事件或刑事案件。

四、審前調查：少年法庭受理後應即從事審前調查，以發現青少年犯罪的相關因素，如品格、經歷、身心狀況、家庭情形、教育程度及其他必要事項，此項調查與成人刑事犯之處遇大不相同，主要目的在發現青少年犯罪的眞正原因，俾利於青少年的審判與執行。此項調查由少年法院（法庭）調查官擔任。

五、開始審理：在審理過程中，爲保護青少年，並無刑事訴訟法的兩造當庭攻防爭訟情形，目的在保護青少年，尋求最有利於青少年的處遇方式。

六、保護處分：少年法院（法庭）審理之後可以對青少年進行四種保護處分：(1) 訓誡，並得予以假日生活輔導。(2) 交付保護管束並得命令進行勞動服務。(3) 交付安置於適當之福利、教養與醫療機構，執行過渡性教育措施，或其他適當措施之處所加以輔導。(4) 令入感化教育處所施以感化教育。

七、刑事案件：由少年法院（法庭）移請檢察官偵辦，再由少年法院（法庭）審理。

八、執行與結案：當青少年感化教育或刑事處分判決確定，則予以必要之執行，當執行完畢，或免予執行，或假釋等，則可以結案，犯罪之青少年最後離開司法體系。

由此可見，青少年的司法體系頗爲冗長，不利於青少年的正向成長與發展，因此基於教育的觀點，爲使犯罪青少年在司法體系中能得到充分的保護，但又能顧及社會正義，使青少年在接受應得之刑罰後，能改過遷善，不再犯罪，進而維護社會的治安。近年來，我國更基於積極教化青少年之原則，已於 2021 年將原有的青少年感化教育機構，以及入監服刑之

少年監獄全部「學校化」，改制更名爲學校，期盼兼顧戒護、管訓，以及教育、教化功能，避免青少年因爲觸犯法律規定，終身遭受標籤化，各感化教育與少年監獄學校化後，主管機關仍爲法務部，但同時接受教育部監督，適用教育部相關法令規定，但成效如何，尚待驗證。

目前司法院所屬少年法院（或少年法庭）是少年事件的接案受理單位，近五年青少年涉案人數每年維持一萬人以上，如表 10-1 所示，雖然審理結果部分約近二百人不付保護處分，但仍有數量頗多的少年直接進入司法階段，將會嚴重干擾其自身的學習、生活、人際與自我價值觀的發展，如何防止青少年進入司法程序，是嚴肅課題，值得社會各界關注。

根據法務部（2021）法務統計年報資料顯示，近五年少年輔育院及少年矯正學校收容情形人數及罪名如表 10-2 所示，這些都是已審理或判決確定，在機構中執行的案件。

表 10-1　近五年司法院青少年案件人數統計

年度	合計	移送檢察署	不付保護處分	訓誡	訓誡並予假日生活輔導	保護管束	感化教育	安置輔導	其他
2016	11,153	71	159	1,737	2,533	4,486	586	128	1,116
2017	10,083	60	196	1,649	2,426	4,207	441	67	1,037
2018	10,816	71	196	1,737	2,533	4,486	586	128	1,116
2019	10,062	84	160	1,764	2,331	4,094	351	66	1,212
2020	10,834	54	158	1,831	2,587	1,266	456	57	1,666

資料來源：司法院（2021）。

表 10-2　近五年少年輔育院及少年矯正學校收容人數及罪名

	妨害性自主罪	傷害罪	竊盜罪	詐欺罪	毒品危害防制條例	其他	曝險行為	合計
2016	43	79	154	75	267	103	112	721
2017	40	69	122	109	232	87	79	659
2018	33	59	86	52	121	87	37	438
2019	37	65	92	84	88	74	33	440
2020	31	84	76	84	79	94	27	448

資料來源：法務部（2021），4-45。

　　由上述統計資料可見，近三年青少年觸犯刑罰與具有曝險行為之青少年總人數有下降趨勢，但毒品危害防制條例人數頗多，可能與社會毒品氾濫有關，值得注意的是，青少年觸犯詐欺罪者不少，可能與臺灣成人詐欺案件甚多有關，青少年可能是擔任車手或加入詐騙集團而觸法。傳統青少年犯罪最多的竊盜與傷害案件仍多，顯示學校對學生物權觀念及情緒管理之教育仍有待加強。妨害性自主罪也是重要刑事案件，也顯示青少年的性別平等教育也有待強化。另外，根據法務部統計，近五年少年輔育院及少年矯正學校收容情形合計性別分別是：2016 年男生 709 人，女生 124 人；2017 年男生 636 人，女生 102 人；2018 年男生 420 人，女生 55 人；2019 年男生 402 人，女生 71 人；2020 年男生 430 人，女生 45 人，都是男多於女，符合世界各國趨勢（法務部，2021）。

二、青少年犯罪的預防與矯正

　　青少年犯罪處遇可區分為「少年刑事案件」與「少年保護事件」，少年犯罪的預防甚於矯正，青少年有保護事件，就是防止青少年犯罪與維護青少年正常身心發展的一種預防處置。本書各章所述各種青少年科學理論與適性輔導策略，以及青少年生活與學習個層面，包含家庭、親子關係、學校、同儕、友伴關係、道德與品格、情緒管理、生涯發展等都是預防青少年犯罪的良方。因此預防青少年犯罪是各層面、各相關機構，包括青少年本身，以及家庭、學校、司法、社會等各界都需要努力的課題。

　　此外，美國高等法院於 1966 年「肯特對美國政府的訴訟案」(Kent v. United States) 的判例中，就確認青少年司法體系需遵守 4D 的原則：(一) 去罪化 (Decriminalization)：不應將青少年進入司法程序者定為罪犯，應以適當的教育與職業、心理輔導與治療及社區處遇為主，去除罪犯化的形成。減少青少年被定義為違法者的犯法調查、起訴與受到刑事審判與制裁的數量。(二) 分流 (Diversion)：需要為青少年違法者提供各種必要且多樣化的教育與社會服務，以減少青少年面對司法審判，將更多的青少年初犯和非嚴重犯罪者從法律程序中轉移出去，最好由非法律機構（如社會福利機構），而不是由法律機構（如感化機構）來實現社會正義。(三) 正當程序 (Due Process)：將正當司法程序的憲法保護擴大到青少年，保護青少年

的基本人權，公平地對待青少年，任何一個青少年均不可忽視。(四) 去機構化 (Deinstitutionalization)：儘量利用替代性的刑罰方案，使青少年不被監禁在監所之中。將青少年從禁閉場所移除，並將其放置在開放的社區環境中 (Ray, 2013)。此 4D 原則仍是當今青少年教育與司法機構應持續關注的指引方針。

聯合國也頗為關切世界各國青少年犯罪的預防與矯正，於 1990 年 12 月 14 日召開會議，並通過第 45/112 號決議文「聯合國預防少年犯罪準則」(United Nations Guidelines for the Prevention of Juvenile Delinquency)，又稱利雅得準則 (The Riyadh Guidelines)(UN, 2021b)，內容涉及青少年犯罪預防與矯治的方方面面，務實且深入，頗值得我國在青少年犯罪防治上的省思、依循與參考應用。

表 10-3　聯合國預防青少年犯罪準則

聯合國預防青少年犯罪準則
（聯合國大會 1990 年 12 月 14 日第 45/112 號決議通過）

一、基本原則

1. 預防青少年違法犯罪是社會預防犯罪的一個關鍵部分。青少年通過從事合法的、有益社會的活動，對社會採取理性態度和生活觀，就可以形成非犯罪型的態度。
2. 要成功地預防青少年違法犯罪，需要整個社會進行努力，確保青少年均衡發展，從其幼童期起尊重和促進其性格的發展。
3. 為詮釋本《準則》的目的，應遵循以兒童為中心的方針。青少年應發揮積極作用，參與社會活動，而不應被看作僅僅是社會化或控制的物件。
4. 在實施本《準則》時，根據國家法律制度，青少年從其幼年開始的福利，應是任何預防方案所關注的重心。
5. 應認識到制定進步的預防少年違法犯罪政策，以及系統研究，並詳細擬訂必要的措施和制度。這些政策措施應避免對未造成嚴重損害或危害他人行為的兒童給予定罪和處罰。這種政策和措施應包括：
   (a) 提供機會，特別是受教育的機會，以滿足青少年的不同需要，作為對所有青少年，特別是那些明顯處於危險或面臨社會風險，而需要特別照顧和保護的青少年的一種輔助辦法，以保障所有青少年的個人發展；
   (b) 在法律、程序、機構建立、設施和服務網的基礎上，採取專門化的防止不端行為的理論和方法，以減少發生違法的動機、需要和機會或誘發的條件；
   (c) 官方干預，首先應著重於青少年的整體利益，並以公正、公平的思想作為指導；

      (d) 維護所有青少年的福利、發展、權利和利益；

      (e) 要考慮青少年不符合總體社會規範和價值的表現或行為，往往是成熟和成長過程的一部分，在他們大部分人中，這種現象將隨著其步入成年而消失；

      (f) 要認識到專家絕大多數的意見是，把青少年列為「離經叛道」、「違規鬧事」或「行為不端」的人，往往會助長青少年發展出不良的一貫行為模式。

  6. 在防止少年違法犯罪中，應發展以社區為基礎的服務和方案，特別是在還沒有設立任何機構的地方。正規的社會管制機構只應作為最後的手段。

二、本《準則》的範圍

  7. 本《準則》應在下列國際文書的廣義範圍內予以詮釋和執行：《世界人權宣言》、《經濟、社會、文化權利國際盟約》、《公民權利和政治權利國際盟約》、《兒童權利宣言》和《兒童權利公約》，並符合《聯合國少年司法最低限度標準規則》（北京規則）的內容，以及有關兒童和青少年權利、利益和福祉的其他文書和規範。

  8. 本《準則》應結合每個會員國當前的經濟、社會和文化條件予以執行。

三、總體的預防

  9. 全面性的預防計畫應由各級政府制訂，並包括下列內容：

      (a) 深入地分析問題，查明現有的方案、服務、設施和可取得的資源；

      (b) 明確劃定參與預防工作的合格機關、機構和人員的責任；

      (c) 制定具體辦法，適當協調各政府機構和非政府機構間的預防工作；

      (d) 對根據預測的研究所制定的政策、方案和戰略不斷進行監測，並在執行過程中認真作出評估；

      (e) 制定有效減少發生不端行為之機會的方法；

      (f) 促進社區通過各種服務和方案進行參與；

      (g) 國家、州省和地方政府之間開展密切的跨學科合作，吸收私營部門、所針對社區的公民代表、勞工、兒童保育、衛生教育、社會、執法、司法機關等部門參加，採取協調一致共同行動防止少年違法和犯罪行為；

      (h) 讓青少年參與制定防止不端行為的政策和專案，包括借助社區資源、青少年自助、受害者賠償和援助方案等；

      (i) 強化各級專業人員。

四、社會化過程

  10. 預防政策的重點應促使所有兒童和青少年，尤其是要通過家庭、社區、同齡人、學校、職業培訓和工作環境，以及通過各種自願組織成功地走向社會化和達到融合。應對兒童和青少年適當的個人發展給予應有的尊重，並應在其社會化和融合的過程中，把他們視為完全的、平等的夥伴。

A.家庭

11. 每個社會均應將家庭及其所有成員的需要和福利置於高度優先地位。

12. 由於家庭是促使兒童初步社會化的中心環節，政府和社會應竭力維護家庭，包括大家庭的完整。社會有責任幫助家庭提供照料和保護，確保兒童的身心福祉。應提供適當安排，包括托兒服務。

13. 各國政府應制定政策以利兒童在穩定和安定的家庭環境中成長。凡在解決不穩定狀況或衝突狀況中需要幫助的家庭，均應獲得必要的服務。

14. 如缺乏穩定和安定的家庭環境，而社區在這方面向父母提供幫助的努力又歸於失敗，同時不能依靠大家庭其他成員發揮這種作用的情況下，則應考慮採取其他的安置辦法，包括寄養和收養。這種安置應盡最大可能仿造成一種穩定和安定的家庭環境，與此同時還應為孩子建立永久感，以避免引起由於連續轉移寄養而連帶產生的問題。

15. 對受到經濟、社會和文化上迅速而不平衡變化影響之家庭的兒童，尤其是原住民、移民和難民家庭的兒童，應給予特別的關注。由於這類變化可能破壞家庭的社會能力，而往往由於角色和文化衝突的結果，無法按照傳統方式撫養培育孩子時，則必須採用創新性的、有益於社會的方式來保證兒童的社會化過程。

16. 應採取措施和制定方案，為家庭提供機會，學習在孩子發展和照顧方面父母的角色和義務，同時促進親子之間的關係，使父母能敏銳地發現孩子的種種問題，並鼓勵參與家庭和社區範圍的活動。

17. 各國政府應採取措施，促進家庭的和睦團結，並勸阻使孩子與父母分開的做法，除非出現特殊情況，影響到孩子的幸福和前途，而沒有別的可行辦法。

18. 強調家庭和大家庭的社會化功能十分重要；認識到青少年在社會上的未來作用、責任、參加與合作精神也同樣十分重要。

19. 為確保兒童適當社會化的權利，各國政府及其他機構應依靠現有的社會和法律機構，但當傳統的制度和習俗不起作用時，還應提供和允許創新措施。

B. 教育

20. 各國政府有義務使所有青少年都能享受公共教育。

21. 教育系統除其學術和職業培訓活動外，還應特別注意以下方面：

    (a) 進行基本價值觀念的教育，培養對孩子自身的文化特性和模式、對孩子所居住國家的社會價值觀念、對與孩子自身不同的文明、對人權和基本自由的尊重；

    (b) 促使青少年的個性、才能、身心方面的能力得到最充分的發展；

    (c) 青少年應作為教育過程的積極而有效的參加者，而不僅是作為教育的對象；

    (d) 舉辦一些活動，培養學生對學校和社區的認同感和歸屬感；

    (e) 鼓勵青少年理解和尊重各種不同的觀點和意見以及文化上和其他的差異；

  (f) 提供職業培訓、就業機會及職業發展方面的資訊和指導；

  (g) 對青少年提供正面的情緒支助並避免精神方面的不適待遇；

  (h) 避免粗暴的處分方式，特別是體罰。

22. 教育系統應設法與家長、社區組織和關注青少年活動的機構共同合作。

23. 應讓青少年及其家庭認識法律，知道他們的法定權利和責任以及普遍的價值體系，包括聯合國的各項文書。

24. 教育系統應對面臨社會風險的青少年給予特別的關懷和注意。應編制專門的預防方案、教材、課程、方法和工具，並予以充分利用。

25. 應特別重視制訂防止青少年酗酒吸毒及濫用其他藥物的全面政策和戰略。教師和其他專業人員應充分準備並得到培訓來防止和對付這些問題。應向全體學生提供關於包括酒精在內的藥物使用和濫用情況資料。

26. 各學校應成為向青少年提供醫療、輔導及其他服務的中心和介紹中心，特別是應向那些受到虐待、忽視以及受到傷害和剝削利用而有特殊需要的青少年提供上述服務。

27. 應通過各種教育方案使教師及其他成年人以及全體學生能敏銳地注意到青少年的問題、需要和見解，尤其是貧困階層、處境不利階層、少數族裔或其他少數人和低收入階層的青少年。

28. 學校系統應致力要求在課程、教學方法以及聘請和培訓合格教師方面，達到並推動最高的專業水準和教育水準。應確保由合適的專業組織和當局對工作績效進行定期監測並作出評估。

29. 學校系統應與社區團體合作，規劃、制定和實施青少年感興趣的課外活動。

30. 對於有困難遵守出勤規定的學生和對於中途退學者，應給予特別的幫助。

31. 各個學校應推動定出公平合理的政策和規定；在制訂學校政策包括紀律政策的委員會上，以及決策方面應有學生的代表。

C. 社區

32. 社區應制訂或加強現有的符合青少年特殊需要，適應他們的問題、興趣和憂慮的各種社區性服務和方案，以及向青少年及其家庭提供適當的輔導和指導。

33. 社區應提供或加強現有的各種社區性支助青少年的措施，其中包括設立社區發展中心、文娛活動設施和服務，以解決面臨社會風險之兒童的特殊問題。在提供這些協助措施時，應確保尊重個人的權利。

34. 對已無法留在家裡或無家可歸的青少年，應建立專門設施，向他們提供適當的收容住所。

35. 應提供各種服務和說明措施，解決青少年步入成年期所經歷的種種困難。這種服務應包括對吸毒青少年的特別方案，其中應強調關懷、輔導、協助和著重治療的干預。

36. 向青少年提供服務的自願組織，應由各國政府及其他有關機構提供財政及其他支助。

37. 應建立或加強地方一級的青少年組織，並給予管理社區事務的充分參加資格。這些組織應鼓勵青少年舉辦集體性和自願性的專案，尤其是說明那些需要協助的青少年的專案。

38. 政府機構應負起特別責任，向無家可歸或流浪街頭的兒童提供必要的服務；應隨時向青少年提供當地設施、住所、就業及其他說明形式和來源的資訊。

39. 應建立各種適合青少年特別感興趣的文教娛樂設施和服務，並方便他們使用。

D. 大眾傳播媒體

40. 應鼓勵大眾傳播媒體確保青少年能獲得本國和國際的各種資訊和資料。

41. 應鼓勵大眾傳播媒體表現青少年對社會的積極貢獻。

42. 應鼓勵大眾傳播媒體向社會上青少年提供關於現有的服務、設施和機會等方面的資訊。

43. 應促使一般的大眾傳播媒體、特別是電視和電影儘量減少對色情、毒品和暴力行為的描繪，在展現暴力和剝削時要表現出不贊成的態度，特別是對兒童、婦女和人與人的關係要避免卑貶、污辱性的陳現，提倡平等的原則和角色的平等。

44. 大眾傳播媒體在播放有關青少年吸毒酗酒的消息時，應意識到自身的廣泛社會作用、責任和影響。應通過平衡的方式播放始終一貫的資訊，發揮其防止藥物濫用的威力。應促進在各個層次開展有效的認識毒品的宣傳。

五、社會政策

45. 政府機構應把幫助青少年的計畫和方案放在高度優先地位，並應撥付足夠資金及其他資源，以有效地提供服務、設施和配備人員，進行適當醫療、精神保健、營養、住房及其他有關服務，包括吸毒酗酒的預防和治療，保證這些資源真正用於青少年身上，使青少年得到益處。

46. 將青少年安置教養的做法，作為最後的手段，而且時間應盡可能短，應把他們的最大利益放在最重要的位置。應嚴格規定允許採取此種正規干預的標準，並且一般只限於下述幾種情況：
    (a) 孩子受到了父母或監護人的傷害；
    (b) 孩子受到了父母或監護人的性侵犯或身體上、精神上的虐待；
    (c) 孩子受到了父母或監護人的疏忽、遺棄或剝削；
    (d) 孩子因父母或監護人的行為而遭到身體或道德方面的危險；
    (e) 孩子的行為表現對其有嚴重的身心危險，如採取非安置教養辦法，其父母、監護人或孩子本身，或任何社區服務，均無法應付此種危險。

47. 政府機構應向青少年提供機會，使其可繼續接受全日制教育，如果父母或監護人不能供養，則應由國家提供經費，並且得到工作的鍛煉。

48. 防止違法不端行為的方案應以可靠的、科學的研究結果為依據，進行規劃和制定，並應定期監測、評價和作出相應的調整。

49. 應向專業界和一般公眾傳播關於何種行為或情況顯示或可導致青少年身心受到傷害、損害、虐待和剝削的科學知識。

50. 參與各種計畫和方案應以自願為原則。應使青少年本身參與計畫和方案的規劃、制訂和執行。
51. 各國政府應在刑事司法系統內和系統外，開始或繼續探討、制訂和執行各項政策、措施和戰略，以防止青少年的家庭暴力，並確保家庭暴力的受害者得到公正待遇。

六、立法和少年司法工作

52. 各國政府應頒布和實施一些特定的法律和程式，促進和保護所有青少年的權利和福祉。
53. 應頒布和實施防止傷害、虐待、剝削兒童和青少年，以及利用他們進行犯罪活動的法規。
54. 不應使兒童或青少年在家庭、學校或任何其他機構內受到粗暴或污辱性的糾正或懲罰措施的對待。
55. 應制訂立法，限制和管制兒童和青少年獲取任何種類武器的可能，並予以執行。
56. 為防止青少年進一步受到汙點烙印、傷害和刑事罪行處分，應制定法規，確保凡成年人所做不視為違法或不受刑罰的行為，如為青少年所做，也不視為違法且不受刑罰。
57. 應考慮設立一個監察處或類似的獨立機關，確保維護青少年的地位、權利和利益並適當指引他們得到應有的服務。檢察官或指定的其他機關也應監督《利雅德準則》、《北京規則》和《保護被剝奪自由少年規則》的執行情況。檢察官或其他機關應定期出版一份關於執行這些文書的進展情況和在執行過程中所遭遇困難的報告。還應建立推動兒童福利的機構。
58. 為適應青少年的特殊需要，應培訓一批男女執法人員及其他有關人員，盡可能地使他們熟悉和利用各種方案和指引辦法，不把青少年放在司法系統中處置。
59. 應頒布立法，保護兒童和青少年免受吸毒和販毒之害，並予以嚴格執行。

七、研究、政策制訂和協調

60. 應作出努力並建立適當機制，以促進各經濟、社會、教育和衛生機構和服務、司法系統、青少年、社區和發展機構及其他有關機構之間開展多學科和部門內的協調和配合。
61. 應加強在國家、區域和國際各級交流通過執行專案、方案、實踐和創新活動所得的有關防止青少年犯罪和違法行為，以及少年司法的資訊、經驗和專門知識。
62. 應進一步發展和加強包括開業者、專家和決策者在內的關於防止少年犯罪和違法行為，以及少年司法的區域和國際合作。
63. 關於某些實際問題和政策性問題、特別是培訓、試點和示範專案，以及關於有關防止青少年犯罪和違法行為的具體問題的技術和科學合作，各國政府和聯合國系統及其他有關部門應給予強有力的支持。
64. 應鼓勵開展協作，進行防止青少年犯罪和違法行為的有效辦法的科學研究，並將研究結果廣為散播和予以評價。

65. 聯合國各有關機關、研究所、機構和部門應就有關兒童、少年司法，以及防止青少年犯罪和違法行為的各種問題，繼續進行密切的合作與協調。

66. 根據本《準則》，聯合國秘書處應與有關機構合作，在進行研究、科學協作、提出政策選擇，以及審查和監測其執行情況方面發揮積極的作用，並應作為防止違法不端行為有效辦法的可靠資訊來源（取自：https://www.un.org/zh/documents/treaty/files/A-RES-45-112.shtml）。

資料來源：United Nations (2021b)。

☆問題討論與班級學習活動☆

一、青少年偏差行為成因複雜，請從醫學觀點、心理學動力觀點、行為觀點、認知觀點，以及社會文化等不同觀點，說明青少年偏差行為的成因，並說明何者的影響力或作用最大？並請說明如何減少或預防青少年偏差行為的發生？

二、偏差行為也被視為是一種心理違常或心理失常，通常包含有 4D 的要素，請說明之，並敘述其在教育輔導上的意義。

三、在日常生活中通常可以觀察到正常與異常行為表現的青少年，這些異常或違常行為主要可以歸納為五大類，有哪五大類？當生活及工作上遇到這些青少年，如何善加輔導？

四、家庭功能失調或發生問題，青少年適應與行為問題跟著增多，嚴重者導致犯罪。請以自己成長經驗，說明親子關係與家庭教育的重要性，並請綜整第八章所學，說明如何從家庭開始，有效防治青少年偏差與犯罪行為？

五、請說明人格的意義及其與青少年偏差與犯罪行為的關連，並以 T 型性格及 A 類型行為為例，如何培養青少年良好心性與品格，預防青少年產生偏差行為與犯罪？

六、何謂青少年男性幫派現象 (male gang phenomenon)？臺灣社會有此現象嗎？請分析其在青少年犯罪防治上具有何種意義？

七、抽菸與喝酒被認為是物質或藥物濫用的入門磚，請說明如何在中小學推動反菸與反酒的教育？父母親與師長如何以身作則，當青少年的楷模？

八、臺灣吸毒人口頗多，請說明吸毒或物質濫用的相關因素，並請從政策、教育與社會層面分析，如何減少與防治吸毒或物質濫用？

九、青少年憂鬱、自殺意念、自傷與自殺事件的成因為何？當周遭的青少年或親友有這些狀況時，如何因應與處理，或適當輔導？

十、請說明網路成癮與網路欺凌及霸凌行為的成因與防治策略，並以自身經驗，給當前青少年防止網路成癮及網路被霸凌提供建議。

十一、請蒐集近五年來臺灣青少年的犯罪資料，分析其成因、性別、類型、矯正方式及再犯率，並請以全方位觀點摘要敘述如何有效防治青少年犯罪？

十二、請比較說明學習論、低階文化論、中和化技術、標籤理論、社會結構論等青少年犯罪學理論之異同，及其在教育、輔導及青少年犯罪防治上的意義。

十三、請詳讀聯合國預防青少年犯罪準則，據此並說明臺灣青少年犯罪防治上目前有哪些不足？有哪些可以參考或應立即採行之處？

參考文獻

司法院（2021）。**案件統計**。台北：司法院。https://www.judicial.gov.tw/tw/lp-1921-1-xCat-03.html

行政院性別平等委員會（2021）。**性別不平等指數**。台北：行政院性別平等委員會。https://gec.ey.gov.tw/Page/B08994C9CFD296BA

法務部（2021）。**法務統計年報**。台北：法務部。https://www.rjsd.moj.gov.tw/rjsdweb/book/Book_Detail.aspx?book_id=491

洪福源、黃德祥（2002）。國中校園欺凌行為與學校氣氛及相關因素之研究。**彰化師大教育學報，2**，37-84。

黃彥杰（2021）。後疫情時代學生健康促進策略。**教育研究月刊，323**，49-58。

黃德祥（1992）。國中班級社會比較之研究。**輔導學報，16**，17-41。

黃德祥（1994）。**青少年發展與輔導**（第一版）。台北：五南。

黃德祥（2000）。**青少年發展與輔導**（第二版）。台北：五南。

黃德祥（2006a）。臺灣新住民子女的教育與輔導新課題。**教育研究月刊**，141，18-24。

黃德祥（2006b）。青少年色情網路使用與影響及其輔導策略。**教育研究月刊，264**，85-97。http://doi.org/10.3966/168063602016040264006

黃德祥等（2006c）：**青少年心理學**。台北：心理出版社。（主譯及校閱）

黃德祥（2012）。**iPhone十週年與無手機恐懼症（nomophobia）**。蘋果新聞網。https://tw.appledaily.com/forum/20170702/WEPRRVEBBNNXKWG54HV5ETPDL4/

黃德祥、林重岑、薛秀宜譯（2001）。**教育社會學**（J. H. Ballantine原著）。台北：心理。

黃德祥、洪福源（2004）。美國品格教育的內涵與實施。**台灣教育，625**，17-29。

衛生福利部（2021）。**109年死因統計結果分析**。https://dep.mohw.gov.tw/dos/lp-5069-113.html

衛生福利部國民健康署（2018）。**青春期營養手冊**。台北：國民健康署。https://www.hpa.gov.tw/Pages/Detail.aspx?nodeid=485&pid=8347

衛生福利部國民健康署（2021）：**視力保健**。https://www.hpa.gov.tw/Pages/List.aspx?nodeid=45

衛生福利部統計處（2021）。**身高、體重、身體質量指數**。https://dep.mohw.gov.tw/dos/cp-1720-7365-113.html

謝秀津、黃德祥（2020）。美國2016與2019國家人工智能研究與發展策略計畫評析。**教育研究月刊，307**，101-117。http://doi.org/10.3966/168063602019110307008

謝佩君、黃德祥（2021）。疫情與艱困時代的學生諮商輔導。**教育研究月刊，323**，37-48。http://doi.org/10.3966/168063602021030323003

魏麗敏、黃德祥（2007）。**諮商理論與技術**。台北：五南。

魏麗敏、黃德祥（2008）。**諮商理論與技術精要**。台北：考用。

Aalsma, M. C., Lapsley, D. K., & Flannery, D. J. (2006). Personal fables, narcissism, and adolescent adjustment. *Psychology in the Schools, 43,* 481-491. http://doi.org/ 10.1002/pits.20162

Agboola, A., & Tsai, K. C. (2012). Bring character education into the classroom. *European Journal of Educational Research, 1*(2), 163-170.

Aggarwal, S., Prabhu, H. R. A., & Anand, A., (2007). Stressful life events among adolescents: The development of a new measure. *Indian Journal Psychiatry, 49*(2), 96–102. http//doi.org/10.4103/0019-5545.33255

Akbari, R., & Tajik, L. (2019). Insights into TEFL: Moral dilemma patterns in teaching practice. *Australian Journal of Teacher Education, 44*(12). https://ro.ecu.edu.au/ajte/vol44/iss12/1

Alberts, A., Elkind, D., & Ginsberg, S. (2007). The personal fable and risk-taking in early adolescence. *Journal of Youth and Adolescence, 36,* 71-76. http://doi.org/10.1007/s10964-006-9144-4

Alm, S., Låftman, S. B., Sivertsson, F., & Bohman, H. (2020). Poor family relationships in adolescence as a risk factor of in-patient psychiatric care across the life course: A prospective cohort study. *Scandinavian Journal of Public Health, 48*(7). https://doi.org/10.1177/1403494820902914

American Academy of Child and Adolescent Psychiatry (2021). *Families and youth.* https://www.aacap.org/AACAP/Families_Youth/AACAP/Families_and_Youth/Home.aspx?hkey=fb0befff-aae9-4867-958b-d8b45f5ecb2f

American Academy of Pediatrics [AAP] (2021). *Tattoos and body piercings as indicators of adolescent risk-taking behaviors.* https://doi.org/10.1542/peds.109.6.1021

American Psychological Association [APA] (2017). *Top 20 principles from psychology for pre K–12 creative, talented, and gifted students' teaching and learning.* Washington, DC: Center for Psychology in Schools and Education, APA. http://www.apa.org/ed/schools/teaching-learning/top-twenty-principles.aspx

American Psychological Association [APA] (2021a). *Parenting.* https://www.apa.org/research/action/parenting

American Psychological Association [APA] (2002). *Developing adolescents.* Washington, DC: APA. https://www.apa.org/topics/teens/developing-adolescents-professionals-reference

American Psychological Association [APA] (2021b). *Practice guidelines for LGB clients.* https://www.apa.org/pi/lgbt/resources/guidelines

American Society of Addiction Medicine [ASAM] (2021). *Definition of addiction.*

https://www.asam.org/quality-practice/definition-of-addiction

Applebury, G. (2021). *7 types of love according to Sternberg's Triangular Theory.* https://dating.lovetoknow.com/relationship-advice/7-types-love-according-sternbergs-triangular-theory

Appleton, A. A., Loucks, E. B., Buka, S. L., & Kubzansky, L. D. (2014). Divergent associations of antecedent-and response-focused emotion regulation strategies with midlife cardiovascular disease risk. *Annals of Behavioral Medicine, 48,* 246–255. https://doi.org/10.1007/s12160-014-9600-4

Arlin, P. K. (1975). Cognitive development in adulthood: A fifth stage? *Developmental Psychology, 11*(5), 602–606. https://doi.org/10.1037/0012-1649.11.5.602

Arnett, J. J. (2001). *Emerging adulthood: The winding road from the late teens through the twenties.* New York: Oxford University Press.

Arnett, J. J. (2014). *Emerging adulthood: The winding road from the late teens through the twenties*(2nd ed.). Oxford: Oxford University Press.

Asia Foundation (2012). *Rapid situation of gang in man.* Colombo, Sri Lanka: Asia Foundation.

Atwater, G. (1996). *Adolescence.* New Jersey: Prentice Hall.

Ausubel, D. P., & Sullivan, E. C. (1971). Review of theory and problems of child development. *Canadian Psychologist, 12*(1), 86. https://doi.org/10.1037/h0082088

Ausubel, D. P. (1954). *Theory and problems of adolescent development.* New York: Grune & Stratton.

Ausubel, D. P., Montemayor, R., & Svajian, P. (1977). *Theory and problems of adolescent development* (2nd ed.). New York: Grune & Stratton.

Bailey, R., & Pico, J. (2021). *Defense mechanisms.* Washington, DC: The National Center for Biotechnology Information.

Baker, A. J. L., & Darnall, D. (2007). A construct study of the eight symptoms of severe parental alienation syndrome: A survey of parental experiences. *Journal of Divorce & Remarriage, 47*(1/2), 55-75.

Baker, A. J. L. (2007). *Adult children of parental alienation syndrome: Breaking the ties that bind.* New York: W. W. Norton.

Baker, A. J. L., & Darnall, D. (2006). Behaviors and strategies employed in parental alienation: A survey of parental experiences. *Journal of Divorce & Remarriage, 45* (1/2), 97-124.

Baltes, P. B., Reese, H. W., & Nesselroade, J. R. (2014). *Life-span developmental psychology: Introduction to research methods.* New York: Psychology Press.

Bandura, A. (1977). *Social learning theory.* Englewood Cliffs, NJ: Prentice Hall.

Bandura, A. (1986). *Social foundations of thought and action: A social cognitive theory.* Englewood Cliffs, NJ: Prentice-Hall.

Bandura, A. (1997). *Self-efficacy: The exercise of control.* New York: W. H. Freeman/ Times Books/ Henry Holt & Co.

Barber, B. K., Maughan, S. L., & Olsen, J. A. (2005). Patterns of parenting across adolescence. *New Directions for Child and Adolescent Development, 108,* 5–16. https://doi.org/10.1002/CD.124

Becker, W. C. (1964). Consequences of different kinds of parental discipline. In , M. L. Hoffman and L. W. Hoffman (Eds.), *Review of child development* (pp. 169–208) (Vol. 1). New York: Russell Sage Foundation.

Bedel, A. (2019). The role of interpersonal problem solving in using the immature defense mechanisms in adolescents. *Universitas Psychologica, 18*(5),1-12

Bell, P. E., & Liu, L. (2015). Social justice reasoning of education undergraduates: Effects of instruction in moral development theory and dilemma discussion in the asynchronous online classroom. International *Journal of Technology in*

Teaching and Learning, 11(1), 60-75.

Belsky, J. (1984). 2 parenting model examining why parents arent the way they Do from "The determinants of parenting: A process model". *Child Development, 55*(1), 84.

Bem, S. L. (1981). Gender schema theory: A cognitive account of sex typing. *Psychological Review, 88*(4), 354–364. https://doi.org/10.1037/0033-295X.88.4.35\354-364.

Bender, L. (2020). *Guidance for COVID-19 prevention and control in schools.* New York: United Nations Children's Fund (UNICEF).

Benson, P. C. S., & Syvertsen, A. K. (2011). The contribution of the developmental assets framework to positive youth development theory and practice. In R. M. Lerner, J. V. Lerner and J. B. Benson(eds.), *Advances in child development and behavior*(Vol. 41, pp. 197-230). Burlington, VT: Academic Press.

Berman, A. L., & Jobes, D. A. (1991). Prevention and postvention. In A. L. Berman & D. A. Jobes (Eds.), *Adolescent suicide: Assessment and intervention* (pp. 227–265). https://doi.org/10.1037/10079-006

Berzonsky, M. D. (1981). *Adolescent development.* New York: MacMillan.

Binet. A., & Simon, T. (1916). The development of intelligence in children. Baltimore, Williams & Wilkins. (Reprinted 1973, New York: Arno Press; 1983, Salem, NH: Ayer Company).

Blakemore S., & Frith U. (2005). The learning brain: Lessons for education: A précis. *Developmental Science, 8*(6), 459-471.

Bornstein, M. H., & Leventhal, T. (2015). Ecological settings and processes. (Vol. 4). In R. M. Lerner(Ed.), *Handbook of child psychology and developmental science* (7th ed.),. Hoboken, NJ: Wiley.

Bourdieu, P. (1984). *Distinction.* New York: Routledge.

Bowers, E. P., Geldhof, G. J., Johnson, S. K., Hilliard, L. J., Hershberg, R. M., Lerner, J. V., & Lerner, R. M. (Eds.) (2015), *Promoting positive youth development: Lessons learned from the 4-H study.* New York, NY: Springer.

Bowlby, J. (1989). The role of attachment in personality development and psychopathology. In S. I. Greenspan & G. H. Pollock (Eds.), *The course of life, Infancy* (Vol. 1., pp. 229–270). International Universities Press, Inc.

Branje, S., Laursen, B., & Collins, W. A. (2012). Parent–child communication during adolescence. In A. Vangelisti (Ed.), *Routledge handbook of family communication* (2nd ed., pp. 271– 286). New York, NY: Routledge.

Broverman, I., Vogel, S., Broverman, D., Clarkson, F., & Rosenkrantz, P. (1972). Sex role stereotypes: A current appraisal. *Journal of Social Issues, 28,* 59-78.

Buhrmester, D., & Furman, W. (1990). Perceptions of sibling relationships during middle childhood and adolescence. *Child Development, 61*(5), 1387–1398. https://doi.org/10.2307/1130750

C.S. Mott Children's Hospital (2021). *Tattoo problems.* https://www.mottchildren. org/health-library/tatpb

Caballero, A., Granberg, R., & Tseng, K. Y.(2016). Mechanisms contributing to prefrontal cortex maturation during adolescence. *Neuroscience Biobehavioral Review, 70,* 4-12.

Caballero, A., Granberg, R., & Tseng, K. Y.(2016). Mechanisms contributing to prefrontal cortex maturation during adolescence. *Neuroscience Biobehavioral Review, 70,* 4-12.

Casey, B. J., Jones, R. M., & Hare, T. A. (2008). The adolescent brain. *Annals of the New York Academy of Sciences.* 1124, 111–126.

Caseya, B. J., & Getza, S.(2008). The adolescent brain. *Developmental Review, 28,* 62-77. https://doi.org/10.1016/j.dr.2007.08.003

Cash, H., Rae, C. D., Steel, A. H., & Winkler, A. (2012). Internet addiction: A brief summary of research and practice. *Current Psychiatry Reviews, 8,* 292-298.

Cavallo, F., Mohn, A., Chiarelli. F., & Giannini, C. (2021) Evaluation of bone age in children: A mini-review. *Fronter Pediatric, 12.* http://doi.org/10.3389/fped.2021.580314

Centers for Disease Control and Prevention [CDC] (2021a). *Preventing teen dating violence.* https://www.cdc.gov/violenceprevention/intimatepartnerviolence/teendatingviolence/fastfact.html

Centers for Disease Control and Prevention [CDC] (2021b). *Teen substance use & risks.* https://www.cdc.gov/ncbddd/fasd/features/teen-substance-use.html

Character Counts!(2021). *The six pillars of character.* https://charactercounts.org/character-counts-overview/six-pillars/

Cherry, K. (2021). *Gardner's theory of multiple intelligences.* https://www.verywellmind.com/gardners-theory-of-multiple-intelligences-2795161

Christensen, J. F., & Gomila, A. (2012). Moral dilemmas in cognitive neuroscience of moral decision-making: a principled review. *Neuroscience Biobehavior Review, 36,* 1249–1264. http://doi.org/10.1016/j.neubiorev.2012.02.008

Christensen, J. F., Flexas, A., Calabrese, M., Gut, N. K., & Gomila, A. (2014). Moral judgment reloaded: A moral dilemma validation study. *Journal of Frontier Psychology, 5,* 607. https://doi.org/10.3389/fpsyg.2014.00607

Christie, D., & Viner, R. (2005). ABC of adolescence: Adolescent development. *BMJ, 5,* 301-304.

Clement, J. (2019). *Daily time spent on social networking by internet users worldwide from 2012 to 2018 (in minutes).* https://www.statista.com/statistics/433871/daily-social-media-usage-worldwide/

Cloward, R., & Ohlin, L. (1960). *Delinquency and opportunity.* New York: The Free

Press.

Corey, G. (2014). *Theory and practice of counseling and psychotherapy*(9th ed.). Belmont, CA : Brooks/Cole / Cengage Learning.

Dacey, J. S. (1986). *Adolescents toda*y(3rd ed.). Glenview, IL: Scott, Foresman and Company.

Dacey, J., & Kenny, M. (1997). *Adolescent development* (2nd ed.). Boston: McGraw-Hill.

Damon, W., & Lerner, R. M. (Eds.). (2006). Handbook of child psychology (6th ed.). Hoboken, NJ: Wiley.

Damasio, A. R., Grabowski, T. J., Bechara, A., Damasio, H., Ponto, L. L., & Parvizi, J., et al. (2000). Subcortical and cortical brain activity during the feeling of self-generated emotions. *Nature Neuroscience, 3,* 1049–1056. http://doi.org/10.1038/79871

Darcy, C. (2020). Drug education best practice for health, community and youth workers: A practical and accessible tool-kit. *Health Education Journal, 18,* 3-15. https://doi.org/10.1177/0017896920950338

David, H. (2018). To be a gifted adolescent. *Journal of Interdisciplinary Sciences, 2*(1), 2-13.

Davis, G., & Rimm, S. (2004). *Education of the gifted and talented* (5th ed.). Boston: Allyn & Bacon.

Davis, T. (2009). Conceptualizing psychiatric disorders using "Four D's" of diagnoses. *The Internet Journal of Psychiatry, 1,* 1-5.

Dewey, J. (1993). *How we think: A restatement of the relation of reflective thinking to the educative process*. Boston: D. C. Heath.

Dodge, K. A., & Pettit, G. S. (2003). A biopsychosocial model of the development of chronic conduct problems in adolescence. *Developmental Psychology, 39*(2),

349–371. https://doi.org/10.1037/0012-1649.39.2.349

Dusek, J. B. (1996). *Adolescent development and behavior*(3rd ed.). New Jersey: Prentice-Hall, Inc.

Dweck, C. S. (2006). *Mindset: The new psychology of success.* New York: Random House.

Dwived, Y. K., Hughes, L., Ismagilova, E., Aarts, G., Coombs, C., Crick, T., Duan, Y., & Williams, M. D. (2019). Artificial Intelligence (AI): Multidisciplinary perspectives on emerging challenges, opportunities, and agenda for research, practice and policy. *International Journal of Information Management, 27,* 101-194. https://doi.org/10.1016/j.ijinfomgt.2019.08.002

Education Week(2021). *School shootings this year: How many and where.* https://www.edweek.org/leadership/school-shootings-this-year-how-many-and-where/2021/03

Elder, G. H. (1962). Structural variations in the child rearing relationship. *Sociometry, 25*, 241–262.

Elfers, T., Martin, J., & Sokol, B. (2008). Perspective taking: A review of research and theory extending Selman's developmental model of perspective taking. In A. M. Columbus (Ed.), *Advances in psychology research* (pp. 229–262). New York: Nova Science Publishers.

Elkind, D. (1978). Understanding the young adolescent. *Adolescence, 13*(49), 127–134.

Erikson E. H . (1982). *The life cycle completed.* New York: W.W. Norton & Company.

Erikson, E. H. (1959). *Psychological issues.* New York, NY: International University Press

Erikson, E. H. (1968). *Identity: Youth and crisis.* New York: Norton.

Erikson, E. H. (1975). *Life history and the historical moment.* New York: Norton.

Espelage, D. L., Ingram, K. M., & Hong, J. S. (2021). Bullying as a developmental precursor to sexual and dating violence across adolescence: Decade in review. *Trauma, Violence, & Abuse, 14*, 1-14.

Feist, J. (1985). *Theory of personality.* New York: Holt, Rinehart and Winston.

Festinger, L. (1954). A theory of social comparison processes. *Human Relations, 7,* 117–140. https://doi.org/10.1177/001872675400700202

Fisher, C. B., & Lerner, R. M. (Eds.). (2005). *Encyclopedia of applied developmental science.* Thousand Oaks, CA: Sage Publications.

Flora, J., & Segrin, C. (2000). Affect and behavioral involvement in spousal complaints and compliments. *Journal of Family Psychology, 14*(4), 641–657. https://doi.org/10.1037/0893-3200.14.4.641

Forisha-Kovach, B. (1983). *The experience of adolesence.* New Jersey: Scott.

Freund, A. M., & Baltes, P. B. (2002). Life-management strategies of selection, optimization and compensation: measurement by self-report and construct validity. *Journal of Personality and Social Psychology, 82*(4), 647-662.

Friend, M. (2007). *Special education: Contemporary perspectives for school professionals* (2nd ed.). Boston: Allyn & Bacon.

Fuchs, C . (2017). *Social media: A critical introduction.* London: Sage.

Gagné, D. (2000). *A differentiated model of giftedness and talent.* Year 2000 Update. ERIC: ED448544.

Gagné, F. (1999). My convictions about the nature of human abilities, gifts and talents. *Journal for the Education of the Gifted, 22,* 109-136.

Gagné, F. (2004). Transforming gifts into talents: The DMGT as a developmental theory. *High Ability Studies, 15,* 119-147.

Galanaki, E. P. (2017). Adolescent egocentrism. A. Wenzel(Ed.), *Entry in the Sage Encyclopedia of Abnormal and Clinical Psychology.* Thousand Oaks, CA: Sage.

Gambo, Y., & Shakir, M. Z. (2021). Review on self-regulated learning in smart learning environment. *Smart Learning Environment, 8,* 12. https://doi.org/10.1186/s40561-021-00157-8

Gardner, R. A. (1987). *The parental alienation syndrome and the differentiation between fabricated and genuine child sexual abuse.* Cresskill, NJ: Creative Therapeutics.

Gardner, R. A. (1992). *The parental alienation syndrome: a guide for mental health and legal professionals.* Cresskill, NJ: Creative Therapeutics.

Gardner, R. A. (2001). Parental Alienation Syndrome (PAS): Sixteen years later. *Academy Forum, 45*(1), 10-12.

Gardner, R. A. (2001). Should courts order PAS children to visit/reside with the alienation parent? A follow-up study. *American Journal Forensic Psychology, 19,* 61-106.

Gartzia, L., Pizarro, J., & Baniandres, J. (2018). *Emotional androgyny: A preventive factor of psychosocial risks at work? Frontier in Psychology, 26.* https://doi.org/10.3389/fpsyg.2018.02144

Gibson, R. L., & Mitchell, M. H. (1990). *Introduction to guidance and counseling*(3rd. ed.). New York: MacMillan.

Giedd, J. N., Blumenthal J., Jeffries, N. O., Castellanos, F. X., Liu, H., Zijdenbos, A., Paus, T., Evans, A. C., & Rapoport, J. L. (1999). Brain development during childhood and adolescence: A longitudinal MRI study. *Nature Neuroscience, 2,* 861-863.

Gilligan, C. (1982). *In a different voice: Psychological theory and women's development.* Harvard University Press.

Ginzberg, E. (1951). *Occupational choice, an approach to a general theory.* New York：Columbia University Press,

Glasser, W. (1972). *Identity society.* New York: Harper & Row.

Gold, M. (2010). Juvenile delinquency as a symptom of alienation. *Journal of Social Issues, 25*(2), 121-135. https://doi.org/10.1111/j.1540-4560.1969.tb00597.

Goldberg, I. (1995). *Internet addiction disorder.* http:// www.cog.brown.edu/brochure/ people/duchon/humor/internet.addiction.html

Goldstein, A. P., McGinnis, E., Sprafkin, R. P., Gershaw, N. J., & Klein, P. (1997). *Skillstreaming the Adolescent: New Strategies and perspectives for teaching prosocial skills* (Revised). Champaign, Illinois: Research Press.

Goldstein, E. B. (2020). *Cognitive psychology : Connecting mind, research, and everyday experience.* New York: Cengage Learning.

Goleman, D. (1995). *Emotional intelligence.* Bantam Books, Inc.

Gothard, B., Mignot, P., Offer, M., & Ruff, M. (2001). *Careers guidance in context.* New York: Sage. http://dx.doi.org/10.4135/9781446220399.n2

Graham, N. J., & Brouillette, L. (2016). Using arts integration to make science learning memorable in the upper elementary grades: A quasi-experimental study. *Journal for Learning through the Arts, 12*, 1-17.

Guilford, J. P. (1982). Cognitive psychology's ambiguities: Some suggested remedies. *Psychological Review, 89*, 48-59.

Guilford, J. P. (1982). Cognitive psychology's ambiguities: Some suggested remedies. *Psychological Review, 89*, 48-59.

Guilford, J. P. (1988). Some changes in the structure of intellect model. *Educational and Psychological Measurement, 48*, 1-16.

Halfon, N., Forrest, C., Lerner, R. M., & Faustman, E. (Eds.) (2017). *Handbook of life course health development.* New York, NY: Springer.

Hancer, A. H., & Yilmaz, S. (2007). The effects of the characteristics of adolescence on the science process skills of the child. *Journal of Applied Sciences, 7*, 3811-

3814. https://doi.org/10.3923/jas.2007.3811.3814

Havighurst, R. J. (1972). *Developmental tasks and education*. New York: David

Holland, J. L. (1994). *The jobs finder*. Odessa, FL: Psychological Assessment Resources.

Holland, J. L. (1997). *Making vocational choices: A theory of vocational personalities and work environments* (3rd ed.). Odessa, FL: Psychological Assessment Resources.

Holmberg, K., Rosen, D., & Holland, J. L. (1999). *The leisure activities finder*. Odessa, FL: Psychological Assessment Resources.

Hood, K. E., Halpern, C. T., Greenberg, G., & Lerner, R. M. (Eds.)(2010). *The handbook of developmental science, behavior and genetics*. Malden, MA: Wiley Blackwell.

Horn, J. L., & Cattell, R. B. (1966). Refinement and test of the theory of fluid and crystallized general intelligences. *Journal of Educational Psychology, 57*(5), 253–270. https://doi.org/10.1037/h0023816

Howell, F. M., Frese, W., & Sollie, C. R. (1977). Ginzberg's theory of occupational choice: A reanalysis of increasing realism. *Journal of Vocational Behavior, 11*(3), 332–346. https://doi.org/10.1016/0001-8791(77)90029-X

Hooley, J. M., & Franklin, J. C. (2018). Why do people hurt themselves? A new conceptual model of nonsuicidal self-injury. *Clinical Psychological Science, 6* , 428-451.

Huang, D. H. (1993). *Social comparison of students in the classroom in Taiwan*. Doctoral Thesis of The University of Sheffield, U. K.

Inhelder, B., & Piaget, J. (1958). *The growth of logical thinking: From childhood to adolescence*. (A. Parsons & S. Milgram, Trans.). New York: Basic Books. https://doi.org/10.1037/10034-000

Inhelder, B., & Piaget, J. (1958). *The growth of logical thinking from childhood to adolescence. An essay on the construction of formal operational structures.* New York: Basic Books. (Original work published 1955)

Irwin, C., & Millstein, S. (1991). Correlates and predictors of risk-taking behavior during adolescence. Lipsitt, L., & Mitnick, L. (eds). *Self-regulatory behavior and risk taking: Causes and consequences.* Norwood, NJ: Ablex Publishing Corporation.

Jha, K., Doshi, A., Patel, P., & Shah, M. (2019). A comprehensive review on automation in agriculture using artificial intelligence. *Artificial Intelligence in Agriculture, 2,* 1-12. https://doi.org/10.1016/j.aiia.2019.05.004

Johns Hopkins Medicine(2021). *Health: Brain anatomy and how the brain works.* https://www.hopkinsmedicine.org/health/conditions-and-diseases/anatomy-of-the-brain

Johnston, F. E. (1964). The relationship of certain growth variables to chronological and skeletal age. *Human Biology, 36*(1), 16–27.

Johntool (2021). *Programming language ranking and analysis, which programming language should I learn?* https://www.johntool.com/programming-language-rank/#C

Kaggelaris, N., & Koutsioumari, M. I. (2015). The breaktime as part of the hidden curriculum in public high school. *Pedagogy Theory & Praxis, 8,* 76-87.

Kagan, Snidmar, & Arcus (1995). Moral dilemmas and moral principles: When emotion and cognition unite. *Cognition and Emotion, 27,* 1276-1291. https://doi.org/10.1080/02699931.2013.7853881276-1291.

Kaufman, S. B., & Sternberg, R. J. (2008). Conceptions of giftedness. In S. I. Pfeiffer (Ed.), *Handbook of giftedness in children: Psychoeducational theory, research, and best practices* (pp. 71–91). Springer Science + Business Media. https://doi.

org/10.1007/978-0-387-74401-8_5

Keating D. (2004). Cognitive and brain development. In R. Lerner & L. Steinberg(Eds.), *Handbook of adolescent psychology* (2nd ed.) (pp. 45-84). Hoboken, NJ US: John Wiley & Sons Inc.

Keating D. P. (1975). Precocious cognitive development at the level of formal operations. *Child Development, 46,* 476-480.

Keating D. P. (1980). Thinking processes in adolescence. In J. Adelson (Ed.), *Handbook of adolescent psychology* (pp. 211-246). New York: Wiley.

Keating D. P., & Bobbitt B. (1978). Individual and developmental differences in cognitive-processing components of mental ability. *Child Development, 49,* 155-167.

Keating D. P., & Halpern-Felsher B. L. (2008). Adolescent drivers: A developmental perspective on risk, proficiency, and safety. *American Journal of Preventive Medicine, 35,* 272-277.

Keating D. P., Houts R. M., Morrison F. J., & Steinberg L.D. (2011, March). *Executive functioning and cognitive outcomes during adolescence.* Symposium presentation at the Society for Research in Child Development, Montreal, QC.

Keating D. P., List, J. A., & Merriman, W. E. (1985). Cognitive processing and cognitive ability: A multivariate validity investigation. *Intelligence, 9,* 149-170.

Keating, D. P. (1990). Adolescent thinking. In Feldman S. & Elliott G. (Eds.), *At the threshold: The developing adolescent* (pp. 54-89). Cambridge, MA: Harvard University Press.

Keating, D. P. (2011). Cognitive development. In Brown B. B. & Pearlstein M. (Eds.), *Encyclopedia of adolescence* (Vol. 1, pp. 106-114). Netherlands: Elsevier.

Keating, D. P., & Clark, L. V. (1980). Development of physical and social reasoning in adolescence. *Developmental Psychology, 16*(1), 23–30. https://doi.

org/10.1037/0012-1649.16.1.23

Keating, D. (2004). Cognitive and brain development. In R. Lerner, & L. Steinberg (Eds.), *Handbook of adolescent psychology* (2nd ed)(pp. 45-84). Hoboken, NJ: Wiley & Sons.

Kendler, K. S., & Karkowski, L. M. (1999).Prescott CA. Causal relationship between stressful life events and the onset of major depression. *American Journal of Psychiatry, 156,* 837–841

Kendall, P. C., & Williams, C. L. (1986). Therapy with adolescents: Treating the "marginal man". *Behavior Therapy,17*(5), 522-537. https://doi.org/10.1016/S0005-7894(86)80092-2Hillsdale, NJ: Lawrence Erlbaum Associates.

Kimmel, D. C., & Weiner, I. B. (1995). *Adolescence: A developmental transition.* Hoboken, NJ: Wiley and Sons.

King, P. M., & Mayhew, M. J. (2002). Moral judgment development in higher education: Insights from the defining issues test. *Journal of Moral Education. 31* (3), 247–270. http://doi.org/10.1080/0305724022000008106. S2CID 59368646.

Ko, C. H., Yen, J. Y., Yen, C. F., Chen, C. S., & Chen, C. C. (2012). The Association between Internet Addiction and Psychiatric Disorder: A Review of the Literature. *European Psychiatry, 27,* 1-8.

Kohlberg, L. (1981). *Essays on moral development: Vol. 1: The philosophy of moral development.* New York: Harper & Row.

Kohlberg. L. (1969). Stages and sequence: The cognitive-developmental approach to socialization. In D. Goslin(Ed.), *Handbook of socialization theory and research.* Chicago : Rand McNally.

Kostelnik, M. J., Soderman, A. K., Whiren, A. P., Rupiper, M. L., & Gregory, K. M. (2015). *Guiding children's social development and learning: Theory and skills*(8th ed). Stamford, CT: Cengage.

Kramer, M. (2010). *Organization of socialization: Joining and leaving organizations*. Cambridge, UK : Polity Press.

Krishnamurthy, S. (2020). The future of business education: A commentary in the shadow of the Covid-19 pandemic. *Journal of Business Research, 117*, 1-5.

Kuhn, D. (1979). A methodology for observing development of a formal reasoning strategy. N*ew Direction for Child and Adolescent Development, 1979*, 45-57. https://doi.org/10.1002/cd.23219790504

Kurt, S. (2021). Theory of multiple intelligences – Gardner. https://educationaltechnology. net/theory-of-multiple-intelligences-gardner/

Lamb, M. E. (2015). Socioemotional processes. of the handbook of child. Richard M. Lerner(Ed.), *Psychology and developmental science* (Vol. 3, 7th ed.). Hoboken, NJ: Wiley.

Lane, K. L., et al. (2003). Social skills instruction for students at risk for antisocial behavior: The effects of small group instruction. *Behavioral Disorders, 28*, 229-248.

Lemert, E. M. (1972). *Human deviance, social problems, and social control*. Englewood Cliffs, NJ：Prentice-Hall.

Lerner, R. M. (2004). *Liberty: Thriving and civic engagement among America's youth*. Thousand Oaks, CA: Sage Publications.

Lerner, R. M. (2007). The good teen: Rescuing adolescents from the myths of the storm and stress years. New York, NY: The Crown Publishing Group.

Lerner, R. M. (Ed.). (2002). *Concepts and theories of human development* (3rd ed.). Mahwah, NJ: Erlbaum.

Lerner, R. M. (Ed.). (2010). *The handbook of life-span development*. Hoboken, NJ: Wiley.

Lerner, R. M., & Benson, J. B. (Eds.) (2013). Embodiment and epigenesist:

Theoretical and methodological issues in understanding the role of biology within the relational developmental system, ontogenetic dimensions. *Advances in Child Development and Behavior* (Vol. 2). London,UK: Elsevier.

Lerner, R. M., & Steinberg, L. (2009a). The scientific study of adolescent development: Historical and contemporary perspectives. In R. M. Lerner & L. Steinberg (Eds.), *Handbook of adolescent psychology: Individual bases of adolescent development* (pp. 3–14). New York: John Wiley & Sons Inc. https://doi.org/10.1002/9780470479193.adlpsy001002

Lerner, R. M., & Steinberg, L. (Eds.). (2004). *Handbook of Adolescent Psychology* (2nd ed.). New York: Wiley.

Lerner, R. M., & Steinberg, L. (Eds.). (2009b). *Handbook of adolescent psychology* (3rd ed.). Hoboken, NJ: Wiley.

Lerner, R. M., Brown, J. D., & Kier, C. (2005). *Adolescence: Development, diversity, context, and application.* Toronto, Canada: Pearson.

Lerner, R. M., Easterbrooks, A. M., & Mistry, J. (Eds.). (2012). *Handbook of psychology: Developmental psychology* (Vol. 6. 2nd ed.). Hoboken, NJ: Wiley.

Lerner, R. M., Jacobs, F., & Wertlieb, D. (2005). *Applied developmental science: An advanced textbook.* Thousand Oaks, CA: Sage Publications.

Lerner, R. M., Jacobs, F., & Wertlieb, D. (Eds.). (2003). *Applying developmental science for youth and families: Historical and theoretical foundations.* Thousand Oaks, CA: Sage Publications.

Lerner, R. M., Lerner, J. V., & Benson, J. B. (Eds.). (2011). *Positive youth development: Research and applications for promoting thriving in adolescence.* London, England: Elsevier.

Lerner, R. M., Petersen, A. C., Silbereisen, R. K., & Brooks-Gunn, J. (Eds.). (2014). *The developmental science of adolescence: History through autobiography.* New

York: Psychology Press.

Lerner, R. M., Roeser, R. W., & Phelps, E. (Eds.). (2008). *Positive youth development and spirituality: From theory to research*. West Conshohocken, PA: Templeton Foundation Press.

Liben, L. S., & Mueller, U. (2015). Cognitive Processes. Richard M. Lerner(Ed.), *Handbook of child psychology and developmental science* (7th ed.), Hoboken, NJ: Wiley.

Lickona, T. (2012). Character education: Seven crucial issues. *Action in Teacher Education, 20,* 77-84. https://doi.org/10.1080/01626620.1999.10462937

Lowthian, E., Page, N., Melendez-Torres, G. J., Murphy, S., Hewitt, G., & Moore, G. (2021). Using latent class analysis to explore complex associations between socioeconomic status and adolescent health and well-being. *Journal of Adolescent Health, 69,* 774-781.

Maccoby, E. E., & Martin, J. A. (1983). Socialization in the context of the family: Parent–child interaction. In P. H. Mussen, and E. M.Heatherington, (Eds.), *Handbook of child psychology: Socialization, personality, and social development*(Vol. 4). New York: Wiley.

Mackay, P. (1989). Cloward and Ohlin's Theory of delinquent subcultures: Revisited. *Journal Police Journal, 62,* 290-296

Manfrinati, A., Lotto, L., Sarlo, M., Palomba, D., & Rumiati, R. (2013). Moral dilemmas and moral principles: When emotion and cognition unite. *Cognition and Emotion, 27,* 1276-1291. https://doi.org/10.1080/02699931.2013.785388

Manganello, C., Falsetti, C., & Leo, T. (2019). Self-regulated learning for web-enhanced control engineering education. *Educational Technology & Society, 22*(1), 44–58.

Manganello, C., Falsetti, C., & Leo, T. (2019). Self-regulated learning for web-enhanced control engineering education. *Educational Technology & Society, 22*(1), 44–58

McRae, K., & Gross, J. J. (2020). Emotion regulation. *Emotion, 20*(1), 1-9. http://dx.doi.org/10.1037/emo0000703

Marcia, J. (1980). Ego identity development. In J. Adelson (Ed.), *Handbook of adolescent psychology.* New York: Wiley.

Marcia, J. (1987). The identity status approach to the study of ego identity development. In T. Honess & K. Yardley (Eds.), *Self and identity: Perspectives across the lifespan.* London: Routledge & Kegan Paul.

Masters, J. C., & Smith, W. P. (Eds.). (1987). S*ocial comparison, social justice, and relative deprivation: Theoretical, empirical, and policy perspectives.* New York: Lawrence Erlbaum Associates, Inc.

Maynard, A. M., & Uzelac, S. M. (2008). Adolescent egocentrism: A contemporary view. *Adolescence, 43,* 441-448.

McCrae, R. R., Costa, P. T., Jr., Ostendorf, F., Angleitner, A., Hřebíčková, M., Avia, M. D., Sanz, J., Sánchez-Bernardos, M. L., Kusdil, M. E., Woodfield, R., Saunders, P. R., & Smith, P. B. (2000). Nature over nurture: Temperament, personality, and life span development. Journal of *Personality and Social Psychology, 78*(1), 173–186. https://doi.org/10.1037/0022-3514.78.1.173

McLeod, S. A. (2014). Carl Rogers. *Simply Psychology.* www.simplypsychology.org/carl-rogers.html

McLeod, S. A. (2021). Erik Erikson's stages of psychosocial development. *Simply Psychology.* https://www.simplypsychology.org/Erik-Erikson.html

Meeker, M. N. (1969). *The structure of intellect.* Columbus, OH: Merrill.

Meng, Q., Jia, J., & Zhang, Z. (2020). A framework of smart pedagogy based on the facilitating of high order thinking skills. *Interactive Technology and Smart*

Education, 17(3), 251-266.

Merton, R. K. (1957). *Social theory and social structure* (Rev. ed.). New York: Free Press.

Miller, W. B. (1958). Lower class culture as a generating milieu of gang delinquency. *Journal of Social Issues, 14*(3), 5–19. https://doi.org/10.1111/j.1540-4560.1958. tb01413.x

Miller, G. A. (2003). The cognitive revolution: A historical perspective. *Trends in Cognitive Sciences, 7* (3), 141–144. https://doi.org/10.1016/S1364-6613(03)00029-9.

Miller, W. (1958). Lower class culture as a generating milieu of gang delinquency. *Journal of Social Issues, 14*, 5-19. https://doi.org/10.1111/j.1540-4560.1958. tb01413.

Molenaar, P. C. M., Lerner, R. M., & Newell, K. (Eds.) (2014). *Handbook of developmental systems theory and methodology.* New York, NY: Guilford.

Moore, G. F., & Littlecott, H. J. (2015). School-and family-level socioeconomic status and health behaviors: Multilevel analysis of a national survey in Wales, United Kingdom. *Journal of School Health, 85,* 267-275.

Morehouse, R. E., Farley, F. H., & Youngquist, J. V. (1990). Type T personality and the Jungian classification system. *Journal of Personality Assessment, 54*(1-2), 231–235. https://doi.org/10.1207/s15327752jpa5401&2_22

Nast, T. (2020). The 11 principles of character: Overview. *Journal of Character Education, 16*, 1-11. link.gale.com/apps/doc/A656822476/AONE?u=anon~762fc994&sid=googleScholar&xid=3acaf2b8.

National Science & Technology Council. (2019). *National artificial intelligence research and development strategy project: 2019 update.* Washington, DC: Select Committee Artificial Intelligence, National Science & Technology Council.

Newman, B. M., & Newman, P. R. (2020). *Theories of adolescent development.* Santiago, CA: Academic Press.

Niles, S., Balin, E., & Yoon, H. Y.(2010). Using a hope-centered model of career development in challenging times. *Turkish Psychological Counseling and Guidance Journal, 4* (34), 101-108.

Organisation for Economic Co-operation and Development [OECD] (2020). *Why parenting matters for children in the 21st century: An evidence-based framework for understanding parenting and its impact on child development.* Paris, France: OECD Publishing.

Olweus, D. (1978). *Aggression in the schools: Bullies and whipping boys.* New York: Hemisphere.

Olweus, D. (1993). *Bullying in schools: Facts and intervention.* Norway: University of Bergen.

Ormrod, E. J., Anderman, E. M., & Anderman, L. H. (2017). *Educational psychology: Developing Learners* (7th Ed.). New York: Pearson.

Ormrod, E. J., Anderman, E. M., & Anderman, L. H. (2019). *Educational psychology: Developing learners* (10th Ed.). New York: Pearson.

Overton, W. F., & Molenaar, P. C. M. (2015). Theory and method. In R. M. Lerner & L. Steinberg (Eds.), *Handbook of adolescent psychology: Individual bases of adolescent development* (pp. 3–14). New York: John Wiley & Sons Inc.

Panadero, E. (2017). A review of self-regulated learning: Six models and four directions for research. *Frontiers in psychology, 8,* 422. https://doi.org/10.3389/fpsyg.2017.00422

Park, H., & Shavit, Y.(Eds.). (2016). Special issue: Education as a positional good. *Research in Social Stratification and Mobility, 43,* 1–70

Parsons, F. (1909). *Choosing a vocation.* London: GAY

Perkins, D. D. (1995). Speaking truth to power: Empowerment ideology as social intervention and policy. *American Journal of Community Psychology, 23,* 765-793.

Perkins, D. D., & Zimmerman, M. A. (1995). Empowerment theory, research, and application. *American Journal Community Psychology, 23,* 569–579. https://doi.org/10.1007/BF02506982

Perry, J. C., & Metzger, J. (2014). Introduction to "defense mechanisms in psychotherapy". *Journal of Clinical Psychology, 70*(5), 405.

Piaget, J. (1964). Cognitive development in children: Development and learning. *Journal of Research in Science Teaching, 2,* 176-186. http://dx.doi.org/10.1002/tea.3660020306

Piaget, J. (1972). Intellectual evolution from adolescence to adulthood. *Human Development, 15,* 1-12. http://dx.doi.org/10.1159/000271225

Piaget, J., & Inhelder, B. (1969). *The psychology of the child.* New York: Basic Books.

Pinker, S. (1991). Rules of language. *Science, 253,* 530–535. https://doi.org/10.1126/science.1857983.

Poppen, W. A., & White, P. N. (1984). Transition to the blended family. *Elementary School Guidance & Counseling, 19*(1), 50–61.

Proctor, R. W., & Vu, K-P. L. (2006). The cognitive revolution at age 50: Has the promise of the human information-processing aproach been bulfilled?". *International Journal of Human–Computer Interaction, 21* (3), 253–284. https://doi.org/10.1207/s15327590ijhc2103_1

Raskin, Nathaniel J., Rogers, Carl R., & Witty, M. C. (2008). Client-centered therapy. In Raymond J. Corsini & Danny Wedding (Eds.), *Current Psychotherapies* (pp. 141–186). Belmont, CA: Thomson Higher Education.

Rasyid, F. (2021). *The 12 most programming languages in the world (2021)*. https://www.hashmicro.com/blog/programming-language/

Ray, (2013). *The juvenile justice system: Prevention of delinquency.* Savannah, GA, Atlanta: South University

Rayce, S. L. B., Holstein, B. E., & Kreiner, S. (2009). Aspects of alienation and symptom load among adolescents. *European Journal Public Health, 19*(1), 79-84. https://doi.org/10.1093/eurpub/ckn105.

Raymo, J., Park, H., & Yeung, W. J. (2015). Marriage and family in east Asia: Continuity and change. *Annual Review of Sociology, 41,* 471-492.

Rest, J. R., Narvaez, D., Bebeau, M. J., & Thoma, S. J. (1999). *Postconventional moral thinking: A neo-Kohlbergian approach.* Mahwah, NJ: Psychology Press.

Rest, J. R., Thoma, S. J., Narvaez, D., & Bebeau, M. J. (2000). A neo-Kohlbergian approach to morality research. *Journal of Moral Education, 29,* 381-396.

Rice, F. P. (1993). *The adolescent: Development, relationships, and culture*(5th ed.). Boston: Allyn and Bacon.

Robinson, A., & Clinkenbeard, P. R. (2008). History of giftedness: Perspectives from the past presage modern scholarship. In S. I. Pfeiffer (Ed.), *Handbook of giftedness in children: Psychoeducational theory, research, and best practices* (pp. 13–31). New York: Springer Science + Business Media. https://doi.org/10.1007/978-0-387-74401-8_2

Rogers, C. (1951). *Client-centered therapy: Its current practice, implications and theory.* London: Constable.

Rogers, C. (1959). A theory of therapy, personality and interpersonal relationships as developed in the client-centered framework. In S. Koch(ed.), *Psychology: A study of a science. Vol. 3: Formulations of the person and the social context.* New York: McGraw Hill.

Rogers, C. R. (1961). *On becoming a person: A psychotherapists view of psychotherapy.* New York: Houghton Mifflin.

Rogers, C. R., Stevens, B., Gendlin, E. T., Shlien, J. M., & Van Dusen, W. (1967). *Person to person: The problem of being human: A new trend in psychology.* Lafayette, CA: Real People Press.

Rogers, K. B. (2019). Meta-analysis of 26 forms of academic acceleration: Options for elementary (primary) and secondary learners with gifts or talents. In B. Wallace and D. Sisk, (Eds.). *The SAGE Hand Book of Gifted and Talented Education* (ｐｐ. 309–321). Thousand Oaks, CA: SAGE. https://doi.org/10.4135/9781526463074.n26

Runco, M. A., Millar, G., Acar, S., & Cramond, B. (2010) . Torrance Tests of Creative Thinking as predictors of personal and public achievement: A fifty-year follow-up. *Creativity Research Journal, 22*, 4, 361-368. https://doi.org/10.1080/10400419.2010.523393

Ryan, K., & Bohlin, K. E. (1999). *Building character in schools: Practical ways to bring moral instruction to life.* San Francisco, CA: Jossey-Bass.

Sabharwal, G. (2013). *Can engaging with gang members in the Maldives break cycle of violence?* Thailand：The Asia Foundation.

Sadker, D., & Zittleman, K. (2006). What makes a school effective?. New York: McGraw Hill.

Sager, G. (2021). *What generation am I? Find your generation's name & years.* https://parade.com/1113130/jessicasager/generation-names-and-years/

Salovey, P., & Mayer, J. D. (1989-1990). Emotional intelligence. *Imagination, Cognition and Personality, 9*(3), 185–211. https://doi.org/10.2190/DUGG-P24E-52WK-6CDG

Santrock, J. W. (1998). *Adolescence*(7th ed.)。New York: McGraw-Hill.

Santrock, J. W. (2004). Adolescence(9th ed.)。New York: McGraw-Hill.

Santrock, J. W. (2014). *Adolescence*(15th ed.)。New York: McGraw-Hill.

Santrock, J. W. (2018). *Adolescence*(17th ed.)。New York: McGraw-Hill.

Scales, P., Benson, P., Leffert, N., & Blyth, D. (2000). Contribution of developmental .assets to the prediction of thriving among adolescent. *Applied Developmental Science, 4*(1), 27–46.

Schaefer, E. S. (1959). A circumplex model of maternal behavior. Journal *Abnormal Social Psychology, 59*, 226–235.

Schiever, S., & Maker, C. (2003). New directions in enrichment and acceleration. In N. Colangelo & G. Davis (Eds.), *Handbook fo gifted education*(3rd ed.)(pp. 163–173). Boston: Allyn & Bacon.

Schlomer, G. L., & Giudice, M. D. (2011). Parent–offspring conflict theory: An evolutionary framework for understanding conflict within human families. *Psychological Review, 118*, 496-521.

Schwartz, P. D., Maynard, A. M., & Uzelac, S. M. (2008). Adolescent egocentrism: A contemporary view. *Adolescence, 43*, 441-448.

Segrin, C. (2000). Social skills deficits associated with depression. *Clinical Psychology Review, 20,* 379–403.

Segrin, C. (2000). Specifying the nature of social skill deficits associated with depression. *Human Communication Research, 19*(1), 89 – 123. https://doi.org/10.1111/j.1468-2958.1992.tb00296.x

Selman, R. L. (1981). The development of interpersonal competence: The role of understanding in conduct. *Developmental Review, 1,* 401-422.

Selman, R.L. (1971). The relation of role taking to the development of moral judgment in children. *Child Development, 42* (1), 79–91. http://doi.org/10.2307/1127066

Sergiovanni, T. J., & Carver, F. D. (1986). *The new school executive: A theory of administration.* New York: Harper & Row.

Sexuality Information and Education Council of the United States(2004). *Sex education for change.* http://www.siecus.org

Shaffer, D. R. (2008). *Social and personality development.* Belmont, CA: Wadsworth Publishing.

Silbereisen, R. K., & Lerner, R. M. (Eds.). (2007). *Approaches to positive youth development.* London: Sage Publications.

Silk, H. (2017).Addressing adolescent oral health: A review. *Pediatric Review, 38* (2), 61–68. https://doi.org/10.1542/pir.2016-0134

Singh, B. (2019). Character education in the 21st century. *Journal of Social Studies, 15,* 1-12. *http//doi.org/10.21831/jss.v15i1.25226.*

Skinner, B. F. (1974). *About behaviorism.* New York: Vintage Books.

Skinner, B. F. (1971). *Beyond freedom and dignity.* New York: Knopf.

Slavin, R. E. (1997) Research on cooperative learning and achievement. What we know, what we need to know. *Contemporary Educational Psychology, 21,* 123-134.

Smetana, J. G. (2011). *Adolescents, families, and social development—How teens construct their worlds.* West Sussex, UK: Wiley Blackwell.

Smetana, J. (2017). Current research on parenting styles, dimensions, and beliefs. *Current Opinion in Psychology, 15, 19-*25,

Smith, D. L. (2002). On prediction and control. B. F. Skinner and the technological ideal of science. In W. E. Pickren & D. A. Dewsbury (Eds.), *Evolving perspectives on the history of psychology.* Washington, D.C.: American Psychological Association.

Sovet, L., & Metz, A. (2014). Parenting styles and career decision-making among

French and Korean adolescents. *Journal of Vocational Behavior, 84*(3), 345-355 http://dx.doi.org/10.1016/j.jvb.2014.02.002.

Sroufe, L. A. (1996). *Emotional development: The organization of emotional life in the early years.* Cambridge University Press. https://doi.org/10.1017/CBO9780511527661

Stanley, M. L., Dougherty, A. M., Yang, B. W., Henne, P., & De Brigard, F. (2018). Reasons probably won't change your mind: The role of reasons in revising moral decisions. *Journal of Experimental Psychology: General, 147*(7), 962–987. https://doi.org/10.1037/xge0000368

Statistics Times(2021). *Top computer languages.* https://statisticstimes.com/tech/top-computer-languages.php

Steinberg L. (2008). A social neuroscience perspective on adolescent risk-taking. *Developmental Review, 28*(1), 78–106. https://doi.org/10.1016/j.dr.2007.08.002

Steinberg, L. D. (1999). *Adolescence* (5th ed.). New York: McGraw-Hill.

Steinberg, L. D. (2008). Adolescence (8th ed.). New York: McGraw-Hill.

Steiner, H., & Carr, M. (2003). Cognitive development in gifted children: Toward a more precise understanding of emerging differences in intelligence. *Educational Psychology Review, 15,* 215–246.

Sternberg, R. J. (1985). *Beyond IQ: A triarchic theory of intelligence.* Cambridge: Cambridge University Press.

Sternberg, R. J. (1988). Triangulating love. In R. J. Sternberg & M. L. Barnes (Eds.), *The psychology of love* (pp. 119–138). Yale University Press.

Sternberg, R. J. (1995). Love as a story. *Journal of Social and Personal Relationships, 12*(4), 541–546. https://doi.org/10.1177/0265407595124007

Stott, D. H. (1982). *Delinquency: The problem and its prevention.* New York: SP Medical & Scientific Books

Strandholm, T., Kiviruusu, O., Karlsson, L, Miettunen, J., & Marttunen, M. (2016). Defense mechanisms in adolescence as predictors of adult personality disorders. *Journal of Nervous and Mental Disease, 204*(5), 349-54.

Straub, J., Plener, P. L., & Sproeber, N., et al. (2015). Neural correlates of successful psychotherapy of depression in adolescents. *Journal Affect Disorder,183,* 239–46.

Strough, J., Leszczynski, J. P., Neely, T. L., Flinn, J. A., & Margrett, J. (2007). From adolescence to later adulthood: Femininity, masculinity, and androgyny in six age groups. *Sex Roles: A Journal of Research, 57*(5-6), 385–396. https://doi.org/10.1007/s11199-007-9282-5

Suls, J., & Mullen, B. (1982). *From the cradle to the grave: Comparison and self-evaluation across the lifespan.* Hillsdale, NJ: Erlbaum.

Super, D. E. (1980). A Life-span, life-space approach to career development. *Journal of Vocational Behavior, 16,* 282-298.

Super, D. E. (1964). A developmental approach to vocational guidance: Recent theory and results. *Vocational Guidance Quarterly, 13,* 1-10.

Super, D. E., Savickas, M. L., & Super, C. M.(1996). The life-span, life-space approach to careers, D. Brown, L. Brooks, and Associates(Eds.). *Career choice and development* (3rd ed.)(pp. 121-178) .San Francisco, CA: Jossey-Bass.

Sutherland, E. H., & Cressey, D. R. (1960). *Principles of criminology.* Chicago: Lippincott.

Sykes, G. M., & Matza, D. (1957). Techniques of neutralization: A theory of delinquency. *American Sociological Review, 22,* 664–670. https://doi.org/10.2307/2089195

Tannenbaum, A. S. (1983). Employee-owned companies. Research in *Organizational Behavior, 5,* 235–268.

Tanner, J. M. (1970). Physical growth. In P. H. Mussen (Ed.), *Carmichael's manual of child psychology* (Vol. 2, 3rd ed., pp. 77-156). New York: Wiley.

Tanner, J. M. (1971). Sequence, tempo, and individual variation in the growth and development of boys and girls aged twelve to sixteen. *Daedalus, 100*, 907-930.

Tanner, J. M. (1991). Growth spurt, adolescent. In R. M. Lerner, A. C. Petersen, & J. Brooks-Gunn (Eds.), *Encyclopedia of adolescence* (Vol. 2, pp. 419-424). New York: Garland.

The Lancet Child & Adolescent Health (2021). *Vision for the future.* https://doi.org/10.1016/S2352-4642(21)00029-8

The United Nations Children's Fund [UNICEF] (2021a). *Adolescent development and participation: Investing in adolescents builds strong economies, inclusive communities and vibrant societies.* https://www.unicef.org/adolescence

The United Nations Children's Fund [UNICEF] (2021b). *Cyberbullying: What is it and how to stop it.* https://www.unicef.org/laos/stories/cyberbullying-what-it-and-how-stop-it

Torrance, E. P. (1972). Can we teach children to think creatively? *The Journal of Creative Behavior, 6*(2), 114–143. https://doi.org/10.1002/j.2162-6057.1972.tb00923.x

Tromholt, M. (2016). The Facebook experiment: quitting Facebook leads to higher levels of wellbeing. *Cyberpsychology, Behavior, and Social Networking, 19*(11), 661-666.

U.S. Department of Education (2021a). *Career guidance and counseling programs.* https://www2.ed.gov/about/offices/list/ovae/pi/cte/cgcp.html

U.S. Department of Education (2021b). *Science, technology, engineering, and math, including computer science.* https://www.ed.gov/stem

UNESCO(2004). *Guideline for comprehensive sexuality education* (3rd ed.).

UNESCO: National Guidelines Task Force.

UNESCO(2005). *Towards Knowledge societies: UNESCO World Report*. Paris: UNESCO Publishing.

United Nations(2021a). *Gender equality.* https://www.un.org/en/global-issues/gender-equality

United Nations(2021b). *United Nations guidelines for the prevention of juvenile delinquency.* https://www.un.org/zh/documents/treaty/files/A-RES-45-112.shtml

University of Louisville(2021). *Holland's Theory of career choice.* https://louisville.edu/career/resources/hollands-theory-of-career-choice

Vafaei, A., Alvarado, B., Tomás, C., Muro, C., Martinez, B., & Zunzunegui, M. V. (2014). The validity of the 12-item Bem Sex Role Inventory in older Spanish population: An examination of the androgyny model. *Arch Gerontol Geriatr, 59*(2), 257-63. http://doi.org/10.1016/j.archger.2014.05.012.

Van Velthoven, M., et al. (2018). Problematic smartphone use: digital approaches to an emerging public health problem. *Digital Health, 4,* 1-9.

Verduyn, P., NinoGugushvili. N., Massar, K., Täht, K., & Kross, E. (2020). The effects of Instagram use, social comparison, and self-esteem on social anxiety: A survey study in Singapore. *Current Opinion in Psychology, 36,* 32-37.

Waldo, A. D. (2014). Correlates of Internet addiction among adolescents. *Psychology, 5,* 1999-2008. https://doi.org/10.4236/psych.2014.518203

Waldron, J. F., & Davis, J. (1995). *The young and the reckless: Adolescent reckless behavior.* https://doi.org/10.1111/1467-8721.ep10772304

Wang, Y., Liu, D., & Wang, Y. (2003). Discovering the capacity of human memory. *Brain and Mind, 4,* 89–198. https://doi.org/10.1023/A:1025405628479

Warren, A. E. A., Lerner, R. M., & Phelps, E. (Eds.). (2011). *Thriving and spirituality among youth: Research perspectives and future possibilities*. Hoboken, NJ:

Wiley.

Warrender, D., & Milne, R. (2020). How use of social media and social comparison affect mental health. *Nursing Times, 116*(3), 56-59.

Willekens, M., & Lievens, J. (2014). *Family (and) culture: The effect of cultural capital within the family on the cultural participation of adolescents.* https://doi.org/10.1016/j.poetic.2013.11.003.

Williams, C., & Garland, A. (2002). A cognitive–behavioural therapy assessment model for use in everyday clinical practice. *Advances in Psychiatric Treatment, 8,* 172–179.

Williamson, D. E., Birmaher, B., Ryan, N. D., Shiffrin, T. P., Lusky, J. A., Protopapa, J., Dahl, R. E., & Brent, D. A. (2003). *Psychiatry Research, 119*(3), 225-41. https://doi.org/10.1016/s0165-1781(03)00134-3.

Woolfolk, A. (2019). *Educational psychology.* New York: Pearson.

World Health Organization [WHO] (2009).　VISION 2020. WHO Regional Office for South-East Asia. https://apps.who.int/iris/handle/10665/206523

World Health Organization [WHO] (2021a). *Suicide.* https://www.who.int/news-room/fact-sheets/detail/suicide

World Health Organization [WHO] (2021b). *Adolescent health.* https://www.who.int/health-topics/adolescent-health#tab=tab_1

Yang, F., & Liu, X. (2020). Grandparenting styles, childhood food insecurity, and depression among Chinese rural left-behind children: A structural equation model. *Children and Youth Services Review, 119,* 105-148. http://doi.org/10.1016/j.childyouth.2020.105648

Yeaworth, R. C., McNamee, M. J., & Pozehl, B. (1992). The adolescent life change event scale: Its development and use. *Adolescence, 27*(108), 783–802.

Young, K. S., & de Abreu, C. N. (Eds.). (2011). *Internet addiction: A handbook and guide to evaluation and treatment.* New York: John Wiley & Sons, Inc.

Zimmerman, B. (2015). Self-regulated learning: Theories, measures, and outcomes. *International Encyclopedia of the Social & Behavioral Sciences* (pp. 541–546). https://doi.org/10.1016/B978-0-08-097086-8.26060-1.

Zimmerman, B. J., & Risemberg, R. (1997). Becoming a self-regulated writer: A social cognitive perspective. *Contemporary Educational Psychology, 22,* 73-101. http://dx.doi.org/10.1006/ceps.1997.0919

Zimmerman, B. J., & Schunk, D. H. (2011).Self-regulated learning and performance: An introduction and an overview. *Handbook of self-regulation of learning and performance.* New York: Routledge.

國家圖書館出版品預行編目資料

青少年學習者發展與適性輔導／黃德祥著. --
初版. -- 臺北市：五南圖書出版股份有限
公司, 2022.03
　　面；　公分
　　ISBN 978-626-317-604-1（平裝）

1.CST：青少年　2.CST：青少年問題
3.CST：青少年輔導

544.67　　　　　　　　　111001247

4BOH

青少年學習者發展與適性輔導

作　　者 ― 黃德祥（309）

發 行 人 ― 楊榮川

總 經 理 ― 楊士清

總 編 輯 ― 楊秀麗

副總編輯 ― 王俐文

責任編輯 ― 金明芬

封面設計 ― 劉好音

出 版 者 ― 五南圖書出版股份有限公司

地　　址：106台北市大安區和平東路二段339號4樓

電　　話：(02)2705-5066　　傳　　真：(02)2706-6100

網　　址：https://www.wunan.com.tw

電子郵件：wunan@wunan.com.tw

劃撥帳號：01068953

戶　　名：五南圖書出版股份有限公司

法律顧問　林勝安律師事務所　林勝安律師

出版日期　2022年 3 月初版一刷

定　　價　新臺幣550元